Noriko Katsuki-Pestemer

Grundstudium
JAPANISCH 1

2. Auflage

Bestellnummer 00920

Noriko Katsuki-Pestemer

Grundstudium
JAPANISCH ❶
2., erweiterte und überarbeitete Auflage

Bildnachweis:
Fotos von Eike Großmann

Sie finden uns im Internet unter:
www.wolfverlag.de

Titel der Originalausgabe der 1. Auflage:
JAPANESE FOR TODAY
© Gakken Co. Ltd., Tokyo 1973

Dürr + Kessler ist ein Verlagsbereich der
Bildungsverlag EINS GmbH, Sieglarer Str. 2, Troisdorf

ISBN 3-427-**00920**-3

© 2004 Bildungsverlag EINS GmbH
Das Werk und seine Teile sind urheberrechtlich geschützt. Jede Nutzung in anderen als den gesetzlich zugelassenen Fällen bedarf der vorherigen schriftlichen Einwilligung des Verlages. Hinweis zu § 52a UrhG: Weder das Werk noch seine Teile dürfen ohne eine solche Einwilligung eingescannt und in ein Netzwerk eingestellt werden. Dies gilt auch für Intranets von Schulen und sonstigen Bildungseinrichtungen.

Für Professor Emeritus Satoshi Ôide
und
seine verstorbene Ehefrau Sumiko Ôide

Abkürzungen und Symbole

A	Text A
ADV	Adverb
B	Text B
G	Gegenwart
HS	Hauptsatz
HV	Hilfsverb / verbales Suffix
intr.	intransitives Verb
K	*Keiyoushi*-Adjektiv; Konsonant; Konversationstext
KD	*Keiyoudoushi*-Adjektiv
KONJ	Konjunktion
konj.	konjunktional
kons.	konsonantisches Verb
L	Lektion
N	Nomen
NS	Nebensatz
P	Prädikat
PP	Postposition
Präp.	Präposition
ProN	Pronomen
R	*Rentaishi*-Adjektiv
S	Satz
s.	siehe
TA	TA-Form-Flexion (siehe Grammatik Lektion 8)
TARI	TARI-Form-Flexion (siehe Grammatik Lektion 7)
TE	TE-Form-Flexion (siehe Grammatik Lektion 7)
tr.	transitives Verb
umg.	umgangssprachlich
V	Verb; Vergangenheit; Vokal
V1 - V6	verbale Flexionsstufen 1 bis 6 (siehe Grammatik Lektion 4) V1 entspricht der **Mizen-kei** (未然形), V2 der **Renyô-kei** (連用形), V3 der **Shûshi-kei** (終止形), V4 der **Katei-kei** (仮定形), V5 der **Meirei-kei** (命令形) und V6 der **Mizen-kei** (未然形) der Schulgrammatik. Wegen der phonologischen Alternationen wird in diesem Lehrwerk die **Mizen-kei** (未然形) in die V1- und V6-Form der verbalen Flexion unterteilt.
vok.	vokalisches Verb
< >	Wort- bzw. Satzstrukturen werden in diese Klammern gesetzt.
💣	Beispiel für falsche Verwendung der Wörter bzw. Satzstrukturen
✂	Tilgung (hier im Lehrwerk: das Weglassen bestimmter Laute in der Flexion der Verben)
·	morphologische Segmentierung
☺☺☺	Vokabeln zur Erweiterung

Tabellen

Tabellen 1 bis 3 befinden sich in der Einführung:

1 Japanische Konsonanten 19
2 Phonotaktik und japanische Schriftzeichen 19
3 Schematische Darstellung der Akzentregeln im Japanischen 20

Tabellen 4 bis 12 befinden sich im Lesetext- und Übungsteil des Lehrwerks:

4 Die japanischen Schriftzeichen 28
5 Die *Hiragana*-Schriftzeichen 30
6 Die *Katakana*-Schriftzeichen **1** 31
7 Graphemische Darstellungen der Langvokale 33
8 Der Langvokal [o:] mit der **ou**-Schreibweise 33
9 Der Langvokal [o:] mit der **oo**-Schreibweise 33
10 Die *Katakana*-Schriftzeichen **2** 36
11 Japanische Zahlwörter 60-61
12 Japanische Zähleinheitswörter 62-64

Tabellen 13 bis 60 befinden sich in Grammatik:

13 Das **ko-so-a-do**-Paradigma 157
14 Personalpronomen 159
15 Interrogativa 160
16 Morpho-syntaktische Merkmale der japanischen Adjektive 161
17 Morpho-syntaktische Darstellung der japanischen Adjektive 161
18 Ein morphologischer Vergleich zwischen **Rentaishi** und **Keiyoudoushi** 166
19 Rentaishi-Keiyoudoushi-Paare mit denselben Bedeutungen 166
20 Rentaishi-Adjektive des ko-so-a-do-Paradigmas 166
21 Syntaktische Strukturen der japanischen Attribute 167
22 Kontrastive Darstellung der deutschen und japanischen Lokalangaben 175
23 Kopulative PP **to** (と) und **ya** (や) 177
24-1 Flexionskategorie „V1 bis V6" der vokalischen Verben 180
24-2 Konsonantische Verbflexion „V1 bis V6" im Fall der *s*-Endung 181
24-3 Konsonantische Verbflexion „V1 bis V6" im Fall der *ts*-Endung 181
24-4 Konsonantische Verbflexion „V1 bis V6" im Fall der *Vokal*-Endung 181
24-5 Konsonantische Verbflexion „V1 bis V6" im Fall einer sonstigen Endung 182
24-6 Unregelmäßige Verbflexion „V1 bis V6" im Fall der **suru**-Verben 182
24-7 Unregelmäßige Verbflexion „V1 bis V6" im Fall der **kuru**-Verben 182
25 Entscheidungskriterien des Prädikatsstils: der **da-dearu**-Stil oder der **desu-masu**-Stil 183
26 Übersicht der Satzglieder (bis Lektion 4: Baueinheiten des japanischen Satzes) 188
27 Das Hilfsverb **ta** (た) zum Ausdruck des Präteritums und des Perfekts 193
28 Nominale Formen der Verben (Deverbativa) 193
29 Die Verwendung der Adverbien **mou** (もう) und **metta ni** (滅多に) 194
30 Das Abhängigkeitsverhältnis der postpositionalen Satzglieder und der Verben 195
31 Vergangenheitsform der Prädikate < N + **desu** > und < KD + **desu** > 197
32 Vergangenheitsform des Prädikats < K + **desu** > 199
33-1 TE-Flexionsart der vokalischen Verben 201

33-2 TE-Flexionsart der konsonantischen Verben   202
33-3 TE-Flexionsart der unregelmäßigen Verben   202
34   TE-Flexionsformen der Hilfsverben **da** (だ), **desu** (です) und **dearu** (である)   204
35   TE-**iru**-Formen der Verben als Adjektive   206
36   TE-**iru**-Formen der Verben in der Bejahung/Verneinung sowie im **desu-masu**- und **da-dearu**-Stil   206
37   TARI-Formen der Verben   207
38   Statische und dynamische Verben   209
39-1 TA-Form der vokalischen Verben   211
39-2 TA-Form der konsonantischen Verben   211
39-3 TA-Form der unregelmäßigen Verben   211
40-1 Der **desu-masu**- und der **da-dearu**-Stil der Prädikate < N/KD + **da/dearu/desu** >   212
40-2 Der **desu-masu**- und der **da-dearu**-Stil des Keiyoushi-Prädikats   212
40-3 Der **desu-masu**- und der **da-dearu**-Stil des verbalen Prädikats   213
40-4 Der **desu-masu**- und der **da-dearu**-Stil des Verbs **aru** (ある /*da sein*)   213
41   Flexion des honorativen Verbs **kudasaru** (下さる /*geben*)   217
42   Flexion des honorativen Verbs **nasaru** (なさる /*tun, machen*)   218
43   V5-Flexionsform als Ausdruck eines abrupten Imperativs   218
44   Deontische Satzstrukturen (Aufforderung; Vorschlag; Angebot; Bereitschaft)   222
45   Flexion von < V6 + **you/u** >   223
46   Semantische Analyse der Ausdrücke < V2 + **mashou** >, < V2 + **mashou ka** > und < V2 + **masen ka** >   224
47   Satzstrukturen der temporalen Angaben **1**   225
48   Temporale Pseudo-Nomen   225
49   Prädikatsformen des Attributsatzes   225
50   Satzstrukturen der temporalen Angaben **2**   232
51   Kanji-Komposita mit **chuu** (中)   232
52   Kanji-Komposita mit **juu** (中)   232
53   Kanji-Komposita mit **chuu/juu** (中)   233
54   Inventar der Hilfsverben (nach Verbindungsform)   250
55   Verbindungsformen der Prädikate mit dem Pseudo-Nomen koto (こと / 事)   254
56   Inventar der Hilfsverben (nach alphabetischer Reihenfolge)   256
57   Beschreibungen der körperlichen Merkmale mit der **wa-ga**-Satzstruktur   259
58   Feste Redewendungen mit der **wa-ga**-Satzkonstruktion   260
59   Übersicht der PP   262
60   Japanische Hilfsverben (nach Flexionsart)   262

Diagramme

1 Japanische Vokale   19
2 Schematische Darstellung des exophorischen **ko-so-a-do**-Paradigmas   157
3 Schematische Darstellung des anaphorischen **ko-so-a-do**-Paradigmas   157
4 Die modalitätsausdrückenden Postpositionen **yo** (よ) und **ne** (ね)   169
5 Schematische Darstellung der deutschen und japanischen Lokalangaben   175
6 Satzstellung des Haupt- und Nebensatzes im Deutschen und Japanischen **1**   199
7 Satzstellung des Haupt- und Nebensatzes im Deutschen und Japanischen **2**   200

Vorwort

Das vorliegende Lehrwerk ist die zweite Auflage des Japanischlehrbuchs *Grundstudium Japanisch*, das 1990 mit der Unterstützung der Japan Foundation erstellt worden ist. Die erste Auflage wurde auf der Grundlage des international bewährten englischsprachigen Japanischlehrbuchs *Japanese for Today* (1973) des Gakken-Verlags verfasst. Viele Textstellen im 1990 verfassten Lehrwerk sind daher nicht mehr zeitgemäß, weshalb sich die Verfasserin mit der Notwendigkeit konfrontiert sah, das Werk vollständig neu zu überarbeiten.

Versucht wurden die Integrierung der neuesten wissenschaftlichen Erkenntnisse der linguistischen Forschung sowie eine gezielte Vermittlung der japanischen Grammatik an Studierende an deutschsprachigen Hochschulen bei gleichzeitiger Vermittlung von landeskundlichen Grundkenntnissen. Fachtermini der Grammatik wurden direkt im Anschluss an die Textstellen in Klammern bzw. als Fußnote hinzugefügt, so dass die Benutzer und Benutzerinnen des Lehrbuchs problemlos den grammatischen Erklärungen folgen können.

Neuerungen in diesem Buch:

1. *Text A* und *Konversation* werden ausschließlich im Konversationsstil (jedoch in der Standardsprache) dargeboten. *Text B* beinhaltet aktualisierte landeskundliche Beschreibungen.

2. Sämtliche Vokabeln der einzelnen Lektionen 1 bis 15 sind im Schlussteil des vorliegenden Lehrwerks zusammengestellt worden. Ferner gibt es einen japanisch-deutschen sowie einen deutsch-japanischen Vokabelindex. So erhalten Lernende die Möglichkeit, ihnen unbekannte Vokabeln leichter ausfindig zu machen, wodurch eine systematische Erlernung der Vokabeln erleichtert wird.

3. Kanji-Listen werden in gesondert herausgegebenen Kanji-Arbeitsheften präsentiert. Dies ermöglicht es den Lernenden, die im Lehrbuch vorhandenen neuen Texte leichter zu erschließen, da sie unbekannte Kanji schneller ausfindig machen können.

4. Kompakte Übungen ermöglichen es den Lernenden, sich möglichst schnell das Grundwissen der japanischen Grammatik anzueignen.

Eine der Hauptzielsetzungen des Lehrbuchs ist eine möglichst rasche aber dennoch fundierte Vermittlung der Standardsprache, weshalb die Grammatik der alltäglichen gesprochenen Sprache nicht berücksichtigt wurde. Nach Auffassung der Autorin soll zuerst die Standardsprache erlernt werden, so dass die umfangreichen Varietäten der Soziolekte (Sprachvarietäten, die je nach sozialen Merkmalen wie z. B. Geschlecht, Alter, Berufsgruppen, Stellung in der Gesellschaft usw. unterschiedlich sind) im Japanischen nachträglich leichter angeeignet werden können. Auf diese Weise wird die Gefahr vermieden, dass die verschiedenen Soziolekte und die Standardsprache vermischt und nicht mehr unterschieden werden können. Erwünscht wird ein gesonderter Unterricht für die gesprochene Sprache mit der ihr eigenen Grammatik, die sich von der der Standardsprache teilweise wesentlich unterscheidet.

Zur Erstellung dieses Lehrwerks bin ich folgenden Personen mit Dank verbunden: dem Bildungsverlag EINS, der mich langjährig unterstützt hat und das vorliegende vollkommen neu überarbeitete Lehrwerk herausgegeben hat; dem Gakken-Verlag sowie dem Autor des Originalbuchs Prof. Yasuo Yoshida, die mir als Autorin der deutschsprachigen Ausgabe und dem Bildungsverlag EINS freundlicherweise die Lizenz zur Überarbeitung des Originalbuchs *Japanese for Today* erteilt haben; dem Verlag LINCOM Europa, der mir die Erlaubnis erteilt hat, Materialien, die unter Veröffentlichungsrecht stehen, zu verwenden; Tomoko Aiba, Gernot Federspiel, Birgit Feltrup, Takuya Komatsu, Yûta Masuda, Mari Nakayama, Atsushi Ogawa, Richard Pestemer und Bernhard Wahl haben geduldig das Manuskript Korrektur gelesen. Horst Plambeck hat mir stets technische Beratung und Unterstützung gewährt. Eike Großmann stellte mir zahlreiche Bilder zur Verfügung. Zuletzt möchte ich Prof. Satoshi Ôide meinen Dank zum Ausdruck bringen, der mir großzügig Forschungsgelder für die Erstellung des vorliegenden Lehrwerks zur Verfügung gestellt hat.

Abschließend hofft die Autorin, dass das vorliegende Lehrbuch das Erlernen der japanischen Sprache erleichtert und dass durch die erlernte Sprache das Interesse für Japan und japanische Kultur im Allgemeinen geweckt wird. In diesem Sinne hofft die Autorin, einen bescheidenen Beitrag zum Brückenbau zwischen verschiedenen Kulturen zu leisten, was Zweck und gleichzeitig Zielsetzung des vorliegenden Lehrwerks ist.

Neunkirchen im Hunsrück, den 30. Juli 2004

Inhaltsverzeichnis

Abkürzungen und Symbole   4
Tabellen   5
Vorwort   7
Japankarte   16

Einführung

0.1   Aufbau   17
0.2   Rechtschreibung   17
0.3   Schriftzeichen   17
0.4   Transkription   17
0.5   Wortklassen des Japanischen   18
0.6   Phonetik und Phonologie   18
0.6.1   Konsonanten und Vokale   18
0.6.2   Stimmlosigkeit der Vokale [i] und [ɯ]   19
0.6.3   More   19
0.6.4   Akzent   20

Lesetexte und Übungen

Lektion 1
Text A: これはさくらです   21
Übungen   23
Konversation: はじめまして   26
Japanische Grußworte   27
Die japanischen Schriftzeichen   29
Orthographische Regeln   32
Text A in Transkription   34
Konversation in Transkription   35

Lektion 2
Text A: わたしたちの町   37
Übungen   38
Konversation: ここはどこですか？   42
Ländernamen   44
Text A in Transkription   47
Konversation in Transkription   48

Lektion 3
Text A: へやの中   49
Übungen   50
Text A in Transkription   55
Konversation: 趣味は何ですか？   56
Konversation in Transkription   58
Verwandtschaftsbezeichnungen   59
Das japanische Zahlensystem   60

Lektion 4
Text A: 私の一日   65
Übungen   67
Konversation: 電器店で   71

Lektion 5
Text A: 私の会社   73
Übungen   76
Konversation: 駅のホームで 79
Text B: 日本の地理   80

Lektion 6
Text A: ハイキング   81
Übungen   83
Konversation: 京都見物   86
Text B: 日本の行事—1   88

Lektion 7
Text A: 公園   89
Übungen   90
Konversation: 電話で   93
Text B: 日本の行事—2   94

Lektion 8
Text A: 夏休み   95
Übungen   96
Konversation: 登山と海水浴   99
Text B: 日本の着物   100

Lektion 9
Text A: 町の中   101
Übungen   104
Konversation: カフェで   107
Text B: 産業—1   108

Lektion 10
Text A: 夏   109
Übungen   111
Konversation: 回転寿司で   114
Text B: 日本の歴史—1   116

Lektion 11
Text A: 教室で   117
Übungen   119
Konversation: 郵便局で   122
Text B: マスコミと情報技術   124

Lektion 12
Text A: 東京・大阪・京都   125
Übungen   128
Konversation: デパートで   130
Text B: 教育   132

Lektion 13
Text A: 辞書   133
Übungen   134
Konversation: ペット   137
Text B: 手紙   138

Lektion 14
Text A: 姉と弟　139
Übungen　140
Konversation: 駅と銀行で　144
☺☺☺Vokabeln zur Erweiterung: Tiere　145
Text B: 産業―2　146

Lektion 15
Text A: ドライブ　147
Übungen　148
Konversation: 日本旅行　151
Text B: 日本の文字　152

Grammatik

1	**Grammatik der Lektion 1**	
1.1	Topik-Prädikation-Satzstruktur (TP-Satzstruktur)　153	
1.1.1	Negation der Satzstruktur < N1 **wa** N2 **desu** >　153	
1.2	Postpositionen　153	
1.2.1	Modalitätsausdrückende PP **ka** (か) zum Ausdruck einer Frage oder eines Zweifels　154	
1.2.2	PP **wa** (は) zur Markierung eines Topiks　154	
1.2.3	PP **mo** (も) zur Markierung eines Themas und zugleich zum Ausdruck von *auch*　154	
1.2.4	PP **no** (の) zur genaueren Bestimmung des Nomens　155	
1.3	Japanische Hilfsverben　155	
1.3.1	HV **desu** (です) zum Ausdruck einer definitiven Aussage　155	
1.3.1.1	Definitiv　155	
1.3.1.2	Lokal　155	
1.4	Japanische Nomen　156	
1.5	Das **ko-so-a-do**-Paradigma　156	
1.5.1	Verwendung des **ko-so-a-do**-Paradigmas　156	
1.5.1.1	In einer konkreten physischen Situation: exophorisch　157	
1.5.1.2	Im Textzusammenhang: anaphorisch　158	
1.6	Personalpronomen　159	
1.7	Interrogativa　159	
2	**Grammatik der Lektion 2**	
2.1	Japanische Adjektive　161	
2.1.1	Keiyoushi-Adjektive (形容詞)　162	
2.1.1.1	Prädikative Verwendung des K-Adjektivs　162	
2.1.1.2	Flexion des K-Adjektivs　162	
2.1.1.3	Fragesatz mit dem K-Prädikat: Verwendung der interrogativen PP **ka** (か)　163	
2.1.1.4	Attributive Verwendung des K-Adjektivs　163	
2.1.2	Keiyoudoushi-Adjektive (形容動詞)　164	
2.1.2.1	Prädikative Verwendung des KD-Adjektivs　164	
2.1.2.2	Attributive Verwendung des KD-Adjektivs　164	
2.1.2.3	Negation des KD-Prädikats < KD **da/dearu/desu** >　165	
2.1.2.4	Fragesatz des Prädikats < K **desu** >　165	
2.1.3	Rentaishi-Adjektiva (連体詞)　165	
2.1.3.1	R-Adjektive mit der Endung **na** (な)　165	
2.1.3.2	R-Adjektive des **ko-so-a-do**-Paradigmas　166	
2.1.3.3	Verbale Ableitung als R-Adjektiv　166	
2.1.3.4	Sonstige R-Adjektive　167	
2.2	Attribute des Japanischen (**Rentai-shuushoku** 連体修飾)　167	
2.3	Adverbien (**Fukushi** 副詞)　168	
2.3.1	Adverbien in Verbindung mit einem verneinten Prädikat　168	

2.3.2	Adverbien mit einem bejahten oder verneinten Prädikat	168
2.3.3	Adverbiale Formen des KD-Adjektivs und des R-Adjektivs	169
2.4	Postpositionen der Lektion 2	169
2.4.1	PP **ne** (ね) und PP **yo** (よ)	169
2.4.2	PP **de** (で) zur kausalen Angabe	169
2.4.3	PP **ga** (が) zur Einleitung einer Aussage	170

3	**Grammatik der Lektion 3**	
3.1	Existenz-Satz (**Sonzai-bun** / 存在文): < ... ni ... ga arimasu > bzw. < ... ni ... ga imasu >	171
3.1.1	Der Existenz-Satz (**Sonzai-bun** / 存在文) mit einer Mengenangabe	171
3.1.2	Der Existenz-Satz (**Sonzai-bun** / 存在文) mit einem bekannten Subjekt: < ... wa ... ni **arimasu** bzw. **imasu** >	172
3.1.3	Der Existenz-Satz mit hervorgehobenem Topik	172
3.1.4	Fragesatz der Satzstruktur < ... ni ... ga arimasu/imasu >	173
3.1.5	Verneinung der Satzstruktur < ... ni ... ga arimasu/imasu >: < ... ni ... ga arimasen/ imasen >	173
3.2	Mengenangaben	173
3.2.1	Zähleinheitswörter	173
3.2.2	Wortarten der Mengenangaben	174
3.3	Lokale Angaben	175
3.3.1	Lokalnomen	175
3.4	Wortstellung des Japanischen	176
3.5	Postpositionen der Lektion 3	176
3.5.1	Kopulative Postpositionen **to** (と) und **ya** (や)	176
3.5.2	PP **ga** (が) zur Subjektmarkierung	177
3.5.3	PP **de** (で) zur Markierung einer Einschränkung	177
3.5.4	PP **de** (で) zur Markierung einer quantitativen Einheit	178
3.5.5	PP **wa** (は) zur Kontrasthervorhebung	178

4	**Grammatik der Lektion 4**	
4.1	Kategorien der japanischen Verben	179
4.1.1	< V1 bis V6 >-Flexion	179
4.1.1.1	Vokalische Verben	179
4.1.1.2	Konsonantische Verben	180
4.1.1.3	Unregelmäßige Verben	182
4.2	Prädikatsstil: **da-dearu**-Stil und **desu-masu**-Stil	182
4.3	Japanische Prädikate	183
4.3.1	Verbales Prädikat im **desu-masu**-Stil: < V2 + **masu** >	184
4.3.2	Interrogativsatz mit dem verbalen Prädikat im **desu-masu**-Stil: < V2 + **masu ka** >	184
4.3.3	Verneinung des verbalen Prädikats im **desu-masu**-Stil: < V2 + **masen** >	184
4.3.4	Semantische Funktionen des verbalen Prädikats < V3 > bzw. < V2 + **masu** >	184
4.4	Postpositionen der Lektion 4	185
4.4.1	PP **o** (を) zur Objektmarkierung	185
4.4.2	PP **ni** (に) zur Markierung der Zeit	186
4.4.3	PP **ni** (に) und PP **e** (へ) als Richtungsmarkierer	186
4.4.4	PP **kara** (から) zur Markierung des Ausgangspunktes (Ablativ)	186
4.4.5	PP **made** (まで) zur Markierung einer Grenze	187
4.4.6	PP **de** (で) zur instrumentalen Angabe	187
4.4.7	PP **hodo** (ほど) zum Ausdruck einer Ungenauigkeit	187

4.4.8	PP **kurai/gurai** (くらい / ぐらい) zum Ausdruck einer Ungenauigkeit	187
4.4.9	Das Suffix **goro** (ごろ / 頃) zum Ausdruck einer Ungenauigkeit	188
4.5	Satzglieder 188	
4.6	Konjunktionen der Lektion 4 189	
4.6.1	Konsekutiv (Folge) 189	
4.6.2	Additiv (Zusatz) 189	
4.6.3	Adversativ (Gegensatz) 189	

5 **Grammatik der Lektion 5**
5.1 Das Hilfsverb **ta** (た) 191
5.1.1 Bildung des verbalen Prädikats mit dem HV **ta** (た) 191
5.1.2 Präteritum 192
5.1.3 Perfekt 192
5.1.4 Fragesatz und sich darauf beziehende Antwort unter Verwendung des HV **ta** (た) 192
5.2 Die V2-Form des Verbs als Nomen (Deverbativ) 193
5.3 Adverbien der Lektion 5: **mou** (もう) und **metta ni** (滅多に) 193
5.4 Rektion des Kasus und die Bewegungsverben 194
5.5 Postpositionen der Lektion 5 194
5.5.1 PP **de** (で) als Markierer des Handlungsortes 194
5.5.2 PP **o** (を) zur Markierung des Ortes, den man verlässt 195
5.5.3 PP **o** (を) zur Markierung des Übergangs- bzw. Durchgangsortes 195
5.5.4 PP **ni** (に) zur Markierung des Ortes, den man betritt 196

6 **Grammatik der Lektion 6**
6.1 Die Vergangenheitsformen der Prädikate 197
6.1.1 Prädikate: < N + **desu** > und < KD + **desu** > 197
6.1.2 Prädikat: < Keiyoushi-Adjektiv > 197
6.2 Postpositionen der Lektion 6 198
6.2.1 Die kasusmarkierende PP **to** (と) zur Kennzeichnung desjenigen, der die Rolle des Partners einnimmt: Komitativ 198
6.2.2 Die konjunktionale PP **ga** (が) zum Ausdruck eines Gegensatzes: Adversativ 199
6.2.3 PP **wa** (は) zur Kontrasthervorhebung: < ... **wa** ..., ... **wa** ... > 199
6.2.4 Die konjunktionale PP **kara** (から) zum Ausdruck eines Grundes: Kausal 200
6.2.5 Die kasusmarkierende PP **ni** (に) zum Ausdruck eines Zwecks: Final 200
6.3 Die Satzstruktur < V2 + **ni** + **iku/kuru/kaeru** > 200

7 **Grammatik der Lektion 7**
7.1 TE-Form 201
7.1.1 Morphologie 201
7.1.1.1 TE-Form der vokalischen Verben 201
7.1.1.2 TE-Form der konsonantischen Verben 201
7.1.1.3 TE-Form der unregelmäßigen Verben 201
7.1.1.4 TE-Form des K-Adjektivs 201
7.1.1.5 TE-Form des Prädikats < N/KD + **da/dearu/desu** > 202
7.1.2 Semantische Funktionen der TE-Form 203
7.1.2.1 Konsekutiv: *und danach* 203
7.1.2.2 Kopulativ: *und* 203
7.1.2.3 Modal (Art und Weise) 204
7.2 Die Satzstruktur < TE-**iru** > und ihre semantischen Funktionen 204
7.2.1 Progressiv 204
7.2.2 Resultativ (Zustand) 205

Inhaltsverzeichnis

7.2.3	Gewohnheit/Angewohnheit	205
7.2.4	Kontinuität	205
7.2.5	Eigenschaft	205
7.3	Gegenwarts- und Vergangenheitsform der TE-**iru**-Form	206
7.4	Besonderheit des Verbs **shir·u** (知る /wissen, kennen)	206
7.5	Die Satzstruktur < TE-**kara** > zum Ausdruck von Vorzeitigkeit	206
7.6	TARI-Form der Verben	207
7.6.1	Die Satzstruktur < -TARI, -TARI-**suru** > zum Ausdruck einer Auflistung verschiedener Handlungen als Beispiele	208
7.7	Konjunktionale Funktion der V2-Form sowie des Stamms des K-Adjektivs mit **ku**	208
7.8	Statische und dynamische Verben	208
☺☺☺	Vokabeln zur Erweiterung: Freizeitbeschäftigungen	210

8   **Grammatik der Lektion 8**
- 8.1   TA-Form   211
- 8.2   Ein Überblick der Prädikatsstile: **desu-masu**-Stil und **da-dearu**-Stil   211
- 8.3   Adverbien mit dem Prädikat in der Negation   213
- 8.4   Postpositionen der Lektion 8   214
- 8.4.1   PP **ni** (に) zur Bezeichnung des Ergebnisses einer Änderung: Resultativ   214
- 8.4.2   PP **ni** (に) zur Kennzeichnung eines Vergleichsobjekts: Komparativ   215
- 8.4.3   PP **ni** (に) zur Markierung eines Zwecks: Final   215
- 8.4.4   PP **to** (と) zur Kennzeichnung eines Vergleichsobjekts: Komparativ   215
- 8.5   Adverbiale   215
- 8.5.1   Der adverbiale Ausdruck < ... **ni tsuite** (〜について /über ...) >   215
- 8.5.2   Der adverbiale Ausdruck < ... **to shite** (〜として /als ...) >   216
- 8.6   Das Pseudo-Nomen **koto** (こと / 事)   216

9   **Grammatik der Lektion 9**
- 9.1   Eine Bitte äußern: *Bitte* ...   217
- 9.1.1   Bitte um einen Gegenstand: < ... **o kudasai** (〜を下さい) >   217
- 9.1.2   Bitte um eine Handlung: < TE-**kudasai** (〜て下さい) >   217
- 9.1.3   Bitte um Nichtdurchführung einer Handlung: < V1 + **nai de kudasai** (〜ないで下さい) >   218
- 9.2   Befehl   218
- 9.2.1   Ein neutraler Befehl: < V2 + **nasai** (〜なさい) >   218
- 9.2.2   Ein abrupter Befehl: < V5 >   218
- 9.3   Verpflichtung: *müssen*   219
- 9.3.1   < V1 + **naku te wa naranai** (〜なくてはならない) >   219
- 9.3.2   < V1 + **naku te wa ikenai** (〜なくてはいけない) >   219
- 9.3.3   < V1 + **nakere ba naranai** (〜なければならない) >   219
- 9.3.4   < V1 + **nakere ba ikenai** (〜なければいけない) >   220
- 9.4   Verbot: *nicht dürfen*   220
- 9.4.1   < TE **wa ikenai** (〜てはいけない) >   220
- 9.4.2   < TE **wa naranai** (〜てはならない) >   220
- 9.5   Erlaubnis: *dürfen*   220
- 9.5.1   Morphologie der TEMO-Form   220
- 9.5.2   < TEMO **ii** (〜てもいい) >   221
- 9.5.3   < TEMO **kamawanai** (〜てもかまわない) >   221
- 9.6   Empfehlung/Rat: *Es ist / wäre besser ...*   221
- 9.6.1   < TA + **hou ga ii** (〜た方がいい) >   222

9.6.2	< V1 + **nai** + **hou ga ii** (〜ない方がいい) >	222
9.7	Aufforderung (*Lasst uns* ...) / Angebot (*Soll ich* ...)	222
9.7.1	HV **u** (う) und **you** (よう)	222
9.7.2	Aufforderung/Vorschlag: < V2 + **mashou** (〜ましょう) >; < V2 + **masen ka** (〜ませんか) >; < V2 + **mashou ka** (〜ましょうか) >; < V1 + **nai** (〜ない) >; < V6 + **u/you** (〜う／よう) >	223
9.7.3	Vorschlag: < V2 + **masen ka** (〜ませんか) > und < V1 + **nai** (〜ない) >	224
9.7.4	Angebot: < V2 + **mashou ka** (〜ましょうか) > und < V6 + **u/you ka** (〜うか／ようか) >	224
9.8	Nicht-Notwendigkeit: < V1 + **naku** TEMO **ii** (〜なくてもいい) >	224
10	**Grammatik der Lektion 10**	
10.1	Pseudo-Nomen (**Keishiki-Meishi**/形式名詞)	225
10.1.1	Morphosyntax	225
10.2	Der **toki**-Satz	226
10.2.1	Der Prädikatsstil im **toki**-Satz	227
10.2.2	Das Tempus des Prädikats im **toki**-Satz	227
10.2.2.1	Unterschiedlicher Standpunkt der Betrachtung	227
10.2.2.2	Besonderheiten der Verben **ik·u** (行く) und **kuru** (来る)	228
10.2.3	Das Subjekt im **toki**-Satz	229
10.3	Der **ato**-Satz: der Ausdruck der Vorzeitigkeit (*nachdem* ...)	229
10.4	Der **mae**-Satz: der Ausdruck der Nachzeitigkeit (*bevor* ...)	229
10.5	Ausdrücke der Gleichzeitigkeit	230
10.5.1	Der **aida**-Satz und der **aida-ni**-Satz	230
10.5.1.1	Das Subjekt im **aida**-Satz bzw. dem **aida-ni**-Satz	230
10.5.2	Der **mama**-Satz (*während* ...)	231
10.5.3	Der **nagara**-Satz (*während* ...)	231
10.5.4	Eine Zusammenfassung der Ausdrücke der Gleichzeitigkeit	232
10.6	Die Wortbildung mit dem Suffix **chuu/juu** (中)	232
10.7	Postpositionen der Lektion 10	233
10.7.1	PP **nagara** (ながら) zum Ausdruck einer Gleichzeitigkeit	233
10.7.2	PP **no** (の) zur Markierung eines Subjekts	233
☺☺☺	Vokabeln zur Erweiterung: Bürobedarf (文房具)	234
11	**Grammatik der Lektion 11**	
11.1	Postposition **to** (と) zur Markierung des Inhalts einer Handlung bzw. eines Geschehnisses	235
11.2	Direkte und indirekte Rede im Japanischen: < ... **wa** ... **to iu** (〜は〜と言う) >	235
11.2.1	Das Prädikat der direkten bzw. indirekten Rede	236
11.2.2	Attributive Verwendung der Satzstruktur zur direkten bzw. indirekten Rede: < N1 **to iu** N2 (N1 という N2) >	236
11.3	Meinungsäußerung: < ... **to omou** (〜と思う) >	237
11.3.1	Grammatische Einschränkung beim Meinungsäußerungssatz	237
11.4	PP **ga** (が) zum Ausdruck einer direkten Schilderung	237
11.5	Der progressive Aspekt der Verb-Form < V3 > bzw. < V2 + **masu** >	238
12	**Grammatik der Lektion 12**	
12.1	Der Positiv	239
12.1.1	Positive Gleichheit: < N1 **wa** N2 **to onaji kurai/gurai** ... >	239
12.1.2	Negative Gleichheit: < N1 **wa** N2 **hodo** ... **nai** >	239
12.2	Der Komparativ	240
12.2.1	Der Komparativ mit der PP **yori** (より): < N1 **wa** N2 **yori** ... >	240

12.2.2	Der Komparativ mit dem Verstärkungsadverb **yori** (より): < N **wa yori** ... >	240
12.2.3	Interrogativer Komparativ: < N1 **to** N2 **to dochira ga** ... **ka**? >	240
12.2.4	Komparative Antwort auf eine komparative Frage	240
12.2.5	Beispiele für interrogative Fragen und sich darauf beziehende Antworten	241
12.2.6	Gleichheitsverhältnis ausdrückende Antwort auf eine komparative Frage	242
12.2.7	Das Multiplikationsverhältnis: < N2 **wa** N2 **no** ...**-bai da** >	243
12.2.8	Das Bruchzahlenverhältnis: < N1 **wa** N2 **no** ...**-bun no** ... **da** >	243
12.3	Der Superlativ	243
12.3.1	Bildung der Superlativform	243
12.3.2	Der Superlativsatz	244
12.3.3	Der Gegenstand des Superlativs	244
12.3.4	Der interrogative Superlativsatz	245
12.3.5	Der Elativ	246

13	**Grammatik der Lektion 13**	
13.1	Die **wa-ga**-Satzstruktur	247
13.1.1	Desiderativ (Wunschäußerung): *jemand will etwas haben*	247
13.1.1.1	Einschränkung des desiderativen Ausdrucks	247
13.1.1.2	Desiderativ (Wunschäußerung): *jemand will etwas tun*	248
13.1.1.3	Einschränkung der grammatischen Person	249
13.1.2	Präferenz: Ausdrücke einer Vorliebe (Mögen oder Nicht-Mögen…)	249

14	**Grammatik der Lektion 14**	
14.1	Der Ausdruck der starken bzw. schwachen Seite: < N1 **wa** N2 **ga tokui/nigate da** >	251
14.2	Der Ausdruck der Fertigkeit: < N1 **wa** N2 **ga jouzu/heta da** >	251
14.2.1	Der Unterschied zwischen **tokui/nigate** und **jouzu/heta**	251
14.2.2	Adverbiale bzw. attributive Verwendung der KD **tokui/nigate** und **jouzu/heta**	252
14.3	Der Ausdruck einer Fähigkeit: < N1 **wa** N2 **ga deki·ru** >	252
14.4	Der Ausdruck des Verstehens: < N1 **wa** N3 **ga wakar·u** >	253
14.5	Der Ausdruck einer Notwendigkeit: < N1 **wa** N2 **ga ir·u** >	253
14.6	Das Pseudo-Nomen **koto** (こと / 事) zur Substantivierung eines Satzes	254
14.6.1	Die Verbindungsformen der Prädikate mit **koto** (こと / 事)	254
14.6.2	Das Subjekt im substantivierten Satz	254
14.6.3	Verwendung des substantivierten Satzes	255

15	**Grammatik der Lektion 15**	
15.1	Der Ausdruck des Besitzes: < N1 **wa** N2 **ga aru/nai** >	257
15.1.1	Der Unterschied zwischen dem Existenz- und Haben-Satz	257
15.2	Der Ausdruck einer Erfahrung: < N1 **wa** TA **koto ga aru/nai** >	258
15.3	Der Ausdruck der Häufigkeit einer Handlung bzw. eines Ereignisses: < N1 **wa** V3 **koto ga aru/nai/ooi/sukunai** >	258
15.4	Beschreibung eines Merkmals/Charakters eines Menschen	259
☺☺☺	Bezeichnungen der Körperteile	261

Japankarte

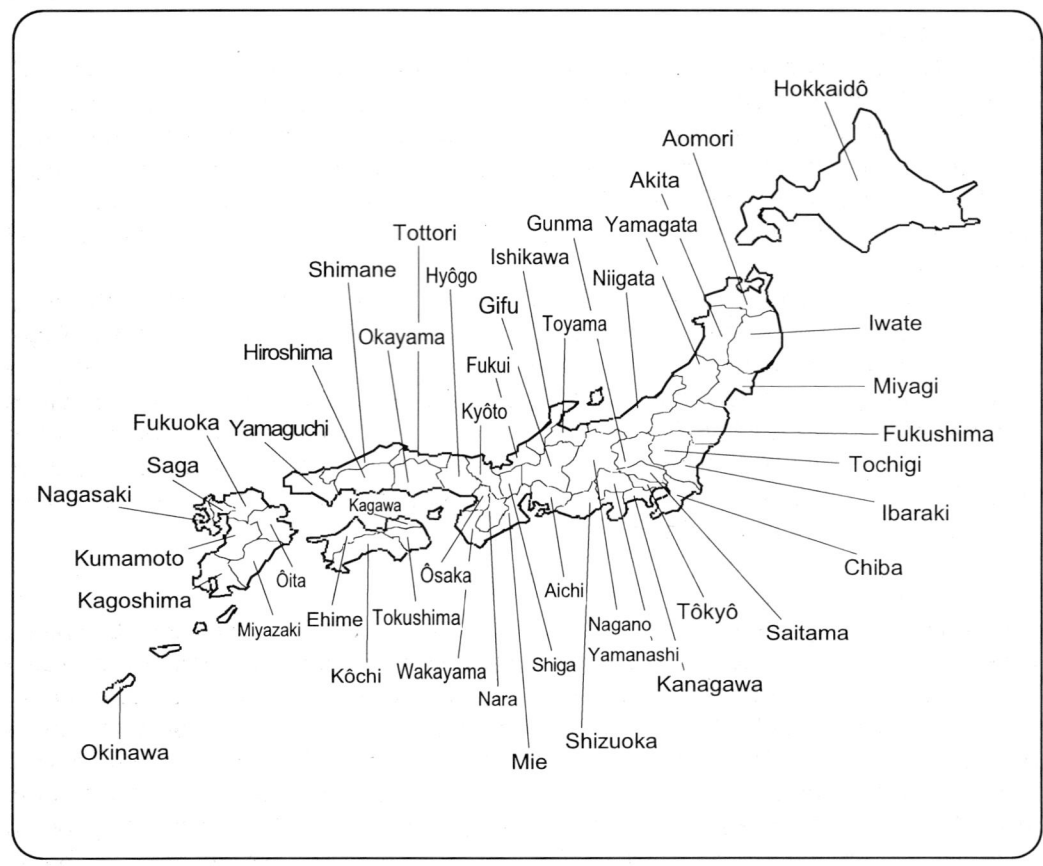

Vokabeln

Lektion 1…263	Lektion 6…279	Lektion 11…297
Lektion 2…265	Lektion 7…282	Lektion 12…300
Lektion 3…267	Lektion 8…285	Lektion 13…304
Lektion 4…270	Lektion 9…289	Lektion 14…308
Lektion 5…274	Lektion 10…293	Lektion 15…311

☺☺☺　Vokabeln zur Erweiterung: Fahrzeuge　314

Indizes

Vokabelindex (Japanisch—Deutsch)　315
Vokabelindex (Deutsch—Japanisch)　333
Index der Grammatik　350
Empfohlene Literatur　352

Einführung

0.1 Aufbau

Das vorliegende Lehrwerk besteht aus zwei Bänden. Jeder Band umfasst jeweils 15 Lektionen. Mit Ausnahme der Lektionen 1 bis 4 wird jede Einzellektion in vier Abschnitte unterteilt: Text A (ein Lesetext mit relativ geringem Schwierigkeitsgrad); Übungen (zur Einübung der gelernten Grammatik der jeweiligen Lektion); Konversation (ein im Alltag praktisch anwendbarer Text); Text B (ein Lesetext mit höherem Schwierigkeitsgrad zu landeskundlichen Themen wie z. B. Geschichte, Kultur, Wirtschaft, Literatur und Gesellschaft).

Die Grammatik sowie die Vokabeln der jeweiligen Lektionen werden im Schlussteil des Buchs dargestellt, so dass Lernende das Lehrwerk auch als Grammatiknachschlagewerk und als Vokabelübungsbuch verwenden können. Der japanisch-deutsche Vokabelindex sowie der deutsch-japanische Vokabelindex erfüllen die Funktion eines komprimierten Wörterbuches. Das Lehrwerk unterscheidet sich von seiner ersten Auflage dadurch, dass die Kanji-Listen der Lektionen in einem gesonderten Heft mit Übungsteil zusammengestellt worden sind. Lernende können daher beim Lesen der Texte leichter die ihnen unbekannten Schriftzeichen auffinden.

0.2 Rechtschreibung

Die japanische Regierung empfiehlt in Form einer Verordnung Richtlinien zum Gebrauch der japanischen Orthographie, aber in der Praxis und in den verschiedenen Fachgebieten (Lehrbüchern, Journalismus usw.) sind davon abweichend unterschiedliche Schreibweisen im Gebrauch. Auch dieses Lehrbuch weicht teilweise von diesen Richtlinien ab, da die Studierenden in kurzer Zeit möglichst viele Kanji erlernen sollen, weshalb auch Vokabeln, die heute in der Regel in Silbenschrift (Hiragana und Katakana: siehe Tabellen 4, 5 und 6) geschrieben werden, in der Kanji-Schreibweise dargeboten werden. Die Lehrenden sollten in ihrem Unterricht jeweils auf diese „Leseübungs-Kanji" hinweisen.

0.3 Schriftzeichen

Im Japanischen werden Hiragana (あ, い, う [siehe Tabelle 5]), Katakana (ア, イ, ウ [siehe Tabelle 6]) und Kanji (chinesische Schriftzeichen z. B. 亜, 伊, 宇) verwendet, neben diesen auch teilweise lateinische Schriftzeichen (*a, b, c*), römische (I, II, III) oder arabische Ziffern (1, 2, 3), griechische (β, γ, δ) oder sonstige Schriftzeichen (б, в, г, д).

Hiragana sind vereinfachte aus den Manyô-gana (chinesischen Zeichen, die als Phonogramme verwendet wurden) abgeleitete Schriftzeichen, die während der Heian-Zeit (794-1192) entwickelt wurden. Das moderne Japanisch weist insgesamt 46 Hiragana-Zeichen auf. Sie werden vorwiegend für Postpositionen und Flexionsendungen verwendet.

Katakana sind ebenfalls vereinfachte aus den Manyô-gana abgeleitete Schriftzeichen, die am Anfang der Heian-Zeit von buddhistischen Mönchen als Lesehilfszeichen entwickelt wurden. Sie unterscheiden sich allerdings in ihrer Form deutlich von den Hiragana-Zeichen, und man benutzt sie heute vorwiegend zur Wiedergabe von westlichen Personen- und Ortsnamen, Entlehnungen aus den europäischen Sprachen, oder von Pflanzen- sowie Tierbezeichnungen. Parallel zu den Hiragana gibt es insgesamt 46 Katakana-Zeichen.

Kanji sind chinesische Schriftzeichen, die eine über 3000 Jahre währende Geschichte aufweisen. Sie wurden etwa im 4. bis 5. Jahrhundert über Korea von China nach Japan eingeführt. Es gibt ca. 50.000 Kanji-Zeichen. Davon werden heute 5.000 bis 10.000 verwendet. Im Japanischen sind im Allgemeinen ca. 3.000 Kanji-Zeichen im Gebrauch. In der Regel können jedoch mit der Beherrschung von ca. 2.000 Kanji Zeitungen sowie Lehrbücher erschlossen werden. In diesem Lehrwerk werden in den verwendeten Texten ca. 1.000 Kanji eingeführt. Innerhalb der im Schlussteil aufgeführten Vokabellisten werden jedoch alle im Text aufgeführten Vokabeln soweit orthographisch vorgeschrieben in der Kanji-Schreibung dargeboten, weshalb insgesamt ca. 2000 Kanji Eingang ins vorliegende Lehrwerk gefunden haben. Lernende haben somit die Möglichkeit, die Beherrschung der aktiven bzw. passiven Kanji-Zahl ihren Lernzwecken entsprechend zu variieren.

0.4 Transkription

Es gibt drei verschiedene Transkriptionssysteme: Hebon-shiki (*Hepburn-System*), Kunrei-shiki (*das von der japanischen Regierung empfohlene System*) und Nihon-shiki (*Japan-System*). Die Transkription des Japanischen mit lateinischen Schriftzeichen folgt in diesem Lehrbuch bis auf die Langvokale dem Hepburn-System (siehe Tabellen 4, 7, 8 und 9).

0.5 Wortklassen des Japanischen

Das Lehrbuch klassifiziert japanische Wörter in elf Klassen: *1.* Nomen (abgekürzt mit **N** [jap. : Mei-shi / 名詞]); *2.* Keiyoushi-Adjektive (abgekürzt mit **K** [jap. : Keiyou-shi / 形容詞]), die etymologisch japanischer Herkunft sind; *3.* Keiyoudoushi-Adjektive (abgekürzt mit **KD** [jap. : Keiyoudou-shi / 形容動詞]), die auf chinesische oder europäische Lexeme (kleinste Bedeutungseinheiten auf der Wortebene) zurückgehen; *4.* Rentaishi-Adjektive (abgekürzt mit **R** [jap. : Rentai-shi / 連体詞]); *5.* Verben (abgekürzt mit **V** [jap. : Dou-shi / 動詞]); *6.* Hilfsverben (abgekürzt mit **HV** [jap. : Jodou-shi / 助動詞]), die agglutinierende flektierbare Suffixe darstellen; *7.* Adverbien (abgekürzt mit **ADV** [jap. : Fuku-shi / 副詞]); *8.* Suushi ([jap. : Suu-shi / 数詞]), die sich aus einer Zahl und einem Zähleinheitswort zusammensetzen und syntaktisch (Satzbau betreffend) als Nomen bzw. Adverbien verwendet werden können; *9.* Postpositionen (abgekürzt mit **PP** [jap. : Jo-shi / 助詞]), die kasusmarkierende, kopulative, adverbiale, konjunktive und interjektionale Funktionen innehaben; *10.* Interjektionen ([jap. : Kantou-shi / 間投詞]), die Emotionen des Sprechers zum Ausdruck bringen; *11.* Konjunktionen (abgekürzt mit **KONJ** [jap. : Setsuzoku-shi / 接続詞]), die neue Sätze einleiten.

0.6 Phonetik und Phonologie
0.6.1 Konsonanten und Vokale

In der Standardsprache des Japanischen kommen Konsonanten (Sprachlaute, die durch Stoppen bzw. Beeinträchtigung der Luftströmung aus den Lungen in die Mund- bzw. Nasenhöhle produziert werden) vor, die in Tabelle 1 „Japanische Konsonanten" aufgeführt werden. Im Folgenden einige Beispiele von Vokabeln in phonetischer Transkription, in denen Konsonanten ersichtlich sind:

犯人 [haɲɲiɴ] *Täter*, 歓迎 [kaŋŋe:] *Willkommen*, パン [paɴ] *Brot*, 輪 [ɰa] *Ring / Kreis*, 北海道 [hoʔkaido:] *Hokkaidô*, 小学校 [ɕjo:gaʔko:] bzw. [ɕjo:ɣaʔko:] *Grundschule*, 光り [çikaɾɯ] *Licht*, 螢 [ɸotaɾɯ] *Glühwürmchen*.

Das Japanische hat fünf Vokale: [a], [i], [ɯ], [e] und [o]. Diagramm 1 zeigt die

Tabelle 1: Japanische Konsonanten

② \ ①	labial		apikal				dorsal (uvular)				glottal
	bilabial stl. sth.	labio-dental	dental	alveolar	post-alveolar	alveo-palatal	palatal	velar	uvular	pharyngal	glottal
plosiv	p b		t d					k g			ʔ
nasal	m		n				ɲ	ŋ	N		
gerollt											
geschlagen				ɾ							
frikativ	ɸ		s z		ɕ ʑ	ç		ɣ			h
affrikativ			ts		cɕ						
approximant							j	ɰ			
lateral-approximant											
ejektiv											
implosiv											

①Artikulationsort; ②Artikulationsweise

Artikulationsstellen der japanischen Vokale auf.

Diagramm 1: Japanische Vokale

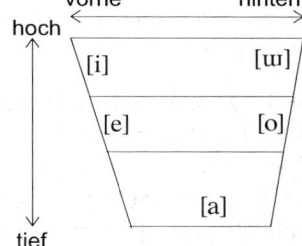

0.6.2 Stimmlosigkeit der Vokale [i] und [ɯ]

Wenn der hohe vordere Vokal [i] sowie der hohe hintere Vokal [ɯ] zwischen Konsonanten bzw. am Wortende nach einem Konsonanten stehen, werden sie in der Regel stimmlos: 人 [çi̥to] *Mensch* oder 草 [kɯ̥sa] *Gras*. Der kleine Kreis unter den Vokalen ist ein phonetisches diakritisches Zeichen (Zusatzzeichen), das auf die Stimmlosigkeit hinweist.

0.6.3 More

More entstammt aus dem lateinischen Wort *mora* (Zeitraum). Innerhalb der Linguistik bedeutet dies „phonologisch kleinste Zeiteinheit für die Silbendauer". Im Japanischen stellen alle einzelnen 107 Kana-Schriftzeichen (siehe Tabelle 4) jeweils eine More dar. Tabelle 2 zeigt ihre phonotaktischen (Ordnung der Lautkombinationen betreffende) Möglichkeiten auf. おとうさん [otoːsaɴ] ist daher fünf-morig und いっぷんかん [iʔpɯŋkaɴ] ist sechs-morig.

Tabelle 2: Phonotaktik und japanische Schriftzeichen

	Lautkombination	Transkription	phonetische Zeichen	japanische Schriftzeichen
1.	K + V	ka	[ka]	か
2.	K + HK + V	kya	[kja]	きゃ
3.	HK + V	ya	[ja]	や
4.	K (Nasal)	n	[ɲ], [ŋ], [ɴ]	ん
5.	K (glottaler Plosiv)	kk, pp, ss, tt	[ʔ]	っ
6.	/R/ (Langvokale)	â, î, û, ê, ô, aa, ii, uu, ee, ei, oo, ou	[aː], [iː], [ɯː], [eː], [oː]	アー、イー、ウー、エー、オー ああ、いい、うう、ええ、えい、 おお、おう

Abkürzungen: K = Konsonant; V = Vokal; HK = Halbkonsonant (Das Phonem [j] fungiert phonologisch wie ein Konsonant und wird daher Halbkonsonant genannt.); K (glottaler Plosiv): In der japanischen Linguistik wird dies als Phonem /Q/ dargestellt; /R/ = Längung eines Vokals (Das Phonem /R/ existiert ausschließlich in der japanischen Linguistik.)

0.6.4 Akzent

Während das Deutsche einen dynamischen Akzent (stark oder schwach) aufweist, besitzt das Japanische einen musikalischen Akzent (hoch oder tief). Wie bereits in 0.6.3 erwähnt, stellt jedes einzelne japanische Zeichen eine More dar. Tabelle 3 zeigt schematisch die Akzentregeln der japanischen Standardsprache (Tokyo-Dialekt) auf.

Wegen der Vielzahl der Homophone (gleichlautender Lexeme mit unterschiedlichen Bedeutungen) wird zur Feststellung der Position des Akzentkerns (die letzte Hoch-More: siehe 5 in der Tabelle 3) die kasus-markierende Postposition **ga** (が) der Vokabel nachgestellt.

Tabelle 3: Schematische Darstellung der Akzentregeln im Japanischen

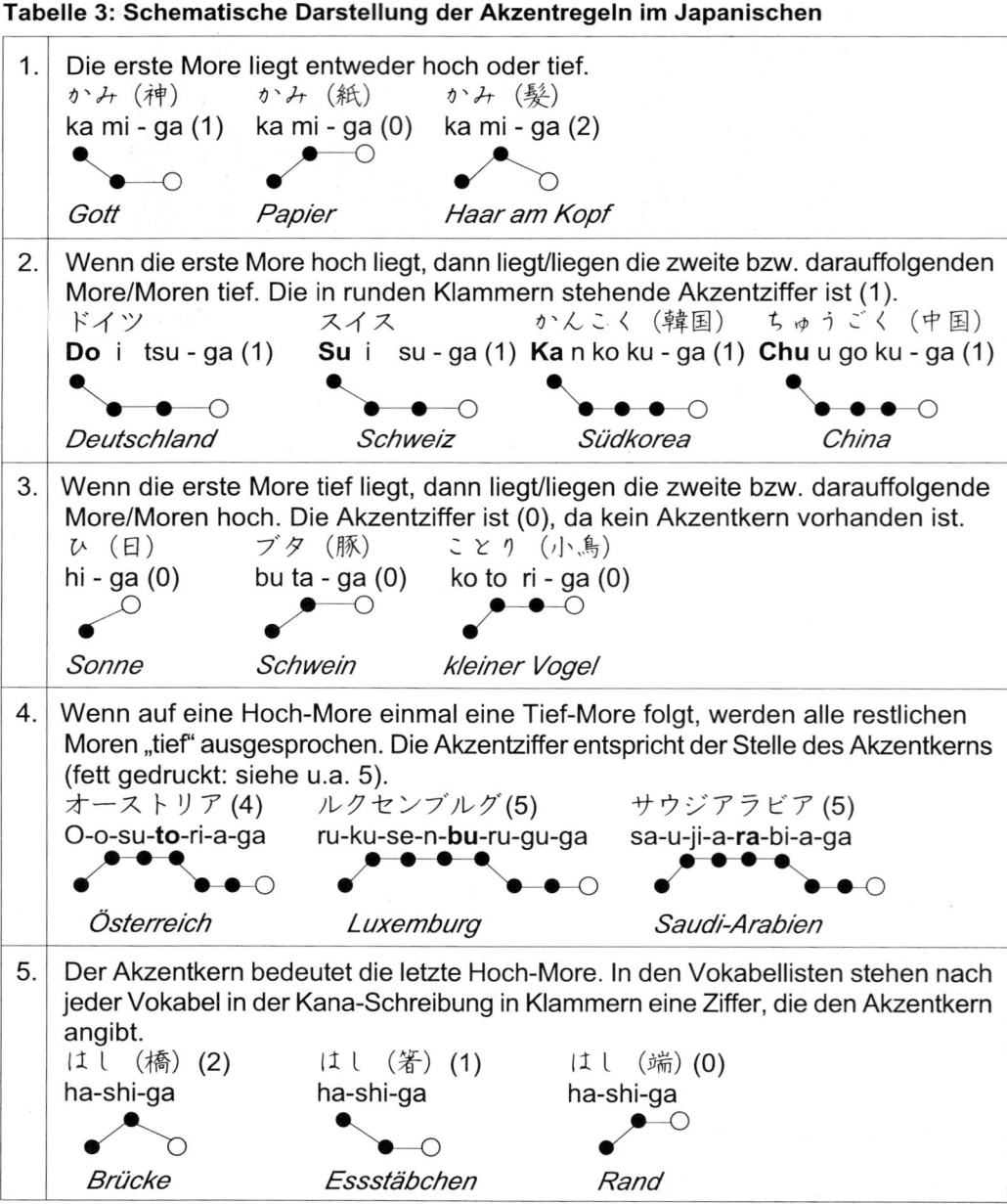

Lektion 1

第一課

Text A （テキストA）： これはさくらです

▲Kirschblüte im Ueno-Park, Tokyo

1

Herr Peters befindet sich in Japan und begegnet an einem schönen Tag in einem Park Herrn Imai. Sie stellen sich gegenseitig vor.

ペータース：こんにちは。 わたしは ペータースです。ドイツ人です。
今　井：こんにちは。 わたしは 今井です。 日本人です。 ペータースさんは 学生ですか。
ペータース：はい、学生です。 今井さんも 学生ですか。
今　井：いいえ、わたしは 学生ではありません。 会社員です。

2

Herr Peters sieht im Park Bäume und Blumen an.

ペータース：これは さくらですか。
今　井：はい、そうです。 さくらです。
ペータース：これも さくらですか。
今　井：いいえ、それは さくらではありません。
ペータース：何の 花ですか。
今　井：ももです。 さくらではありません。
ペータース：これは さくらですか、ももですか。
今　井：それは ももです。
ペータース：あれは ばらですか。
今　井：はい、そうです。

3

Agnes und Herman kommen zu den beiden. Herr Peters stellt Herrn Imai seine Bekannte Agnes und seinen Cousin Herman vor.

ペータース：今井さん、アグネスです。アグネス、こちらは今井さんです。
アグネス：はじめまして。アグネスです。
今　井：はじめまして。今井です。
ペータース：今井さん、私の　いとこです。名前は　ヘルマンです。
ヘルマン：ヘルマンです。どうぞよろしく。
今　井：今井です。よろしく。アグネスさんも、ペータースさんの
　　　　　いとこですか。
ペータース：いいえ、アグネスは　わたしの　妹の　ともだちです。
今　井：アグネスさんと　ヘルマンさんも　学生ですか。
アグネス：いいえ、わたしたちは　学生ではありません。
ヘルマン：会社員です。
今　井：日本の　会社ですか。
ヘルマン：いいえ、わたしの　会社は　ドイツの　銀行です。
今　井：アグネスさんの　会社は　何の　会社ですか。
アグネス：わたしの　会社は　ドイツの　車の　会社です。
今　井：そうですか。

4

▽Alter Postkasten

Alle verlassen den Park und gehen ins Stadtzentrum.

ヘルマン：すみません。ここは　どこですか。
今　井：六本木です。
ヘルマン：銀行は　どこですか。
今　井：あそこです。
アグネス：郵便局は　どこですか。
今　井：郵便局は　あそこです。
アグネス：あそこは　スーパーですか、コンビニですか。
今　井：コンビニです。

Lektion 1

Übungen (練習問題)

Übung 1 Bilde entsprechend nachfolgender Satzstruktur mit den angegebenen Vokabeln Sätze. N1 ist ein Demonstrativpronomen und N2 ist ein Substantiv.

| N1(Gegenstand) | wa | N2 (Gegenstand) | desu |. *N1 ist N2.*

Kore **wa** hon **desu**.
これは本です。
Das ist ein Buch.

are / kore (Sprecher) / sore (Hörer) / are

N1: Demonstrativpronomen; N2: Gegenstand

N1: kore / これ, sore / それ, are / あれ

N2:
1. hana
2. bara
3. sakura
4. momo
5. chûrippu

N2:
6. pen
7. bôrupen
8. enpitsu
9. keshigomu
10. nôto

N2:
11. kitte
12. meishi
13. shinbun
14. hon

Übung 2 Bilde entsprechend nachfolgender Satzstruktur mit den angegebenen Vokabeln Sätze.

| N1(Ort) | wa | N2 (Ort) | desu |. *N1 ist N2. / Wir befinden uns in N2.*

Koko wa yuubin-kyoku desu.
ここは郵便局です。
*Hier ist das Postamt. /
Wir befinden uns im Postamt.*

asoko / koko (Sprecher) / soko (Hörer) / asoko

N1: Demonstrativpronomen; N2: Ort (Institution, Gebäude usw.)

N1: koko / ここ, soko / そこ, asoko / あそこ

N2:
1. daigaku
2. ginkou
3. resutoran
4. sûpâ
5. toire
6. konbini
7. Berurin

N2:
8. gakushoku
9. kafeteria
10. kyoushitsu
11. toshokan
12. daigaku
13. kitsuen-kônâ
14. Toukyou

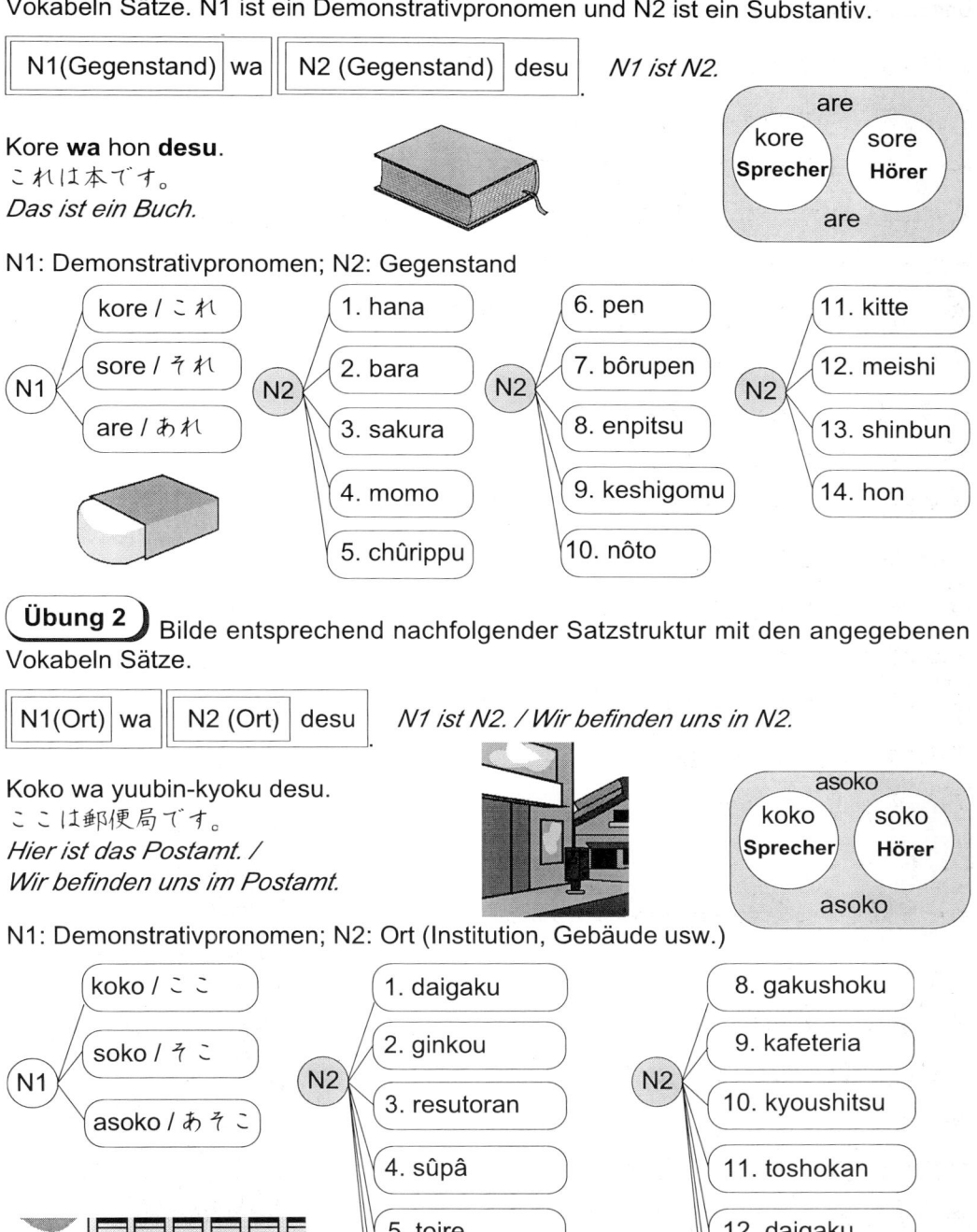

Übung 3 Bilde entsprechend nachfolgender Satzstruktur mit den angegebenen Vokabeln Sätze. N1 ist jemand, der entweder mittels Personennamen oder Personalpronomen ausgedrückt wird, und N2 stellt einen Beruf oder eine Nationalität dar.

| N1(Person) | wa | N2 | desu |.   *N1 ist N2.*

Watashi **wa** gakusei **desu**.
私は学生です。
Ich bin Student/Studentin.

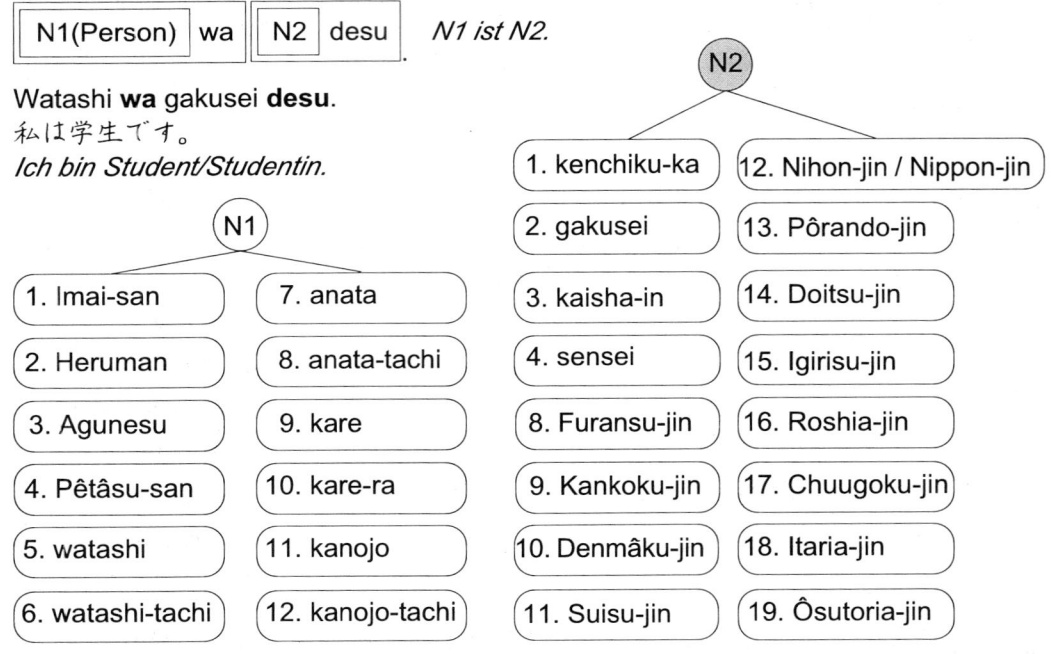

Übung 4 Bilde entsprechend nachfolgender Satzstruktur mit den angegebenen Vokabeln die < N1 no N2 >-Konstruktion. N1 wird attributiv zur genaueren Bestimmung von N2 verwendet.

| N1 | no | N2 | *N2 von N1*

kaisha no kuruma
会社の車
ein Auto der Firma / Firmenwagen

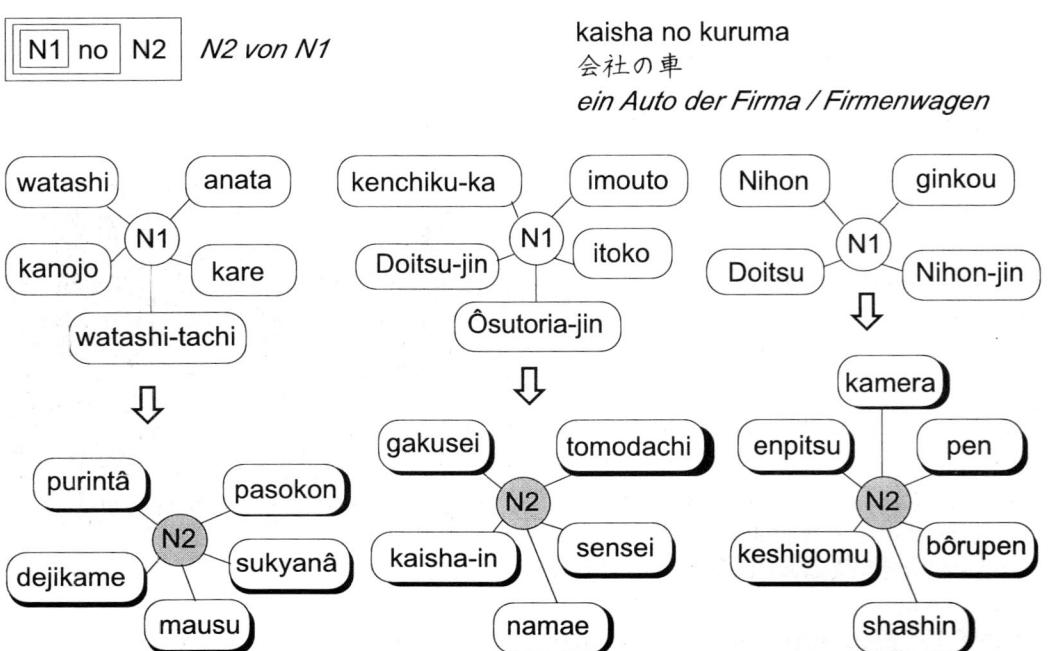

Lektion 1

Übung 5 Bilde entsprechend nachfolgender Satzstruktur mit den angegebenen Vokabeln Sätze.

| R | N1 | wa | N2 | no | N1 | desu |

Kono hon wa watashi no hon desu.
この本は私の本です。
Das ist mein Buch.

```
            ano
         kono   sono
      Sprecher  Hörer
            ano
```

R
1. kono
2. sono
3. ano

N1
1. hana
2. enpitsu
3. pen
4. bôru-pen
5. keshi-gomu
6. kitte
7. hon
8. nôto
9. shinbun
10. meishi
11. pasokon
12. purintâ
13. dejikame
14. sukyanâ
15. mausu
16. kamera
17. shashin
18. tsukue

N2
1. itoko
2. imouto
3. otouto
4. kenchiku-ka
5. gakusei
6. sensei
7. kaisha-in

Übung 6 Bilde entsprechend nachfolgender Satzstruktur Verneinungssätze.

| N1 | wa | N2 | de | wa | arimasen |

Watashi wa Nihon-jin de wa arimasen.
私は日本人ではありません。
Ich bin kein Japaner / keine Japanerin.

Übung 7 Bilde entsprechend nachfolgender Satzstruktur Fragesätze.

| N1 | wa | N2 | desu | ka |?

Anata wa Doitsu-jin desu ka?
あなたはドイツ人ですか。
Sind Sie Deutsche/Deutscher?

| N1 | wa | N2 | de | wa | arimasen | ka |?

Anata wa Doitsu-jin de wa arimasen ka?
あなたはドイツ人ではありませんか。
Sind Sie keine Deutsche / kein Deutscher?

Straßenmusikanten in Harajuku, Tokyo

Übung 8 Schreibe die Übungsaufgaben 1 bis 5 mit Hiragana und Katakana.

Konversation（会話）：はじめまして

1

Herr Koch stellt sich Frau Yamada vor.

コッホ：はじめまして。私は コッホです。どうぞ よろしく。
山　田：はじめまして。山田です。どうぞ よろしく。これは 私の 名刺です。
コッホ：どうも。これは 私の 名刺です。
山　田：どうも ありがとう ございます。失礼ですが、お国は どちらですか。
コッホ：ドイツです。
山　田：ドイツの どちらですか。
コッホ：ボンです。
山　田：ああ、ボンですか。
コッホ：はい。

2

Frau Yamada sieht seine Visitenkarte genauer an.

山　田：お仕事は、建築家ですか。
コッホ：はい、そうです。
山　田：そう ですか。私の 弟も 建築家です。
コッホ：そう ですか。
山　田：ええ。

Herr Koch sieht die Visitenkarte von Frau Yamada genauer an.

コッホ：お仕事は、日本語の 先生ですね。
山　田：はい、そうです。

3

Frau Tanaka kommt zu den beiden.

山　田：ああ、田中さん、今日は。
田　中：今日は。
山　田：田中さん、こちらは ドイツの コッホさんです。
田　中：はじめまして。よろしく。
コッホ：はじめまして。どうぞ よろしく。

Japanische Grußworte

Grußworte innerhalb eines Tages werden in der Regel im Deutschen nach der Uhrzeit gewählt; Japaner gebrauchen ein geeignetes Grußwort entsprechend der Helligkeit/Dunkelheit. Das bedeutet, dass man in Deutschland im Sommer gegen sieben Uhr abends den Gruß *Guten Abend!* verwendet, Japaner hingegen werden eher *Guten Tag!* sagen, da es draußen noch hell ist.

O-hayou.	おはよう。	*Guten Morgen!*
O-hayou gozai-masu.	おはようございます。	*Guten Morgen!*
Konnichi wa.	こんにちは。	*Guten Tag!*
Konban wa.	今晩は。	*Guten Abend!*
O-yasumi-nasai.	お休みなさい。	*Gute Nacht!*

Japaner wählen beim Verabschieden je nach dem *Grad der Vertrautheit* zwischen dem Sprecher und dem Hörer ein geeignetes Grußwort. Im Deutschen gibt es eine ähnliche Unterscheidung, nämlich die *du*-Form und die *Sie*-Form. Bei den unten aufgeführten Ausdrücken gibt es der Vertrautheit entsprechend eine hierarchisch vorgegebene Variierung. Der Ausdruck **shitsurei- shi-masu** (失礼します) wirkt daher sehr formell. Der Ausdruck **sayounara** (さようなら) weist zudem eine Verwendungseinschränkung auf: er wird verwendet, wenn die Wahrscheinlichkeit, dass sich der Sprecher und der Hörer innerhalb desselben Tages wieder sehen werden, sehr gering ist. Bei den anderen Ausdrücken gibt es diese Einschränkung nicht.

Ja.	じゃ。	*Also, dann. / Tschüss!*
Ja, mata.	じゃ、また。	*Also, dann. / Tschüss! / Bis zum nächsten Mal.*
Sayounara.	さようなら。	*Auf Wiedersehen!*
Soredewa, nochi hodo.	それでは、のちほど。	*Auf Wiedersehen! Bis später.*
Soredewa, mata.	それでは、また。	*Auf Wiedersehen! Bis zum nächsten Mal.*
Shitsurei-shi-masu.	失礼します。	*Auf Wiedersehen!*

Kirschblüte ▷

Tabelle 4: Die japanischen Schriftzeichen

	1. Spalte				2. Spalte				3. Spalte			4. Spalte		
	a	i	u	e o	a	i	u	e o	ya	yu	yo	ya	yu	yo
	あ	い	う	え お										
	ア	イ	ウ	エ オ										
k	ka	ki	ku	ke ko	ga	gi	gu	ge go	kya	kyu	kyo	gya	gyu	gyo
	か	き	く	け こ	が	ぎ	ぐ	げ ご	きゃ	きゅ	きょ	ぎゃ	ぎゅ	ぎょ
	カ	キ	ク	ケ コ	ガ	ギ	グ	ゲ ゴ	キャ	キュ	キョ	ギャ	ギュ	ギョ
s	sa	**shi**	su	se so	za	**ji**	zu	ze zo	sha	shu	sho	ja	ju	jo
	さ	し	す	せ そ	ざ	じ	ず	ぜ ぞ	しゃ	しゅ	しょ	じゃ	じゅ	じょ
	サ	シ	ス	セ ソ	ザ	ジ	ズ	ゼ ゾ	シャ	シュ	ショ	ジャ	ジュ	ジョ
t	ta	**chi**	**tsu**	te to	da	**ji**	**zu**	de do	cha	chu	cho	ja	ju	jo
	た	ち	つ	て と	だ	ぢ	づ	で ど	ちゃ	ちゅ	ちょ	ぢゃ	ぢゅ	ぢょ
	タ	チ	ツ	テ ト	ダ	ヂ	ヅ	デ ド	チャ	チュ	チョ	ヂャ	ヂュ	ヂョ
n	na	ni	nu	ne no					nya	nyu	nyo			
	な	に	ぬ	ね の					にゃ	にゅ	にょ			
	ナ	ニ	ヌ	ネ ノ					ニャ	ニュ	ニョ			
h	ha	hi	**fu**	he ho	ba	bi	bu	be bo	hya	hyu	hyo	bya	byu	byo
	は	ひ	ふ	へ ほ	ば	び	ぶ	べ ぼ	ひゃ	ひゅ	ひょ	びゃ	びゅ	びょ
	ハ	ヒ	フ	ヘ ホ	バ	ビ	ブ	ベ ボ	ヒャ	ヒュ	ヒョ	ビャ	ビュ	ビョ
					pa	pi	pu	pe po	pya	pyu	pyo			
					ぱ	ぴ	ぷ	ぺ ぽ	ぴゃ	ぴゅ	ぴょ			
					パ	ピ	プ	ペ ポ	ピャ	ピュ	ピョ			
m	ma	mi	mu	me mo					mya	myu	myo			
	ま	み	む	め も					みゃ	みゅ	みょ			
	マ	ミ	ム	メ モ					ミャ	ミュ	ミョ			
y	ya		yu	yo										
	や		ゆ	よ										
	ヤ		ユ	ヨ										
r	ra	ri	ru	re ro					rya	ryu	ryo			
	ら	り	る	れ ろ					りゃ	りゅ	りょ			
	ラ	リ	ル	レ ロ					リャ	リュ	リョ			
w	wa			o	n									
	わ			を	ん										
	ワ			ヲ	ン										

Anzahl der Schriftzeichen:

(45 + 1 =) 46   +   25   +   24   +   12   =   **107**

Die japanischen Schriftzeichen

Tabelle 4 umfasst die 107 japanischen *Kana*-Schriftzeichen. *Kana* sind Silbenzeichen, die durch die Vereinfachung der chinesischen Schriftzeichen im 9. Jh. entwickelt wurden; sie werden in *Hiragana* und *Katakana* unterteilt. In jedem Kästchen steht in der obersten Zeile zuerst die Transkription mittels lateinischer Buchstaben (*Rôma-ji*/ローマ字) nach dem Hepburn-System. In der mittleren Zeile werden die Hiragana und in der unteren schließlich Katakana-Schriftzeichen aufgeführt.

Die erste linke Spalte der Tabelle 4 umfasst 46 Schriftzeichen. Zuerst werden die japanischen fünf Vokale /a, e, u, o, i/ aufgeführt, die in der Reihenfolge /a, i, u, e, o/ horizontal angeordnet sind: あ [a], い [i], う [ɯ], え [e] und お [o]. Die Konsonanten einschließlich Semikonsonanten (bzw. Semivokale) /y, w/ werden in der Reihenfolge /k, s, t, n, h, m, y, r, w/ vertikal angeordnet. Die s-Zeile enthält ferner den Konsonanten [ɕ] für **shi** [ɕi] und die t-Zeile [tɕ] und [ts] für jeweils **chi** [tɕi] und **tsu** [tsɯ]. Diese Spalte zeigt für die erste Zeile die Phonotaktik (Kombination der Vokale *V* und Konsonanten *K*) „V (Vokal)" und für die restlichen Zeilen bis auf [o] を der w-Zeile „KV (ein stimmloser Konsonant und ein Vokal)". Hierzu kommt noch der Nasal /n/ ん, der außerhalb dieses phonologischen Systems liegt.

Die zweite Spalte umfasst insgesamt 25 Kana-Schriftzeichen, die aus den stimmhaften Konsonanten [g], [ʑ], [dʑ], [d], [b] sowie dem stimmlosen bilabialen Plosiv [p] und den Vokalen /a, i, u, e, o/ zusammengesetzt sind. Die Stimmhaftigkeit von Konsonanten [g], [ʑ], [dʑ], [d] und [b] wird dadurch markiert, dass jeweils oberhalb der Schriftzeichen wie z. B. か [ka], き [ki], く [kɯ], け [ke] und こ [ko] zwei kleine schräge Striche (") hinzugefügt werden, wodurch die Lautungen が [ga], ぎ [gi], ぐ [gɯ], げ [ge] und ご [go] kenntlich gemacht werden. Hingegen wird für die Laute, die sich aus dem stimmlosen Konsonanten [p] und den Vokalen /a, i, u, e, o/ zusammensetzen, ein kleiner Kreis (°) oberhalb der Schriftzeichen は [ha], ひ [çi], ふ [ɸɯ], へ [he] und ほ [ho] hinzugefügt: ぱ [pa], ぴ [pi], ぷ [pɯ], ぺ [pe] und ぽ [po].

Die dritte und vierte Spalte (jeweils 24 bzw. 12 Schriftzeichen) stellen die palatalisierten Laute dar (Vokale und Konsonanten, die durch die Veränderung der Artikulationsstelle auf dem harten Gaumen gebildet werden). Die Schriftzeichen der dritten Spalte setzen sich aus den Konsonanten [k], [ɕ], [tɕ], [n], [h], [p], [m] und [ɾ] sowie dem Halbkonsonanten [j] mit den Vokalen [a], [ɯ] und [o] zusammen: z. B. きゃ [kja], きゅ [kjɯ], きょ [kjo]. Die Schriftzeichen der vierten Spalte stellen Laute dar, die aus den stimmhaften Konsonanten [g], [dʑ] und [b], und den Halbkonsonanten [j] mit den Vokalen [a], [ɯ] und [o] bestehen: z. B. ぎゃ [gja], ぎゅ [gjɯ], ぎょ [gjo]. Graphemisch (=Schriftzeichen betreffend) sind die palatalisierten Laute eine Zusammensetzung von き [ki], し [ɕi], ち [tɕi], に [ni], ひ [çi], み [mi] und り [ɾi], (das zweite Schriftzeichen der jeweiligen Zeile der ersten Spalte) und や [ja], ゆ [jɯ], よ [jo] der y-Zeile der ersten Spalte, die als Kleinschreibung verwendet werden.

Tabelle 10 enthält 32 Katakana-Schriftzeichen, die in Tabelle 4 nicht aufgeführt worden sind. Sie geben die Laute wieder, die ursprünglich im Japanischen nicht vorhanden waren, jedoch durch den Sprachkontakt mit europäischen Sprachen in das japanische phonetische System neu aufgenommen worden sind.

Tabelle 5: Die *Hiragana*-Schriftzeichen

	a	i	u	e	o
	あ	い	う	え	お
k	か	き	く	け	こ
s	さ	し	す	せ	そ
t	た	ち	つ	て	と
n	な	に	ぬ	ね	の
h	は	ひ	ふ	へ	ほ
m	ま	み	む	め	も
y	や		ゆ		よ
r	ら	り	る	れ	ろ
w	わ				を

n
ん

Insgesamt 46 (45 + 1) Hiragana-Schriftzeichen.

Lektion 1

Tabelle 6: Die *Katakana*-Schriftzeichen 1

	a	i	u	e	o
	ア	イ	ウ	エ	オ
k	カ	キ	ク	ケ	コ
s	サ	シ	ス	セ	ソ
t	タ	チ	ツ	テ	ト
n	ナ	ニ	ヌ	ネ	ノ
h	ハ	ヒ	フ	ヘ	ホ
m	マ	ミ	ム	メ	モ
y	ヤ		ユ		ヨ
r	ラ	リ	ル	レ	ロ
w	ワ				ヲ

n
ン

Insgesamt 46 (45 + 1) Katakana-Schriftzeichen.

Orthographische Regeln

Im Folgenden werden kurz einige Regeln der Rechtschreibung erläutert:

1. Langvokale

Langvokale werden unterschiedlich graphemisch dargestellt, je nachdem, ob man in Hiragana oder Katakana schreibt (siehe Tabellen 8 und 9). Bei der Hiragana-Schreibung werden die Schriftzeichen zweifach nacheinander geschrieben, um die Langvokale zu kennzeichnen; für die Langvokale [e:] und [o:] gibt es zwei verschiedenen Schreibweisen, die von den jeweilig verwendeten Vokabeln abhängen (siehe Tabellen 8 und 9). Die Langvokale nach Konsonanten werden bei den Katakana dadurch kenntlich gemacht, dass man bei der horizontalen Schreibweise dem jeweiligen Katakana-Schriftzeichen einen Längungsstrich (―) nachstellt (wie z. B. カーナビ /*Autonavigation*) bzw. bei der vertikalen Schreibweise einen vertikalen Längungsstrich (｜): カ
｜
ナ
ビ

2. Der glottale Plosiv [ʔ]

Der glottale Plosiv [ʔ] wird mit dem Schriftzeichen **tsu** (っ bzw. ッ) in Kleinschreibung wiedergegeben. Bei der Hepburn-Transkription wird das kleine **tsu** (っ bzw. ッ) in folgenden Doppelkonsonanten verwendet, die bei den japanischen (**wago**/ 和語) und sino-japanischen (**kango**/ 漢語) Lexemen (den kleinsten Bedeutungsträgern in einer Wortform) vorkommen.

1) -tc- **itc**hi [iʔtɕi] いっち 一致 *Übereinstimmung*
2) -kk- **ikk**a [iʔka] いっか 一課 *eine Lektion*
3) -ss- **iss**hu [iʔɕjɯ] いっしゅ 一種 *eine Sorte*
4) -tt- **ott**e [oʔte] おって 追っ手 *Verfolger*
5) -pp- **ipp**o [iʔpo] いっぽ 一歩 *ein Schritt*

Doppelkonsonanten, die von Fremdwörtern der europäischen Sprachen herrühren (**gairaigo**/ 外来語), zeigen andere Kombinationen der Konsonanten, die ebenfalls mit dem kleinen **tsu** (っ bzw. ッ) wiedergegeben werden. Im Folgenden einige Beispiele:

be**dd**o (ベッド /*bed*), ba**gg**u (バッグ /*bag*), Hainri**hh**i (ハインリッヒ /*Heinrich*) usw.

3. Graphemische Darstellungen für [dʑi] und [dzɯ]

Die Schriftzeichen じ und ぢ sowie ず und づ werden im modernen Japanisch lautlich identisch ausgesprochen (jeweils [dʑi] und [dzɯ]). Sie werden aber wegen ihrer unterschiedlichen etymologischen Herkunft heute noch unterschiedlich geschrieben. In den meisten Fällen wird じ für **ji** [dʑi] und ず für **zu** [dzɯ] verwendet: **hajime** (はじめ [始め]/*Anfang*); **jikan** (じかん [時間]/*Zeit, Uhrzeit*); **jijitsu** (じじつ [事実]/*Tatsache, Wahrheit*) usw. Nur bei bestimmten Vokabeln werden ぢ und づ verwendet: **hanaji** (はなぢ [鼻血]) /*Nasenbluten*); **tsuzukeru** (つづける [続ける]/*fortsetzen*) usw.

4. Der Topikmarkierer *wa* (は)

Die kasusmarkierende Postposition **wa** [wa] zur Kennzeichnung eines Satzthemas wird nicht わ [wa], sondern は [ha] geschrieben; は [ha] wird als Themamarkierer jedoch [wa] ausgesprochen (siehe Grammatik 1.2.2 und 3.5.5).

Lektion 1

Tabelle 7: Graphemische Darstellungen der Langvokale

Transkription	Phonetische Transkription	Hiragana	Katakana
ā / â	[a:]	ああ	アー
ī / î	[i:]	いい	イー
ū / û	[ɯ:]	うう	ウー
ē / ê	[e:]	ええ bzw. えい	エー
ō / ô	[o:]	おお bzw. おう	オー

Tabelle 8: Der Langvokal [o:] mit der *ou*-Schreibweise

[oto:to]	otouto	おとうと	弟	*jüngerer Bruder*
[imo:to]	imouto	いもうと	妹	*jüngere Schwester*
[sajo:naɾa]	sayounara	さようなら		*Auf Wiedersehen!*
[aɾigato:]	arigatou	ありがとう		*Danke schön!*

Tabelle 9: Der Langvokal [o:] mit der *oo*-Schreibweise

[o:kii]	ookii	おおきい	大きい	*groß*
[to:]	too	とお	十	*zehn*
[to:i]	tooi	とおい	遠い	*weit*
[o:i]	ooi	おおい	多い	*viel*
[to:ɾi]	toori	とおり	通り	*Straße*
[ko:ɾi]	koori	こおり	氷	*Eis*

Kore **wa** hon desu.
これは本です。
[koɾewahoŋdes] / *Das ist ein Buch.*

5. Der Richtungsmarkierer *e* (へ)

Die kasusmarkierende Postposition **e** [e], die eine Richtung markiert, wird mit dem Schriftzeichen へ [he] geschrieben; gelesen wird へ [he] in dieser Funktion jedoch [e] (siehe Grammatik 4.4.3).

Watashi wa Nihon **e** iku.
私は日本へ行く。
[wataɕiwanihoŋeikɯ] / *Ich gehe nach Japan.*

6. Der Objektmarkierer *o* (を)

Die kasusmarkierende Postposition **o** [o] zur Kennzeichnung eines syntaktischen Objekts wird mit dem Schriftzeichen を und nicht mit dem Schriftzeichen お geschrieben (siehe Grammatik 4.4.1).

Watashi wa hon **o** yomu.
私は本を読む。
[wataɕiwahoŋoyomɯ] / *Ich lese ein Buch.*

Text A in Transkription

1. Herr Peters befindet sich in Japan und begegnet an einem schönen Tag in einem Park Herrn Imai. Sie stellen sich gegenseitig vor.

   Pêtâsu: Konnichi wa. Watashi wa Pêtâsu desu. Doitsu-jin desu.
   Imai: Konnichi wa. Watashi wa Imai desu. Nihon-jin desu. Pêtâsu-san wa gakusei desu ka?
   Pêtâsu: Hai, gakusei desu. Imai-san mo gakusei desu ka?
   Imai: Iie, watashi wa gakusei de wa arimasen. Kaisha-in desu.

2. Herr Peters sieht im Park Bäume und Blumen an.

   Pêtâsu: Kore wa sakura desu ka?
   Imai: Hai, sou desu. Sakura desu.
   Pêtâsu: Kore mo sakura desu ka?
   Imai: Iie, sore wa sakura de wa arimasen.
   Pêtâsu: Nan no hana desu ka?
   Imai: Momo desu. Sakura de wa arimasen.
   Pêtâsu: Kore wa sakura desu ka, momo desu ka?
   Imai: Sore wa momo desu.
   Pêtâsu: Are wa bara desu ka?
   Imai: Hai, sou desu. Bara desu.

△ Kirschblüte

3. Agnes und Herman kommen zu den beiden. Herr Peters stellt Herrn Imai seine Bekannte Agnes und seinen Cousin Herman vor.

   Pêtâsu: Imai-san, Agunesu desu. Agunesu, kochira wa Imai-san desu.
   Agunesu: Hajime mashite. Agunesu desu.
   Imai: Hajime mashite. Imai desu.
   Pêtâsu: Imai-san, watashi no itoko desu. Namae wa Heruman desu.
   Heruman: Heruman desu. Douzo yoroshiku.
   Imai: Imai desu. Yoroshiku. Agunesu-san mo Pêtâsu-san no itoko desu ka?
   Pêtâsu: Iie, Agunesu wa watashi no imouto no tomodachi desu.
   Imai: Agunesu-san to Heruman san mo gakusei desu ka?
   Agunesu: Iie, watashi-tachi wa gakusei de wa arimasen.
   Heruman: Kaisha-in desu.
   Imai: Nihon no kaisha desu ka?
   Heruman: Iie, watashi no kaisha wa Doitsu no ginkou desu.
   Imai: Agunesu-san no kaisha wa nan no kaisha desu ka?
   Agunesu: Watashi no kaisha wa Doitsu no kuruma no kaisha desu.
   Imai: Sou desu ka.

4. Alle verlassen den Park und gehen ins Stadtzentrum.

   Heruman: Sumi-masen. Koko wa doko desu ka?
   Imai: Roppongi desu.

Lektion 1

Heruman: Ginkou wa doko desu ka?
Imai: Asoko desu.
Agunesu: Yuubin-kyoku wa doko desu ka?
Imai: Yuubin-kyoku wa asoko desu.
Agunesu: Asoko wa sûpâ desu ka, konbini desu ka?
Imai: Konbini desu.

⋏Eine Kneipe in Tokyo

Konversation in Transkription

1. Herr Koch stellt sich Frau Yamada vor.

   Kohho: Hajime mashite. Watashi wa Kohho desu. Douzo yoroshiku.
   Yamada: Hajime mashite. Yamada desu. Douzo yoroshiku. Kore wa watashi no meishi desu.
   Kohho: Doumo. Kore wa watashi no meishi desu.
   Yamada: Doumo arigatou gozai-masu. Shitsurei desu ga, o-kuni wa dochira desu ka?
   Kohho: Doitsu desu.
   Yamada: Doitsu no dochira desu ka?
   Kohho: Bon desu.
   Yamada: Aa, bon desu ka.
   Kohho: Hai.

2. Frau Yamada sieht seine Visitenkarte genauer an.

   Yamada: O-shigoto wa kenchiku-ka desu ka?
   Kohho: Hai, sou desu.
   Yamada: Sou desu ka. Watashi no otouto mo kenchiku-ka desu.
   Kohho: Sou desu ka.
   Yamada: Ee.

   Herr Koch sieht die Visitenkarte von Frau Yamada genauer an.

   Kohho: O-shigoto wa Nihon-go no sensei desu ne.
   Yamada: Hai, sou desu.

3. Frau Tanaka kommt zu den beiden.

   Yamada: Aa, Tanaka-san, konnichi wa.
   Tanaka: Konnichi wa.
   Yamada: Tanaka-san, kochira wa Doitsu no Kohho-san desu.
   Tanaka: Hajime mashite. Yoroshiku.
   Tanaka: Hajime mashite. Douzo yoroshiku.

Tabelle 10: Die *Katakana*-Schriftzeichen 2

	a	i	u	e	o	
kw	kwa クァ [kwa]	kwi クィ [kwi]		kwe クェ [kwe]	kwo クォ [kwo]	クァルテット (it.: quartett) クェスチョンマーク (eng.: question mark) クォーター (quarter)
gw	gwa グァ [gwa]					パラグァイ (Paraguay)
sh				she シェ [ʃe]		シェア (share) シェービングクリーム (shaving cream) シェーマ (dt.: Schema)
j				je ジェ [dʒe]		ジェットエンジン (jet engine) ジェットラグ (jet lag) ジェラシー (jealousy)
ch				che チェ [tʃe]		チェアマン (chairman) チェス (chess) チェック (check)
t		ti ティ [ti]	tyu テュ [tju]			パーティー (party) ティーショット (tee shot) ティーポット (teapot)
			tu トゥ [tə]			トゥデー (today) トゥイナー (tweener)
d		di ディ [di]	dyu デュ [dju]			ディアレクティク (dt.: Dialektik) ディーゼル (dt.: Diesel) ディーラー (dealer)
			du ドゥ [də]			ドゥオ (it.: duo) ドゥーイットユアセルフ (do it yourself)
ts	tsa ツァ [tsa]	tsi ツィ [tsi]		tse ツェ [tse]	tso ツォ [tso]	モーツァルト (dt.: Mozart) ツァーリズム (czarism)
f	fa ファ [fa]	fi フィ [fi]	fyu フュ [fju]	fe フェ [fe]	fo フォ [fo]	ファースト (first) フィアンセ (fr.: fiancé) フェース (face)
y				je イェ [je]		イェスペルセン (Jespersen)
w		wi ウィ [wi]		we ウェ [we]	wo ウォ [wo]	ウィンク (wink) ウェター (waiter) ウォークマン (Walkman)
v	va ヴァ [va]	vi ヴィ [vi]	vu ヴュ [vju]	ve ヴェ [ve]	vo ヴォ [vo]	ヴィヴァルディ (it.: Vivaldi) ヴェーダ (sanskr.: Veda) ヴォータン (dt.: Wotan)

Lektion 2   第二課

Text A (テキストA)：わたしたちの町

Sake-Fässer

1

Frau Yamakawa und Herr Yamashita befinden sich in einem Viertel, wo viele Fabriken sind.

山川：これは 大きい 工場ですね。 なんの 工場ですか。
山下：この 工場は 自動車の 工場です。
山川：あの 工場は 小さいですね。
山下：あれは 自転車の 工場です。 あまり 大きくないです。
山川：この 工場は なんの 工場ですか。
山下：タイヤの 工場です。
山川：この 会社の タイヤは 有名ですか。
山下：はい。 この 会社の タイヤは とても 強いですよ。
山川：そうですか。
山下：ええ、 とても 強いです。

2

Die beiden gehen ein Stück weiter und gelangen zu einer Gegend, wo ein Museum, ein Hotel und ein Theater stehen.

山川：あの 古い レンガの 建物は なんですか。
山下：あれは 美術館です。 有名な 美術館です。
山川：この 建物は ホテルですか。

山下：いいえ、これは 劇場です。
山川：新しい 劇場ですか。
山下：いいえ、あまり 新しくないです。
山川：この あたりは 静かですね。
山下：はい、いつも 静かです。山川さんの 家の あたりは どうですか。
山川：あまり 静かではありません。
山下：山川さんの 町は どんな 町ですか。
山川：日本酒で 有名な 町です。海にも 山にも 近いです。
山下：では、空気も 水も きれいですね。
山川：はい、とても きれいです。
山下：そうですか。それは いいですね。
山川：ええ。

Übungen（練習問題）

Übung 1 Bilde mit folgenden Vokabeln entsprechend nachfolgender Satzstruktur Sätze.

| N1 | wa | Keiyoushi (K) / Keiyoudoushi (KD) | desu |

Kono kuruma wa takai desu.
この車は高いです．
Das Auto ist teuer.

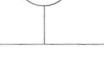

N1
1. kono hana
2. ginkou
3. watashi no hon
4. yuubinkyoku
5. koko no umi
6. kono kitte
7. ano kaisha-in
8. kono koujou
9. watashi no ie
10. ano tatemono
11. sono bara no hana
12. kono machi no gekijou
13. kono machi no byouin
14. kono machi no kuuki
15. kono kuruma no taiya
16. watashi no pasokon
17. daigaku no tosho-kan
18. sensei no tsukue
19. itoko no kuruma
20. watashi no CD-purêyâ

K
1. chiisa·i
2. i·i
3. ooki·i
4. chika·i
5. tsuyo·i
6. furu·i
7. atarashi·i

KD
1. yuumei
2. kirei
3. shizuka

Lektion 2

Übung 2 Bilde mit den Vokabeln der Übung 1 entsprechend nachfolgender Satzstrukturen in Form eines Dialogs Frage- und Verneinungssätze (zwei Möglichkeiten).

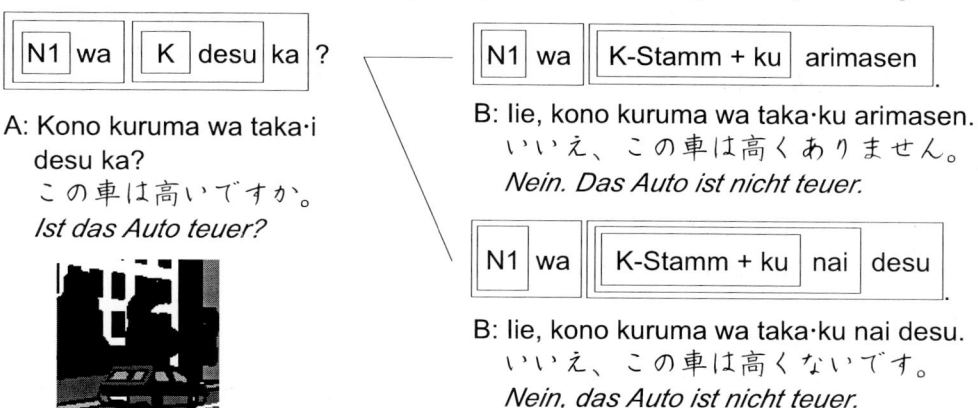

| N1 | wa | K | desu | ka | ?

A: Kono kuruma wa taka·i desu ka?
この車は高いですか。
Ist das Auto teuer?

| N1 | wa | K-Stamm + ku | arimasen |

B: Iie, kono kuruma wa taka·ku arimasen.
いいえ、この車は高くありません。
Nein. Das Auto ist nicht teuer.

| N1 | wa | K-Stamm + ku | nai | desu |

B: Iie, kono kuruma wa taka·ku nai desu.
いいえ、この車は高くないです。
Nein, das Auto ist nicht teuer.

Übung 3 Bilde mit den Vokabeln der Übung 1 entsprechend nachfolgender Satzstrukturen in Form eines Dialogs Frage- und Verneinungssätze.

| N1 | wa | K D | desu | ka | ?

A: Kono atari wa shizuka desu ka?
この辺りは静かですか。
Ist diese Gegend ruhig?

| N1 | wa | KD de | wa | arimasen |

B: Iie, Kono atari wa shizuka de wa arimasen.
いいえ、この辺りは静かではありません。
Diese Gegend ist nicht ruhig.

Übung 4 Bestimme die Nomen mit angegebenen Attributen (Keiyoushi, Keiyoudoushi, Rentaishi oder mittels Nomen) und schreibe diese in Hiragana bzw. Katakana. Achte darauf, dass das Keiyoushi **chika·i** ausnahmsweise zuerst in seine Nominalform **chika·ku** (近く /Nähe) umgeformt werden muss und es daher als Nomen behandelt werden muss: < **chikaku no** Nomen >.

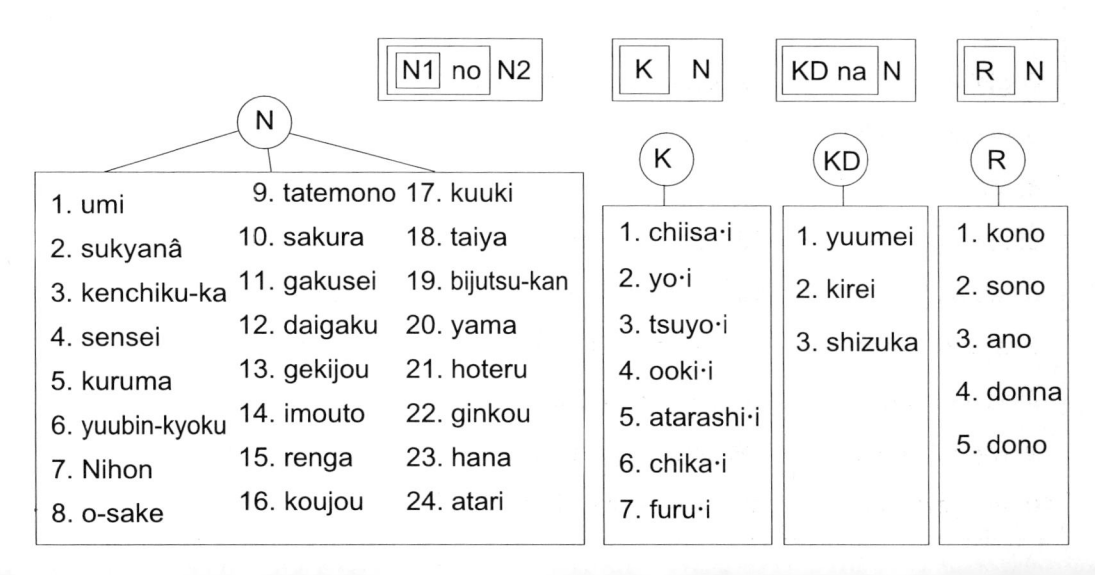

| N1 | no | N2 | | K | N | | KD na | N | | R | N |

N
1. umi
2. sukyanâ
3. kenchiku-ka
4. sensei
5. kuruma
6. yuubin-kyoku
7. Nihon
8. o-sake
9. tatemono
10. sakura
11. gakusei
12. daigaku
13. gekijou
14. imouto
15. renga
16. koujou
17. kuuki
18. taiya
19. bijutsu-kan
20. yama
21. hoteru
22. ginkou
23. hana
24. atari

K
1. chiisa·i
2. yo·i
3. tsuyo·i
4. ooki·i
5. atarashi·i
6. chika·i
7. furu·i

KD
1. yuumei
2. kirei
3. shizuka

R
1. kono
2. sono
3. ano
4. donna
5. dono

Übung 5 Forme Ausdrücke mit verschiedenen Attributen und übersetze sie ins Deutsche. Möglichkeiten zur Zusammensetzung sind z. B. N1 no N2 no N3.

watashi no imouto no kuruma
私の妹の車
das Auto meiner jüngeren Schwester

1. | N1 | no | K | N2 |
2. | KD na | N1 | no | N2 |
3. | K | N1 | no | N2 |
4. | R | N1 | K | N2 |
5. | R | K | N |
6. | R | N1 | no | N2 |
7. | R | KD na | N1 | no | N2 |
8. | N1 | no | KD na | N2 | no | N3 |

Übung 6 Übersetze entsprechend nachfolgender Satzstruktur. Mit dem Adverb **amari** (あまり), das in Verbindung mit einem verneinten Prädikat verwendet wird, wird die Bedeutung *nicht so ...* ausgedrückt.

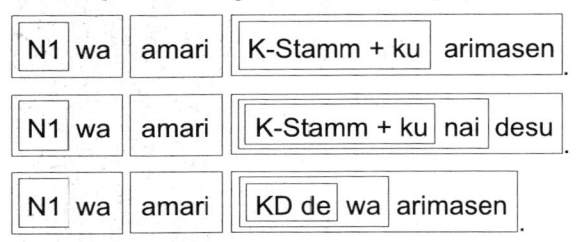

| N1 | wa | amari | K-Stamm + ku | arimasen |.

| N1 | wa | amari | K-Stamm + ku | nai | desu |.

| N1 | wa | amari | KD de | wa | arimasen |.

1. Das neue Buch ist nicht so interessant.
2. Das neue Theater liegt nicht so nah.
3. Diese Kirschblüte ist nicht so schön.
4. Mein altes Auto ist nicht so sauber.
5. Diese kleine Firma ist nicht so bekannt.
6. Der Schreibtisch der jüngeren Schwester von Frau Yamada ist nicht so alt.
7. Der Computer meines Freundes ist nicht so groß.

△ Das *Nô*-Theater

Übung 7 Vervollständige entsprechend nachfolgender Satzstruktur einen Dialog. Es handelt sich um das Keiyoushi **chikai** (近い /*nah*), das zusammen mit einem **ni**-Satzglied verwendet wird; die PP **ni** (に) markiert das Kriterium einer Aussage: *N1 liegt in der Nähe von etwas*. Als N2 steht im Fragesatz das interrogative Pronomen **doko** (どこ /*wo*).

| N1 | wa | N2 | ni | chikai | desu |.

A: Daigaku (N1) wa doko ni chikai desu ka?
B: Gekijou (N2) ni chikai desu.

A: 大学はどこに近いですか。
B: 劇場に近いです。

Lektion 2

N1
1. kono taiya no koujou
2. anata no daigaku no tosho-kan
3. kenchiku-ka no ie
4. kono machi no bijutsu-kan
5. Nihon no kuruma no kaisha
6. yuubin-kyoku
7. kono conpyûtâ no kaisha
8. kono shashin no renga no tatemono

N1
1. umi
2. yama
3. watashi no daigaku
4. tomodachi no ie
5. asoko no furui tatemono
6. kuruma no koujou
7. sûpâ
8. konbini

Übung 8 Antworte auf folgende Fragen. Es handelt sich um den kausalen Ausdruck mit der PP **de** (で) zur Markierung eines Grundes bzw. einer Ursache; als Prädikat wird das Keiyoudoushi **yuumei** (有名 /berühmt, bekannt) verwendet.

| N1 | wa | N2 | de | Prädikat |

1. Supein wa nan de yuumei desu ka?
2. Nihon wa nan de yuumei desu ka?
3. Amerika wa nan de yuumei desu ka?
4. Igirisu wa nan de yuumei desu ka?
5. Chuugoku wa nan de yuumei desu ka?
6. Berurin wa nan de yuumei desu ka?
7. Toukyou (Tokyo) wa nan de yuumei desu ka?
8. Itaria wa nan de yuumei desu ka?

▲Der *Kinkaku-ji*-Tempel in Kyoto

Übung 9 Schreibe die Aufgaben der Übung 4 in Hiragana und Katakana.

Übung 10 Lese folgende Vokabeln.

1. やま
2. うみ
3. まち
4. くうき
5. おおきい
6. きれい
7. ゆうめい
8. にほん
9. がくせい
10. かいしゃいん
11. わたし
12. あなた
13. いとこ
14. いもうと
15. おとうと
16. けんちくか
17. だれ
18. はな
19. ばら
20. はい
21. さくら の はな
22. ぎんこう の ちかく
23. きれいな うみ
24. たかい やま
25. もも の はな
26. ぎんこう の ちかく
27. きれいな うみ
28. たかい やま
29. じどうしゃ の こうじょう
30. あたらしい たてもの

Konversation（会話）：ここはどこですか？

1

Herr Huber befindet sich in der Bahn in Tôkyô. Die Bahn hält an einer Station.

フーバー：すみませんが、ここは　四谷（よつや）ですか。
日本人：いいえ、違（ちが）います。四谷（よつや）は　次（つぎ）です。
フーバー：ここは　どこですか。
日本人：新宿（しんじゅく）です。
フーバー：ああ、そうですか。どうも。
日本人：いいえ。

▽Shinjuku in Tokyo

2

Herr Huber steigt in Yotsuya aus. Dort fragt er einen Japaner nach dem Weg.

フーバー：ちょっと　すみませんが、あれは　ホテルですか。
日本人：いいえ、あの　ビルは　大学（だいがく）です。ホテルは　その　向（む）こうの　高（たか）い　ビルです。
フーバー：近（ちか）いですか。
日本人：そうですね。そんなに　遠（とお）くないですよ。歩（ある）いて　十五分（じゅうごふん）ぐらいです。
フーバー：ああ、そうですか。どうも。
日本人：いいえ。

3

Herr Huber findet das Hotel. Sein Freund wohnt in der Nähe des Hotels. Dort fragt er eine Japanerin nach dem Weg zu dem Haus seines Freundes.

フーバー：すみません。
日本人：はい。
フーバー：太田（おおた）さんの　お宅（たく）は　どこですか。
日本人：ええっと、太田（おおた）さんですか。お医者（いしゃ）さんの　太田（おおた）さんですね。
フーバー：いいえ、画家（がか）です。
日本人：画家（がか）の　太田（おおた）さん？
フーバー：はい。
日本人：ああ、太田太郎（おおたたろう）さんですね。
フーバー：はい、そうです。この辺（あた）りですか。
日本人：ええ、あの　赤（あか）い　屋根（やね）の　家（いえ）です。
フーバー：どこですか。

Lektion 2

日本人：あそこです。
フーバー：ああ、あれですね。
日本人：はい。
フーバー：どうも ありがとうございました。
日本人：いいえ、どういたしまして。

Osaka

Yokohama mit einem Blick in die Tokyo-Bucht

Wolkenkratzer in Tokyo

Kyoto

Ländernamen (Kokumei/国名)

Mit dem Wortbildungsmorphem 人 (-**jin**/*Mensch*) wird die Nationalitätsbezeichnung gebildet: **Doitsu** (ドイツ /*Deutschland*)→Doitsu-jin (ドイツ人/*Deutsche, -er*). In der gleichen Weise wird in der Regel mit dem Wortbildungsmorphem 語 (-**go**/*Sprache*) die Sprachbezeichnung gebildet: **Doitsu** (ドイツ /*Deutschland*)→**Doitsu-go** (ドイツ語/*Deutsch*). Manche Länder- und Sprachbezeichnungen stimmen jedoch nicht überein: **Igirisu** (イギリス /*England*)→**Ei-go** (英語/*Englisch*); **Kanada** (カナダ /*Kanada*)→**Ei-go** (英語/*Englisch*) und **Furansu-go** (フランス語/*Französisch*) usw. Folgende Auflistung (geordnet nach alphabetischer Reihenfolge der deutschen Länderbezeichnungen) ist nicht vollständig. Akzentzeichen stehen in Klammern (siehe 0.6.4 der Einführung).

Afghanistan	アフガニスタン (4)	Afuganisutan
Ägypten	エジプト (0)	Ejiputo
Albanien	アルバニア (0)	Arubania
Algerien	アルジェリア (0)	Arujeria
Amerika, USA	アメリカ (0)	Amerika
Andorra	アンドラ (0)	Andora
Angola	アンゴラ (0)	Angora
Argentinien	アルゼンチン (3)	Aruzenchin
Aserbaidschan	アゼルバイジャン (4)	Azerubaijan
Äthiopien	エチオピア (0)(3)	Echiopia
Australien	オーストラリア (5)	Ôsutoraria
Bahrain	バーレーン (3)	Bârên
Bangladesch	バングラデシュ (5)	Banguradeshu
Belgien	ベルギー (3)	Berugî
Belize	ベリーズ (2)	Berîzu
Bolivien	ボリビア (0)	Boribia
Bosnien-Herzegowina	ボスニア ヘルツェゴビナ (8)	Bosunia · Herutsegobina
Botsuana	ボツワナ (0)	Botsuwana
Bhutan	ブータン (1)	Bûtan
Brasilien	ブラジル (0)	Burajiru
Brunei	ブルネイ (2)	Burunei
Bulgarien	ブルガリア (0)(3)	Burugaria
Chile	チリ (1)	Chiri
China	中国 (1)	Chuugoku
Costa Rica	コスタリカ (3)	Kosutarika
Dänemark	デンマーク (3)	Denmâku
Deutschland	ドイツ (1)	Doitsu
Dominikanische Republik	ドミニカ (0)(2)	Dominika
Ecuador	エクアドル (3)	Ekuadoru
El Salvador	エルサルバドル (5)	Erusarubadoru
England	イギリス (0)	Igirisu
Estland	エストニア (0)	Esutonia
Finnland	フィンランド (1) (3)	Finrando
Frankreich	フランス (0)	Furansu
Gambia	ガンビア (1)	Ganbia

Lektion 2

Georgien	グルジア (0)	Gurujia
Ghana	ガーナ (1)	Gâna
Griechenland	ギリシャ (1)	Girisha
Großbritannien	英国 (0)	Eikoku
Guatemala	グアテマラ (0)	Guatemara
Guinea	ギニア (1)	Ginia
Haiti	ハイチ (1)	Haichi
Honduras	ホンジュラス (3)	Honjurasu
Indien	インド (1)	Indo
Indonesien	インドネシア (4)	Indoneshia
Irak	イラク (1)	Iraku
Iran	イラン (1)	Iran
Irland	アイルランド (4)	Airurando
Island	アイスランド (4)	Aisurando
Israel	イスラエル (3)	Isuraeru
Italien	イタリア (0)	Itaria
Jamaika	ジャマイカ (2)	Jamaika
Japan	日本	Nihon (2)/ Nippon (3)
Jemen	イエメン (2)	Iemen
Jordanien	ヨルダン (1)	Yorudan
Jugoslawien	ユーゴスラビア (5)	Yûgosurabia
Kambodscha	カンボジア (0)(3)	Kanbojia
Kamerun	カメルーン (3)	Kamerûn
Kanada	カナダ (1)	Kanada
Kasachstan	カザフスタン (3)	Kazafusutan
Katar	カタール (2)	Katâru
Kenia	ケニア (1)	Kenia
Kirgisistan	キルギス (0)	Kirugisu
Kolumbien	コロンビア (2)	Koronbia
Kongo	コンゴ (1)	Kongo
Kroatien	クロアチア (0)	Kuroachia
Kuba	キューバ (1)	Kyûba
Kuwait	クウェート (2)	Kuwêto
Laos	ラオス (1)	Raosu
Lesotho	レソト (1)	Resoto
Lettland	ラトビア (0)	Ratobia
Libanon	レバノン (1)(2)	Rebanon
Liberia	リベリア (0)	Riberia
Libyen	リビア (1)	Ribia
Liechtenstein	リヒテンシュタイン (6)	Rihitenshutain
Litauen	リトアニア (0)	Ritoania
Luxemburg	ルクセンブルグ (5)	Rukusenburugu
Madagaskar	マダガスカル (3)	Madagasukaru
Malaysia	マレーシア (2)	Marêshia
Mali	マリ (1)	Mari
Malta	マルタ (1)	Maruta
Marokko	モロッコ (2)	Morokko
Mauretanien	モーリタニア (4)	Môritania

Mazedonien	マケドニア (0)	Makedonia
Mexiko	メキシコ (0)	Mekishiko
Moldawien	モルドバ (0)	Morudoba
Monaco	モナコ (1)	Monako
Mongolei	モンゴル (1)	Mongoru
Mosambik	モザンビーク (4)	Mozanbîku
Myanmar	ミャンマー (1)	Myanmâ
Namibia	ナミビア (0)	Namibia
Nepal	ネパール (2)	Nepâru
Neuseeland	ニュージーランド (5)	Nyûjîrando
Nicaragua	ニカラグア (3)(0)	Nikaragua
Niederlande	オランダ (0)	Oranda
Niger	ニジェール (2)	Nijêru
Nigeria	ナイジェリア (0)(3)	Naijeria
Nordkorea	北朝鮮 (5)	Kita-chousen
Norwegen	ノルウェー (3)	Noruwê
Oman	オマーン (2)	Ômân
Österreich	オーストリア (4)	Ôsutoria
Pakistan	パキスタン (2)	Pakisutan
Panama	パナマ (1)	Panama
Papua-Neuguinea	パプアニューギニア (1)	Papua'nyûginia
Paraguay	パラグアイ (3)(1)	Paraguai
Peru	ペルー (1)	Perû
Philippinen	フィリピン (1)	Firipin
Polen	ポーランド (1)(3)	Pôrando
Portugal	ポルトガル (0)	Porutogaru
Sambia	ザンビア (1)	Zanbia
Südkorea	韓国 (1)	Kankoku
Trinidad und Tobago	トリニダードトバコ (8)	Torinidâdotobako
Ruanda	ルワンダ (2)	Ruwanda
Rumänien	ルーマニア (0)(3)	Rûmania
Russland	ロシア (1)	Roshia
San Marino	サンマリノ (3)	Sanmarino
Saudi-Arabien	サウジアラビア (5)(4)	Saujiarabia
Schottland	スコットランド (5)	Sukottorando
Schweden	スウェーデン (2)	Suwêden
Schweiz	スイス (1)	Suisu
Senegal	セネガル (1)	Senegaru
Simbabwe	ジンバブエ (3)	Jinbabue
Singapur	シンガポール (4)	Shingapôru
Slowakei	スロバキア (3)	Surobakia
Slowenien	スロベニア (0)	Surobenia
Somalia	ソマリア (0)	Somaria
Spanien	スペイン (2)	Supein
Sri Lanka	スリランカ (3)	Suriranka
Südafrika	南アフリカ (4)	Minami-Arufika
Sudan	スーダン (1)	Sûdan
Swasiland	スワジランド (4)	Suwajirando

Lektion 2

Syrien	シリア (1)	Shiria
Tadschikistan	タジキスタン (3)	Tajikisutan
Taiwan	台湾 (1)	Taiwan
Tansania	タンザニア (0)	Tanzania
Thailand	タイ (1)	Tai
Togo	トーゴ (1)	Tôgo
Tonga	トンガ (1)	Tonga
Tschechische Republik	チェコ (1)	Cheko
Tunesien	チュニジア (0)(2)	Chunijia
Türkei	トルコ (1)	Toruko
Turkmenistan	トルクメニスタン (5)	Torukumenisutan
Uganda	ウガンダ (2)	Uganda
Ukraine	ウクライナ (3)	Ukuraina
Ungarn	ハンガリー (1)(3)	Hangarî
Uruguay	ウルグアイ (1)(2)	Uruguai
Usbekistan	ウズベキスタン (4)	Uzubekisutan
Vatikan	バチカン (0)	Bachikan
Venezuela	ベネズエラ (3)	Benezuera
Ver. Arabische Emirate	アラブ首長国連邦 (8)	Arabu-shuchou-koku-renpou
Vietnam	ベトナム (0)	Betonamu
Wales	ウエールズ (2)	Uêruzu
Weißrussland	ベラルーシ (3)	Berarûshi
Zaire	ザイール (2)	Zaîru
Zypern	キプロス (1)	Kipurosu

Text A in Transkription

1. Frau Yamakawa und Herr Yamashita befinden sich in einem Viertel, wo viele Fabriken sind.

Yamakawa: Kore wa ookii koujou desu ne. Nan no koujou desu ka?
Yamashita: Kono koujou wa jidousha no koujou desu.
Yamakawa: Ano koujou wa chiisai desu ne.
Yamashita: Are wa jitensha no koujou desu. Amari ookiku nai desu.
Yamakawa: Kono koujou wa nan no koujou desu ka?
Yamashita: Taiya no koujou desu.
Yamakawa: Kono kaisha no taiya wa yuumei desu ka?
Yamashita: Hai. Kono kaisha no taiya wa totemo tsuyoi desu yo.
Yamakawa: Sou desu ka.
Yamashita: Ee, totemo tsuyoi desu.

2. Die beiden gehen ein Stück weiter und gelangen zu einer Gegend, wo ein Museum, ein Hotel und ein Theater stehen.

Yamakawa: Ano furui renga no tatemono wa nan desu ka?
Yamashita: Are wa bijutsu-kan desu. Yuumei na bijutsu-kan desu.
Yamakawa: Kono tatemono wa hoteru desu ka?
Yamashita: Iie, kore wa gekijou desu.
Yamakawa: Atarashii gekijou desu ka?
Yamashita: Iie, amari atarashiku nai desu.
Yamakawa: Kono atari wa shizuka desu ne.

Yamashita: Hai, itsumo shizuka desu. Yamakawa-san no ie no atari wa dou desu ka?
Yamakawa: Amari shizuka de wa arimasen.
Yamashita: Yamakawa-san no machi wa donna machi desu ka?
Yamakawa: Nihon-shu de yuumei na machi desu. Umi ni mo yama ni mo chikai desu.
Yamashita: Dewa, kuuki mo mizu mo kirei desu ne?
Yamakawa: Hai, totemo kirei desu.
Yamashita: Sou desu ka. Sore wa ii desu ne.
Yamakawa: Ee.

Konversation in Transkription

1. Herr Huber befindet sich in der Bahn in Tôkyô. Die Bahn hält an einer Station.

Hûbâ: Sumi-masen ga, koko wa Yotsuya desu ka?
Nihon-jin: Iie, chigai-masu. Yotsuya wa tsugi desu.
Hûbâ: Koko wa doko desu ka?
Nihon-jin: Shinjuku desu.
Hûbâ: Aa, sou desu ka. Doumo.
Nihon-jin: Iie.

Reiswein-Brauerei

2. Herr Huber steigt in Yotsuya aus. Dort fragt er einen Japaner nach dem Weg.

Hûbâ: Chotto sumi-masen ga, are wa hoteru desu ka?
Nihon-jin: Iie, ano biru wa daigaku desu. Hoteru wa sono mukou no takai biru desu.
Hûbâ: Chikai desu ka?
Nihon-jin: Sou desu ne. Sonna ni tooku nai desu yo. Aruite juu-go-fun gurai desu.
Hûbâ: Aa, sou desu ka. Doumo.
Nihon-jin: Iie.

3. Herr Huber findet das Hotel. Sein Freund wohnt in der Nähe des Hotels. Dort fragt er eine Japanerin nach dem Weg zu dem Haus seines Freundes.

Hûbâ: Sumi-masen.
Nihon-jin: Hai.
Hûbâ: Oota-san no o-taku wa doko desu ka?
Nihon-jin: Eetto, Oota-san desu ka? O-isha-san no Oota-san desu ne.
Hûbâ: Iie, gaka desu.
Nihon-jin: Gaka no Oota-san?
Hûbâ: Hai.
Nihon-jin: Aa, Oota Tarou-san desu ne.
Hûbâ: Hai, sou desu. Kono atari desu ka?
Nihon-jin: Ee, ano akai yane no ie desu.
Hûbâ: Doko desu ka?
Nihon-jin: Asoko desu.
Hûbâ: Aa, are desu ne?
Nihon-jin: Hai.
Hûbâ: Doumo arigatou gozai-mashita.
Nihon-jin: Iie, dou itashi-mashite.

Shinjuku in Tokyo

Lektion 3

第三課

Text A （テキストA）：へやの中(なか)

1

Herr Honda ist Japanischlehrer und zeigt im Unterricht den Lernenden Fotos.

本田(ほんだ)：これは 自動車(じどうしゃ)の 工場(こうじょう)の 写真(しゃしん)です。ここは 営業課(えいぎょうか)の へやです。この へやには ドアが 二(ふた)つ あります。へやの 中(なか)には つくえが たくさん あります。人(ひと)も たくさん います。

2

Herr Honda zeigt nun den Lernenden ein Video und stellt ihnen Fragen.

本田：つくえは いくつ ありますか。
学生(がくせい)：一(ひと)つ、二(ふた)つ、三(みっ)つ、四(よっ)つ、五(いつ)つ、...... 全部(ぜんぶ)で 十五(じゅうご) あります。
本田：いすは いくつ ありますか。
学生：いすも 十五(じゅうご) あります。
本田：人(ひと)は 何人(なんにん) いますか。
学生：今(いま)、一人(ひとり)、二人(ふたり)、三人(さんにん)、四人(よにん)、五人(ごにん)、...... 八人(はちにん) います。
本田：課長(かちょう)さんの つくえは どこですか。
学生：へやの 奥(おく)です。
本田：つくえの 上(うえ)には 何(なに)が ありますか。
学生：本(ほん)や ボールペンが あります。本は 七(なな)さつ、ボールペンは 九本(きゅうほん) あります。
本田：パソコンや ノートパソコンも ありますか。
学生：はい、たくさん あります。

3

本田：電話(でんわ)も ありますか。
学生：はい、あります。
本田：へやの すみには 何(なに)が ありますか。
学生：大(おお)きい 本(ほん)だなと 計算機(けいさんき)が あります。
本田：その 横(よこ)には 何(なに)が ありますか。
学生：カレンダーが あります。
本田：まどの そばには 何(なに)が ありますか。

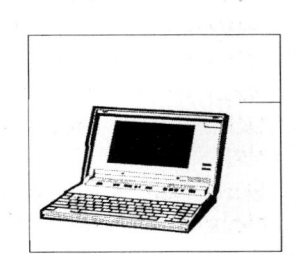

学生：ロッカーと　コピー機が　あります。
本田：スキャナーは　何台（なんだい）ありますか。
学生：全部（ぜんぶ）で　三台（さんだい）あります。

4

Herr Honda stellt jetzt den Lernenden Fragen zum Seminarraum.

本田：この　へやには　OHPが　ありますか。
学生：はい、黒板（こくばん）の　前（まえ）に　一台（いちだい）あります。
本田：新（あたら）しい　いすは　どこに　ありますか。
学生：私（わたし）の　うしろと　へやの　まん中（なか）と　ドアの　よこに　一つずつ　あります。

Übungen （練習問題）

Übung 1 Bilde Sätze nach folgender Satzkonstruktion; verwende die Vokabeln aus den jeweiligen Feldern.

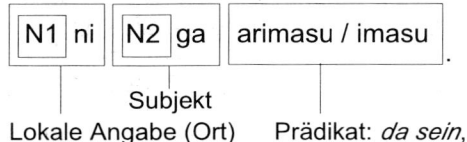

| N1 | ni | N2 | ga | arimasu / imasu |

Lokale Angabe (Ort) — Subjekt — Prädikat: *da sein, sich befinden*

Koko ni hon ga arimasu.
ここに本があります。
Hier befindet sich ein Buch.

N1
1. douro
2. Nihon
3. Kankoku
4. yuubinkyoku
5. ginkou
6. watashi-tachi no daigaku
7. kyoushitsu
8. kono heya
9. Nihon
10. Chuugoku
11. kono machi

N2
1. yuumei na gaka
2. Nihon-jin no gakusei
3. Chuugoku-jin
4. bijutsu-kan
5. Nihon-jin
6. kirei na bara no hana
7. akai kuruma
8. atarashii isu
9. ookii tsukue
10. isu to tsukue to kokuban
11. takusan no pasokon
12. keisan-ki
13. gorufu-jou
14. sakkâ-jou
15. Kankoku-jin
16. gakushoku
17. CD-purêyâ

Übung 2 Bilde Sätze nach folgender Satzkonstruktion; verwende die Vokabeln aus den jeweiligen Feldern. Das **ni**-Satzglied ist als Thema markiert worden:

| N1 | ni | wa | N2 to N3 to N4 | ga | arimasu / imasu |

Lektion 3

Koko ni hon to bôrupen to enpitsu ga arimasu.
ここに本とボールペンと鉛筆があります。
Hier befinden sich ein Buch, ein Kugelschreiber und ein Bleistift.

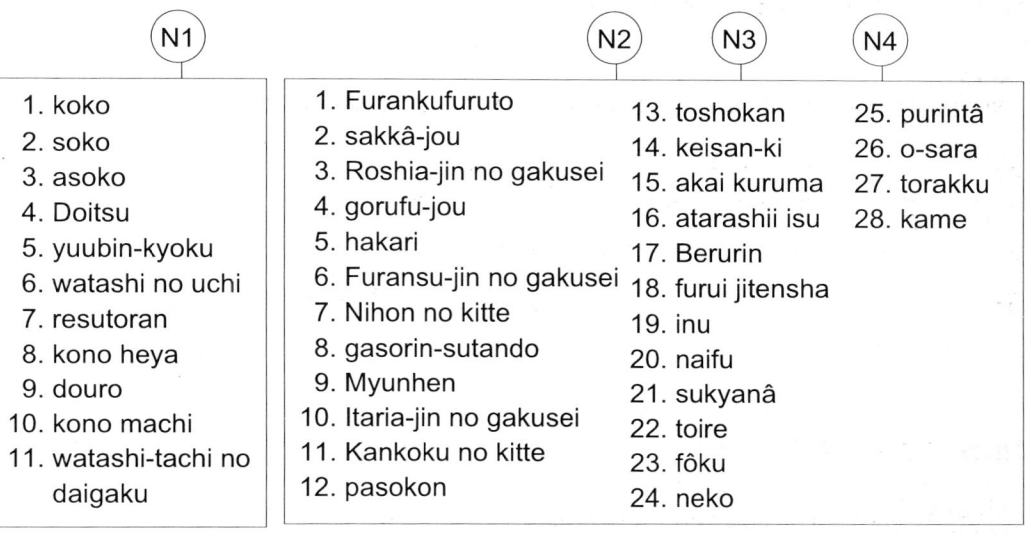

N1
1. koko
2. soko
3. asoko
4. Doitsu
5. yuubin-kyoku
6. watashi no uchi
7. resutoran
8. kono heya
9. douro
10. kono machi
11. watashi-tachi no daigaku

N2
1. Furankufuruto
2. sakkâ-jou
3. Roshia-jin no gakusei
4. gorufu-jou
5. hakari
6. Furansu-jin no gakusei
7. Nihon no kitte
8. gasorin-sutando
9. Myunhen
10. Itaria-jin no gakusei
11. Kankoku no kitte
12. pasokon

N3
13. toshokan
14. keisan-ki
15. akai kuruma
16. atarashii isu
17. Berurin
18. furui jitensha
19. inu
20. naifu
21. sukyanâ
22. toire
23. fôku
24. neko

N4
25. purintâ
26. o-sara
27. torakku
28. kame

Übung 3 Übersetze folgende Ausdrücke; es handelt sich um lokale Angaben. Achte auf die Wortstellung, da diese im Deutschen und Japanischen unterschiedlich ist.

| N1 | no | N2 | テーブルの上 | auf | dem Tisch |

Ortsangabe (*auf, über, in, neben, links von* usw.)
Genauere Bestimmung (Gegenstände, Orte usw.)

| têburu | no | ue |

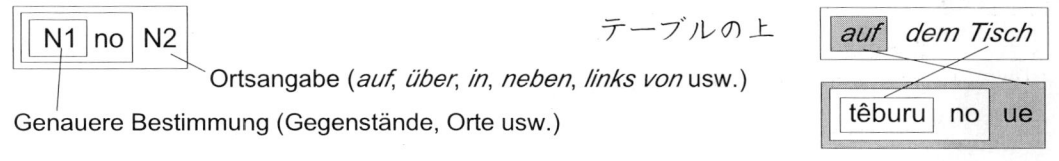

1. auf dem Schreibtisch / auf dem neuen Schreibtisch / auf meinem alten Schreibtisch
2. unter dem Buch / unter dem großen Buch / unter dem neuen Musikbuch
3. vor dem Haus / vor unserem Haus / vor dem großen Haus meiner Lehrerin

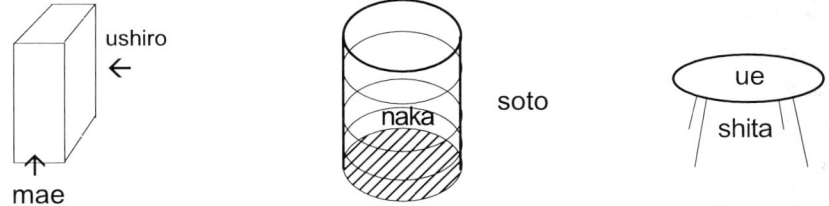

ushiro ←
mae ↑
naka / soto
ue / shita

4. hinter der Tür / hinter der roten Tür / hinter der großen Tür dieses Raumes
5. in der Handtasche / in diesem Raum / in der Bibliothek unserer Universität
6. draußen (=außerhalb des Hauses) / außerhalb dieses Raums
7. rechts von der Bank / rechts vom neuen Postamt / rechts von mir
8. links von der Straße / links vom bekannten Golfplatz / links vom großen Fußballplatz

hidari   migi

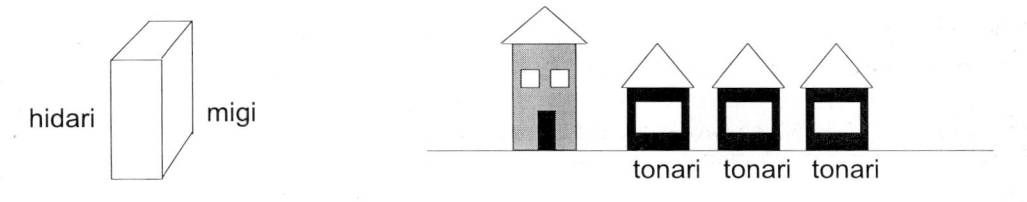

tonari tonari tonari

9. neben dem Gebäude / neben Herrn Yamada und Frau Tanaka
   (Verwende das Nomen **yoko** [横].)
10. neben der Tankstelle / neben dem Krankenhaus / neben der Mensa
    (Verwende das Nomen **tonari** [隣].)

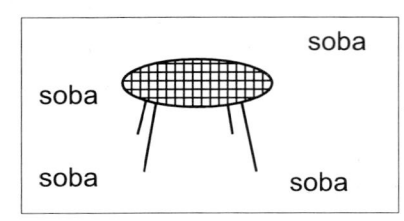

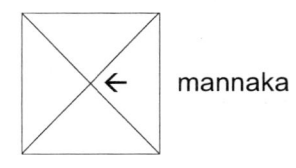

```
        soba
soba  [table]
  soba    soba
```

```
[□ mit X]  ← mannaka
```

11. in der Nähe der Stadt / in der Nähe dieses schönen Gebäudes der Universität
12. mitten in der Stadt / mitten im Land / mitten im Fluss / mitten in diesem Raum

Übung 4 Beschreiben Sie nach folgender Satzkonstruktion Ihren Seminarraum, Ihr Zimmer und Ihr Haus.

| N1 | ni | N2 | ga | arimasu / imasu |

Bsp.: Kono heya ni hon ga san-satsu arimasu.
この部屋に本が三冊あります。
In diesem Raum befinden sich drei Bücher.

Bsp.: Watashi no mae ni Maria ga imasu.
私の前にマリアがいます。
Vor mir ist (sitzt/steht) Maria.

Übung 5 Setze das richtige Zähleinheitswort ein.

1. Ki no ue ni kotori ga (3 Vögel) imasu.
2. Hon no tonari ni enpitsu ga (3 Bleistifte) arimasu.
3. Sensei no hidari ni gakusei ga (4 Studenten) imasu.
4. Têburu no ue ni o-sara ga (6 Teller) arimasu.
5. Ie no mae ni kuruma ga (2 Autos) arimasu.
6. Kono heya ni isu ga (5 Stühle) arimasu.

Übung 6 Bilde entsprechend nachfolgender Satzstruktur Sätze; verwende Vokabeln aus den betreffenden Feldern.

| N1 | ni | N2 | ga | Menge (Zahl + Zähleinheitswort) | arimasu / imasu |

Koko ni hon ga san-satsu arimasu.
ここに本が三冊あります。
Hier befinden sich drei Bücher.

Lektion 3

N1
1. ki no ue
2. baggu no naka
3. yuubin-kyoku
4. kafeteria no naka
5. daigaku no tosho-kan no mae
6. ginkou no migi
7. kono machi
8. kono heya
9. tsukue no ue
10. nou-jou
11. kyoushitsu

N2
1. pasokon
2. ginkou
3. inu
4. Chuugoku-jin no gakusei
5. depâto
6. hon
7. yuubin-kyoku
8. Doitsu-go no sensei
9. keitai
10. têburu
11. isu
12. ushi
13. bara no hana
14. neko
15. kotori
16. ki

Menge: Zahl

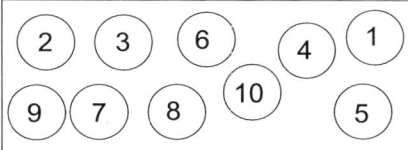

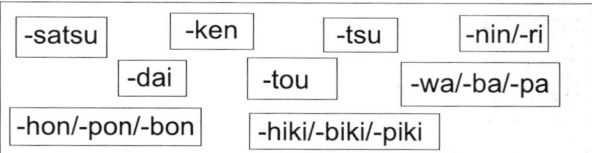

2　3　6　4　1
9　7　8　10　5

Menge: Zähleinheitswort

-satsu	-ken	-tsu	-nin/-ri
-dai	-tou	-wa/-ba/-pa
-hon/-pon/-bon	-hiki/-biki/-piki

Übung 7 Bilde entsprechend nachfolgender Satzstruktur Sätze; verwende Vokabeln aus den betreffenden Feldern von Übung 6.

| N1 | ni | N2 | ga | Menge | to | N3 | ga | Menge | to | N4 | ga | Menge | arimasu / imasu |

Koko ni hon ga san-satsu to enpitsu ga ni-hon to nôto ga yon-satsu arimasu.
ここに本が三冊と鉛筆が二本とノートが四冊あります。
Hier befinden sich drei Bücher, zwei Bleistifte und vier Hefte.

Übung 8 Bilde entsprechend nachfolgender Satzstruktur Sätze.

| Menge | no | N1 | to | Menge | no | N2 | no | N3 (Ortsangabe) | ni | N | ga | Menge | arimasu / imasu |

San-satsu no hon to ni-hon no enpitsu no migi ni nôto ga yon-satsu arimasu.
三冊の本と二本の鉛筆の右にノートが四冊あります。
Rechts von den drei Büchern und den zwei Bleistiften befinden sich vier Hefte.

1. 3 neko / 3 inu / mae / onna no hito / 2
2. 4 bôrupen / 4 nôto / yoko / keshi-gomu / 1
3. 6 mezurashii Chuugoku no kitte / 3 furui hon / migi / nôtopasokon / 1
4. 1 atarashii keitai / 1 sukyanâ / hidari / yasui mausu / 1
5. 2 onna no hito / 1 takai kuruma / ushiro / kaisha-in / 3

Übung 9 Bilde entsprechend nachfolgender Satzstruktur Sätze.

| N1 (Thema) wa | N2 (Ort) ni | Menge (Zahl + Zähleinheitswort) | arimasu / imasu |

Hon wa koko ni san-satsu arimasu.
本はここに三冊あります。
Es gibt hier drei Bücher. / Drei Bücher befinden sich hier.

1. isha / kono byouin / 30
2. tsukue / kono kyoushitsu / 6
3. keisan-ki / kono eigyou-ka no heya / 8
4. akai bara no hana / têburu no ue / 5
5. watashi-tachi no daigaku / Nihon-jin no gakusei / 35

Übung 10 Bilde entsprechend nachfolgender Satzstruktur Sätze. Setze aus den betreffenden Feldern (N1, N2 und N3) geeignete Vokabeln ein. N1 und N3 können aus zwei verschiedenen Nomen bestehen: < N to N >

| N1 の N2 (Ort) に | N3 (Subjekt) が | あります／います |

Ki to ki no aida ni isu to têburu ga arimasu.
木と木の間に椅子とテーブルがあります。
Zwischen den Bäumen befinden sich ein Stuhl und ein Tisch.

N1	N2	N3
1. つくえ	した	1. しんぶん と にほん の しょうせつ
2. しゃしん	よこ	2. あかい ばら の はな
3. とけい と ほん	ひだり	3. あたらしい ゆうびんきょく
4. びょういん	まえ	4. おおきい たてもの
5. だいがく	うしろ	5. びょういん
6. にゅうじょうけん うりば	みぎ	6. おとうと と いもうと の ともだち
7. にほん の くるま の かいしゃ	うえ	7. いしゃ の おとうと
	あいだ	8. ゆうめいな けんちくか の あたらしい くるま
8. あの あたらしい きかい	となり	9. いぬ と ねこ
	そば	10. ちゅうごくじん の がくせい と かんこくじん の がくせい
9. いとこ	すみ	11. にほんご の せんせい の めいし
10. わたし	まんなか	12. くるま の かいしゃ の かいしゃいん
11. おとうと	なか	
12. いもうと	そと	13. ほんだな と けいさんき
13. いしゃ		14. おんな の ひと
14. がか		

Lektion 3

Übung 11 Setze das richtige Fragewort ein.

だれ ❋ どこ ❋ どの ❋ どれ ❋ どんな ❋ いつ ❋ なに／なん

1. この ほん は （　　） ほん です か。
2. あなたたち の えいご の せんせい は （　　） じん です か。
3. これ は （　　） の ほん です か。
4. ぎんこう は （　　） です か。
5. いま （　　） じ です か。
6. たんじょうび は （　　） です か。
7. あなた の ほん は （　　） です か。
8. あなた の にほんご の せんせい は （　　） です か。
9. （　　） が がくせい です か。
10. （　　） ほん が あなた の ほん です か。
11. （　　） の たてもの が ゆうめい です か。
12. （　　） りょうり が おいしい です か。

Text A in Transkription: Heya no naka

1. Herr Honda ist Japanischlehrer und zeigt im Unterricht den Lernenden Fotos.

Honda: Kore wa jidousha no koujou no shashin desu. Koko wa eigyou-ka no heya desu. Kono heya ni wa doa ga futa-tsu arimasu. Heya no naka ni wa tsukue ga takusan arimasu. Hito mo takusan imasu.

2. Herr Honda zeigt nun den Lernenden ein Video und stellt ihnen Fragen.

Honda: Tsukue wa iku-tsu arimasu ka?
Gakusei: Hito-tsu, futa-tsu, mit-tsu, yot-tsu, itsu-tsu, ... zenbu de juu-go arimasu.
Honda: Isu wa iku-tsu arimasu ka?
Gakusei: Isu mo juu-go arimasu.
Honda: Hito wa nan-nin imasu ka?
Gakusei: Ima, hito-ri, futa-ri, san-nin, yo-nin, go-nin, ... hachi-nin imasu.
Honda: Kachou-san no tsukue wa doko desu ka?
Gakusei: Heya no oku desu.
Honda: Tsukue no ue ni wa nani ga arimasu ka?
Gakusei: Hon ya bôrupen ga arimasu. Hon wa nana-satsu, bôrupen wa kyuu-hon arimasu.
Honda: Pasokon ya nôtopasokon mo arimasu ka?
Gakusei: Hai, takusan arimasu.

3.
Honda: Denwa mo arimasu ka?
Gakusei: Hai, arimasu.
Honda: Heya no sumi ni wa nani ga arimasu ka?
Gakusei: Ookii hon-dana to keisan-ki ga arimasu.
Honda: Sono yoko ni wa nani ga arimasu ka?

Gakusei: Karendâ ga arimasu.
Honda: Mado no soba ni wa nani ga arimasu ka?
Gakusei: Rokkâ to kopî-ki ga arimasu.
Honda: Sukyanâ wa nan-dai arimasu ka?
Gakusei: Zenbu de san-dai arimasu.

4. Herr Honda stellt jetzt den Lernenden Fragen zum Seminarraum.

Honda: Kono heya ni wa OHP ga arimasu ka?
Gakusei: Hai, kokuban no mae ni ichi-dai arimasu.
Honda: Atarashii isu wa doko ni arimasu ka?
Gakusei: Watashi no ushiro to heya no mannaka to doa no yoko ni hito-tsu zutsu arimasu.

▽ Der Berg *Fuji*

Konversation（会話）：趣味は何ですか？

1

Herr Schmidt und Herr Yokota sprechen über das Wetter.

シュミット：おはようございます。
横　　田：おはようございます。
シュミット：今日は　いい天気ですね。
横　　田：そうですね。本当に　いい　天気ですね。

2

Herr Schmidt betrachtet die Bekleidung von Herrn Yokota.

シュミット：今日は　ゴルフですか。
横　　田：ええ、そうです。私の　趣味です。
シュミット：そうですか。
横　　田：シュミットさんの　趣味は　何ですか。
シュミット：私ですか。私の　趣味は　サッカーです。
横　　田：そうですか。
シュミット：日本には　ゴルフ場が　たくさん　ありますか。
横　　田：ええ、たくさん　ありますよ。二千八百ぐらい　あります。
シュミット：それは、多いですね。
横　　田：ええ。
シュミット：横田さんは　どこの　ゴルフクラブの　メンバーですか。
横　　田：箱根カントリークラブです。
シュミット：何ヤードぐらい　ありますか。

横　　　田：九千五百です。
シュミット：九千五百ですか。大きいですね。
横　　　田：キャディーも たくさん います。みんな 女の キャディーです。シュミットさんの 趣味は サッカーですね。ドイツには サッカー場が たくさん ありますか。
シュミット：ええ、たくさん あります。

3

横　　　田：弟さんも サッカーを しますか。
シュミット：いいえ、弟の 趣味は 切手の 収集です。家には 綺麗な 切手や 珍しい 切手が いろいろ あります。日本や 中国や 韓国の 切手も あります。ところで、横田さんの 妹さんの 趣味は 何ですか。
横　　　田：妹ですか。
シュミット：ええ。
横　　　田：妹の 趣味は 写真です。今 十六歳の 高校生です。これは 妹の 写真です。
シュミット：綺麗な 妹さんですね。
横　　　田：いや、いや、それほどでも ありませんよ。シュミットさんにも 妹さんが いますか。
シュミット：ええ、妹が 一人 います。姉も 一人 います。私達は 四人兄弟です。妹は まだ 十四歳です。姉は 二十五歳です。

4

横　　　田：お姉さんの 趣味は 何ですか。
シュミット：姉の 趣味は 登山です。
横　　　田：お仕事は 何ですか。
シュミット：まだ 学生です。
横　　　田：どこの 大学ですか。
シュミット：ミュンヘン大学です。
横　　　田：そうですか。
シュミット：ええ。

Die *Nihon-Arupusu* in Honshû

Konversation in Transkription: Shumi wa nan desu ka?

1 Herr Schmidt und Herr Yokota sprechen über das Wetter.

Shumitto: O-hayou gozai-masu.
Yokota: O-hayou gozai-masu.
Shumitto: Kyou wa ii tenki desu ne.
Yokota: Sou desu ne. Hontou ni ii tenki desu ne.

2 Herr Schmidt betrachtet die Bekleidung von Herrn Yokota.

Shumitto: Kyou wa gorufu desu ka?
Yokota: Ee, sou desu. Watashi no shumi desu.
Shumitto: Sou desu ka.
Yokota: Shumitto-san no shumi wa nan desu ka?
Shumitto: Watashi desu ka? Watashi no shumi wa sakkâ desu.
Yokota: Sou desu ka.
Shumitto: Nihon ni wa gorufu-jou ga takusan ari-masu ka?
Yokota: Ee, takusan ari-masu yo. Ni-sen-hap-pyaku gurai ari-masu.
Shumitto: Sore wa, ooi desu ne.
Yokota: Ee.
Shumitto: Yokota-san wa doko no gorufu-kurabu no menbâ desu ka?
Yokota: Hakone-kantorî-kurabu desu.
Shumitto: Nan-yâdo gurai ari-masu ka?
Yokota: Kyuu-sen-go-hyaku desu.
Shumitto: Kyuu-sen-go-hyaku desu ka. Ookii desu ne.
Yokota: Kyadî mo takusan i-masu. Minna onna no kyadî desu. Shumitto-san no shumi wa sakkâ desu ne. Doitsu ni wa sakkâ-jou ga takusan ari-masu ka?
Shumitto: Ee, takusan ari-masu.

3

Yokota: Otouto-san mo sakkâ o shi-masu ka?
Shumitto: Iie, otouto no shumi wa kitte no shuushuu desu. Uchi ni wa kirei na kitte ya mezurashii kitte ga iroiro ari-masu. Nihon ya Chuugoku ya Kankoku no kitte mo ari-masu. Tokorode, Yokota-san no imouto-san no shumi wa nan desu ka?
Yokota: Imouto desu ka?
Shumitto: Ee.
Yokota: Imouto no shumi wa shashin desu. Ima juu-roku-sai no koukousei desu. Kore wa imouto no shashin desu.
Shumitto: Kirei na imouto-san desu ne.
Yokota: Iya, iya, sore hodo demo ari-masen yo. Shumitto-san ni mo imouto-san ga i-masu ka?
Shumitto: Ee, Imouto ga hito-ri i-masu. Ane mo hito-ri i-masu. Watashi-tachi wa yo-nin-kyoudai desu. Imouto wa mada juu-yon-sai desu. Ane wa ni-juu-go-sai desu.

Lektion 3

4

Yokota: O-nee-san no shumi wa nan desu ka?
Shumitto: Ane no shumi wa tozan desu.
Yokota: O-shigoto wa nan desu ka?
Shumitto: Mada gakusei desu.
Yokota: Doko no daigaku desu ka?
Shumitto: Myunhen-daigaku desu.
Yokota: Sou desu ka.
Shumitto: Ee.

▲ 日本アルプス

Verwandtschaftsbezeichnungen

Der Sprecher spricht von seiner eigenen Familie **gegenüber dem Hörer**.

↓

祖父	sofu	*Großvater*
祖母	sobo	*Großmutter*
父	chichi	*Vater*
母	haha	*Mutter*
兄	ani	*der ältere Bruder*
姉	ane	*die ältere Schwester*
弟	otouto	*der jüngere Bruder*
妹	imouto	*die jüngere Schwester*
おじ	oji	*Onkel*
おば	oba	*Tante*
いとこ	itoko	*Cousin/Cousine*

Der Sprecher spricht von der Familie bzw. von den Verwandten des Hörers **gegenüber dem Hörer**.

↓

お祖父さん	o-jii-san
お祖母さん	o-baa-san
お父さん	o-tou-san
お母さん	o-kaa-san
お兄さん	o-nii-san
お姉さん	o-nee-san
弟さん	otouto-san*
妹さん	imouto-san*
おじさん	oji-san
おばさん	oba-san
いとこ	itoko

↑

Der Sprecher spricht von seiner eigenen Familie bzw. seinen eigenen Verwandten **gegenüber seiner Familie bzw. seinen Verwandten**.

*Ausnahmen: **otouto**-san und **imouto**-san werden ohne das honorative Suffix **san** gegenüber den eigenen Verwandten verwendet; innerhalb der eigenen Familie werden Vornamen verwendet.

Eine japanische ▷ Familie

Genaueres siehe Suzuki (1990).

Das japanische Zahlensystem

Das japanische Zahlensystem ist, anders als das dreistellige europäische, vierstellig. Da das System aus China übernommen und teilweise mit dem japanischen Zahlensystem komplementär verwendet worden ist, gibt es oft bei den Zahlen *drei*, *sechs* und *acht* phonologisch abweichende Laute. Sonst ist es, wie Tabelle 11 zeigt, regelmäßig. Im Folgenden werden zum Vergleich das japanische vierstellige und das europäische dreistellige Zahlensystem aufgezeigt.

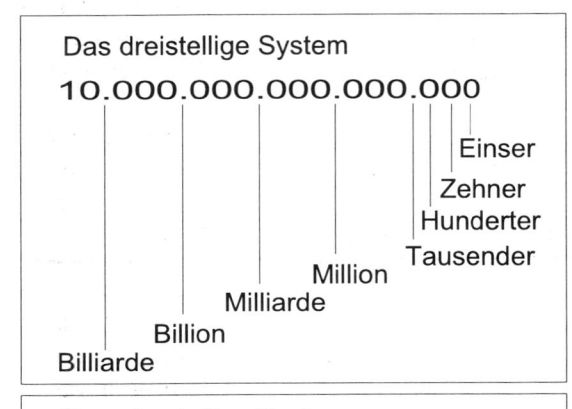

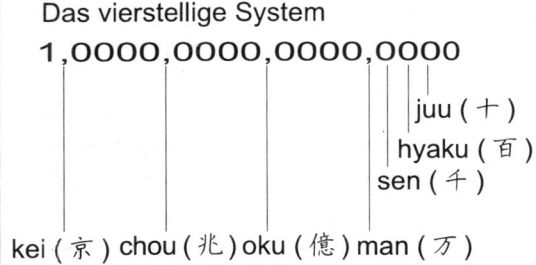

```
Das dreistellige System
10.000.000.000.000.000
                  │││└ Einser
                  ││└ Zehner
                  │└ Hunderter
                  └ Tausender
              Million
           Milliarde
         Billion
      Billiarde
```

```
Das vierstellige System
1,0000,0000,0000,0000
              │    └ juu ( 十 )
              └ hyaku ( 百 )
                sen ( 千 )
kei ( 京 ) chou ( 兆 ) oku ( 億 ) man ( 万 )
```

↗ Bambuswald

Tabelle 11: Japanische Zahlwörter

	十 + ?	十	百	千 .000
	0	0	00	000
1 ichi	11 juu-ichi	10 juu	100 hyaku	1000 (is-)sen
2 ni	12 juu-ni	20 ni-juu	200 ni-hyaku	2000 ni-sen
3 san	13 juu-san	30 san-juu	300 **san-byaku**	3000 **san-zen**
4 shi / yon	14 juu-shi / juu-yon	40 shi-juu / yon-juu	400 yon-hyaku	4000 yon-sen
5 go	15 juu-go	50 go-juu	500 go-hyaku	5000 go-sen
6 roku	16 juu-roku	60 roku-juu	600 **rop-pyaku**	6000 roku-sen
7 shichi / nana	17 juu-shichi / juu-nana	70 shichi-juu / nana-juu	700 nana-hyaku	7000 nana-sen
8 hachi	18 juu-hachi	80 hachi-juu	800 **hap-pyaku**	8000 **has-sen**
9 kyuu / ku	19 juu-kyuu / juu-ku	90 kyuu-juu	900 kyuu-hyaku	9000 kyuu-sen
10 **juu**	20 ni-juu	100 **hyaku**	1000 **sen**	10000 ichi-man

Lektion 3

Fortsetzung der Tabelle 11: Japanische Zahlwörter

万 0.000 ,0000	十+?+万 00.000 0,0000	十万 00.000 0,0000	百万 000.000 00,0000	千万 0.000.000 000,0000
1 ichi-man	11 juu-ichi-man	10 juu-man	100 hyaku-man	1000 (is-)sen-man
2 ni-man	12 juu-ni-man	20 ni-juu-man	200 ni-hyaku-man	2000 ni-sen-man
3 san-man	13 juu-san-man	30 san-juu-man	300 **san-byaku**-man	3000 **san-zen**-man
4 yon-man	14 juu-yon-man	40 yon-juu-man	400 yon-hyaku-man	4000 yon-sen-man
5 go-man	15 juu-go-man	50 go-juu-man	500 go-hyaku-man	5000 go-sen-man
6 roku-man	16 juu-roku-man	60 roku-juu-man	600 **rop-pyaku**-man	6000 roku-sen-man
7 shichi-man / nana-man	17 juu-shichi-man / juu-nana-man	70 nana-juu-man	700 nana-hyaku-man	7000 nana-sen-man
8 hachi-man	18 juu-hachi-man	80 hachi-juu-man	800 **hap-pyaku**-man	8000 **has-sen**-man
9 kyuu-man	19 juu-kyuu-man /	90 kyuu-juu-man	900 kyuu-hyaku-man	9000 kyuu-sen-man
10 juu-man	20 ni-juu-man	100 **hyaku**-man	1000 **sen**-man	10000 ichi-**oku**

億 0.000.000 0000,0000	十+?+億 .000.000.000 0,0000,0000	十億 .000.000.000 0,0000,0000	百億 0.000.000.000 00,0000,0000	千億 00.000.000.000 000,0000,0000
1 ichi-oku	11 juu-ichi-oku	10 juu-oku	100 hyaku-oku	1000 (is-)sen-oku
2 ni-oku	12 juu-ni-oku	20 ni-juu-oku	200 ni-hyaku-oku	2000 ni-sen-oku
3 san-oku	13 juu-san-oku	30 san-juu-oku	300 **san-byaku**-oku	3000 **san-zen**-oku
4 yon-oku	14 juu-yon-oku	40 yon-juu-oku	400 yon-hyaku-oku	4000 yon-sen-oku
5 go-oku	15 juu-go-oku	50 go-juu-oku	500 go-hyaku-oku	5000 go-sen-oku
6 roku-oku	16 juu-roku-oku	60 roku-juu-oku	600 **rop-pyaku**-oku	6000 roku-sen-oku
7 shichi-oku / nana-oku	17 juu-shichi-oku / juu-nana-oku	70 nana-juu-oku	700 nana-hyaku-oku	7000 nana-sen-oku
8 hachi-oku	18 juu-hachi-oku	80 hachi-juu-oku	800 **hap-pyaku**-oku	8000 **has-sen**-oku
9 kyuu-oku	19 juu-kyuu-oku /	90 kyuu-juu-oku	900 kyuu-hyaku-oku	9000 kyuu-sen-oku
10 juu-oku	20 ni-juu-oku	100 hyaku-oku	1000 sen-oku	10000 it-**chou**

兆 .000.000.000 ,0000,0000,0000	十+?+兆 (0).000.000.000 (0),0000,0000,0000	十兆 00.000.0.000.0.000 0,0000,0000,0000	百兆 00.000.000.000 00,0000,0000,0000	千兆 000.000.000.000 000,0000,0000,0000
1 **it-chou**	11 juu-**it-chou**	10 **jut-chou**	100 hyaku-chou	1000 (is-)sen-chou
2 ni-chou	12 juu-ni-chou	20 ni-**jut-chou**	200 ni-hyaku-chou	2000 ni-sen-chou
3 san-chou	13 juu-san-chou	30 san-**jut-chou**	300 **san-byaku**-chou	3000 **san-zen**-chou
4 yon-chou	14 juu-yon-chou	40 yon-**jut-chou**	400 yon-hyaku-chou	4000 yon-sen-chou
5 go-chou	15 juu-go-chou	50 go-**jut-chou**	500 go-hyaku-chou	5000 go-sen-chou
6 roku-chou	16 juu-roku-chou	60 roku-**jut-chou**	600 **rop-pyaku**-chou	6000 roku-sen-chou
7 nana-chou	17 juu-nana-chou	70 nana-**jut-chou**	700 nana-hyaku-chou	7000 nana-sen-chou
8 **hat-chou**	18 juu-**hat-chou**	80 hachi-**jut-chou**	800 **hap-pyaku**-chou	8000 **has-sen**-chou
9 kyuu-chou	19 juu-kyuu-chou	90 kyuu-**jut-chou**	900 kyuu-hyaku-chou	9000 kyuu-sen-chou
10 **jut-chou**	20 ni-**jut-chou**	100 hyaku-chou	1000 sen-chou	10000 ik-**kei**

Tabelle 12: Japanische Zähleinheitswörter

-gatsu (月) Kalendermonate			-youbi (曜日) Wochentage			
1 ichi	gatsu	(一月 /Januar)	Mo	getsu	youbi	(月曜日 /Montag)
2 ni	gatsu	(二月 /Februar)	Di	ka	youbi	(火曜日 /Dienstag)
3 san	gatsu	(三月 /März)	Mi	sui	youbi	(水曜日 /Mittwoch)
4 shi	gatsu	(四月 /April)	Do	moku	youbi	(木曜日 /Donnerstag)
5 go	gatsu	(五月 /Mai)	Fr	kin	youbi	(金曜日 /Freitag)
6 roku	gatsu	(六月 /Juni)	Sa	do	youbi	(土曜日 /Samstag)
7 shichi	gatsu	(七月 /Juli)	So	nichi	youbi	(日曜日 /Sonntag)
8 hachi	gatsu	(八月 /August)				
9 ku	gatsu	(九月 /September)				
10 juu	gatsu	(十月 /Oktober)				
11 juu-ichi	gatsu	(十一月 /November)				
12 juu-ni	gatsu	(十二月 /Dezember)				

-nichi / -ka (日)
Kalendertage

1 tsuitachi		11 juu-ichi	nichi	21 ni-juu-ichi	nichi
2 **futsu**	**ka**	12 juu-ni	nichi	22 ni-juu-ni	nichi
3 **mik**	**ka**	13 juu-san	nichi	23 ni-juu-san	nichi
4 **yok**	**ka**	14 **juu-yok**	**ka**	24 **ni-juu-yok**	**ka**
5 **itsu**	**ka**	15 juu-go	nichi	25 ni-juu-go	nichi
6 **mui**	**ka**	16 juu-roku	nichi	26 ni-juu-roku	nichi
7 **nano**	**ka**	17 juu-shichi	nichi	27 ni-juu-shichi	nichi
8 **you**	**ka**	18 juu-hachi	nichi	28 ni-juu-hachi	nichi
9 **kokono**	**ka**	19 juu-ku	nichi	29 ni-juu-ku	nichi
10 **tou**	**ka**	20 **hatsu**	**ka**	30 san-juu	nichi
				31 san-juu-ichi	nichi

-nichi / - ka (日) bzw. -nichi-kan / - ka-kan (日間)
Tage (Dauer: ... *Tage lang*)

1 ichi	nichi	(kan)	11 juu-ichi	nichi (kan)	21 ni-juu-ichi	nichi (kan)
2 **futsu**	**ka**	(kan)	12 juu-ni	nichi (kan)	22 ni-juu-ni	nichi (kan)
3 **mik**	**ka**	(kan)	13 juu-san	nichi (kan)	23 ni-juu-san	nichi (kan)
4 **yok**	**ka**	(kan)	14 **juu-yok**	**ka** (kan)	24 **ni-juu-yok**	**ka** (kan)
5 **itsu**	**ka**	(kan)	15 juu-go	nichi (kan)	25 ni-juu-go	nichi (kan)
6 **mui**	**ka**	(kan)	16 juu-roku	nichi (kan)	26 ni-juu-roku	nichi (kan)
7 **nano**	**ka**	(kan)	17 juu-shichi/ juu-nana	nichi (kan)	27 ni-juu-shichi/ ni-juu-nana	nichi (kan)
8 **you**	**ka**	(kan)	18 juu-hachi	nichi (kan)	28 ni-juu-hachi	nichi (kan)
9 **kokono**	**ka**	(kan)	19 juu-ku	nichi (kan)	29 ni-juu-ku	nichi (kan)
10 **tou**	**ka**	(kan)	20 **hatsu** ni-juu	**ka** (kan) nichi (kan)	30 san-juu	nichi (kan)
					31 san-juu-ichi	nichi (kan)

Lektion 3

Fortsetzung der Tabelle 12: Japanische Zähleinheitswörter

-nen (年) Jahre (Kalenderjahr bzw. Dauer); mit **-nen-kan** (年間) Dauer (... *Jahre lang*)	**-ka-getsu(-kan)** (か月 [間]) Monate (Dauer: ... *Monate lang*)	**-shuu-kan** (週間) Wochen (Dauer: ... *Wochen lang*)

1 ichi   nen
2 ni   nen
3 san   nen
4 yo   nen
5 go   nen
6 roku   nen
7 shichi nen/
   nana   nen
8 hachi nen
9 kyuu   nen
10 juu   nen
	1 **ik** kagetsu
	2 ni kagetsu
	3 san kagetsu
	4 yon kagetsu
	5 go kagetsu
	6 **rok** **kagetsu**
	7 shichi kagetsu/
	   nana kagetsu
	8 hachi kagetsu
	9 kyuu kagetsu
	10 **juk** **kagetsu**
		1 **is** shuu-kan
		2 ni shuu-kan
		3 san shuu-kan
		4 yon shuu-kan
		5 go shuu-kan
		6 roku shuu-kan
		7
		   nana shuu-kan
		8 **has** **shuu-kan**
		9 kyuu shuu-kan
		10 **jus** **shuu-kan**

-ji (時): Uhrzeit (... *Uhr*) **-ji-kan** (時間): Dauer (... *Stunden lang*)	**-fun** (分): Minuten; Dauer (... *Minuten lang*) **-fun-kan** (分間): Dauer (... *Minuten lang*)	**-byou** (秒): Sekunden; Dauer (... *Sekunden lang*) **-byou-kan** (秒間): Dauer (... *Sekunden lang*)

1 ichi   ji   (kan)
2 ni   ji   (kan)
3 san   ji   (kan)
4 yo   ji   (kan)
 	
5 go   ji   (kan)
6 roku   ji   (kan)
7 shichi ji   (kan)
 	
8 hachi ji   (kan)
9
   ku   ji   (kan)
10 juu   ji   (kan)
	1 **ip** pun (kan)
	2 ni fun (kan)
	3 **san** **pun** (kan)
	4 yon fun (kan)
	   yon pun
	5 go fun (kan)
	6 **rop** **pun** (kan)
	7 shichi fun (kan)/
	   nana fun (kan)
	8 **hap** **pun** (kan)
	9 kyuu fun (kan)
	
	10 **jup** **pun** (kan)
		1 ichi byou (kan)
		2 ni byou (kan)
		3 san byou (kan)
		4 yon byou (kan)
		
		5 go byou (kan)
		6 roku byou (kan)
		7 shichi byou (kan)/
		   nana byou (kan)
		8 hachi byou (kan)
		9 kyuu byou (kan)
		
		10 juu byou (kan)

▲Der *Kiyomizu-dera*-Tempel in Kyoto

Fortsetzung der Tabelle 12: Japanische Zähleinheitswörter

-mai (枚) flache, dünne Gegenstände: Papier, Hemden, Teller u. ä.		-dai (台) Maschinen, Autos, Fahrräder u. ä.		-tsu (つ) neutral; Alter für Kleinkinder		-nin (人) Menschen	
1 ichi	mai	1 ichi	dai	1 **hito**	tsu	1 **hito**	ri
2 ni	mai	2 ni	dai	2 **futa**	tsu	2 **futa**	ri
3 san	mai	3 san	dai	3 **mit**	tsu	3 san	nin
4 yon	mai	4 yon	dai	4 **yot**	tsu	4 **yo**	nin
5 go	mai	5 go	dai	5 **itsu**	tsu	5 go	nin
6 roku	mai	6 roku	dai	6 **mut**	tsu	6 roku	nin
7 shichi / nana	mai / mai	7 shichi / nana	dai / dai	7 nana	tsu	7 shichi / nana	nin / nin
8 hachi	mai	8 hachi	dai	8 **yat**	tsu	8 hachi	nin
9 kyuu	mai	9 kyuu	dai	9 **kokono**	tsu	9 kyuu	nin
10 juu	mai	10 juu	dai	10 **tou**		10 **juu**	nin
-hon (本) schlanke, lange Gegenstände: Stifte, Flaschen, Bäume usw.		**-hiki (匹)** kleine Tiere: Hunde, Katzen, Mäuse usw.		**-wa (羽)** Vögel, Hühner, Enten, Puten usw.		**-kakoku (か国)** Länder; mit **-kakoku-go** (か国語) Sprachen	
1 **ip**	**pon**	1 **ip**	**piki**	1 ichi	wa	1 **ik**	kakoku
2 ni	hon	2 ni	hiki	2 ni	wa	2 ni	kakoku
3 **san**	**bon**	3 **san**	**biki**	3 **san**	**ba**	3 san	kakoku
4 yon	hon	4 yon	hiki	4 yon	wa	4 yon	kakoku
5 go	hon	5 go	hiki	5 go	wa	5 go	kakoku
6 **rop**	**pon**	6 **rop**	**piki**	6 **rop**	**pa**	6 **rok**	kakoku
7 shichi / nana	hon / hon	7 shichi / nana	hiki / hiki	7 shichi / nana	wa / wa	7 shichi / nana	kakoku / kakoku
8 **hap**	**pon**	8 **hap**	**piki**	8 hachi	wa	8 **hak**	kakoku
9 kyuu	hon	9 kyuu	hiki	9 kyuu	wa	9 kyuu	kakoku
10 **jup**	**pon**	10 **jup**	**piki**	10 **jup**	**pa**	10 **juk**	kakoku
-ko (個) neutral		**-sai (才／歳)** Alter (... *Jahre alt*)		**-satsu (冊)** Bücher, Hefte, Lexika usw.		**-tou (頭)** große Tiere: Kühe, Pferde, Elefanten, Tiger usw.	
1 **ik**	ko	1 **is**	sai	1 **is**	satsu	1 **it**	tou
2 ni	ko	2 ni	sai	2 ni	satsu	2 ni	tou
3 san	ko	3 san	sai	3 san	satsu	3 san	tou
4 yon	ko	4 yon	sai	4 yon	satsu	4 yon	tou
5 go	ko	5 go	sai	5 go	satsu	5 go	tou
6 **rok**	ko	6 roku	sai	6 roku	satsu	6 roku	tou
7 nana	ko	7 nana	sai	7 nana	satsu	7 nana	tou
8 **hak**	ko	8 **has**	sai	8 **has**	satsu	8 **hat**	tou
9 kyuu	ko	9 kyuu	sai	9 kyuu	satsu	9 kyuu	tou
10 **juk**	ko	10 **jus**	sai	10 **jus**	satsu	10 **jut**	tou

Lektion 4

第四課

Text A　（テキストA）：　私の一日

Der Bahnhof Shinjuku in Tokyo

1

Herr Kimura und Herr Nakagawa haben sich vor kurzem kennengelernt und unterhalten sich. Sie sprechen über ihren Tagesablauf und ihre Arbeit.

木村：中川さんは、毎朝　何時に　起きますか。
中川：六時半です。　そして、毎朝　CDで　中国語の　勉強を　始めます。　中国語の　発音は　たいへん　むずかしいです。
木村：そうですか。　何時に　朝ご飯を　食べますか。
中川：七時半ごろです。
木村：私は　毎朝　八時に　起きます。　そして、テレビの　ニュースを　見ます。　朝食は　八時半ごろです。
中川：そうですか。　ところで、木村さんの　家は　どこに　ありますか。
木村：郊外に　あります。
中川：会社も　郊外ですか。
木村：いいえ、会社は　町の　まん中に　あります。

2

中川：会社までは　遠いですか。
木村：いいえ、あまり　遠くありません。　駅に　近いです。　中川さんの　会社は　町の　まん中ですよね。　会社までは　遠いですね。
中川：ええ、家から　駅まで　十分あまり　歩きます。　そして、電車

で 会社に 行きます。家から 会社までは 五十五分 かかります。
木村：では、電車は いつも たいへん こみますね。
中川：ええ、ラッシュアワーで たいへんです。

3

木村：私の 会社は 九時に 始まります。
中川：私の 会社も 九時です。どんな 会社に お勤めですか。
木村：旅行社です。私は 本社に います。支店は 全国に 八か所 あります。
中川：仕事は おもしろいですか。
木村：ええ、とても おもしろいですよ。よく 出張します。来週は 九州に 行きます。
中川：でも、出張は つかれませんか。
木村：ええ、とても つかれます。中川さんの 会社は どんな 会社ですか。
中川：車の 会社です。いつも とても いそがしいです。

4

木村：中川さんの 会社は、日曜日は 休みですよね。
中川：いいえ。ほとんどの 会社は 休みます。しかし、私の 会社は めったに 休みません。ですから、社員は 交代で 休みます。
木村：休みの 日は 一か月に 何日ぐらいですか。
中川：一か月に 七回ほどです。
木村：それは、少ないですね。
中川：ええ。ですから、休みの 日には 昼ごろ 起きます。あまり 外出しません。家で ゆっくり 小説を 読みます。
中川：木村さんは 休みの 日には 何を しますか。
木村：私は よく ゴルフを します。夜は、家で ビールを 少し 飲みます。時々、CDで 音楽も 聞きます。
中川：私は 夜は よく テレビを 見ます。
木村：そうですか。
中川：ええ。

Lektion 4

Übungen (練習問題)

Übung 1 Forme die folgenden Grundformen der Verben (V3) in V2-Formen um; es handelt sich um die Umänderung des Prädikatsstils vom **da-dearu**- zum **desu-masu**-Stil. Schreibe die umgeformten Formen in Hiragana.

1. oki·ru
2. hajime·ru
3. tabe·ru
4. mi·ru
5. ar·u
6. aruk·u
7. ik·u
8. kakar·u
9. kom·u
10. hajimar·u (intr. V)
11. tsutome·ru
12. shutchou-suru
13. tsukare·ru
14. yasum·u
15. gaishutsu-suru
16. yom·u
17. suru
18. nom·u
19. mise·ru
20. sagas·u

Übung 2 Bilde Sätze entsprechend nachfolgender Satzkonstruktion; verwende die Vokabeln aus den jeweiligen Feldern. Schreibe die gebildeten Sätze mit Hiragana bzw. Katakana. Für diese Übung werden als Prädikat intransitive Verben verwendet.

| N1 (Thema: Subjekt) | は | V2 + ます | 。 |

Watashi wa aruki-masu.
私は歩きます。
Ich gehe zu Fuß.

N1
1. watashi
2. anata
3. densha
4. imouto no isha
5. jugyou
6. basu
7. kono kaisha no kachou
8. jikan
9. kenchiku-ka
10. Nihon-go no jugyou
11. otouto

V3
1. oki·ru
2. aruk·u
3. shutchou-suru
4. owar·u
5. uchi ni i·ru
6. ik·u
7. kaer·u
8. kom·u
9. yasum·u
10. hajimar·u

Übung 3 Bilde Sätze entsprechend nachfolgender Satzkonstruktion; setze beliebig die Vokabeln für N1 und für das Prädikat ein; verwende die unten angegebenen Uhrzeiten.

| N1 | は | Zeit | に | 起きます | 。 |

Watashi wa 8-ji ni oki-masu.
私は八時に起きます。
Ich stehe um acht Uhr auf.

1. 6.45
2. 9.15
3. 11.15
4. 7.30
5. 10.20
6. 6.20
7. 4.35
8. 6.50
9. 5.50
10. 8.40
11. 12.14
12. 3.08

Übung 4 Bilde Sätze entsprechend nachfolgender Satzkonstruktion; verwende die Vokabeln aus den jeweiligen Feldern. Schreibe die zu bildenden Sätze in Hiragana bzw. Katakana.

| N1 (Thema: Subjekt) | は | N2 (Objekt) | を | V2 + ます | 。 |

Watashi wa bîru o nomi-masu.
私はビールを飲みます。
Ich trinke Bier.

N1
1. watashi
2. ano otoko no hito
3. otouto
4. watashi no itoko
5. Doitsu-jin no gakusei
6. imouto
7. otoko no ko to onna no ko
8. otouto no kaisha no kachou
9. ano Airurando no kenchiku-ka
10. gakusei
11. tomodachi no itoko
12. imouto to otouto
13. kono kaisha no kenchiku-ka
14. kono byou-in no isha
15. yuumei na gaka

N2
1. sensei
2. daigaku
3. tsumaranai shousetsu
4. omoshiroi Nihon-go no hon
5. kurashikku-ongaku
6. nagai tegami
7. terebi no nyûsu
8. asa-gohan
9. Nihon no eiga
10. basu
11. anata
12. gakkou
13. denwa
14. tabako
15. hiru-gohan
16. Doitsu no oishii pan
17. kaisha
18. Furansu no takai wain

V3
1. yom·u
2. mi·ru
3. tabe·ru
4. kake·ru
5. kik·u
6. kak·u
7. ik·u
8. mats·u
9. yasum·u
10. su·u
11. nom·u
12. sagas·u

Übung 5 Bilde Sätze entsprechend nachfolgender Satzkonstruktion; verwende die Vokabeln aus den jeweiligen Feldern der Übungen. Schreibe die zu bildenden Sätze in Hiragana bzw. Katakana.

| N1 (Thema: Subjekt) | は | N2 (Richtung) | に | 行きます | 。 |

Watashi wa umi ni iki-masu.
私は海に行きます。
Ich fahre zum Meer.

N1
1. watashi no sensei
2. watashi-tachi
3. ano koukousei
4. watashi no isha
5. kaisha-in
6. ano Cheko no gakusei
7. Yamada-san no kazoku
8. otouto to imouto
9. otouto
10. imouto

N2
1. resutoran
2. yuubin-kyoku
3. daigaku
4. gorufu-jou
5. bijutsu-kan
6. daigaku-byouin
7. gakkou
8. hoteru
9. eki no kippu-uriba
10. konsâto
11. umi
12. yama
13. Supein
14. gakushoku
15. koujou
16. kuruma no kaisha

Lektion 4

Übung 6 Bilde Sätze entsprechend nachfolgender Satzkonstruktion; setze für N1 und N3 beliebig die Vokabeln ein; verwende für N2 die unten angegebenen Verkehrsmittel.

| N1 | は | Zeit | に | N2 (Instrument) | で | N3 (Richtung) | に | 行きます | 。 |

Watashi wa 8-ji ni takushî de eki ni iki-masu.
私は八時にタクシーで駅に行きます。
Ich fahre um acht Uhr mit dem Taxi zum Bahnhof.

(N2)

1. バス	4. でんしゃ	7. いもうと の くるま
2. くるま	5. じてんしゃ	8. かいしゃ の くるま
3. タクシー	6. じどうしゃ	9. オートバイ

Übung 7 Bilde Sätze entsprechend nachfolgender Satzkonstruktion; setze für N1 und N3 beliebig die Vokabeln ein; verwende für N2 die unten angegebenen Handlungsorte.

| N1 | は | N2 (Handlungsort) | で | N3 (Objekt) | を | Prädikat (P) | 。 |

Watashi wa Nihon de Nihon-go o benkyou-shi-masu.
私は日本で日本語を勉強します。
Ich lerne in Japan Japanisch.

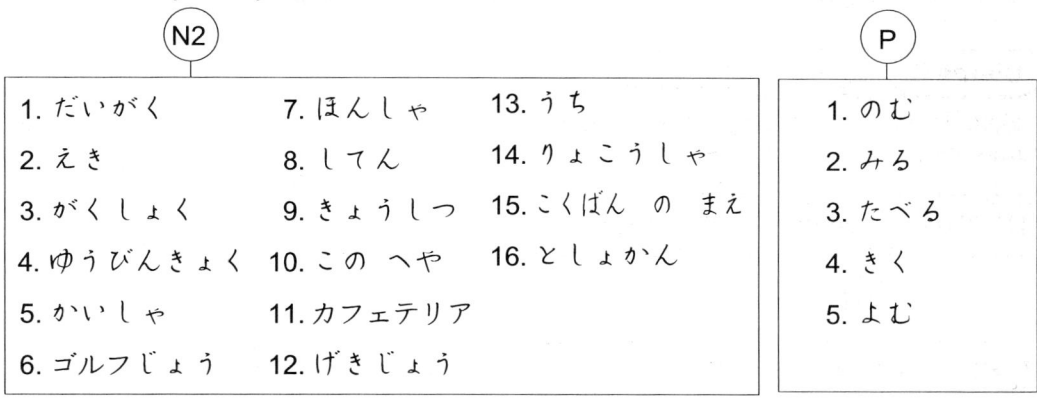

(N2)   (P)

1. だいがく	7. ほんしゃ	13. うち	1. のむ
2. えき	8. してん	14. りょこうしゃ	2. みる
3. がくしょく	9. きょうしつ	15. こくばん の まえ	3. たべる
4. ゆうびんきょく	10. この へや	16. としょかん	4. きく
5. かいしゃ	11. カフェテリア		5. よむ
6. ゴルフじょう	12. げきじょう		

Übung 8 Übersetze folgende Ausdrücke; es handelt sich um die PP **de** (で) zur Markierung einer Einheit.

1. allein
2. zu zweit
3. zu dritt
4. zu viert
5. zu fünft
6. zu sechst
7. zu siebt
8. zu acht
9. zu neunt
10. schichtweise (abwechselnd)

Übung 9 Setze in der folgenden Satzstruktur ein geeignetes Wort ein. Geübt wird die PP **de** (で) zur Markierung eines Grundes bzw. einer Ursache.

| N1 | は | N2 (Grund/Ursache) | で | 有名です | 。 |

Kono machi wa ii kuuki de yuumei desu.
この町はいい空気で有名です。
Diese Stadt ist wegen ihrer guten Luft bekannt.

1. にほんは（　　　　）で有名です。
2. スペインは（　　　　）で有名です。
3. ドイツは（　　　　）で有名です。
4. オランダは（　　　　）で有名です。
5. この町は（　　　　）で有名です。
6. ブラジルは（　　　　）で有名です。
7. フランスは（　　　　）で有名です。
8. イタリアは（　　　　）で有名です。
9. ちゅうごくは（　　　　）で有名です。
10. イギリスは（　　　　）で有名です。

▲ Die große Buddhastatue in Kamakura

Übung 10 Bilde mit folgenden Satzgliedern Sätze. Achte darauf, dass das Thema in der Regel an den Satzanfang gesetzt wird, das Prädikat aber stets an das Satzende.

| Thema | は | | Prädikat. |

→→→→→→→→→→→→→→→→→→→→→→→→→→→→→→→→→→→→→

Bsp.: | Watashi **wa** | tomodachi **to** | resutoran **de** | bîru **o** | nomu. |

私は友だちとレストランでビールを飲む。
Ich trinke mit Freunden im Restaurant Bier.

Existenzort	に		Zeit	に		Richtung	へ / に		Objekt	を
Grund/Ursache	で		Handlungsort	で		Instrument	で		Einheit	で
ungenaue Menge	ほど		Subjekt	が		Thema + Bedeutung von *auch*	も
Startpunkt	から		Grenze	まで		ungenaue Menge	ばかり

Lektion 4

Konversation （会話）：電器店で

1

Peter geht im Tokioter Stadtbezirk Akihabara in ein Elektrogeschäft.

店　　員：いらっしゃいませ。
ペーター：電子辞書は　ありますか。
店　　員：はい、ございます。こちらです。どんな　電子辞書を　お捜しですか。
ペーター：独和と　和独です。
店　　員：独和と　和独は　これです。これには、英和と　和英も　あります。
ペーター：そうですか、では　古語辞典は　ありますか。
店　　員：これには　ないです。でも、こちらの　電子辞書には、広辞苑、英和、和英、古語辞典、漢和辞典、カタカナ語辞典、人名事典、百科事典が　あります。
ペーター：それは　いいですね。いくらですか。
店　　員：四万円です。
ペーター：四万円ですか。高いですね。
店　　員：少し　安く　します。三万五千円では　どうですか。
ペーター：そうですね。では、使い方は　どうですか。
店　　員：簡単ですよ。お見せします。

2

Der Verkäufer zeigt Peter, wie man ein elektronisches Wörterbuch benutzt.

ペーター：これは　便利ですね。
店　　員：ええ、とても　便利です。
ペーター：それでは、これを　下さい。
店　　員：ありがとうございます。免税ですか。
ペーター：はい、免税です。
店　　員：では、暫く　お待ち下さい。
ペーター：デジタルカメラも　この階ですか。
店　　員：はい、デジカメは　あちらです。

3

Der Verkäufer führt Peter zu dem Verkaufsbereich, wo Digitalkameras verkauft werden.

ペーター：いろいろなのが　ありますね。
店　　員：ええ、いくらぐらいのが　いいですか。
ペーター：そうですね。三万円ぐらいのが　いいです。
店　　員：では、これは　いかがですか。とても　お手ごろですよ。使い方も　簡単です。
ペーター：いくらですか。
店　　員：定価は、三万円ですが、二万四千円に　しますよ。
ペーター：では、それを　ください。
店　　員：ありがとうございます。これも、免税ですね。
ペーター：はい。私の　パスポートは　ここに　あります。
店　　員：はい、お預かりします。全部で　五万四千円ですが、免税ですから、四万七千二百円です。
ペーター：では、五万円で　お願いします。
店　　員：はい、一万円札　五枚ですね。お預かりします。暫く　お待ち　下さい。

4

Nach einer Weile ...

店　　員：お待たせしました。はい、では　二千八百円の　おつりです。それと、これは　電子辞書の　保証書、これは　デジタルカメラの　保証書です。ありがとう　ございました。

Der Fluss *Sumida-gawa* in Tokyo

Lektion 5   第五課

Text A   (テキストA)：私の会社

⬆Ein modernes Firmengebäude in Tokyo

1

Herr Ôno und Frau Kimura arbeiten in der gleichen Firma. Es ist Mittagszeit.

大野：木村さん、今何時ですか。
木村：十二時です。
大野：昼休みの時間ですね。木村さんは、もう昼ご飯を食べましたか。
木村：いいえ、まだです。
大野：それでは、いっしょに地下の食堂で食べませんか。
木村：ええ、それはいいですね。

Sie gehen zum Aufzug.

大野：木村さん、エレベーターに乗りますか。
木村：食堂は地下一階です。私は下まで歩いて行きます。
大野：そうですか。では、僕も歩いて行きます。
木村：階段はエレベーターのすぐ隣です。

2

Sie gehen zur Kantine.

大野：木村さん、たばこを買いますか。
木村：いいえ、でも、食堂の入り口の前の自動販売機で食券を買います。
大野：そうですね。僕も買います。
木村：私はきょうはカレーライスにします。大野さんは、何を食べますか。
大野：僕は、きのうもおとといもカレーライスを食べました。ですから、きょうはおすしにします。飲み物は、何にしますか。
木村：お水にします。水はただです。
大野：そうですね。僕はお茶にします。お茶もただです。

3

Sie holen das Essen und setzen sich an einen Tisch.

大野：木村さんは、きのうの夜、ドキュメンタリーを見ましたか。
木村：何チャンネルですか。
大野：八チャンネルです。
木村：いいえ、見ませんでした。何のドキュメンタリーですか。
大野：日本映画です。
木村：そうですか。私は見ませんでした。
大野：家ではよくドキュメンタリーを見ます。夕べも九時半から十一時半まで家族みんなで見ました。木村さんは、あまりテレビを見ませんか。
木村：いいえ、でもときどきDVDでいろいろな映画を見ます。夜はテレビはあまり見ません。毎晩早く寝ます。そのかわり、朝は六時ごろ起きます。
大野：早起きですね。
木村：ええ。

4

大野：ところで、出張旅行のチケットをもう買いましたか。
木村：はい、きのう駅前の旅行社で買いました。大野さんは？
大野：僕はまだです。きょう帰りに買います。座席指定券はまだありましたか。
木村：ええ、ありました。でも、寝台券はもうありませんでした。

大野：しかたがありません。行きは指定席ですね。ところで、木村さん、食事はもう終わりましたか。
木村：はい。
大野：では、また仕事ですね。
木村：ええ。
大野：でも、まだ、時間がありますね。午後の仕事は一時に始まります。隣のビルにいい喫茶店があります。僕はよく行きます。いっしょに行きませんか。
木村：それは、いいですね。私も行きます。でも、喫茶店を一時十五分前には出ます。
大野：はい。僕もそうします。

5

Sie verlassen die Kantine und gehen ins Cafè.

木村：喫茶店は何階ですか。
大野：十一階です。ですから、エレベーターに乗ります。そして、十一階でエレベーターを降ります。それから、少し廊下を歩きます。
木村：はい。

Sie steigen aus dem Fahrstuhl aus.

大野：さあ、ここで降ります。喫茶店はあそこです。
木村：はい。私はトイレに行きます。すぐに戻ります。
大野：はい。では、僕は先に喫茶店に入ります。木村さんは何を飲みますか。
木村：コーヒーです。
大野：ミルクと砂糖を入れますか。
木村：いいえ、ブラックです。
大野：はい。では、木村さんのコーヒーをすぐに注文します。
木村：お願いします。

Übungen (練習問題)

Übung 1 Forme die folgenden Grundformen der Verben (V3) in die Formen < V2 + **mashita** >, < V2 + **mashita ka** > oder < V2 + **masen deshita** > um.

1. おきる
2. ある
3. みる
4. いる
5. きく
6. たべる
7. まつ
8. はじめる
9. こむ
10. よむ
11. かく
12. はなす
13. たばこ を すう
14. さんぽする
15. やすむ
16. かえる
17. はじまる
18. でんわを かける

Übung 2 Vervollständige folgenden Dialog, indem eine Handlung als Antwort aus den u. a. Sätzen gewählt wird. Achte darauf, dass das Prädikat (Verb in der V3-Form) in die Form < V2 + **mashita** > umgeformt werden muss.

A: きのう 私(わたし)は 日本語(にほんご)の 勉強(べんきょう)を しました。あなたは 何(なに)を しました か。
B: 私(わたし)は ⟦ Ihre Antwort ⟧ 。

1. 日本(にほん)の えいがを 見(み)る。
2. おもしろい 本(ほん)を よむ。
3. 妹(いもうと)と 弟(おとうと)に でんわを かける。
4. ドイツの パンを 食(た)べる。
5. 先生(せんせい)に ながい てがみを かく。
6. テレビを 見(み)る。
7. 町(まち)に 行(い)く。
8. ドイツの おいしい ビールを のむ。
9. サッカーの しあいを テレビで 見(み)る。
10. 子(こ)どもと サッカーを する。
11. 駅前(えきまえ)の 旅行社(りょこうしゃ)に 行(い)く。

△ Das *Jidai-matsuri*-Fest in Kyoto

Übung 3 Vervollständige folgenden Dialog, indem eine Handlung als Antwort mit Ja oder Nein aus den u. a. Sätzen gewählt wird; achte darauf, dass das Prädikat (Verb in der V3-Form) in die Form < V2 + **mashita** > umgeformt werden muss.

A: ⟦私(わたし)は この 本(ほん)を よみました⟧。あなたも もう ⟦この 本(ほん)を よみました か。⟧
B: いいえ、まだです。 oder B: はい、もう ⟦よみました⟧ 。

1. ひるごはんを 学食(がくしょく)で 食(た)べる。

Lektion 5

2. 日本の おんがくを きく。
3. 日本の ビールを のむ。
4. メールを チェックする。
5. 先生に てがみを かく。
6. テレビの ニュースを 見る。
7. この CDを かう。
8. この アメリカの たばこを すう。
9. きょうの しごとを する。
10. 町の びじゅつかんに 行く。
11. しょっけんを 買う。

▲ Das *Jidai-matsuri*-Fest in Kyoto

Übung 4 Suche das richtige Verb aus dem Vokabelfeld heraus und setze es in den dazu passenden Satz ein; jeder der angebotenen Sätze erlaubt verschiedene Einsetzmöglichkeiten.

あるく (歩く)	でる (出る)	はいる (入る)
おりる (降りる)	とおる (通る)	はしる (走る)
さんぽする (散歩する)	とぶ (飛ぶ)	りょこうする (旅行する)
つく (着く)	のる (乗る)	わたる (渡る)

1. みち を (　　　　)。
2. こうえん を (　　　　)。
3. へや に (　　　　)。
4. そら を (　　　　)。
5. じてんしゃ に (　　　　)。
6. えき に (　　　　)。
7. ゆうびんきょく に (　　　　)。
8. この あたり を (　　　　)。
9. アメリカ を (　　　　)。
10. 日本 を (　　　　)。
11. 大学 を (　　　　)。
12. タクシー に (　　　　)。
13. こうそく を (　　　　)。
14. この へや を (　　　　)。
15. 先生の へや に (　　　　)。
16. ホテル に (　　　　)。
17. レストラン を (　　　　)。
18. エレベーター を (　　　　)。

▽ Parkplatz vor dem *Kyoto Tower*

Übung 5 Ordne entsprechend den unten angegebenen Beispielsätzen die Vokabeln in die richtigen Felder ein; für eine Vokabel gibt es oft mehrere Einsetzmöglichkeiten.

- (A) を あるく。(歩く)
- (B) を おりる。(降りる)
- (C) を さんぽする。(散歩する)
- (D) に つく。(着く)
- (E) を でる。(出る)
- (F) を とおる。(通る)
- (G) を とぶ。(飛ぶ)
- (H) に のる。(乗る)
- (I) に はいる。(入る)
- (J) を はしる。(走る)
- (K) を りょこうする。(旅行する)
- (L) を わたる。(渡る)

Bsp.: じてんしゃ (B, H)
ロンドン ( )
びょういん ( )
とうきょうえき ( )
こうえん ( )
ゴルフじょう ( )
ちかてつのえき ( )
えいがかん ( )
タクシー ( )
川(かわ) ( )
ビル ( )
でんしゃ ( )
エレベーター ( )
ひこうき ( )
そら ( )
はし ( )
ふろ ( )
みち ( )
ポルトガル ( )
イギリス ( )
ちゅうごく ( )
へや ( )
大学(だいがく) ( )
ほんこん ( )
ローマ ( )
としょかん ( )
レストラン ( )
バス ( )
じてんしゃ ( )
スーパー ( )
この町(まち) ( )
うみ ( )
ライン川(がわ) ( )
家(うち) ( )
コンビニ ( )
ろうか ( )

Lektion 5

Konversation （会話）：駅のホームで

1

Herr Nakajima und Herr Kawaguchi sprechen miteinander und warten auf die Bahn.

中島：お宅から会社までどのくらいかかりますか。
川口：そうですね。一時間ぐらいです。
中島：それは大変ですね。毎朝何時に起きますか。
川口：六時です。外はまだ暗いです。家から駅まで一キロほど歩きます。
　　　そして、七時の急行に乗ります。いつも満員です。
中島：それは疲れますね。帰りの電車も満員ですか。
川口：ええ、朝も晩も満員です。
中島：ところで、お昼は毎日どこで食べますか。
川口：たいてい、会社の食堂で食べます。
中島：仕事は何時までですか。
川口：会社は五時に終わりますが、たいてい八時ごろまで会社に残ります。
中島：それは忙しいですね。
川口：ええ。

▲ Eine Bahn in Kyoto

2

中島：失礼ですが、お給料はいいですか。
川口：まあまあです。この会社におととし入りました。今の給料は二十万円ぐらいです。
中島：そうですか。ところで、川口さんはいつ結婚しましたか。
川口：去年の春です。
中島：お子さんはいますか。
川口：ええ。一人います。今年の二月に生まれました。
中島：では、もう歩きますね。
川口：いいえ、まだです。
中島：そうですか。ああ、私の電車が来ました。それでは、失礼します。
川口：では、またあした。
中島：ええ、またあした。

Text B

日本の地理

日本は島国です。主な島は北海道と本州と四国と九州です。そのほかおきなわやさどなどの小さい島がたくさんあります。

日本の面積はだいたい三十七万七千平方キロメートルです。この大きさは、インドの九分の一、アメリカの二十五分の一、ロシアの四十五分の一です。ドイツより約二万平方キロメートル大きいです。しかし人口は多いです。だいたい一億二千七百万人います。人口密度は一平方キロメートルに三百四十人ぐらいです。

全体に山が多いです。本州には南アルプスや北アルプスがあります。北海道の大雪山や本州の富士山などが有名です。そして平野が少ないです。国土の約六十七パーセントが森林や原野です。農用地は十三パーセント、宅地が四・七パーセントです。長い川もあまりありません。北海道には石かり川があります。

本州にはとね川やしなの川や北上川などがあります。主な湖は本州のかすみがうらやびわ湖、北海道のサロマ湖などです。

日本は南北に長いです。南は亜熱帯、中間は温帯、北は亜寒帯気候です。九州ではめったに雪が降りません。しかし北海道では冬雪がたくさん降ります。

雨がよく降ります。六月にはよく雨が降ります。夏はいつも台風が来ます。春は、桜が咲きます。たいへんきれいです。秋のもみじも美しいです。

Lektion 6　　　　　　　　　　　　　　　　　　第六課

Text A　（テキストA）：　ハイキング

△ Der *Shûgakuin-rikyû*-Palast in Kyoto

1

Frau Tanaka und Frau Nakamura unterhalten sich.

田中：きのうはいい天気でしたね。何をしましたか。

中村：きのうは日曜日でしたから、五人の友達とハイキングに行きました。大阪から京都まで電車で行きました。そして、京都駅からはバスに乗りました。

田中：混んでいましたか。

中村：ええ、電車もバスも人でいっぱいでした。でも、バスは山の中を走り、景色がとてもきれいでした。

田中：そうですか。最初にどこに行きましたか。

中村：高雄です。十時ごろ高雄に着きました。

田中：高雄で何をしましたか。

中村：まず高山寺へ有名な鳥獣戯画を見に行きました。とてもおもしろかったです。

田中：そうですか。鳥獣戯画は有名ですよね。私も本で見ました。

中村：そうですか。

2

田中：ところで、お昼はどうしましたか。
中村：ちょうど十二時でしたから、私達は、近くの茶店に昼ご飯を食べに入りました。
田中：それから何をしましたか。
中村：そこから山道を三キロほど歩きました。道はあまり急ではありませんでしたから、それほど疲れませんでした。山の空気もたいへんきれいでした。空もとても青かったです。それに、山の緑も美しかったです。
田中：それは、よかったですね。それからどこに行きましたか。
中村：清滝です。午後二時ごろ着きました。昔、芭蕉はここで有名な俳句を作りました。清滝は芭蕉の俳句で有名です。
田中：清滝の水を飲みましたか。
中村：いいえ。滝の水はとても冷たかったです。友達は写真をたくさん撮りました。これが清滝の写真です。
田中：きれいな滝ですね。
中村：ええ、本当にきれいでしたよ。

古池や
かはづ飛び込む
水の音
　　芭蕉

3

田中：清滝からはどこに行きましたか。
中村：清滝からは歩いて嵐山に行きました。午後四時ごろ着きました。
田中：疲れませんでしたか。
中村：友達はとてもつかれましたが、私はあまり疲れませんでした。足もあまり痛くなかったです。とても楽しいハイキングでした。
田中：それはよかったですね。
中村：ええ、また、行きます。この次は一緒に行きませんか。
田中：そうですね。私も一緒に行きます。

▼Gemeinschaftliche Wanderung

Lektion 6

Übungen (練習問題)

Übung 1 Forme die folgenden Grundformen des Keiyoushi < Stamm + **i** > in die Vergangenheitsformen < Stamm + **katta** > des **da-dearu**-Stils oder < Stamm + **katta** + **desu** > des **desu-masu**-Stils um.

1. あかい
2. ながい
3. つまらない
4. やすい
5. つよい
6. いそがしい
7. 大きい
8. たかい
9. 小さい
10. 古い
11. やすい
12. あたらしい
13. めずらしい
14. 多い
15. おいしい

Übung 2 Forme die folgenden Grundformen des Keiyoushi < Stamm + **i** > in die verneinenden Vergangenheitsformen < Stamm + **ku** + **na** + **katta** > des **da-dearu**-Stils oder < Stamm + **ku** + **na** + **katta** + **desu** > des **desu-masu**-Stils um.

1. よい
2. 近い
3. いそがしい
4. おもしろい
5. すくない
6. うつくしい
7. つめたい
8. めずらしい
9. くらい
10. わかい
11. たのしい
12. むずかしい
13. つまらない
14. 小さい
15. みじかい
16. いたい
17. あおい
18. ながい

Übung 3 Vervollständige entsprechend dem unten angeführten Beispiel folgenden Dialog. Verwende die Vokabeln aus den o. a. Vokabelfeldern. Man kann für **sore** (それ /der, die, das) alternativ ein konkretes Wort wie z. B. **sono hon** (その本/das Buch) usw. einsetzen. Bei der negierenden Antwort gibt es zwei Formulierungsmöglichkeiten.

A: それは おもしろかったですか 。
B: いいえ、 おもしろくなかったです 。
　　いいえ、 おもしろくありませんでした 。

Übung 4 Forme die folgenden Prädikate < N + **desu** > bzw. < KD + **desu** > in ihre Vergangenheitsformen < N + **deshita**> bzw. < KD + **deshita**> des **desu-masu**-Stils um.

< N + **desu** >

1. にちようびです。
2. けんちくかです。
3. いしゃです。
4. おもしろいじゅぎょうです。
5. いそがしい一日です。
6. おもしろいえいがです。

< KD + **desu** >

1. きれいです。
2. たいへんです。
3. ゆうめいです。
4. かんたんです。
5. しずかです。
6. べんりです。
7. しんせつです。
8. ロマンチックです。
9. きゅうです。
10. シンプルです。

Übung 5 Verbinde in der adversativen Funktion (*aber*) den Neben- und Hauptsatz mit der konjunktionalen Postposition **ga** (が).

Nebensatz (A) が , Hauptsatz (B) .   < A, aber B. >

Nebensatz

a. マリアさんは 日本人では ありません。
b. きのうの ばんは とても つかれました。
c. この 車は 古いです。
d. この 本は やすいです。
e. きのうは 休みでした。
f. きのう あさ 早く えきに 行きました。
g. となりの 子どもは まだ 小さいです。
h. この きかいは とても べんりです。

Hauptsatz

i. えい語と 中国語を はなします。
j. とても たかいです。
k. とても つかれました。
l. 日本語を はなします。
m. 日本語の べんきょうを しました。
n. エンジンが まだ いいです。
o. ざせきしていけんが もう ありませんでした。
p. とても おもしろいです。
q. まちは 人で いっぱいでした。

Übung 6 Vervollständige den Satz, indem dem Nebensatz (dem **kara**-Satz) entsprechend der Hauptsatz gebildet wird. Der mit der konjunktionalen Postposition **kara** (から) markierte Satz stellt einen Grund bzw. eine Ursache dar.

Nebensatz (A) から , Hauptsatz (B) .   < Weil A, B. > bzw. < B, weil A. >

Nebensatz

1. この 車は たかいです。
2. あの ホテルは えきに ちかいです。
3. この つくえは とても 大きいです。
4. ベルリンまでは とおいです。
5. この へやに 子どもが たくさん います。
6. 私の いとこは 日本ぶん学の 学生です。
7. この さっかの 小せつは おもしろいです。
8. 日本語は むずかしいです。
9. あたまが いたいです。
10. しごとで とても つかれました。
11. この 車の エンジンは とても いいです。
12. あしたは 休みです。

Hauptsatz

?

Lektion 6

Übung 7 Vervollständige die Sätze, indem das richtige Verb in der V2-Form mit der finalen Postposition **ni** (に) in das Kästchen eingesetzt wird: < V2 + **ni**>. Es handelt sich um die finale Satzstruktur < V2 + **ni** + iku/kuru/kaeru >.

1. じかんがあるから、町にえいがを（　　　　）行きます。
2. こうえんがちかいですから、まい日こうえんに（　　　　）行きます。
3. しゃしんコンクールがありますから、山にしゃしんを（　　　　）行きます。
4. 有名なオペラかしゅのコンサートがありますから、（　　　　）行きます。
5. あしたはサッカーのしあいですから、チケットを（　　　　）行きます。
6. 家がちかいですから、ひるごはんを（　　　　）家にかえります。
7. きょうのごごは妹と町にCDを（　　　　）行きます。
8. こんばん友だちが夕食を（　　　　）来ます。
9. こんばん友だちと町にビールを（　　　　）行きます。
10. 出張で京都に行きますから、高山寺に鳥獣戯画を（　　　　）行きます。

Übung 8 Beantworte schriftlich folgende Fragen in Bezug auf den Text A dieser Lektion.

1. 中むらさんは日よう日にどこに行きましたか。
2. 中むらさんの友だちはきよたきで何をしましたか。
3. 中むらさんは何じごろきよたきにつきましたか。
4. どこがばしょうのはいくで有名ですか。
5. 中むらさんはどこでひるごはんを食べましたか。
6. こうざんじは何で有名ですか。
7. 中むらさんは何じごろあらし山につきましたか。

Übung 9 Bilde in Bezug auf den Text B der Lektion 5 zehn Fragesätze und schreibe diese Sätze mit Hiragana- und evtl. mit Kanji-Schriftzeichen.

Beispiel: 日本はしまぐにですか。

Übung 10 Übersetze folgende Sätze.

1. Die Eintrittskarten waren sehr teuer.
2. Das Mittagessen war sehr lecker.
3. Die Arbeit war sehr anstrengend.
4. Ich war gestern sehr beschäftigt.
5. Der Kanjitest war sehr leicht.
6. Der Bergweg war sehr steil.
7. Die Wanderung war sehr <u>schön</u> (im Sinne von *schöne Zeit verbringen*).
8. Die Sterne waren sehr schön.
9. Das Wasser des Wasserfalls war sehr kalt.

Der kaiserliche Palast in Tokyo

Konversation （会話）：京都見物

1

Frau Takiyama und Frau Meyer unterhalten sich.

滝　　山：この前の日曜日、どこへ行きましたか。
マイヤー：京都へ行きました。
滝　　山：京都見物は面白かったですか。
マイヤー：ええ、楽しかったです。
滝　　山：京都は古い町です。有名なお寺や庭がたくさんあります。京都のどこへ行きましたか。
マイヤー：平安神宮、南禅寺、二条城などへ行きました。
滝　　山：どこがよかったですか。
マイヤー：二条城の庭がきれいでした。
滝　　山：観光客が多かったですか。
マイヤー：ええ、とても多かったです。でも外国人は少なかったです。
滝　　山：そうですか。京都の名所はいつも人でいっぱいです。外国からのツーリストもたくさんいます。
マイヤー：そうですか。

2

滝　　山：京都は昔はもっと静かな町でした。ところで、京都で何を買いましたか。
マイヤー：絵葉書をたくさん買いました。綺麗な絵葉書です。写真もたくさん撮りました。
滝　　山：奈良へも行きましたか。
マイヤー：ええ、行きました。奈良の大仏は大変大きかったです。それから、春日大社もとても綺麗でした。
滝　　山：春日大社には鹿がたくさんいませんでしたか。
マイヤー：ええ、たくさんいました。子鹿がかわいらしかったので、子鹿の写真をたくさん撮りました。国の妹に送ります。
滝　　山：それはいいですね。
マイヤー：ええ。

Lektion 6

⋏ Der *Tôdai-ji*-Tempel in Nara

⋏ Das *Nijô-jô*-Schloss in Kyôto

⋏ Die Große Buddhastatue in Nara

⋏ Der *Kasuga-taisha*-Schrein in Nara

⋎ Der *Heian-jingû*-Schrein in Kyôto

Text B (テキストB)

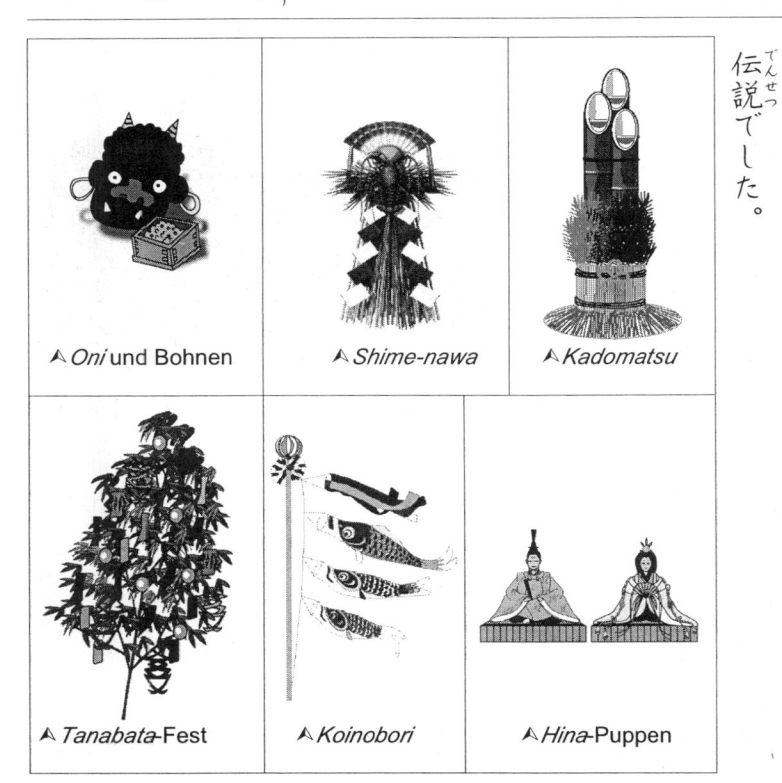

日本の行事

日本の行事はたいてい中国から来ました。その中のいくつかはもうなくなりました。しかし、今でもまだほとんどの家庭でいろいろな行事をします。

まず、一月には正月の行事があります。たくさんの人がお寺や神社に参ります。朝は家の入り口に門松やしめ縄を飾ります。お餅を食べます。

二月の初めに節分があります。長い冬の終わりです。節分の晩には豆をまきます。そして、福の神を家の中に招きます。豆で鬼を追い出します。

三月三日はひな祭りです。女の子はひな人形を部屋の中に飾ります。

五月五日は子供の日です。これは古来の端午の節句で、男の子の祭りでした。子供の日には鯉のぼりを立てます。

七月七日には七夕があります。星の祭りです。牛飼いの星が一年に一度この夜だけ天の川を渡ります。そして、織姫の星に会います。このロマンチックな話は中国の伝説でした。

Oni und Bohnen

Shime-nawa

Kadomatsu

Tanabata-Fest

Koinobori

Hina-Puppen

Lektion 7   第七課

Text A （テキストA）： 公園

1

Frau Nakayama geht in einem Park spazieren und spricht per Handy mit Frau Yoshida. Sie beschreibt, was sich vor ihren Augen ereignet. Sie haben sich vor kurzem kennengelernt.

中山：もしもし、吉田さん？
吉田：はい、吉田です。今、どこにいるんですか。
中山：家の近くの公園です。
吉田：公園はどうですか。
中山：とてもきれいですよ。公園にはたくさん花が咲いています。木もたくさんあります。子供がおおぜい遊んでいます。小鳥が木の上で歌っています。池には橋がかかっています。こいが泳いでいます。赤いこいも黒いこいもいます。
吉田：そうですか。人でいっぱいですか。
中山：ええ。たくさんの人がいます。向こうで中学生が写生をしています。それから、男の子と女の子がブランコに乗っています。そばで女の人が子供たちを見ています。木かげで若い男女が話しています。公園の中は明るい光でいっぱいですよ。
中山：そうですか。

2

Nach einigen Tagen trifft Frau Nakayama Frau Yoshida und erzählt ihr, was sie am letzten Samstag im Park gemacht hat.

吉田：中山さんは、先週の土曜日、公園に行きましたよね。
中山：ええ、お弁当を持って、公園へ行きました。
吉田：公園で何をしましたか。
中山：まず花壇の美しい花を見てから、池を回って、ベンチで休みました。
吉田：だれと一緒に行きましたか。
中山：妹と一緒に行きました。妹は写生をしましたが、私は本を読みまし

た。中国の伝説の本です。
：そうですか。公園は人でいっぱいでしたよね。
中山：ええ、子供たちが木かげで歌を歌ったり、ハーモニカを吹いたりしていました。また、小学生がボールを投げたり、すもうを取ったりして遊んでいました。

3

中山：公園の後ろには丘があったので、私たちは丘に上って町を見下ろしました。
吉田：景色はどうでしたか。
中山：きれいでしたよ。川が光っていました。それから、遠くに新幹線が走っていました。
吉田：そうですか。ところで、中山さんの家はどこですか。
中山：私たちは川の近くに住んでいます。
吉田：川のこちら側ですか、あちら側ですか。
中山：こちら側です。ですから、私は川のこちらの町はよく知っています。でも、川の向こう側の町のことはあまり知りません。
中山：そうですか。
中山：ええ。

Übungen (練習問題)

Übung 1 Bilde die TE-Form der unten aufgelisteten Verben.

1. 歩く
2. 外出する
3. いる（居る）
4. ある（在る／有る）
5. 始まる
6. 行く
7. 掛かる
8. 聞く
9. 混む
10. 見る
11. 飲む
12. 起きる
13. 出張する
14. 食べる
15. 勤める
16. 休む
17. 読む
18. 注文する
19. 入る
20. 買う
21. 戻る
22. 寝る
23. 願う
24. 乗る
25. 降りる
26. 終わる
27. 撮る
28. 着く
29. 作る
30. 咲く

Lektion 7

Übung 2 Verbinde den Nebensatz mit dem richtigen Hauptsatz, indem das Prädikat des Nebensatzes in die TE-Form umgeformt wird; forme das Prädikat des Hauptsatzes in die Vergangenheitsform im **desu-masu**-Stil um. Die TE-Form hat eine kopulative (hier: satzverbindende) Funktion.

Watashi wa uchini kaette terebi o mi-mashita.
私は家に帰ってテレビを見ました。
Ich ging nach Hause und sah fern.

Nebensatz 、 Hauptsatz 。

Nebensatz

a. マルクスさんは京都の写真を撮る。
b. 村下さんはドイツのビールを飲む。
c. 村山さんは町に行く。
d. 妹は郵便局に行く。
e. 弟は中国の伝説の本を町で買う。
f. 川村さんは公園に行く。
g. 山田さんはカフェに入る。
h. 早川さんは朝六時に起きる。
i. 外に出る。

↑
Prädikat: TE-Form

Hauptsatz

j. 本を買う。
k. 朝ご飯を食べる。
l. 散歩する。
m. 家で読む。
n. 日本のお酒を飲む。
o. たばこを吸う。
p. 切手と葉書を買う。
q. コーヒーを飲む。
r. ドイツの友達に送る。

↑
Prädikat: < V2 + **mashita** >

Übung 3 Vervollständige entsprechend dem nachfolgenden Beispiel einen Dialog. Wähle als Antwort einen Satz aus dem Satzfeld und forme ihn in die Satzstruktur < TE-iru > um, um den progressiven Aspekt (eine Handlung ist im Gange) auszudrücken.

A: あなたは今何をしていますか。 *(Was machen Sie jetzt?)*
B: 本を 読んでいます 。 *(Ich lese gerade ein Buch.)*

1. 小説を書く。
2. 橋を渡る。
3. トマトを食べる。
4. ハーモニカを吹く。
5. 豆を撒く。
6. お寿司を食べる。
7. 歌を歌う。
8. ボールを投げる。
9. ピアノを弾く。
10. プールで泳ぐ。
11. 俳句を作る。
12. 音楽を聞く。
13. ぶらんこに乗る。
14. たばこを吸う。
15. テレビのニュースを見る。
16. CDを聞く。
17. カフェで漫画を読む。
18. 日本語を勉強する。
19. 昼ご飯を食べる。
20. コーヒーを飲む。

Übung 4 Vervollständige entsprechend dem nachfolgenden Beispiel einen Dialog. Wähle Sätze für den Neben- und Hauptsatz aus dem Satzfeld. Der Nebensatz ist der TE-**kara**-Satz, mit dem die Vorzeitigkeit ausgedrückt wird.

A: 昨日は 日本語の宿題をして から、何をしましたか。
Was haben Sie gestern gemacht, nachdem Sie die japanischen Hausaufgaben gemacht haben?
B: テレビを見ました 。
Ich habe ferngesehen.

1. レストランに行く。	11. 家に帰る。
2. 公園を散歩する。	12. 電車を降りる。
3. 音楽を聞く。	13. 俳句の本を読む。
4. インターネットで新聞を読む。	14. ハイキングに行く。
5. 友達に会う。	15. 旅行社でチケットを買う。
6. 新しいパソコンを買う。	16. 日本の小説を読む。
7. CDを買う。	17. 出張から帰る。
8. 先生と話す。	18. 会社に行く。
9. 京都の写真を見る。	19. 本社で仕事をする。
10. ビアガーデンでビールを飲む。	20. 友達に電話をかける。

Übung 5 Vervollständige entsprechend dem nachfolgenden Beispiel einen Dialog. Wähle Sätze für die **tari**-Nebensätze aus dem Satzfeld. Es handelt sich um die Satzstruktur **tari-tari-suru**-Satz.

A: 週末には何をしましたか。
Was haben Sie am Wochenende unternommen?
B: 本を読ん だり、 音楽を聞い たりしました 。
Ich habe unter anderem Bücher gelesen und Musik gehört.

1. プールで泳ぐ。	11. 漢字の練習をする。
2. 妹と遊園地に行く。	12. オペラを見に行く。
3. 映画を見に行く。	13. 友達とカフェに行く。
4. 公園を散歩する。	14. 友達に手紙を書く。
5. 町でショッピングをする。	15. 公園で花の写真を撮る。
6. ピアノを弾く。	16. 家でテレビを見る。
7. メールをチェックする。	17. インターネットのサイトを見る。
8. 町で友達に会う。	18. 友達にメールを出す。
9. 小説を読む。	19. 本社で仕事をする。
10. 日本の歴史のリポートを書く。	20. 友達に電話をかける。

Lektion 7

Konversation（会話）：電話で

1

Petra will Yoshiko besuchen. Sie ist am Bahnhof angekommen und ruft Yoshiko an. (Sie siezen einander.)

ペトラ：もしもし、ペトラ・ヴァーグナーですが、良子さんはいらっしゃいますか。
父　　：はい、おります。少々お待ちください。
良子　：はい、かわりました。緑川です。
ペトラ：ペトラです。
良子　：ああ、ペトラさん、今日は。
ペトラ：今日は。
良子　：今、どこから電話をかけているんですか。
ペトラ：駅の改札口の前です。
良子　：西口ですか、東口ですか。
ペトラ：東口です。

△ Bahnhofseingang und -ausgang der JR-Linie

2

良子　：そこからバス停が見えますか。
ペトラ：はい。バスのターミナルがあります。
良子　：ターミナルに4番線のバス乗り場があります。そこに、田町行きのバスが来ます。そのバスでここに来ます。
ペトラ：はい、分かりました。
良子　：料金は二百円です。小銭がありますか。
ペトラ：いいえ、千円札だけです。
良子　：千円札でも大丈夫です。バスに乗って、まず両替えをして、それから払います。
ペトラ：はい、バスの運転手に聞きます。どこのバス停で降りますか。
良子　：大学病院前です。バス停まで今から行って、待っています。
ペトラ：すみません。では、のちほど。
良子　：はい、では、のちほど。

Text B

日本の行事　二

関東では　七月、関西では　八月に　お盆が　あります。お盆には　先祖の　魂が　帰ります。お盆の　最初の　日には　先祖の　魂を　迎えます。最後の　日には　火を　つけて　魂を　送ります。有名な　京都の　大文字も　その　行事の　一つです。

秋は　空も　澄んでいて　月も　たいへん　きれいです。九月の　満月の　日に　お月見を　します。

十月は　スポーツの　シーズンです。学校では　運動会が　あります。また、人々は　ハイキングに　行ったり、サイクリングを　したりします。お米の　取り入れも　始まります。そして　十月、十一月には　豊作を　祝って　村や　町で　秋祭りが　あります。

十一月十五日は　七五三です。親が　三歳と　五歳と　七歳の　子供を　連れて　神社に　参ります。

年の　暮れは　みんな　大変　忙しいです。大そうじをしたり、お餅を　ついたり　します。大みそかには　夜中の　十二時から　除夜の　鐘を　聞いて　新しい　年を　迎えます。

▲Das *Aki-matsuri*

▲Das Sportfest

▲Das *Bon-odori*

▲Der *Enkaku-ji*-Tempel in Kamakura

▲Das *Mochi-tsuki*

▲Das *Shichi-go-san*

Lektion 8 第八課

Text A （テキストA）： 夏休み

1

Julia befindet sich in Japan. Sie spricht mit Herrn Natsume über ihre Urlaubspläne. (Sie duzen sich, so dass Herr Natsume die Männer- und Julia die Frauensprache spricht.)

夏　目：きのうも雨だったけど、きょうもまた雨だね。
ユリア：そうね。ここ一週間一度も晴れなかったし、今年は梅雨明けが遅いわね。
夏　目：そうだね。明日から夏休みが始まるけど、今年は何をするんだい？
ユリア：去年は山に登ったから、今年は海に行くの。
夏　目：そう。夏山はきれいだよね。高山植物がきれいだし、頂上からの見晴らしはいいし、僕もよく山に登るんだ。
ユリア：じゃ、今年は山登り？
夏　目：いや、今年は北海道に行くんだ。
ユリア：北海道のどこに行くの？
夏　目：札幌の町や摩周湖や知床半島を回るんだ。北海道のことはあまり知らないから、ガイドブックを買って、読みながら旅行のことを考えているんだ。
ユリア：そう。私も海水浴が楽しみだわ。

2

Die beiden sind vom Urlaub zurückgekehrt und Herr Natsume berichtet, wie er seinen Urlaub verbracht hat.

ユリア：いつ北海道から帰ってきたの？
夏　目：夕べ帰ってきたんだ。

▲Hakodate in Hokkaidô

ユリア：北海道はどうだった？
夏　目：実に良かった。青い湖、広い野原、地平線の夕日とか、とにかく北海道の自然に感動したよ。毎日いろいろな所を回って面白かった。
ユリア：疲れなかった？
夏　目：少しも疲れなかった。でも、今度の旅行はお金がかかったんだ。だけど、収穫は決して小さなものではなかったよ。
ユリア：それはよかったわね。ところで、札幌はどんな町なの？

夏　目：札幌は北海道の文化、政治、経済の中心で、ユニークな町だよ。比較的新しい町で1922年に市になったんだ。

ユリア：札幌はビールとかバターで有名でしょう。

夏　目：そう。札幌のビールはおいしいよ。

ユリア：1972年の冬季オリンピック大会は札幌だったよね。それから、冬には雪祭りがあるでしょう。

夏　目：うん、札幌は雪祭りでも有名なんだ。

ユリア：じゃ、私も来年は北海道に行くわ。

▲Das *Yuki-matsuri* in Sapporo

Übungen（練習問題）

Übung 1 Forme die V3-Form in die Form < V2 + **masu** > um:

A: あなたは明日何をしますか。
B: 本を読む。（→ 本を読みます。）

1. 部屋の掃除をする。
2. 外出する。
3. 町に行く。
4. 神社に参る。
5. 先生に会う。
6. プールで泳ぐ。
7. ピアノを弾く。
8. 東京の町を見物する。
9. 町に行ってガイドブックを買う。
10. 公園で写生する。
11. 公園の花壇の花を見に行く。
12. 日本の行事のビデオを見る。
13. 日本語を勉強する。
14. 花の写真を撮る。
15. 駅にチケットを買いに行く。
16. CDで音楽を聞く。
17. 友達とゴルフをする。
18. スカイダイビングをする。
19. 友達と日本のお酒を飲む。
20. ハイキングをする。

Übung 2 Forme die unterstrichenen Satzteile in die Form < V1 + **nai** > um:

1. 妹に日本の写真を送りません。
2. 部屋を飾りません。
3. 犬を部屋から追い出しません。
4. 豆を撒きません。
5. 誕生日に友達を招きません。
6. 橋を渡りません。
7. 出張旅行をしません。
8. 明日大学に来ません。

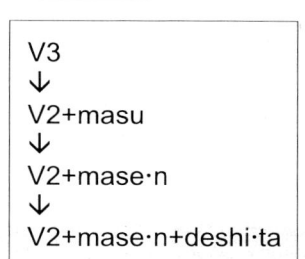

Lektion 8

Übung 3 — Forme die nachfolgenden Verben in den **desu-masu**-Stil um:

```
V3
↓
V2+masu
↓
V2+mase·n
↓
V2+mase·n+deshi·ta
```

1. 朝早く起きる。
2. 先生に電話を掛ける。
3. あなたの手紙を読む。
4. 映画を見る。
5. パンを食べる。
6. たばこを吸う。
7. 田中さんと結婚する。
8. 雨が降る。
9. タクシーに乗る。
10. 子供が生まれる。
11. 経済の本を買う。
12. 疲れる。
13. シャワーを浴びる。
14. 風呂に入る。
15. 電車を降りる。
16. 台風が来る。
17. 天の川を見る。
18. ブランコに乗る。
19. カラオケで歌を歌う。
20. ハーモニカを吹く。

Übung 4 — Forme die nachfolgenden Verben in den **da-dearu**-Stil um:

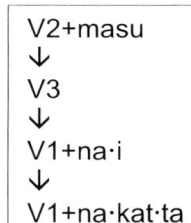

```
V2+masu
↓
V3
↓
V1+na·i
↓
V1+na·kat·ta
```

1. 映画が始まります。
2. 映画が終わります。
3. CDを聞きます。
4. メールをチェックします。
5. メールを送ります。
6. メールを読みます。
7. 紅茶を飲みます。
8. バスが混みます。
9. 駅に歩いて行きます。
10. 道を歩きます。
11. 電車に乗ります。
12. 授業に出ます。

Übung 5 — Forme die nachfolgenden Verben in den **desu-masu**-Stil um:

```
V3
↓
V2+masu
↓
V2+mashi·ta
```

1. 疲れる。
2. ベトナムに出張する。
3. イタリアレストランに行く。
4. 昼ご飯を食べる。
5. この映画を見る。
6. デジタルカメラを買う。
7. 桜の花が咲く。
8. 結婚する。
9. 早く寝る。
10. 会社を出る。
11. チケットを買う。
12. 手紙を書く。

Übung 6 — Forme die Verben in die TA-Form des **da-dearu**-Stils um:

```
V3
↓
TA-Form
```

私はきのう公園に行く（→　　　　）。公園には木がたくさんある（→　　　　）。池には橋が懸かっている（→　　　　）。中学生は写生をする（→　　　　）。男の子と女の子はブランコに乗る（→　　　　）。私はお弁当を持って行く（→　　　　）。お弁当を食べてから池を回る（→　　　　）。子供達が木蔭で歌を歌う（→　　　　）。私達は丘の上に上る（→　　　　）。そして、町を見下ろす（→　　　　）。

Übung 7
Setze die richtige Postposition ein.

から ☺ しか ☺ で ☺ と ☺ に ☺ の ☺ は ☺ へ ☺ も ☺ を

1. 信号（　）赤（　）青（　）変わった。
2. 私（　）旅行のこと（　）考えている。
3. 着物はスポーツ（　）（　）適していない。
4. 中国の伝説（　）ついてリポート（　）書いた。
5. 私はドイツ語（　）先生（　）して日本（　）行った。
6. 弟は英語（　）ドイツ語（　）話さない。
7. 日本人（　）友達は正月（　）神社（　）参った。
8. クリスマス（　）私は家（　）クリスマスツリー（　）飾った。

Übung 8
Setze das richtige Adverb ein. Einige Sätze erlauben mehrere Einsetzmöglichkeiten.

あまり
一緒に (いっしょに)
いろいろ
大勢 (おおぜい)
暫く (しばらく)
少し
全体に
大変 (たいへん)
たくさん
とても
本当に (ほんとうに)
毎朝
まだ
滅多に (めったに)

1. 私は日本語を（　　）話します。
2. 昨日ビールを（　　）飲みました。
3. 日本語は（　　）難しくないです。
4. この本は（　　）面白いです。
5. 美味しいケーキは（　　）あります。
6. 二歳の子供は（　　）歩きません。
7. （　　）私達は日本語の勉強をしています。
8. （　　）早く起きません。
9. このお酒はとても高いですから、私は（　　）飲みません。
10. 週末は家で（　　）本を読みます。
11. （　　）お待ち下さい。
12. 明日（　　）映画を見に行きましょう。
13. 日本は（　　）に山が多いです。
14. 子供が（　　）遊んでいます。

Übung 9
Übersetze folgende Sätze; verwende folgende Adverbien, adverbiale Ergänzungen oder die adverbiale Postposition.

一度も (いちども) ☺ 昨日 (きのう) ☺ 去年 (きょねん) ☺ 決して (けっして) ☺ しか ☺ 少しも (すこしも) ☺ 先週 (せんしゅう) ☺ ～として ☺ ～について

1. Dieser Roman ist keinesfalls schlecht.
2. Ich denke an die Reise nach Hokkaidô.
3. Es regnet überhaupt nicht.
4. Keine einzige Zeitung habe ich letzte Woche gelesen.
5. Die Reise nach Japan ist keinesfalls billig.
6. Ich esse nur Gemüse.
7. Mein jüngerer Bruder isst überhaupt kein Fleisch.

Lektion 8

8. Er ist keinesfalls ein schlechter Mensch.
9. Wir lernen nur Japanisch.
10. Als Abteilungsleiter arbeitete ich in dieser Firma.
11. Ich bin nur bis Spanien gefahren.
12. Wir sprachen über unsere Arbeit.
13. Ich habe letztes Jahr kein einziges Mal Frau Yamada getroffen.
14. Es gibt hier nur deutsche und französische Studenten.

Konversation （会話）：登山と海水浴

1

Michio und Yoshiko treffen sich und unterhalten sich über die Ferien. Die Konversation findet in der *du*-Form statt, also im **da-dearu**-Stil.

道男： やあ、どう？
良子： うん、まあまあ。あなた、すごく日焼けしたのね。泳ぎに行ったの？
道男： いや、山に行ったんだ。
良子： どこの山？
道男： 南アルプスに登ったんだ。北岳が雄大でとても良かった。
良子： 何日ほど行ったの？
道男： 一週間。山小屋に泊まったり、テントを張ったりして、楽しかったよ。
良子： そう。それは良かったわね。

2

道男： 君はどこに行ったの？
良子： 海に行ったの。
道男： どこに行ったの？
良子： 江の島。泳いだり、ゲームをしたり、夜はキャンプファイヤーを囲んで歌を歌ったりして楽しかったわ。
道男： 何人で行ったの？
良子： 四人で行ったんだ。来週また同じグループで今度は沖縄に行くの。
道男： 遊んでばかりだね。勉強の方は大丈夫なのかい？
良子： 大丈夫。学期中は勉強に集中して、休みの間は遊びに集中するの。
道男： それもそうだね。

△Die *Nihon-Arupusu* in Honshû

Text B

日本の着物

三世紀頃の中国の歴史の本は、日本の着物について書いている。日本人は当時大きい布に穴を開けて頭からかぶっていた。三世紀から七世紀頃の古墳のはにわの人形はいろいろな着物を着ている。これが当時の服装であった。この頃は、ワンピースからツーピースに変わっていて、男女ともはかまをはいた。八世紀の初めの法律では役人の服装が決まっていた。だいたい中国や朝鮮の服装と似ていた。

平安時代、宮廷の婦人はきれいな着物をたくさん重ねて着ていた。これが十二ひとえである。

鎌倉時代頃から下着の小そでを普段着として着た。次の室町時代では婦人は正式な服装としても小そでを着た。それが今の着物に発達した。

着物は日本人のスタイルにも日本の気候にも適している。しかし、そでやすそが長いから活動には適していない。若い人はいつも洋服を着ていて、お正月や結婚式などの特別な機会にしか着物を着ない。

Kimono

Lektion 9 　　　　　　　　　　　　　　　　　　　　　第九課

Text A （テキストＡ）： 町の中

1

Herr Machida und Herr Nakayama unterhalten sich über das Leben in der Metropole Tokyo. Sie befinden sich auf einer Straße.

町田：あっ、中山さん、気を付けて下さい。向こうから車が来ますよ。

中山：あっ、本当だ。
この辺は車がたくさん通りますね。

町田：ええ、この通りはいつも自動車やバイクでいっぱいですから、気を付けて歩いて下さい。この前もすぐそこで交通事故があったんです。

中山：そうですか。

町田：次の信号まで歩きましょう。

中山：信号までは遠いですか。

町田：いいえ、百メートル先です。そこの交差点であちら側に渡りましょう。

中山：ええ、そうしましょう。
　　：昔はこの辺は静かないい町だったんですが、今はすっかり変わりました。

中山：空気もあまり良くないですね。

町田：ええ、子供はいつも家の中で遊ばなければなりませんから、かわいそうです。公園が近くにないんです。

中山：そうですか。

町田：ええ。

Shibuya in Tokyo

2

Herr Machida und Herr Nakayama sind an der Kreuzung.

町田：信号が赤です。

中山：ええ、もう少し待ちましょう。信号はまだ赤ですから、渡らない方
　　　がいいですね。

町田：ええ。ちょっと待った方がいいですね。もうすぐ青に変わりますよ。
　　　次の青信号まで待ちましょう。

中山：あっ、青になりましたよ。さあ、渡りましょう。

町田：ええ、そうしましょう。

▽Der kaiserliche Palast in Tokyo

Der *Kôkyo-mae-hiroba* in Tokyo▷

3

Herr Machida und Herr Nakayama befinden sich jetzt in einer ruhigen Gegend.

中山：この通りはだいぶん静かですね。車もあまり通りませんね。

町田：ええ。

中山：お宅まではまだ遠いですか。

町田：いいえ、もうすぐです。あと二百メートルほどです。ああ、向こう
　　　から一郎が来ました。

4

Ichirô rennt auf seinen Vater zu.

一郎：お父さん、お帰り。公園に遊びに行ってもいい。

町田：こら、お客さんにあいさつをしなさい。

一郎：おじさん、今日は。

中山：やあ、今日は。
一郎：ねえ、パパ、公園に遊びに行ってもいい。
町田：もう遅いから一緒に家に帰ろう。これこれ、そんなに道のまん中に出てはいけません。さあ、もっと右の方を歩きなさい。
中山：ああ、ちょっと待って下さい。いい店がありました。ケーキを買いましょう。一郎君、どんなケーキがいい。
一郎：ショートケーキとチョコレートケーキとチーズケーキ。ここのケーキ屋のケーキはとてもおいしいんだ。
町田：こらこら。
中山：いや、いいんですよ。

5

Herr Nakayama kauft in einer Konditorei Kuchen und gibt ihn Ichirô.

中山：一郎君、はい。
一郎：うわあ、こんなにたくさん。
町田：こら、お礼(れい)を言いなさい。
一郎：おじさん、ありがとう。
町田：どうもありがとうございます。でも、この次からはそんなに気を遣(つか)わないで下さい。
中山：いいえ、いいんですよ。子供はケーキが好きですから。

Lektion 9

Übungen (練習問題)

Übung 1 Sie wollen Einkäufe tätigen. Konstruieren Sie mit angebotenen Vokabeln vollständige Dialoge. Wählen Sie die Einkaufsartikel selbst aus.

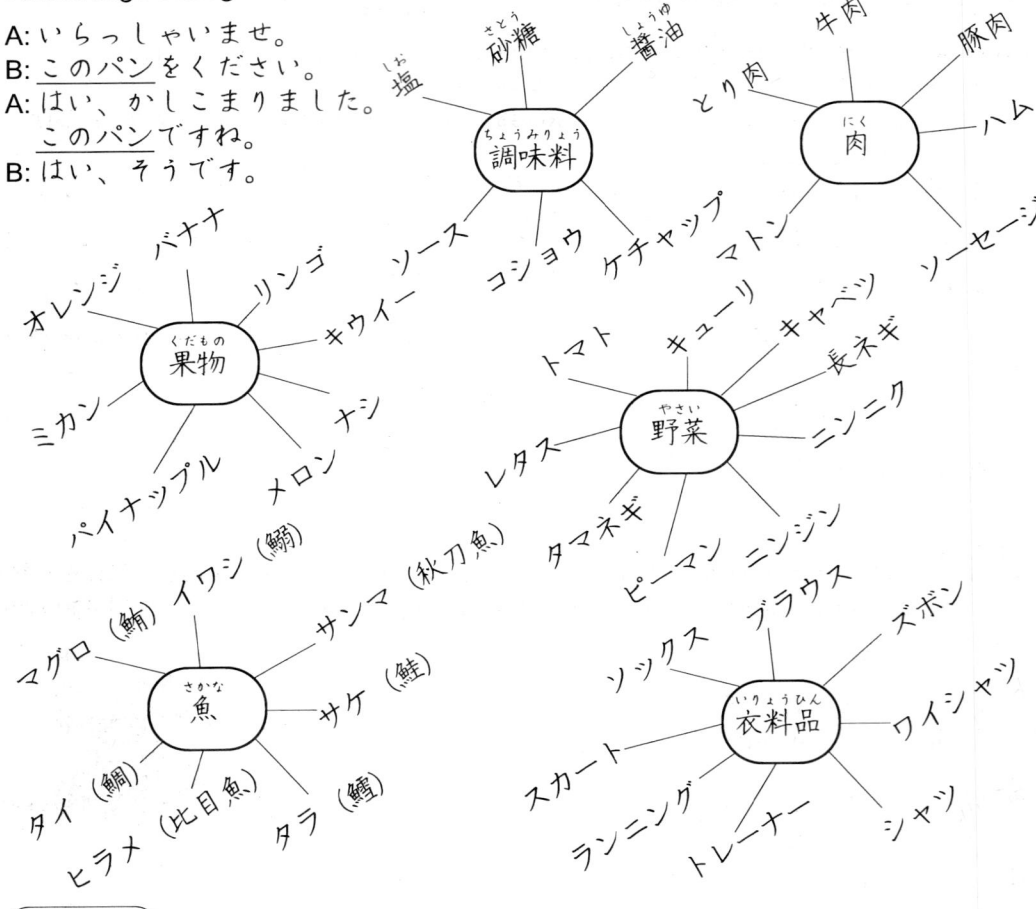

A: いらっしゃいませ。
B: このパンをください。
A: はい、かしこまりました。
　　このパンですね。
B: はい、そうです。

調味料: 塩、砂糖、醤油、コショウ、ケチャップ、ソース、キウイー
肉: 牛肉、豚肉、とり肉、ハム、マトン、ソーセージ
果物: オレンジ、バナナ、リンゴ、ミカン、ナシ、メロン、パイナップル
野菜: トマト、キュウリ、キャベツ、長ネギ、ニンニク、ニンジン、ピーマン、タマネギ、レタス
魚: マグロ(鮪)、イワシ(鰯)、サンマ(秋刀魚)、サケ(鮭)、タイ(鯛)、ヒラメ(比目魚)、タラ(鱈)
衣料品: ソックス、ブラウス、ズボン、ワイシャツ、シャツ、トレーナー、ランニング、スカート

Übung 2 Bilde Sätze, indem Satzkomponenten aus den jeweiligen Feldern ausgewählt werden; forme das Prädikat jeweils in die Satzstrukturen < TE **wa ikenai / ikemasen** > und < TEMO **ii / ii desu** > um.

Kono heya de tabako o sutte wa ikemasen ga, bîru o nondemo ii desu.
この部屋でたばこを吸ってはいけませんが、ビールを飲んでもいいです。
Sie dürfen in diesem Raum nicht rauchen, aber Bier dürfen Sie (hier) trinken.

| この部屋♣教室♣工場♣駅♣劇場♣美術館♣郵便局♣トイレ♣銀行♣公園♣レストラン♣滝 | で | 歌♦水♦お酒♦日本語の勉強♦ビール♦たばこ♦写真♦ボール♦手♦写生♦音楽♦昼ご飯♦仕事♦昼寝♦テレビ | を | 聞く♠飲む♠吸う♠見る♠する♠洗う♠撮る♠食べる♠取る♠投げる♠歌う | 。 |

Lektion 9

Übung 3 Bilde Sätze, indem Satzkomponenten aus den jeweiligen Feldern ausgewählt werden; forme das Prädikat jeweils in die Satzstrukturen < TA **hou ga ii / ii desu** > und < V1 **nai hou ga ii / ii desu** > um. Das Objekt wird zur Kontrasthervorhebung mittels der PP **wa** (は) hervorgehoben.

Kono hon wa yonda hou ga ii desu ga, ano hon wa yomanai hou ga ii desu.
この本は読んだ方がいいですが、あの本は読まない方がいいです。
Es wäre besser, das Buch zu lesen, aber es wäre besser, jenes Buch nicht zu lesen.

この映画 ♣ この辞書 ♣ 歴史 ♣ 湖の写真 ♣ 読書 ♣ 朝ご飯 ♣ ドキュメンタリー ♣ このカレーライス ♣ この本 ♣ 手 ♣ 勉強 ♣ 野菜(やさい)	は	工場の写真 ♣ スカイダイビング ♣ この魚 ♣ 日本語の勉強 ♣ このアニメ ♣ コメディー ♣ 晩ご飯 ♣ 足(あし)肉 ♣ この小説 ♣ 仕事 ♣ マンガ ♣ テレビ ♣ あの本

は 買う ♠ 見る ♠ 勉強する ♠ 洗う ♠ 撮る ♠ 食べる ♠ 読む ♠ する 。

Übung 4 Vervollständige folgenden Dialog; verwende die Satzstrukturen < V1 **nakereba naranai / narimasen** >; wähle geeignete Vokabeln aus den nachfolgenden Vokabelfeldern.

A: 今日の午後は何かすることがありますか。
B: はい。<u>父と病院に行かなければなりません。</u>
A: 明日はどうですか。
B: 明日は<u>本を読まなければなりません。</u>
A: そうですか。忙しいですね。
B: ええ。

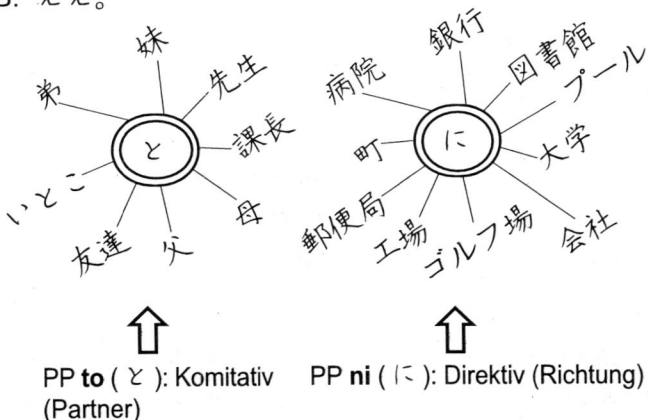

Rund um **と**: 妹、先生、課長、母、父、友達、いとこ、姉
⇧ PP **to** (と): Komitativ (Partner)

Rund um **に**: 病院、銀行、図書館、プール、大学、会社、ゴルフ場、工場、郵便局、町
⇧ PP **ni** (に): Direktiv (Richtung)

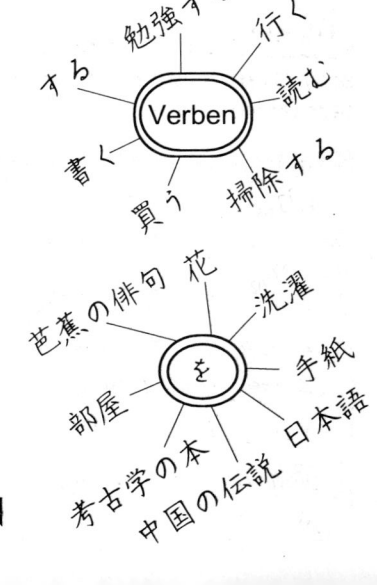

Verben: する、勉強する、行く、読む、掃除する、買う、書く

を: 芭蕉の俳句、花、洗濯、手紙、日本語、中国の伝説、考古学の本、部屋
PP **o** (を): Objekt

Übung 5
Verbinde die Nebensätze mit den geeigneten Hauptsätzen.

頭が痛いですから、	日本語で話してください。
外は寒いですから、	たばこを吸ってはいけません。
ここは禁煙コーナーですから、	買わなくてもいいです。
今日は天気がいいですから、	ピアノを弾かないで下さい。
図書館にこの本がありますから、	今晩は早く寝なさい。
今日本語を勉強していますから、	窓を閉めてください。
明日は試験ですから、	医者に行かなければなりません。
この車は古いですから、	たばこを吸ってもいいです。
ここは喫煙コーナーですから、	ハイキングに行きましょう。
今もう寝ますから、	新しい車を買った方がいいです。

Übung 6
Übersetze folgende Sätze ins Japanische.

1. Geben Sie mir bitte ein Buch über die japanische Politik.
2. Bitte werfen Sie den Ball!
3. Bitte spielen Sie keine Mundharmonika!
4. Lernen Sie jeden Tag Japanisch!
5. Sie dürfen nach Hause gehen.
6. Darf ich fernsehen?
7. Sie dürfen hier nicht rauchen.
8. Es wäre besser, wenn Sie nicht so viel Bier trinken würden.
9. Es wäre besser, diesen Film anzusehen.
10. Heute muss ich am Bahnhof eine Fahrkarte kaufen.
11. Sie brauchen keinen Reiseführer zu kaufen.
12. Lasst uns heute nachmittag ins Schwimmbad gehen!
13. Soll ich morgen Patrick (Katakana: Patorikku) anrufen?

Übung 7
Bilde mit folgenden Kanji-Schriftzeichen möglichst viele Komposita.

Beispiel: 北海道

会　堂　店　時　海　自
北　茶　糖　喫　事　道
仕　間　動　前　砂　食
駅　族　車　家　駅　社

△ Der Nagasaki-Bahnhof in Kyûshû

Lektion 9

Konversation （会話）：カフェで

▲Tokyo

1

Herr Kuroda und Herr Strauß sitzen in einem Café innerhalb des Tokyo-Towers. Sie genießen einen schönen Ausblick. Eine Kellnerin kommt und nimmt ihre Bestellung auf.

ウェートレス：いらっしゃいませ。ご注文は？
黒　　田：コーヒーを一つください。シュトラウスさんは何にしますか。
シュトラウス：私は紅茶にします。
ウェートレス：はい、畏まりました。コーヒーはお砂糖とミルクを入れますか。
黒　　田：ミルクだけお願いします。
ウェートレス：紅茶はレモンティーにしますか、ミルクティーにしますか？
シュトラウス：レモンティーをください。
ウェートレス：はい、畏まりました。すぐにお持ち致します。

2

Nach einer Weile bringt die Kellnerin eine Tasse Kaffee und eine Tasse Tee.

ウェートレス：はい、お待たせしました。コーヒー一つにレモンティー一つ。伝票はこちらです。
シュトラウス：伝票？
ウェートレス：はい、お勘定は会計でお願いします。
黒　　田：シュトラウスさん、ドイツとは違うんです。支払いは会計でするんですよ。
シュトラウス：そうですか。知りませんでした。

Text B

産業

一

日本は もともと 農業国だったが、戦後 工業が 急速に発達して、今では 世界の 主な 工業国の 一つである。労働人口の 約 五パーセントが 農業や 水産業などの 第一次産業、三十パーセントぐらいが 工業などの 第二次産業、約 六十四パーセントが サービス業などの 第三次産業で 働いている。

農業人口は この 二十年間に 約 半分に 減った。農業でも 機械化が ずいぶん 進んでいる。昔から、農業生産物の 主な ものは 米だ。

日本は 周りが 海だから、昔から 水産業が 盛んだ。しかし、漁業で 働く 人口は この 三十年間に 約半分に 減った。沿岸では 工場の 廃水で 水が 汚れていて、魚が 減っている。そして、遠洋漁業が 増えている。

木材の 需要は 増えている。しかし、国内の 木材の 供給は 約 二十パーセントで あまり 多

くないから、約 八十パーセントを 外国から 輸入しなければならない。輸入先は アメリカ、ニュージーランド、マレーシア、カナダなどである。

しかし、木材の 輸入は 年々 減っている。日本には 鉄や 銅などの 鉱物は ほとんど ない。石油も ほとんど ない。石炭は 昔は たくさん あったが、今では たいへん 少ない。これらの ものは ほとんど 外国から 輸入している。

Zahl der Beschäftigten in der Fischerei

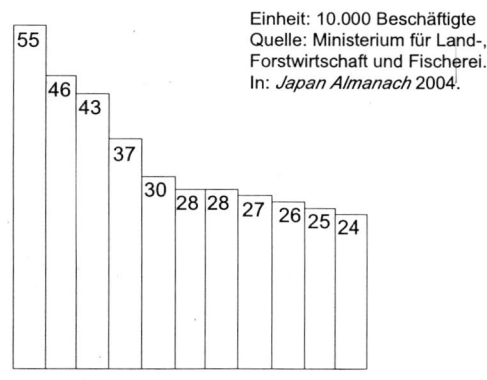

70	80	85	90	95	97	98	99	2000	01	02
55	46	43	37	30	28	28	27	26	25	24

Einheit: 10.000 Beschäftigte
Quelle: Ministerium für Land-, Forstwirtschaft und Fischerei. In: *Japan Almanach* 2004.

Zahl der Beschäftigten in der Landwirtschaft

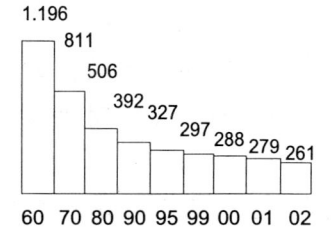

60	70	80	90	95	99	00	01	02
1.196	811	506	392	327	297	288	279	261

Einheit: 10.000 Beschäftigte
Quelle: Ministerium für Öffentliche Verwaltung, innere Angelegenheiten, Post und Telekommunikation. In: *Japan Almanach* 2004.

Lektion 10

第十課

Text A　（テキストA）： 夏

1

Herr Akiyama spricht mit Maria.

秋　山：毎日、暑い日が続きますね。
マリア：ええ。本当に。
秋　山：でも、今日は八月七日で立秋なんです。
マリア：立秋ですか。
秋　山：ええ、秋の始まりです。でも、名前だけでまだ真夏の暑さですね。
マリア：そうですね。夏休みが始まってからもう一か月がたちましたが、秋山さんは、何をしましたか。どこかに行きましたか。
秋　山：ええ、この前、子供たちと一緒に海水浴に行きました。
マリア：そうですか。私は山に登りました。八ヶ岳です。原始林を見ました。高山植物がとてもきれいでしたから、写真をたくさん撮りました。
秋　山：そうですか。山の上にはまだ雪が残っていましたか。
マリア：ええ。
秋　山：天気はどうでしたか。
マリア：山に登っている間はずっといい天気でしたが、下山してからはずっと雨が降っていました。

Die *Nihon-Arupusu* in Honshû

2

秋　山：私は海水浴の後は、子供達を遊園地に連れて行きました。蒸し暑くてたいへんでした。
マリア：どこの遊園地ですか。
秋　山：富士山の近くにある遊園地です。人でいっぱいでとても疲れました。でも、子供はいろいろな乗り物に乗って楽しんでいました。
マリア：そうですか。また、どこかに行きますか。
秋　山：いいえ、家で夏休みをゆっくりと過ごします。今は毎朝六時に起きて、涼しい間に二時間ドイツ語の勉強をしています。マリアさんは何をしていますか。
マリア：私はもちろん日本語の勉強です。毎日難しい漢字の練習をしています。

秋　山：それは、たいへんですね。
マリア：いいえ、とても楽しいです。漢字は難しいですが、面白いです。
秋　山：そうですか、毎日暑いのに勉強で大変ですね。
マリア：ええ、でもエアコンがありますから、外はとても暑いですが、部屋の中は涼しいです。夜はエアコンを切って寝ます。でも、蒸し暑いですから窓を開けたまま寝ます。
秋　山：そうですか。私はエアコンを入れたまま寝ていますよ。
マリア：頭が痛くなりませんか。
秋　山：いいえ。

3

秋　山：マリアさんは八月二十二日には何をしますか。盆踊りの日ですが、一緒に町の盆踊りを見に行きませんか。
マリア：ええ、ぜひ。
秋　山：町の人はみんな夜通し踊ります。いつも晩は静かで寂しい町もその夜だけは騒がしくて賑やかな町になります。歌や笑い声が町中に流れてとても楽しいですよ。
マリア：そうですか。
秋　山：ええ。みんな歌いながら踊ります。見物人も踊りの輪を見ながら一緒に歌います。
マリア：それは、いいですね。
秋　山：マリアさんも一緒に踊りましょう。そんなに難しくありませんよ。とても簡単です。
マリア：ええ、ぜひ。盆踊りは何時ごろ始まりますか。
秋　山：土曜の夕方ですから、七時ごろ家に来て下さい。ご馳走を作って待っています。

▲花火（はなび）

マリア：どうもすみません。
秋　山：それから、まだ暑さが続きますから、体には気を付けて下さいね。
マリア：ええ、ありがとうございます。では、失礼します。
秋　山：失礼します。

Lektion 10

Übungen (練習問題)

Übung 1 Setze das richtige Pseudo-Nomen bzw. die Postposition zur temporalen Angabe ein; forme die in Klammern stehenden Verben in die richtige Form um.

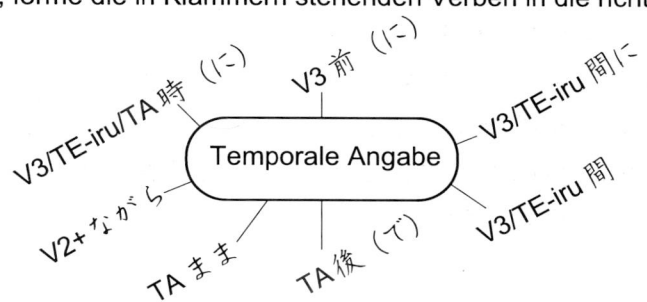

Temporale Angabe:
- V3/TE-iru/TA 時 (に)
- V3 前 (に)
- V3/TE-iru 間に
- V3/TE-iru 間
- TA 後 (で)
- TA まま
- V2+ながら

1. 銀行に行ってお金を（下ろす）、買い物しなければなりません。
2. レストランに夕食を食べに（行く）、テーブルを電話で予約した方がいいです。
3. 学生食堂が（閉まる）、昼ご飯を食べましょう。
4. テレビを（見る）、勉強しない方がいいです。
5. 友達に町で（会う）、家に帰りました。
6. 子供が公園で（遊ぶ）、母親は町で買い物をしました。
7. 毎日私はピアノを（弾く）、妹と歌を歌っています。
8. 夏は窓を（開ける）、寝ます。
9. 図書館で日本の農業についての本をたくさん（読む）、このテーマについて発表しました。
10. 弟が公園で（写生する）、私は木蔭（こかげ）で本を読んでいました。
11. （食べる）、話さないで下さい。

Übung 2 Vervollständige einen Dialog. Antwortmöglichkeiten sind in den Nebensatz- und Hauptsatzfeldern angegeben. Der Nebensatz (der **toki**-Satz) endet im **da-dearu**-Stil, aber der Hauptsatz endet im **desu-masu**-Stil.

A: 天気がいい時、何をしますか。
B: 天気がいい時ですか。
A: はい。
B: 天気がいい時は、散歩します。

Nebensatz
1. お金がない。
2. 天気が悪い。
3. 頭が痛い。
4. 外が騒がしい。
5. 日本語の勉強で大変だ。
6. 暇だ。
7. 特別だ。
8. 急だ。
9. 蒸し暑い。

Hauptsatz
- 窓を閉める。
- エアコンを入れる。
- 公園を散歩する。
- 家でテレビを見る。
- 他に何もしない。
- 本を読んだり、音楽を聞いたりする。
- 携帯で連絡を取る。
- 医者に行く。
- 着物を着る。
- 寝る。

Übung 3 Vervollständige einen Dialog. Antwortmöglichkeiten sind in den Nebensatz- und Hauptsatzfeldern angegeben. Der Nebensatz endet im **da-dearu**-Stil.

A: 町に行った (A) 後で、何をしますか。
B: 大学に戻って (B) 図書館で勉強します (C)。

A: Attributsatz (... TA)
1. 中国の歴史の本を読む。
2. デジカメを買う。
3. ゲームソフトを買う。
4. 映画を見る。
5. 日本語の勉強をする。
6. 買い物をする。
7. 医者に行く。
8. 試験を受ける。
9. サッカーをする。
10. 朝ジョギングをする。

C: Hauptsatz (V2+masu)
食事をする。
料理を作る。
一緒に映画を見に行く。
家に帰る。
このテーマについて小論を書く。
歌を歌う。
薬を買う。
会社に行く。
DVDで映画を見る。
古い建物の写真をたくさん撮る。

B: Nebensatz (...TE)
薬屋に行く。
友達を家に招く。
町に行く。
シャワーを浴びる。
朝食をとる。
日本人の友達に電話をかける。
友達とカラオケに行く。
説明書を読む。
携帯で写真を撮る。
日本の歴史の本を読む。

In einer Karaoke-Bar

Übung 4 Beantworte folgende Fragen zum Text A dieser Lektion:

1. 夏休みの間、秋山さんは何をしましたか。
2. 夏休みの間、マリアさんは何をしましたか。
3. マリアさんが山に登っている間、天気はどうでしたか。
4. 秋山さんはいつドイツ語の勉強をしていますか。
5. マリアさんは、窓を閉めたまま寝ますか。
6. 秋山さんは夜エアコンを入れたまま寝ますか。
7. 盆踊りの時、見物人は何をしますか。

Lektion 10

Übung 5 Vervollständige folgenden Dialog auf Japanisch. Die Personalpronomen **watashi** oder **anata** können weggelassen werden, so dass der Satz einen natürlichen Klang erhält.

A: Lernen Sie manchmal beim Fernsehen (jap: Fernsehen sehend) Japanisch?
B: Nein. Aber ich lerne jeden Tag Englisch beim Fernsehen. Es gibt englische Sendungen mittels Satellitenübertragung (衛星放送).
A: Was machen Sie, nachdem Sie englische Sendungen gesehen haben?
B: Ich lese japanische Bücher, während ich Musik anhöre. Aber wenn ich müde bin, gehe ich ins Café und trinke Kaffee, während ich Zeitung lese.

Übung 6 Ordne nach semantischen Kriterien folgende Vokabeln:

木曜日 ♣ 冬 ♣ 寒い ♣ 湖 ♣ 晴れ ♣ 昼 ♣ 秋 ♣ 金曜日 ♣ 夜 ♣ 池 ♣ 晩 ♣ 水曜日 ♣ 自転車 ♣ 川 ♣ 地理 ♣ 滝 ♣ 涼しい ♣ バス ♣ 雪 ♣ 日曜日 ♣ 政治 ♣ 朝ご飯 ♣ 夕方 ♣ 火曜日 ♣ 自動車 ♣ 暑い ♣ タクシー ♣ 電車 ♣ 歴史 ♣ 晩ご飯 ♣ 朝 ♣ 土曜日 ♣ 考古学 ♣ 昼ご飯 ♣ 海 ♣ 夏 ♣ 月曜日 ♣ 春 ♣ 蒸し暑い ♣ バイク ♣ 雨 ♣ 日本学 ♣ 夜中 ♣ 経済

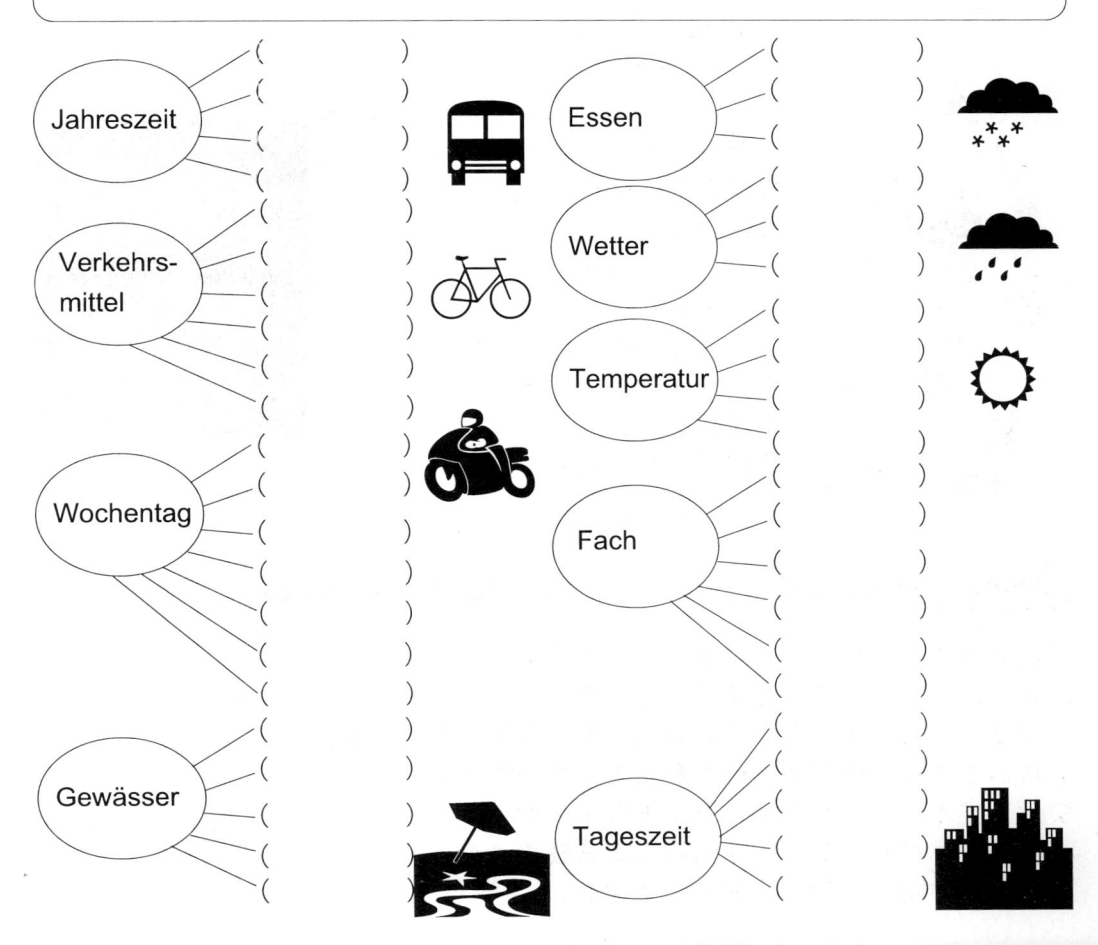

- Jahreszeit
- Verkehrsmittel
- Wochentag
- Gewässer
- Essen
- Wetter
- Temperatur
- Fach
- Tageszeit

Konversation （会話）：回転寿司で

1

Rita arbeitet in einer japanischen Firma in Japan. Sie spricht kurz vor Feierabend mit ihrem Kollegen Herrn Hayakawa.

早川：お腹がすいてきましたね。一緒に回転寿司に行きませんか。
リタ：それはいいですね。どこの回転寿司にしましょうか。
早川：駅の近くのホテルの前に美味しいお店があります。あそこに行きましょう。
リタ：あそこの回転寿司に先週行きましたが、とても美味しかったですよ。
早川：そうでしょう。ここら辺では有名なんです。
リタ：行く前に一つしなければならないことがあるので、ちょっと待っていてください。すぐに戻ります。
早川：僕ももう一つしなければならない仕事が残っています。その後で、電器店で電池を買わなければならないので、どこかで落ち合いませんか。
リタ：では、七時に回転寿司の前で会いませんか。
早川：ええ、では、そうしましょう。

2

Sie treffen sich wie vereinbart vor dem Sushi-Restaurant.

リタ：混んでいますね。空席がないですね。
早川：では待っている間にこのマンガを読みませんか。電器店の隣の古本屋で買ったんです。面白いですよ。
リタ：ええ、じゃ、ちょっと見せて下さい。
早川：僕は待っている間に携帯で母にメールを送ります。

3

Zwei Plätze sind frei geworden.

早川：さあ、食べましょう。好きなのを取ってください。今日は私が御馳走します。
リタ：いいえ、割り勘にしましょう。
早川：いいんですよ。この前リタさんがドイツ料理を作ってくれたから、そのお返しです。今日は和食です。
リタ：そうですか。すみません。それじゃ、お言葉に甘えて。
早川：ええ、どうぞ。イカ、マグロ、エビ、トロなどいろいろなのが出て

Lektion 10

来ますから、どんどん食べてください。

4

Während des Essens unterhalten sie sich.

リタ：早川さんは、仕事が終わった後でいつも何をしますか。
早川：僕は、プールにいったり、テニスをしたりします。リタさんは？
リタ：私はいつもすぐ家に帰ります。仕事の後は疲れていて何もできないんです。通勤に一時間半もかかるので、とても疲れます。
早川：僕も通勤時間は長いですが、電車に乗っている間はいつも週刊誌や本を読んだりしています。
リタ：電車の中で本や雑誌を読んでいる人も多いですが、座ったまま寝ている人も多いですね。でも、電車が駅に着くと、必ず目を覚ますんですよね。あれには驚きました。

Nach dem Essen verabschieden sie sich und beide fahren getrennt nach Hause.

▲ 回転寿司

▽ 魚料理

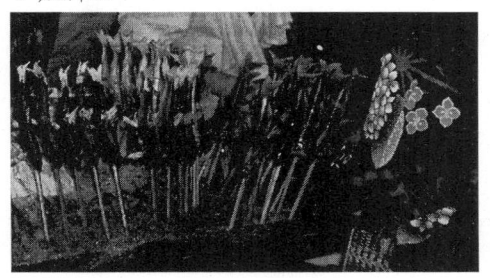

▲ 回転寿司

▽ 魚

▽ フルーツ

Text B

日本の歴史 一

我が国の一番古い歴史の本は「古事記」である。それより前のことは考古学の資料からしか分からない。そのころ日本には「縄文文化」と「弥生文化」があって、「弥生時代」は農業が発達してきた。次の「古墳時代」はいわゆる氏姓制度の時代で、天皇家も氏族の一つであった。

聖徳太子は七世紀の初め、我が国最初の憲法を作った。太子はたいへん賢くて、一度に十人の訴えを聞きながら判断を下した。太子は法隆寺などたくさんのお寺を建てた。

この時代から七百十年に奈良に都が移る前までの間が、「飛鳥時代」である。太子はまた留学生を中国へ送った。彼らは日本に帰って、中国の政治制度を伝えた。

六百四十五年の「大化の改新」や六百七十二年の「壬申の乱」ののち、天皇中心の政治体制が確立した。

「奈良時代」に中央政府は都や地方にたくさんの寺を造って、それらを人々の精神的中心にした。しかし、それで、財政的に困った。その間に藤原氏の勢力が伸びた。

▽ Der *Tôdai-ji*-Tempel in Nara

Lektion 11　　　　　　　　　　　　　　　　　　　第十一課

Text A　（テキストA）：　教室で

1

Roman und Karin nehmen am Sprachunterricht teil. Die Lehrerin stellt ihnen Fragen.

先　　生：それでは、授業を始めます。ブラウンさん、日本人はご飯を食べる前に何と言いますか。
ローマン：「いただきます」と言います。
先　　生：はい、では、朝、人に会った時には何といいますか。
ローマン：「おはようございます」と言います。友達には「おはよう」と言います。
先　　生：先生にも「おはよう」と言いますか。
ローマン：いいえ、先生には「おはようございます」と言います。
先　　生：では、昼間、人に会った時は何と言いますか。
ローマン：「今日は」と言います。
先　　生：それでは、人と別れる時は何と言いますか。
ローマン：「さようなら」と言います。
先　　生：はい、そうです。
ローマン：先生、質問があります。
先　　生：はい、どうぞ。
ローマン：手紙の終わりにも「さようなら」と書いてもいいですか。
先　　生：はい、電話の終わりにも「さようなら」と言います。

2

Die Lehrerin stellt jetzt Karin Fragen.

先　　生：では、次はカーリンさんの番です。カーリンさん、晩、寝る前には、日本人は何と言いますか。
カーリン：「お休みなさい」とか「お休み」と言います。
先　　生：はい、そうですね。では、みなさん、先生にドイツ語を少し教えて下さい。カーリンさん、「教室」はドイツ語で何と言いますか。
カーリン：「Klassenzimmer」とか「Seminarraum」と言います。
先　　生：では、「答える」と「あいさつ」はドイツ語で何といいますか。
カーリン：「答える」は「antworten」です。「あいさつ」は「Gruß」です。

先　生：「では、また明日」はドイツ語で何といいますか。
カーリン：「Bis morgen!」と言います。
先　生：ドイツ語には「Tschüss」という言葉がありますが、どういう意味ですか。
カーリン：「じゃあ、また」とか「では、また」とか「さようなら」という意味です。
先　生：それでは、英語の「Good Morning!」はドイツ語で何と言いますか。
カーリン：「Guten Morgen!」です。
先　生：やはり、英語とドイツ語は似ていますね。
カーリン：はい、私達ドイツ人にとっては英語は比較的簡単です。でも、日本語は英語やフランス語やスペイン語と比べて難しいと思います。
先　生：そうですか。

3

Roman stellt der Lehrerin eine Frage.

ローマン：先生、質問してもいいですか。
先　生：はい、どうぞ。
ローマン：日本人はあいさつの中によく天気や季節の言葉を使いますが、なぜですか。
先　生：そうですね。自然とのつながりが強いからだと思います。日本人の国民性だと思います。

▽Reisfeld

Lektion 11

Übungen (練習問題)

Übung 1 Vervollständige einen Dialog, indem geeignete Ausdrücke bzw. Sätze aus den Feldern **a**, **b** und **c** ausgewählt werden. Drei Antwortmöglichkeiten sind angegeben:

A: (a)<u>シルケ</u>は (b)<u>日本語が易しい</u>と言いましたが、あなたはどう思いますか。
　B: 私は(b)<u>日本語は易しい</u>とは思いません。(c)<u>(日本語は)難しい</u>と思います。
　B: 私もそう思います。
　B: よく分かりません。

a: Agens einer Aussage

1. 歴史の先生
2. 私のドイツ人の友達
3. アイスランドからの留学生
4. 石油会社の社員
5. 日本人の友達
6. 私の医者
7. 子供達の親
8. 小さい子供
9. 隣の人
10. 日本語の先生
11. アメリカ人
12. 小学生と中学生
13. 経済学の学生
14. 大学の友達

b: Aussage

a. 鎌倉時代に藤原氏が勢力を得た。
b. 夏はエアコンを買った方がいい。
c. 石油が安くなる。
d. ドイツには石炭がたくさんある。
e. 日本人は魚をあまり食べない。
f. ビールやお酒をたくさん飲まない方がいい。
g. 最近の子供達は外で遊ばない。
h. 日本がアメリカから米をたくさん輸入しなければならない。
i. 宿題をしなくてもいい。
j. 漢字の練習をした方がいい。
k. ラテン語の勉強はとても大切だ。
l. 日本の木材の供給が増えている。
m. 交通事故があそこの交差点であった。
n. 日本は漁業が盛んだ。
o. 日本には鉱物がたくさんある。
p. サービス業で働く人口が増える。
q. 北海道の冬はとても涼しい。

c: Aussage

ア. 木材の供給が減っている。
イ. たくさん食べる。
ウ. 日本は米をたくさん生産している。
エ. 宿題をしなければならない。
オ. 買わなくてもいい。
カ. しなくてもいい。
キ. 平安時代だ。
ク. 何の事故もなかった。
ケ. いつも外で遊んでいる。
コ. あまり盛んではない。
サ. あまりない。
シ. 減っている。
ス. 高くなる。
セ. とても寒い。
ソ. 英語やフランス語を勉強した方がいい。
タ. ビールやお酒は体にいい。
チ. 減る。

Übung 2 Vervollständige einen Dialog, indem geeignete Ausdrücke bzw. Sätze aus den Feldern a, b und c in der Übung 1 ausgewählt werden. Achte darauf, dass das Prädikat des **ga**-Satzes in der TE-**iru**-Form steht, da das Subjekt die dritte Person (*Silke*) und das Tempus das Präsens (**itte-ir·u**) ist.

A: (a)シルケは(b)日本語が易しいと言っていますが、あなたはどう思いますか。
B: 私は(b)日本語は易しいとは思いません。(c)(日本語は)難しいと思います。
Oder:
B: 私もそう思います。bzw. よく分かりません。

Übung 3 Vervollständige einen Dialog, indem geeignete Ausdrücke bzw. Sätze aus den Feldern a, b und c in der Übung 1 ausgewählt werden. Achte darauf, dass das Prädikat des **ga**-Satzes in der TE-**iru**-Form steht, da das Subjekt die dritte Person (*Silke*) und das Tempus das Präsens (**itte-ir·u**) ist.

A: (a)シルケは(b)日本語が易しいと思っていますが、私はそう思いません。
　(c)(日本語は)難しいと思います。
B: 私もそう思います。

Übung 4 Vervollständige einen Dialog. Frage die Vokabeln zum Text B der Lektion 11 ab.

A: 「古い」はドイツ語で何と言いますか。
B: 「alt」と言います。
A: では、「Geschichte」は日本語で何と言いますか。
B: 「歴史」と言います。

Übung 5 Übersetze entsprechend dem vorgegebenen Beispiel folgende Ausdrücke.

„bon-odori" to iu Nihon no o-matsuri.
「盆踊り」という日本のお祭り。
*ein japanisches Fest, das **bon-odori** genannt wird*

1. ein berühmter Berg in Japan, der *Fuji-san* genannt wird
2. ein großer See, der *Biwa-ko* genannt wird
3. ein Fluss in Hokkaidô, der *Ishikari-gawa* genannt wird
4. ein Japanischlehrer mit dem Namen *Nagai*
5. ein Zeitalter mit der Bezeichnung *Jômon-jidai*

▲Berg *Fuji*

Übung 6 Beantworte folgende Fragen zum Text B der Lektion 11.

1. マスコミはどういう意味ですか。
2. 日本には幾つの主な全国紙がありますか。
3. 新聞にはどんなものがありますか。
4. 新刊書の分野ではどの分野が一番多いですか。

Lektion 11

5. いつごろからエレクトロニクス通新技術が急速に発達しましたか。
6. 携帯電話の利点は何だと思いますか。
7. 新しい情報技術にはどんな問題点がありますか。

Übung 7 Bilde entsprechend nachfolgendem Beispiel mit dem letzten Kanji eines Kanji-Kompositums ein neues Kanji-Kompositum.

Bsp.: 学生→生__→活動

1. 有名→(　　　)(　　)→(　　　　)(　　　)
2. 合計→(　　　)(　　)(　　　　)→(　　　)(　　　)→
　　　　(　　　)(　　)
3. 郊外→(　　)(　　)→(　　　)(　　　)(　　　)(　　　)
4. 関東→(　　　)(　　)→(　　　　)(　　)

Übung 8 Suche das Kanji, das alle Komposita einer Gruppe gemeinsam aufweisen. Schreibe die Lesungen und Bedeutungen der Komposita.

原　供　国　日　線　動　山
業　社　物　月　新　立

Bsp.: 1. (日)本
　　　　(日)曜日

1. 満(　)
　 (　)見

2. 神(　)
　 会(　)

3. 野(　)
　 藤(　)氏
　 (　)始林

4. 子(　)
　 (　)給

5. 四(　)
　 外(　)
　 中(　)

6. (　)登り
　 富士(　)
　 大雪(　)

7. 新幹(　)
　 地平(　)

8. 高山植(　)
　 見(　)人
　 着(　)
　 買(　)
　 鉱(　)

9. 毎(　)
　 (　)刊
　 お(　)見

10. (　)鮮
　　(　)聞

11. 感(　)
　　運(　)会
　　自(　)車
　　活(　)

12. 水産(　)
　　農(　)
　　漁(　)
　　工(　)

13. 確(　)する
　　(　)つ
　　私(　)

Konversation （会話）：郵便局で

1

Peter geht zum Postamt, um Briefmarken zu kaufen. Er möchte auch ein Paket nach Deutschland schicken.

郵便局員：いらっしゃいませ。
ペーター：切手が買いたいんですが。
郵便局員：はい。いくらの切手ですか。
ペーター：百円切手十枚と八十円切手二十枚ください。
郵便局員：はい。百円切手十枚と八十円切手二十枚ですね。
ペーター：はい。それと、小包をドイツに送りたいのですが。
郵便局員：小包ですね。では、この用紙に記入して下さい。小包は重さを計りますから、あちらの窓口に持っていってください。
ペーター：はい。

2

Peter geht zu einem anderen Schalter, um ein Paket zu schicken.

郵便局員：重さは三キロです。航空便にしますか、船便にしますか。
ペーター：友達がSAL便があると言っていましたが、SAL便はありますか。
郵便局員：ええ、あります。SAL便にしますか。
ペーター：はい、お願いします。(Peter füllt ein Formular aus und zeigt es der Postangestellten.) すみません、これでいいですか。
郵便局員：はい。お客さま、では、合計7600円になります。
ペーター：では、一万円でお願いします。
郵便局員：一万円お預かりします。(Nach einer Weile ...) では、2400円のおつりです。ありがとうございました。

▽ Eintrittskarte

Lektion 11

⋏Das Braten von *Ayu*

⋏Futons in einer japanischen Herberge

⋎Abendessen in einer japanischen Herberge

⋎Getränkeautomat

⋎Fischladen

⋎Die *drei Affen* von Nikkô (Nichts [Schlechtes, Böses] hören, sprechen und sehen [wollen]). Die sinnbildlich-inhaltliche Bedeutung — buddhistisch inspiriert — ist, nicht der vergänglichen Welt anhängen zu wollen.

Text B

マスコミと情報技術

新聞、雑誌、ラジオ、映画、テレビなどのマスメディアを用いた情報伝達手段をマスコミという。電信・電子メディアの発達とともに、最近は特に発展している。

新聞には五つの主な全国紙があり、地方紙も多い。二〇〇二年十月の調査では、日本の新聞の発行部数は約五千三百二十万部だ。新聞には、朝刊、日刊、夕刊、週刊、月刊などがある。

二〇〇二年の書籍と雑誌などの出版物総数は約五十六億四千万冊だった。新刊書の分野では、社会科学が一番多く、これに次いで、文学、芸術・生活があり、これらの分野が全体の約半分を占めている。他は、工学・工業、歴史・地理、児童書、学習参考書、哲学、産業、語学などである。雑誌には週刊誌や月刊誌がたくさんある。

一九七〇年代からは、エレクトロニクス通信技術が急速に発達し、現在ではパソコンが広く普及している。また、インターネットが急速に全世界に広がり、電子メールを使った交信も増え、大量の情報交換がグローバル規模で可能になった。また、インターネット人口も増えた。さらに、携帯電話の発達で情報交換の場所が自由になった。

このように、情報技術の発展とともに便利さも増してきているが、問題点もある。例えば、子供達はパソコンやファミコンを使ってゲームに熱中し、モニターの前を離れないので親は困っている。子供たちの文字離れは大きな問題だ。また、ゲームソフトの中には暴力も多く子供たちに悪影響を与えたり、インターネットによる犯罪も増えている。そして、情報技術を持つ国と持たない国の格差も広がっている。

Lektion 12

第十二課

Text A　（テキストA）：　東京・大阪・京都

▲Kyoto

1

Daniel und Herr Shimamura sind Freunde. Sie diskutieren über die Verwaltungseinheiten in Japan.

島　村：東京は日本の首都です。ドイツの首都はベルリンですね。

ダニエル：はい、1990年の東西ドイツ統一前までは旧西ドイツがボンで、旧東ドイツがベルリンでした。

島　村：そうですね。東京は「東の都」という意味です。昔は江戸と言っていましたが、1868年に東京という名前になりました。

ダニエル：「東の都」という意味なんですか。知りませんでした。

2

島　村：東京は京都よりずっと大きいです。人口も京都よりずっと多いです。日本には合計四十七の行政区画があり、それを都道府県と言います。1都・1道・2府・43県です。1都とは東京都、1道とは北海道、2府とは大阪府と京都府のことで、あとはすべて県です。例えば、九州の長崎県、四国の高知県などがあります。

ダニエル：長崎は出島で有名ですね。

島　村：はい。本州の北には、青森県、秋田県、山形県、福島県などがあります。中部地方には長野県があります。

ダニエル：長野では1998年に冬季オリンピックがありましたね。
島　村：ええ。関西には奈良県があります。
ダニエル：それでは、山口や広島も県ですね。
島　村：はい、そうです。

3

ダニエル：都道府県のうちで面積はどこが一番広いですか。
島　村：北海道です。
ダニエル：では、青森県と秋田県ではどちらが大きいですか。
島　村：秋田県です。
ダニエル：広島と山口と三重ではどの県が一番大きいですか。
島　村：広島です。
ダニエル：人口はどこが一番多いですか。
島　村：もちろん、東京が一番多いです。人口密度も東京が一番高いです。
ダニエル：大阪と北海道ではどちらの人口がより多いですか。
島　村：大阪です。
ダニエル：東京の面積と京都の面積ではどちらが広いですか。
島　村：京都です。
ダニエル：商業や工業はどちらが盛んですか。
島　村：もちろん、どちらも東京の方が盛んです。東京は日本の政治・経済の中心です。企業も東京に集中しています。京都は伝統産業と観光の町です。
ダニエル：そうですか。よくわかりました。

4

Daniel arbeitet in einer japanischen Firma in Tokyo. Er muss oft Geschäftsreisen antreten. Herr Shimamura und Daniel sprechen über die Verkehrsmittel in Japan.

島　村：ダニエルさんは、よく出張しますね。
ダニエル：ええ。週に一回は出張です。
島　村：それは大変ですね。
ダニエル：いいえ、私は日本のあちこちに出張で行くので、いい勉強になります。来週は大阪に行かなければなりません。
島　村：そうですか。東京から大阪へは何で行きますか。
ダニエル：たいてい新幹線で行きます。とても速くて便利なので、助かります。
島　村：新幹線は時速二百キロメートル以上の速度で運転しますから速いですよね。1964年に東京・新大阪間の東海道新幹線が初めて開業し

ました。2004年6月現在、東京・博多間の東海道・山陽新幹線、東京・八戸間の東北新幹線、東京・新庄間の山形新幹線、東京・秋田間の秋田新幹線、東京・新潟間の上越新幹線、東京・長野間の長野新幹線、新八代・鹿児島間の九州新幹線が走っています。しかし、青森・札幌間の北海道新幹線はまだ開業していません。

ダニエル：便利になりましたね。
島　村：ええ。

Kartenautomat für Shinkansen

Der Shinkansen-Zug

5

島　村：東京・大阪間には飛行機も飛んでいますが、ダニエルさんは飛行機はあまり使いませんか。大阪には1994年に開港された関西国際空港がありますよ。

ダニエル：国内旅行にはあまり、使いません。新幹線は飛行機ほど時間がかからないんです。飛行機の飛行時間は確かに五十分ぐらいしかかかりませんが、東京都心から羽田空港までと大阪市内から伊丹空港まで時間がかかるんです。ですから、私は飛行機よりも新幹線をよく利用しているんです。それに、料金は飛行機と同じぐらいですから。

島　村：確かに、それはそうですね。国内は新幹線の方が便利で楽ですね。

ダニエル：ええ。でも海外旅行にはもちろん飛行機を使います。成田空港や関西国際空港を利用しています。

Die *Dejima*-Miniatur in Nagasaki

Übungen (練習問題)

Übung 1 Vervollständige einen Dialog. Der Sprecher A soll eine Aussage aus dem folgenden Feld suchen; der Sprecher B soll das Gegenteil als seine Meinung äußern.

A: 日本語はラテン語より難しいと思いますか。
B: 私はそう思いません。ラテン語の方が難しいと思います。

1. 全国紙の方が地方紙より面白い。
2. 児童書の出版物の方が文学や語学の出版物よりも多い。
3. 携帯電話の方が普通の電話よりも便利だ。
4. 週刊誌より月刊誌の方が少ない。
5. 歴史の試験の方が文学の試験よりも難しい。
6. テレビよりもインターネットの方が子供達に悪影響を与えている。
7. 奈良より京都の方にたくさんお寺がある。
8. 第二次産業の労働人口の方が第三次産業の労働人口より少ない。

Übung 2 Vervollständige entsprechend dem vorgegebenen Muster folgenden Dialog. Der Sprecher A soll eine passende Aussage aus den nachfolgenden Sätzen heraussuchen und die richtige Postposition hinter dem Interrogativpronomen **dochira** (どちら) einsetzen: dochira **ga**, dochira **o**, dochira **kara**, dochira **ni** usw. Der Sprecher B soll seine Meinung zum dargebotenen Sachverhalt äußern.

A: 日本語とラテン語とどちらが難しいと思いますか。
B: 日本語の方が難しいと思います。

1. 日本のアニメとアメリカのアニメ／面白い
2. 日本は石油と石炭／多く輸入している。
3. ドイツはアメリカと日本／多く車を輸出している。
4. フランスは農業と工業／盛んだ。
5. 室町時代と奈良時代／古い。
6. 日本はカナダとマレーシア／たくさん木材を輸入している。
7. 日本の人口密度と中国の人口密度／高い。
8. 東京の町と京都の町／きれいだ。

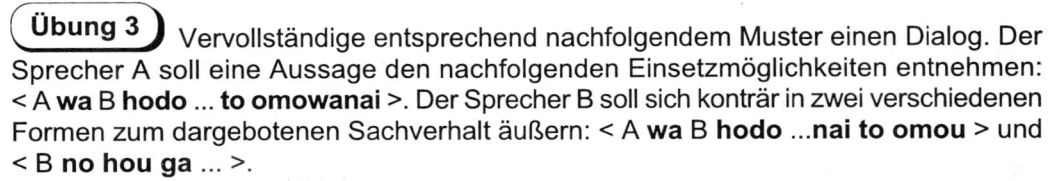

Übung 3 Vervollständige entsprechend nachfolgendem Muster einen Dialog. Der Sprecher A soll eine Aussage den nachfolgenden Einsetzmöglichkeiten entnehmen: < A **wa** B **hodo** ... **to omowanai** >. Der Sprecher B soll sich konträr in zwei verschiedenen Formen zum dargebotenen Sachverhalt äußern: < A **wa** B **hodo** ...**nai to omou** > und < B **no hou ga** ... >.

A: 日本語はラテン語ほど難しいとは思いません。
B: 私はそう思いません。ラテン語は日本語ほど難しくないと思います。日本語の方が難しいと思います。

1. 日本の夏はイタリアの夏／暑い

Lektion 12   129

2. 歴史の勉強は経済の勉強／面白い
3. 日本への旅行はオーストラリアへの旅行／高い
4. 中国語の発音／フランス語の発音／難しい
5. 日本ではサッカーは野球／盛ん
6. ダニエルはフリッツ／お酒を飲む。
7. 弟はいとこ／よく出張する。

Übung 4 Vervollständige entsprechend nachfolgendem Muster einen Dialog. Der Sprecher B soll seine Meinung äußern; es gibt zwei Antwortmöglichkeiten.

A: 日本語はラテン語とおなじぐらい難しいと思いますか。
　B: はい、そう思います。
　B: いいえ、日本語の方がラテン語より難しいと思います。

1. 飛行機は新幹線／高い
2. 秋の景色は冬の景色／きれいだ
3. 小学生は大学生／勉強しなければならない
4. 日本語の勉強はジョギング／疲れる
5. ここから駅までは郵便局まで／遠い

Übung 5 Vervollständige entsprechend nachfolgendem Muster einen Dialog. Der Sprecher A soll mit Hilfe des folgenden Feldes einen Superlativsatz bilden und die richtige Postposition nach dem Interrogativpronomen **dore, doko, itsu, dare** usw. einsetzen: dore **ga/o**, doko **ni/kara**, dare **ga/to/o**, itsu **ga** usw. Der Sprecher B soll seine Meinung äußern.

A: 日本語とラテン語とギリシャ語のうちでどれが一番難しいと思いますか。
B: ラテン語が一番難しいと思います。

1. ビールと日本酒とスコットランドのウイスキー／おいしい。
2. 子供達はマンガと学習参考書と新聞／よく買って読む。
3. ドイツ人は夏休みにスペインとトルコとウェールズ／よく行く。
4. 中国は日本とアメリカとドイツ／車を多く輸入する。
5. 電車と飛行機と船の旅／疲れる。

Übung 6 Übersetze folgende Sätze; verwende dabei die angegebenen multiplikativen und dividierenden Satzstrukturen.

1. Der Shinkansen ist doppelt so schnell wie mein altes Auto.
   < N1 wa / N2 no / ... bai / Prädikat >

2. Ich esse zu Mittag dreimal so viel wie das Kind.
   < N1 wa / N2 yori mo / ... bai / N3 o / Prädikat >

3. Meine Wohnung ist ein Drittel kleiner als Ihre Wohnung.
   < N1 wa / N2 yori mo / ... bun no ... / Prädikat >

4. Mein Gehalt beträgt ein Viertel von Ihrem Gehalt.
   < N1 wa / N2 no N3 no / ... bun no ... da/desu/dearu >

Übung 7 Beschreibe mit verschiedenen komparativen Satzstrukturen folgende Tabellen. Einige Vokabeln sind als Hilfe angegeben.

Länge der Flüsse	
Tone-gawa (利根川)	322
Ishikari-gawa (石狩川)	268
Shinano-gawa (信濃川)	367
Kitakami-gawa (北上川)	249
Kiso-gawa (木曽川)	227
Tokachi-gawa (十勝川)	156
Yodo-gawa (淀川)	75

Einheit: km
Quelle: Ministerium für Land, Infrastrukturen und Transport.
In: *Japan Almanach* 2004.

(川) (長さ)

Fachgebiete der Neuerscheinungen	
Sozialwissenschaft (社会科学)	20,4%
Literatur (文学)	17,5%
Kunst u. Alltag (芸術・生活)	17,1%
Maschinenbau und produzierende Industrie (工学・工業)	8,6%
Naturwissenschaften (自然科学)	6,7%
Nachhilfewerke für Schüler (学習参考書)	6,0%
Geschichte u. Geographie (歴史・地理)	5,8%
Kinderbücher (児童書)	5,4%
Philosophie (哲学)	4,3%
Industrie (産業)	4,0%
Sprachen (語学)	2,8%
Sonstiges (その他)	1,5%

Quelle: Forschungsinstitut für Veröffentlichungen.
Stand: 2003. In: *Japan Almanach* 2004.

(分野) (新刊書) (出版物) (総数)

Konversation (会話)：デパートで

1

Leo geht in ein Kaufhaus, um eine Hose, ein paar Hemden und eine Krawatte zu kaufen. Am Eingang fragt er eine Verkäuferin, wo er Hosen und Hemden finden kann.

店員：いらっしゃいませ。
レオ：ズボンとワイシャツは何階にありますか。
店員：紳士服は四階です。
レオ：ネクタイも四階ですね。
店員：はい、四階です。

Lektion 12

レオ：エレベーターはどこですか。
店員：あちらの文房具用品コーナーの奥にあります。
レオ：どうも。

2

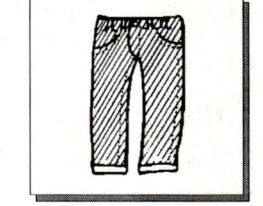

Leo befindet sich jetzt im vierten Stock und findet dort Hosen und Hemden.

店員：いらっしゃいませ。
レオ：この茶色のズボンとこのグレーのズボンではどちらが高いですか。
店員：こちらです。
レオ：では、このジーンズとあそこの黒のズボンとではどちらが温かいですか。
店員：そうですね。ジーンズは木綿ですから、あのウール45％とポリエステル55％のズボンの方が温かいですよ。
レオ：では、この茶色のズボン、グレーのズボン、ジーンズ、そして、あそこの黒のズボンのうちでどれが一番安いですか。
店員：値段ですか。そうですね、この茶色のズボンが一番安いです。今、大安売り中なので、お得ですよ。
レオ：それでは、この茶色のズボンを下さい。それとこのワイシャツも下さい。
店員：はい、ありがとうございます。

3

レオ：ネクタイもありますか。
店員：はい、こちらです。お客様、このブルーのネクタイはいかがですか。お値段もお手頃ですが、お値段は税込みで三千六十円です。お客様に良く似合うと思いますけど。
レオ：このネクタイですか。いや、僕はこのシルクのネクタイの方がいいです。このシルクのネクタイとこのブルーのネクタイとどちらが高いですか。
店員：シルクのネクタイはブランド品なので、こちらの方が高いです。二万円になりますが。
レオ：構(かま)いません。このネクタイを下さい。
店員：はい、畏(かしこ)まりました。ありがとうございます。

Text B

教育

日本の教育制度は六・三・三・四制、つまり小学校六年、中学校三年、高等学校三年、大学四年です。小学校に入学する前には保育所や幼稚園があります。入学してから、最初の九年間は義務教育です。そして、この期間の就学率は百パーセントに近いですから、日本では文盲の人がほとんどいません。小学生や中学生の中には「けいこごと」を習っている生徒や「学習塾」に通っている生徒がたくさんいます。

高等学校への進学率は九十六パーセントぐらいですが、年々増加の傾向にあります。その率は地方より都会の方が高いです。高等学校の卒業者の約八パーセントが短期大学へ進学します。その進学率は女子の方が男子よりも高いです。また、大学への進学率は、高等学校の卒業者の四十パーセントぐらいで、男子のほうが女子よりも高いです。大学院への進学率は約十一パーセントで、これも男子の方が女子よりも高いです。

四年制の大学は二〇〇三年現在、全国に七百二校あり、このうち公立が七十六校、私立が五百二十六校で、二〇〇四年四月からは、それまでの国立大学が独立行政法人化され、約百校あります。この他に、短期大学が五百二十五校と高等専門学校が六十三校あります。

高等学校の卒業者は各大学の入学試験を受けなければなりません。また、一九九〇年からは大学入試センター試験という制度があり、これに参加する大学も増えています。有名な大学には志願者が集中しますから、その大学の入学試験の競争率はとても高いです。入学試験に落ちた学生は一年か二年浪人生活を送ります。多くの浪人生は予備校に通います。

大学は普通四年ですが、医学部は六年です。大学の上に大学院があります。修士課程が二年、博士課程が三年です。

Lektion 13   第十三課

Text A （テキストA）： 辞書

1

Robin und Herr Akagawa treffen sich auf dem Campus einer Universität in Tokyo. Sie haben sich einander vorgestellt und miteinander unterhalten.

赤　川：ロビンはいつから日本で勉強しているんですか。
ロビン：日本に来てからもう三か月になります。交換留学生としてこの大学に来ました。
赤　川：何を勉強しているんですか。
ロビン：もちろん、日本語です。でも、川端康成や大江健三郎の作品が好きでなので、日本文学の授業にも出ていますが、まだ難しいですね。
赤　川：文学が好きなんですか。私は子供の時から、小説はあまり読みません。生物とか物理などの科目が好きでした。ですから、国語とか外国語が嫌いでした。特に、古文と漢文が大嫌いでした。
ロビン：そうですか。私はドイツの大学で日本の古典文学を読まなければなりませんでした。とても面白いと思いましたよ。漢文も難しいですけど、面白いと思いました。
赤　川：そうですか。

2

ロビン：私も、ギムナジウムの生徒だった時は、ラテン語が大嫌いでしたから、同じですね。でも、日本語は好きです。今、勉強していますが、外国人用のいい辞書がなかなか見つからなくて困っているんです。私が大学で使っている教科書の索引には単語が二千ぐらいしかないので、とても不便です。
赤　川：それは困りますね。あと二千語か三千語は必要ですよね。私はいい英和辞典と和英辞典を知っていますが、ロビンさんはどんな辞書が必要なんですか。
ロビン：私は母語がドイツ語ですから、独和辞典と和独辞典を買いたいと思っています。
赤　川：では今から一緒に本屋に行きませんか。私もちょうど歴史の本と雑誌を買いたいと思っていたので、一緒に行きましょう。
ロビン：それは助かります。他にも漢和辞典がほしいんです。

3

赤　川：他に何か町で買いたいものがありますか。
ロビン：ええ、電子辞書もほしいんです。友達がとても便利だと言っていました。
赤　川：私も使っていますが、本当に便利ですよ。それでは、本屋に行った後で、秋葉原に行きましょう。あそこには電器店がたくさんあります。
ロビン：そうですか。それでは、連れて行ってください。
赤　川：ええ、いいですよ。

Übungen （練習問題）

Übung 1 Vervollständige einen Dialog. Suche Vokabeln aus dem Vokabelfeld.

A: 私はいい電子辞書が欲しいです。あなたも何か欲しいものがありますか。
B: はい。（私は）新しい車が欲しいです。
A: 私の母は新しい掃除機を欲しがっています。あなたのお母さんも何か欲しがっていますか。
B: はい。（母は）新しい冷凍庫が欲しいと言っています。

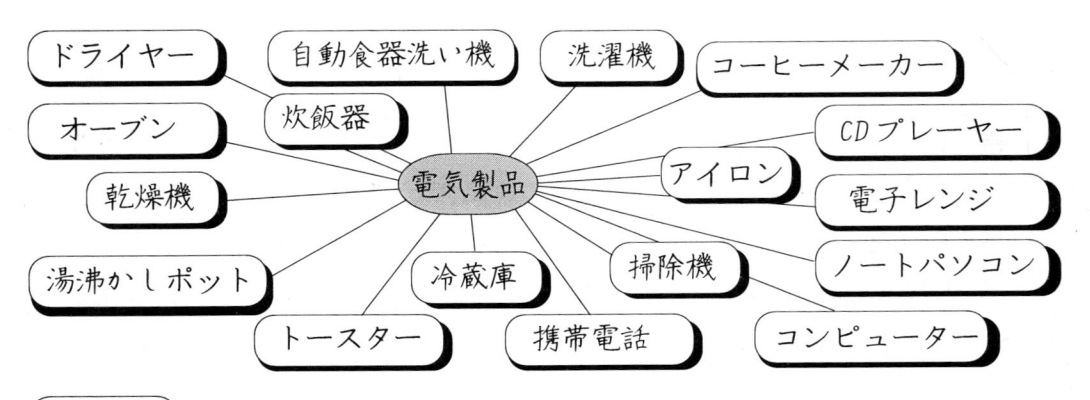

- ドライヤー
- 自動食器洗い機
- 洗濯機
- コーヒーメーカー
- オーブン
- 炊飯器
- CDプレーヤー
- 乾燥機
- アイロン
- 電子レンジ
- 電気製品
- 湯沸かしポット
- 冷蔵庫
- 掃除機
- ノートパソコン
- トースター
- 携帯電話
- コンピューター

Übung 2 Vervollständige einen Dialog. Verwende die unten angegebenen Satzmuster.

A: 私は新しい車が（/を）買いたいです。あなたも何か買いたいものがありますか。
B: はい。（私は）きれいな着物が（/を）買いたいです。
A: 私の友達は日本語を勉強したがっています。あなたの友達も何かしたがっていますか。
B: はい。（友達は）スペインに行きたいと言っています。

Lektion 13

1. (A) 日本語の新聞を読む。→ (B) 日本語の児童書や週刊誌を読む。
   (A) 携帯で日本の友達にメールを送る。→ (B) ファミコンを使ってゲームをする。
2. (A) 日本酒を飲む。→ (B) コーヒーを飲む。
   (A) イタリアレストランでピザを食べる。→ (B) 家に帰ってテレビを見る。
3. (A) クラシック音楽を聞く。→ (B) ジャズ喫茶でジャズを聞く。
   (A) サッカークラブのメンバーとサッカーをする。→ (B) サッカーの試合を見る。

Übung 3 Drücken Sie aus, welches Getränk Sie (sehr) mögen oder nicht mögen.

私はコーヒーが好き(/大好き)です。 Oder: 私はコーヒーが嫌い(/大嫌い)です。

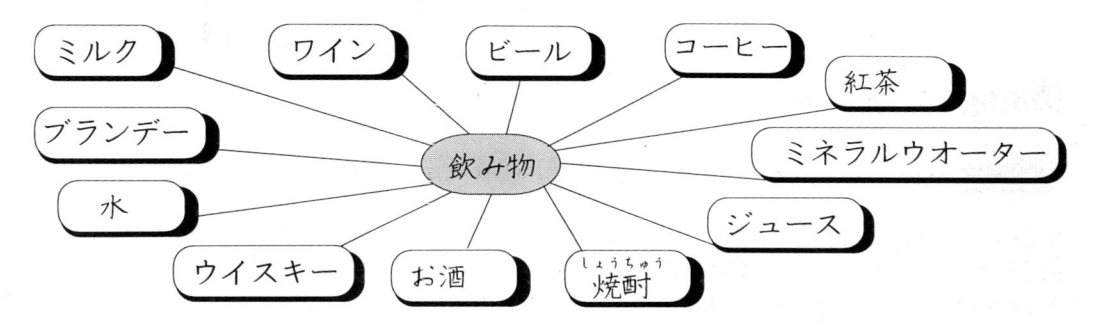

飲み物: ミルク、ワイン、ビール、コーヒー、紅茶、ミネラルウオーター、ブランデー、水、ウイスキー、お酒、焼酎(しょうちゅう)、ジュース

Übung 4 Drücken Sie aus, was Sie mögen/lieben oder nicht mögen/hassen.

弟はビートルズが好き(/大好き)です。 Oder: 弟はビートルズが嫌い(/大嫌い)です。

☹音楽☺日本語☹漢字☺歴史☺化学☹物理☺宗教☺英語☹ラテン語☺ギリシャ語☺ドイツ語☹数学☺体育☺美術☹フランス語☺生物☺倫理☹社会☺地質学☺地理☺イタリア語☺古文☹漢文☹日本史☺世界史☹考古学☺経済の授業☹政治の授業☺日本の音楽☹クラシック音楽☺日本語の授業☹数学の授業☺日本語の授業

Übung 5 Bilde mit den nachfolgenden Kanji möglichst viele Kanji-Komposita.

Bsp.: 日本

| 大 | 面 | 強 | 中 | 外 | 日 | 学 | 聞 | 雑 | 国 | 海 | 北 | 歴 | 本 | 史 | 本 | 文 | 屋 |
| 利 | 勉 | 新 | 都 | 幹 | 誌 | 線 | 出 | 便 | 語 | 積 | 東 | 道 | 首 | 張 | 京 | 阪 | 用 |

Übung 6 Drücken Sie aus, welches Fach bzw. welche Fächer Sie mögen und nicht mögen. Da die Fächer kontrastiv dargestellt werden, wird anstatt der PP **ga** (が) zur Subjektmarkierung die PP **wa** (は) zur Kontrasthervorhebung verwendet: < N1 **wa** suki desu ga, N2 **wa** kirai desu >.

A: 私は文学は好きですが、経済は嫌いです。
B: そうですか。私はドイツ語は好きですが、フランス語は嫌いです。

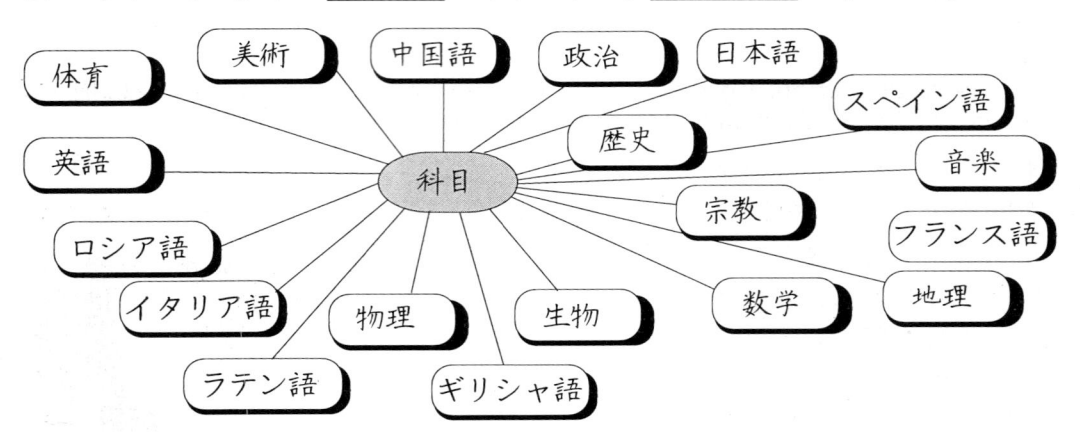

科目: 体育、美術、中国語、政治、日本語、英語、歴史、スペイン語、ロシア語、宗教、音楽、イタリア語、物理、生物、数学、フランス語、ラテン語、ギリシャ語、地理

Übung 7 Beantworte folgende Fragen zum Text A aus Lektion 13. Der Fragesteller hält sich zur Zeit in Japan auf.

1. ロビンはいつ日本に来ましたか。
2. ロビンが好きな日本の作家はだれですか。
3. ロビンはラテン語が好きですか。
4. ロビンは何を買いたがっていますか。
5. ロビンは歴史の本を買いたがっていますか。
6. だれが電子辞書を買いたがっていますか。
7. ロビンと赤川さんはどこに行くと言っていますか。
8. 赤川さんは、子供の時、どんな科目が好きでしたか。

Übung 8 Sie befinden sich in einem Café. Führen Sie entsprechend der unten angeführten Anweisung eine Konversation mit der Kellnerin.

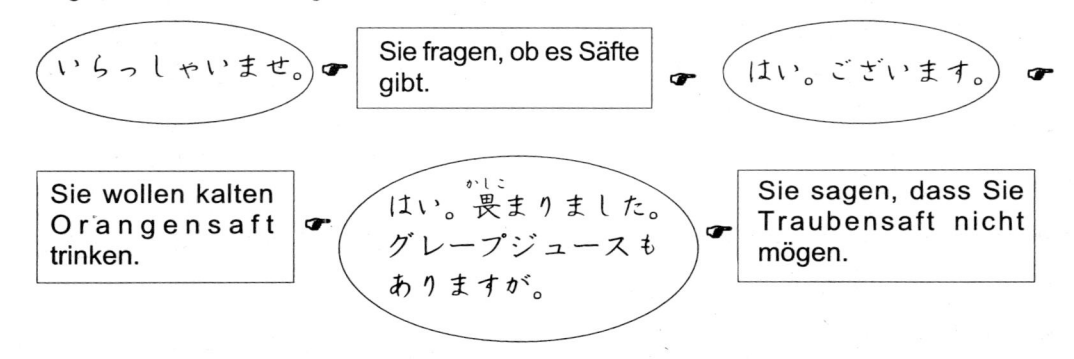

いらっしゃいませ。☞ Sie fragen, ob es Säfte gibt. ☞ はい。ございます。☞

Sie wollen kalten Orangensaft trinken. ☞ はい。畏(かしこ)まりました。グレープジュースもありますが。☞ Sie sagen, dass Sie Traubensaft nicht mögen.

はい。畏まりました。お客様、ビールはいかがですか。 → Sie sagen, dass Sie Bier sehr gern trinken, aber jetzt kein Bier trinken wollen. → はい。畏まりました。すぐにお持ち致します。

Konversation （会話）：ペット

1

Frau Nakamura trifft zufällig Miriam in der Stadt und spricht mit ihr über ihre Kinder, da sie sich zur Zeit mit Problemen auseinandersetzen muss ....

中　　村：ミリアムさん、お久しぶり。
ミリアム：ああ、中村さん、ご無沙汰しております。ご家族の皆さんはお元気ですか。
中　　村：ええ、お陰さまで。
ミリアム：下のお子さんはもう小学校ですか。
中　　村：娘ですか。
ミリアム：ええ。
中　　村：今、小学二年です。去年の春に入学しました。
ミリアム：そうですか。もう小学校の二年生になりましたか。
中　　村：ええ。でも、今、家ではペットのことで大変なんです。
ミリアム：ペットですか。どうしたんですか。

2

中　　村：下の子は犬を飼いたがっているんですが、長男は亀が欲しいと言うし、次男は猫を欲しがっていて、夫は熱帯魚を飼いたいと言うので困っているんですよ。三歳の息子までがヒヨコを飼いたいと言って泣くんですよ。
ミリアム：お嬢さんの下に息子さんがいるんですか。
中　　村：ええ、子供が四人いるんです。
ミリアム：そうですか。でもペットがいると家庭が明るくなると思いますけど。精神的にもとてもいいと新聞に書いてありましたよ。
中　　村：そうですか。でも亀も小さい時はかわいいですけど、大きくなると凶暴になると聞きました。ヒヨコも大きくなったら困りますよ。家の中で飼うことはできないし……。
ミリアム：それもそうですね。でも、私は子供の時から動物が大好きなんです。
中　　村：いや、私は動物が嫌いだと言っているのではありません。でも、世話をするのが大変なんです。
ミリアム：それもそうですね。

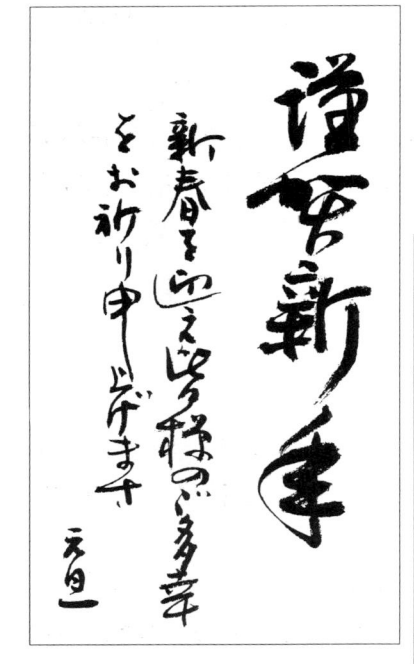

Text B

手紙

友達が遠くにいる時、様子が知りたいです。そんな時はメールを出します。最近は手紙をあまり書きません。

手紙を書く時は、前文、本文、結びの部分を書かなければなりません。前文は、「拝啓」、「お手紙ありがとうございました。」、「ご無さたしております」などのあいさつで始めます。次に季節のあいさつを述べます。「もう春です。」とか「厳しい寒さのおり……」とか書きます。それから相手の様子を聞いたり、自分の様子を書いたりします。前文を省きたい時は、「前略」と書いて、すぐに本文に入ります。丁寧な「です・ます体」を使います。

結びには「お体を大切に」などの別れのあいさつを書きます。その後に、「皆様によろしく」などのことづてのあいさつを書きます。そして、「さようなら」、「ではまた」などの結びの言葉を書いて手紙を終わります。そして、日付け、自分の名前、相手の名前を書きます。

しかし、最近はこのような形式に従わなくなりました。特に若い人は従いたがりません。昔は簡単な用事の時は手紙よりも葉書を書きましたが、最近はメールや携帯端末によるやりとりが多くなり、手紙や葉書をあまり書かなくなりました。でも、お正月にはたくさん年賀状を出します。夏の暑い間には暑中見舞いの葉書を書きます。

Lektion 14 第十四課

Text A （テキストA）： 姉と弟

1

Sarah und Frau Kitajima sprechen über ihre Familien.

北島：サラさんは、何人兄弟ですか。
サラ：私は三人兄弟です。姉と弟がいます。
北島：お姉さんは、今ドイツですか。
サラ：いいえ、今イタリアの音楽大学に留学しています。専門はピアノですが、最近は声楽も好きだと言っています。ピアノは小学生の時から習いはじめたので上手に弾くことができます。
北島：そうですか。では、イタリア語を話すことができますね。
サラ：姉ですか。
北島：はい。
サラ：今、イタリア語を勉強しているので、少し分かりますが、すらすらと話すことができません。でも、イタリア語で歌を歌うことはもうできます。
北島：では、上手なんでしょうね。
サラ：いいえ、まだまだですよ。北島さんは音楽が得意ですか。
北島：いいえ、苦手です。音楽は子供の時から大嫌いです。第一、楽器ができません。でも、ピアノだけは少し習いました。ですから、楽譜を見ながら歌うことができますが、とても下手なんです。
サラ：そうですか。

2

北島：弟さんは、まだ学校ですか。
サラ：はい、今九年生です。日本の中学三年です。サッカーが好きで、小学生の時からサッカークラブに入っています。今でも続けています。いつも試合に出て忙しがっています。
北島：ドイツはサッカーで有名ですよね。
サラ：そうですね。子供たちはよくサッカーをして遊んでいますね。弟はスポーツは得意ですが、数学と化学が苦手で、父も母も困っているんです。

北島：私にも弟がいますが、弟も数学が大嫌いです。今、高校二年生で、来年大学の入学試験を受けなければならないので、その準備で大変です。毎日毎日勉強をしています。弟は早く大学に入学して、のびのびと自分の好きな歴史の勉強をしたいと言っています。将来は、学者になって、日本史の研究をしたいとも言っています。

サラ：日本史ですか。日本史は大学で初めて詳しく習いました。

北島：そうですか。私は世界史はよく勉強しましたが、今はあまりよく覚えていません。

サラ：私も昔は中世史が好きでしたが、もう忘れました。また本を読まなければなりません。

北島：私も同じです。

▲ Die *Umi-jigoku* in Kyûshû

Übungen （練習問題）

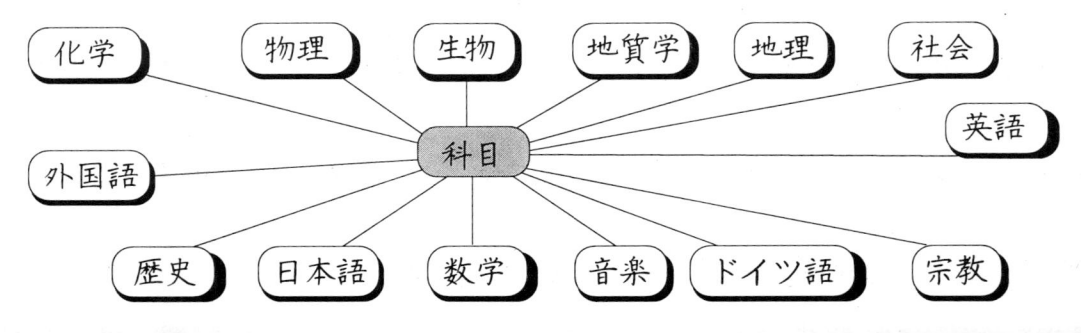

Übung 1 Vervollständige einen Dialog. Suche Vokabeln aus dem Vokabelfeld heraus. Beachte, dass bei einer Kontrasthervorhebung die hervorzuhebenden Satzglieder durch die PP **wa** (は) markiert werden.

A: 私は<u>数学が得意</u>です。あなた何が得意ですか。
B: 私は<u>音楽と体育が得意</u>です。
A: そうですか。私の弟は<u>音楽は得意ですが、体育は苦手</u>です。
B: そうですか。
A: ええ。

科目: 化学, 物理, 生物, 地質学, 地理, 社会, 英語, 外国語, 歴史, 日本語, 数学, 音楽, ドイツ語, 宗教

Übung 2 Vervollständige einen Dialog. Suche Vokabeln aus dem Vokabelfeld. Beachte, dass bei einer Kontrasthervorhebung die hervorzuhebenden Satzglieder durch die PP **wa** (は) markiert werden.

A: あなたはフランス語ができますか。
B: ええ、少しできますが、上手ではありません。
A: 私はイタリア語はできますが、フランス語はできません。
B: イタリア語が分かるんですか。私はイタリア語ができません。
A: そうですか。私はイタリア語を読んだり書いたりすることができますが、話すことが下手です。
B: そうですか。

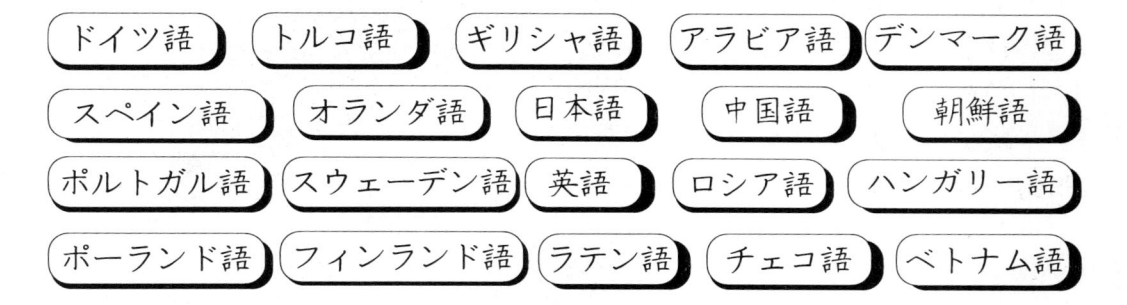

ドイツ語　トルコ語　ギリシャ語　アラビア語　デンマーク語
スペイン語　オランダ語　日本語　中国語　朝鮮語
ポルトガル語　スウェーデン語　英語　ロシア語　ハンガリー語
ポーランド語　フィンランド語　ラテン語　チェコ語　ベトナム語

Übung 3 Substantiviere zuerst mittels des Pseudo-Nomens **koto** (こと／事) die vorgegebenen Mustersätze. Setze sie jeweils in die angegebenen Satzkonstruktionen ein: Objekt-, Subjekt-, Thema- oder sonstige Satzglieder.

Bsp.: この本を読む。→ (　) は大切だ。→ この本を読むことは大切だ。

1. 日本の高等学校への進学率が九十六％ぐらいである。→ 私は (　) を知りました。→

2. 先生が説明している。→ 私は (　) が分かりません。→

3. 日本の歴史の勉強をしてから、日本に行く。→ (　) はとてもいいことだと思います。→

4. 平安時代の文学作品を読む。／古代ローマ時代の作品をラテン語で読む。→ (　) と (　) はとても難しいと思います。→

5. 毎朝、早く起きて、ジョギングをする。→ 体重が増えたので、(　) にしました。→

6. 農業生産物をたくさん輸入する。→ (　) で輸入と輸出のバランスを取る。→

7. まず努力する。→ (　) から始める。→

Übung 4 Übersetze die nachfolgenden Sätze in der unten angegebenen Konversation.

A: Kann ich hier Euro in Yen wechseln?
B: Ja. Wie viel Euro möchten Sie in Yen wechseln?
A: Ich möchte 2000 Euro wechseln.
B: Bitte tragen Sie hier Ihren Namen und Ihre Passnummer ein.
A: Muss ich meinen Namen auf Japanisch eintragen?
B: Nein, Sie dürfen auch mit lateinischen Buchstaben Ihren Namen eintragen.

Übung 5 Beantworte folgende Fragen über den Text B zu Lektion 14.

1. 1960年ごろからは何が工業の中心でしたか。
2. 日本の製造業では何が盛んですか。
3. 日本は重工業と軽工業とどちらが盛んですか。
4. 日本車の輸出相手国はどこですか。
5. 日本の主な輸出品は何ですか。
6. 日本の主な輸入品は何ですか。
7. 新しいエネルギーにはどんなものがありますか。
8. 日本には原子力発電所がたくさんありますか。
9. 1989年以降、株価や地価が下がりましたがなぜですか。

Übung 6 Schreibe die verschiedenen Lesungen und Bedeutungen der Vokabeln auf.

1. 用事
   仕事
   事故
   食事

2. 後ろ
   後半
   戦後
   最後
   午後

3. 名前
   前略
   駅前

4. 役人

   日本人
   女の人

5. 言葉
   言語

6. 暑い
   暑中見舞い

7. 中世
   世界

8. 売る
   販売機

9. 家の外
   外国

10. 入る
    入れる
    輸入する

11. お金
    金融政策

12. 好き
    好景気

13. 主な
    主要

14. 天然ガス
    自然

15. 重い

    重工業

16. 会う
    会社

17. 便利
    郵便局

18. 美しい
    美術館

19. 新聞
    新しい
    聞く

20. 夜中
    夜

Übung 7 Bilde mit dem letzten Kanji ein neues Kompositum.

集中 → 中（心）　供　分　民　心　性　行　油　業　理　京

1. 野原 → 原（　　　）　　5. 日銀 → 銀（　　　）
2. 生産 → 産（　　　）　　6. 工業国 → 国（　　　）（　　　）
3. 後半 → 半（　　　）　　7. 電子 → 子（　　　）
4. 中近東 → 東（　　　）　　8. 織物 → 物（　　　）

Übung 8 Suche das gemeinsame Kanji-Kompositionsglied und schreibe die jeweilige Lesung und die Bedeutung der einzelnen Vokabeln auf.

者　子　学　物　化　書　的　術

1. 機械（　）　　　芸（　　）　　　学（　　）　　　植（　　）
　悪（　）　　　　技（　　）　　　　　　　　　　　動（　　）
　文（　）　　　　　　　　　　6. 財政（　　）
　　　　　　　4. 電（　　）　　精神（　　）　　8. 科（　　）
2. 参考（　）　　様（　　）　　比較（　　）　　文（　　）
　葉（　）　　　女（　　）　　　　　　　　　　語（　　）
　児童（　）　　男（　　）　　7. 鉱（　　）　　哲（　　）
　　　　　　　　　　　　　　　　生産（　　）　　化（　　）
3. 美（　）　　5. 志願（　　）　着（　　）　　考古（　　）

▾Straßenverkehrsschilder

Konversation （会話）：駅と銀行で

1

Markus befindet sich in einer Bahnstation. Er möchte eine Fahrkarte kaufen.

マルクス：チケットを買いたいんですけど、どうして買ったらいいかわかりません。
係　　員：まず、上の表示板を見て下さい。駅の名前がすべて書いてあります。漢字を読むことができますか。
マルクス：はい、少し。
係　　員：では、行き先を捜します。お客さんはどちらまでですか。
マルクス：八王子です。
係　　員：八王子ですか。高尾方面ですね。あそこです。見えますか。
マルクス：はい。五百円ですね。
係　　員：そうです。では、お金を入れて下さい。そして、この自動販売機の五百円の所を押して下さい。千円札でも大丈夫です。
マルクス：こうですね。
係　　員：はい。
マルクス：ああ、チケットとお釣りが出て来ました。簡単なんですね。
係　　員：ええ。
マルクス：どうも、ありがとうございました。
係　　員：いいえ。

2

Markus befindet sich in einer Bank. Er möchte Euro in Yen wechseln

マルクス：ここでユーロを円に換えることができますか。
銀行員：はい、できます。
マルクス：今、一ユーロは幾らですか。
銀行員：百三十円です。
マルクス：では、五百ユーロを換えたいのですが。(Markus gibt der Bankangestellten 500 Euro.)
銀行員：はい、五百ユーロをお預かりします。お客様、すみませんが、パスポートをお見せ下さい。(Markus zeigt der Bankangestellten seinen Reisepass.) はい、暫くお待ち下さい。

Lektion 14   145

銀行員：お待たせしました。六万千五百円になります。ありがとうございました。

▽東京タワー

△Das Rathaus der Metropole Tokyo

Vokabeln zur Erweiterung: Tiere

ウサギ（兎）	トラ（虎）	ウシ（牛）	イヌ（犬）
タツ（竜）	ヘビ（蛇）	ツバメ（燕）	ネコ（猫）
			トンボ（蜻蛉）
ニワトリ（鶏）	ラクダ（駱駝）	リス（栗鼠）	チョウ（蝶）

Text B

産業　二

　日本は主要先進工業国の一つだ。戦後、まず繊維工業などの軽工業が発達し、日本製品は急速に世界市場へ進出することができた。しかし、繊維産業は高度成長期にその出荷高と輸出高の比率が全体の二％程度に大きく下がった。

　一九六〇年ごろからは重工業、化学工業が日本の工業の中心になった。また、一九八〇年代後半は経済の好景気となり、これをバブル経済という。その後、金融緩和政策のため、株式や土地に資金が集中し、株価や地価が上がった。しかし、一九八九年以降、金融引き締め政策から、株価や地価は急落し、バブルの崩壊となり、景気も悪化した。

　日本の輸出品の相手国や地域は、二〇〇二年現在、アジア（約四十三％）、アメリカ（約二十九％）、欧州連合（約十五％）である。製造業では、加工組み立て型産業、素材型産業が盛んだ。自動車産業では、乗用車、バス、トラックなどの自動車生産台数が減少している。二〇〇二年現在の車の輸出額では、アメリカが一番だ。その他、欧州連合、アジア、中近東、オセアニア諸国、南米、アフリカにも輸出している。

　日本の主な輸出品は、自動車と自動車部品、化学品、電子部品、電子機器、鉄鋼、コンピューターやコンピューター部品、船舶、工作機械などだ。輸入品の主なものは、食料品、原油・液化天然ガス・石炭などの燃料、医薬品、コンピューター、原料、衣類などである。

　エネルギーの需要と供給は、一九七三年の第一次石油危機以後、大きく変わった。供給面では、石油依存度が大幅に下がり、天然ガスの比率が上昇した。その他、太陽光、風力、燃料電池などの新エネルギーも開発している。日本は、液化天然ガス、石油製品、原油、石炭などの一次エネルギーの八割以上を輸入に頼っている。日本で現在運転中の原子力発電所は二〇〇三年七月現在で五十二基ある。

Lektion 15　　　　　　　　　　　　第十五課

Text A　（テキストA）：ドライブ

1

Silke hält sich zur Zeit in Japan auf. Sie hat letzte Woche einen neuen Wagen gekauft. Sie will eine Probefahrt machen. Sie spricht jetzt mit Herrn Kitayama.

シルケ：あさっての日曜日、北山さんはひまがありますか。
北　山：はい、ありますけど。
シルケ：先週、車を買ったんで、ドライブに行きたいと思っているんです。一緒に行きませんか。
北　山：ドライブですか。
シルケ：はい。
北　山：新車ですか、それとも中古ですか。
シルケ：新車です。
北　山：そうですか。でも、シルケさんは日本の免許があるんですか。
シルケ：いいえ。でも、国際運転免許証があります。
北　山：でも、ドイツと日本は右と左が逆ですよね。
シルケ：ええ。ドイツは右側通行で、日本は左側通行です。
北　山：大丈夫なんですか。
シルケ：大丈夫です。心配しないでください。私は、よくアイルランドやイギリスを車で旅行しましたから、慣れています。アイルランドもイギリスも日本と同じで左側通行ですから。
北　山：そうなんですか。シルケさんは今まで事故を起こしたことがありますか。
シルケ：いいえ。無事故です。飲酒運転もスピード違反もしたこともありません。
北　山：本当ですか。
シルケ：ええ、本当に心配しないでください。日本語には自信がありませんが、車の運転には自信があります。
北　山：そうですか。では、ぜひ連れて行ってください。

2

Sie treffen sich am Sonntag und stehen vor dem neuen Auto von Silke.

北　山：これはいい車ですね。カーナビもテレビもついているし、CDプ

　　　　　レーヤーもあるんですね。ガソリン車ですか、ディーゼル車ですか。
シルケ：ガソリン車です。
北　山：馬力はどのくらいですか。
シルケ：140馬力で四輪駆動です。デザインもいいし、とても気に入りました。
北　山：いい車ですね。
シルケ：今まで乗っていた中古車は故障することが多くて困りました。ですから、この車を買ったんです。さあ、出発しましょう。
北　山：ええ、そうしましょう。

3

Sie fahren in die Gunma-Präfektur und kommen in der Nähe des Bergs *Akagi-san* an.

シルケ：この辺の景色は素晴らしいですね。
北　山：ええ、本当に綺麗ですね。私はこの近くまで二、三回用事で来たことがあります。
シルケ：私は東京から北の方へは来たことがありませんから、何でも珍しいです。
北　山：向こうの山が赤城山です。高さは標高1828メートルで、火山です。ここら辺は、夏はキャンプ、冬はスキー・スケート客で賑わいます。
シルケ：そうですか。名前を聞いたことがあります。

Übungen (練習問題)

Übung 1 Vervollständige einen Dialog; es gibt zwei Antwortmöglichkeiten. Setze als Anredeform anstatt des Personalpronomen **anata** (あなた) den Namen des Gesprächspartners ein.

A: あなたは椿の花を見たことがありますか。
　　B: はい、あります。
　　B: いいえ、ありません。

▼ Tsubaki

1. 新しいエネルギーについて考える。
2. トラックを運転する。
3. 日本の小説をドイツ語で読む。
4. 日本の週刊誌を読む。
5. 日本の鎌倉時代の文学作品を読む。
6. 日本の友達にメールを送る。
7. 日本の歴史の本を読む。

Lektion 15

8. コンピューターゲームに熱中する。
9. パソコンを使う。
10. 工作機会を使う。
11. 電子辞書を使って日本語の新聞を読む。

Übung 2 Vervollständige einen Dialog. Wähle aus den nachfolgenden Vokabeln die jeweilige Fremdsprache aus. Setze als Anredeform anstatt des Personalpronomens **anata**（あなた）den Namen des Gesprächspartners ein.

A：私は、日本語を勉強したことがありますから、日本語を話すことができます。
B：そうですか。それでは、日本語を話すことがありますか。
A：はい、日本の友達と日本語で話すことが多いです。あなたはどんな外国語を話すことができますか。
B：私は、イタリア語を習ったことがあるので、少し話すことができますが、上手ではありません。下手です。それに、イタリア語を話すことが少ないです。
A：そうですか。

1. トルコ語
2. ギリシャ語
3. ラテン語
4. 日本語
5. フランス語
6. ポルトガル語
7. 英語
8. ベトナム語
9. モンゴル語
10. スペイン語
11. ポーランド語
12. オランダ語
13. チェコ語
14. ブルガリア語
15. デンマーク語
16. スウェーデン語
17. ドイツ語
18. 朝鮮語
19. フィンランド語
20. アラビア語
21. 中国語
22. ロシア語
23. ルーマニア語
24. タイ語
25. ハンガリー語

Übung 3 Vervollständige einen Dialog. Beschreibe die persönliche Erscheinung von Herrn Tanaka. Die Antwort von Sprecher B wird wie folgt angegeben.

A：私は田中さんという人に会ったことがありません。どんな人ですか。
B：あの人は口が早くて、耳がいいです。

1. Er ist schwerhörig und hat eine böse Zunge.
2. Er hat dicke Augenbrauen und schmale Lippen.
3. Er ist klug, aber läuft sehr langsam.
4. Er hat sehr weiße Zähne und große Ohren.
5. Er hat einen langen Hals und eine große Nase.
6. Er hat große Hände und einen großen Kopf.
7. Er kann gut sehen und riechen.
8. Er hat große Augen und lange Beine.
9. Er hat schwarze Haare und schwarze Augen.
10. Er hat lange Wimpern und eine kleine Nase.
11. Er hört schlecht und ist kurzsichtig.

Pflaumenblüte

Übung 4 Vervollständige einen Dialog. Der Sprecher A soll auf die Frage des Sprechers B nach folgender Anweisung antworten.

A: (1) この本を (/が) 買いたいのですが、買うことができません。
B:　なぜですか。
A: (2) お金がないからです。

1. (1) Sie möchten ins Kino gehen, um einen Film anzusehen.
   (2) Sie haben keine Zeit.
2. (1) Sie möchten in Japan eine Spazierfahrt machen.
   (2) Sie haben keinen internationalen Führerschein.
3. (1) Sie möchten Chinesisch lernen.
   (2) Sie haben kein Lehrbuch.
4. (1) Sie möchten ein japanisches Buch lesen.
   (2) Sie haben kein elektronisches Wörterbuch.
5. (1) Sie möchten einen Referat über die japanische Geschichte schreiben.
   (2) Sie haben keine guten Bücher (gefunden).

Übung 5 Beantworte folgende Fragen zum Text B der Lektion 15.

1. 日本の文字にはどんなものがありますか。
2. 漢字にはいろいろな読み方がありますが、なぜですか。
3. 六世紀ごろ万葉仮名がありましたが、なぜ「万葉仮名」といいますか。
4. ひらがなはいつごろ公的地位を獲得しましたか。
5. なぜカタカナが生まれましたか。
6. 日本人は義務教育の間に漢字を何字ぐらい習わなければなりませんか。

Übung 6 Suche Synonyme zu den nachfolgenden Vokabeln bzw. Ausdrücken aus dem Text B der Lektionen 14 und 15.

1. 男の人　（　　　　）　　　　　　（　　　　）
2. 女の人　（　　　　）　　11. 増える　（　　　　）
　　　　　（　　　　）　　12. 使う　　（　　　　）
3. 伝わる　（　　　　）　　13. 得る　　（　　　　）
4. 簡単にする（　　　　）　14. 習う　　（　　　　）
5. 最初に　（　　　　）　　15. 悪くなる（　　　　）
6. 大きく　（　　　　）　　16. 高くなる（　　　　）
7. 小さい　（　　　　）　　17. パートナー（　　　　）
8. 違う　　（　　　　）　　18. 今（　　　　）
9. 速く　　（　　　　）　　19. 急に下がる（　　　　）
10. 減る　　（　　　　）　　20. 主要（　　　　）

Lektion 15

Konversation（会話）：日本旅行

1

Ulrike trifft Michiko. Ulrike erzählt ihr, was sie letzte Woche unternommen hat. Das Gespräch findet im Konversationsstil der *du*-Form statt. Die Satzendungen mit den finalen Postpositionen **wa**（わ）oder **wa ne**（わね）verweisen auf die Frauensprache.

ウルリケ：先週、岡山県の倉敷から兵庫県の姫路や神戸を回って四国に行ってきたの。

美知子：四国にはまだ行ったことがないんだ。

ウルリケ：瀬戸の大橋を渡って行ったんだけど、とても綺麗だった。兵庫県の姫路城では写真をたくさん撮ったんだ。

美知子：ウルリケは旅行することが多い？

ウルリケ：うん、日本にいる間にいろいろなところに行きたいんだ。

美知子：九州には行ったことがある？

ウルリケ：うん。長崎と鹿児島に行ったわ。

美知子：富士山にはもう登った？

ウルリケ：うん。去年、ドイツの友だちと一緒に富士山に行って五合目まで登ったんだ。とても疲れたけど、いい思い出になった。美知子さんは、山に登ることがある？

美知子：私は登山は苦手なんだ。一日中、歩いて山を登るなんてとてもできないわ。

△ Der Berg *Fuji*

▽ Das Schloss *Himeji-jô* in der Präfektur Hyôgo

▽ *Seto no ôhashi* (Brücke zwischen den Hauptinseln Shikoku und Honshû)

Text B

日本の文字

日本の文字には漢字と仮名があります。仮名には平仮名と片仮名とがあります。昔、日本には文字がありませんでしたが、紀元前一五〇〇年ごろ中国語の文字として中国で発明した表意文字が、日本へ一世紀ごろ初めて伝来しました。

漢字にはいろいろな読み方がありますが、これは中国風の読み方と日本風の読み方があるからです。中国風の読み方を音、日本風の読み方を訓といいます。一つの漢字に複数の音読みがあるものが多いですが、これは、中国から伝わった漢字の時期が、四世紀から六世紀、七世紀、九世紀と異なっているのと、中国国内の異なる地域から漢字が日本に伝わったからです。

六世紀ごろいわゆる「万葉仮名」を広く用いました。万葉仮名は、字形が漢字のままで、日本語の表音的表記に使ったものです。八世紀末に完成した「万葉集」に多く使ったので、「万葉仮名」といいます。九世紀には万葉仮名を簡略化して、表音文字である「ひらがな」と「カタカナ」が生まれました。

「ひらがな」は九〇五年の「古今和歌集」とともに公的地位を獲得し、その後、十世紀から十一世紀にかけて、和歌や物語文学でひらがなを使いました。当時、宮廷婦人などの女性がひらがなを用いて文学作品を書きました。男性も使うことがありました。

九世紀には、漢文の訓点記入が始まり、漢字を速く書いたり、細かく書いたりすることが必要でした。そこで「カタカナ」が生まれました。カタカナは仏教の僧侶たちが経典を読む時に読みがなとして使いました。十世紀半ばごろにはカタカナだけで和歌を書くことがありました。カタカナは現在、外来語、擬音語・擬態語、動物、植物などの表記に使います。

一九八一年に千九百四十五字を、「常用漢字」に決めましたが、日本人は小学校、中学校、そして高等学校を卒業するまでに学ばなければなりません。

Grammatik

1. Grammatik der Lektion 1

Lektion 1 behandelt folgende Themen: Topik-Prädikation-Satzstruktur (siehe 1.1); Postpositionen **ka** (か), **wa** (は), **mo** (も) und **no** (の) (siehe 1.2); Hilfsverb **desu** (です: siehe 1.3); das **ko-so-a-do**-Paradigma (siehe 1.5); Personalpronomina (siehe 1.6) und Interrogativa (siehe 1.7).

1.1 Topik-Prädikation-Satzstruktur (TP-Satzstruktur)

Der japanische Satz besteht meistens aus einem Topik[1] (das, worüber etwas gesagt wird) sowie einer Prädikation (das, was darüber ausgesagt wird). Topik, also das Thema, wird durch die kasusmarkierende Postposition **wa** (は: siehe 1.2.2) gekennzeichnet.

| Topik | wa | Prädikation |

Lektion 1 stellt als Prädikation das Prädikat < Nomen desu > vor: < Topik **wa** Nomen **desu** >. **Desu** (です) ist eine Kopula und wird in der japanischen Grammatik als ein Hilfsverb (**Jodoushi**/助動詞) zur Markierung einer definitiven Aussage kategorisiert. Beachte, dass das Nomen und das Hilfsverb (HV) **desu** (です) zusammen das Prädikat darstellen.

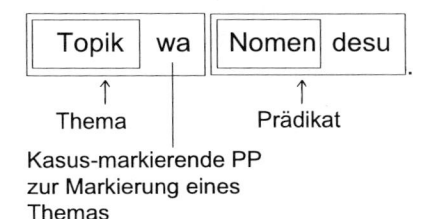

| Topik | wa | Nomen | desu |
   ↑   ↑
 Thema   Prädikat

Kasus-markierende PP
zur Markierung eines
Themas

Kore **wa** hon **desu**.
これは本です。
Das ist ein/das Buch.

Watashi **wa** Doitsu-jin **desu**.
私はドイツ人です。
Ich bin Deutscher/Deutsche.

1.1.1 Negation der Satzstruktur < N 1 *wa* N 2 *desu* >

Die Negation wird dadurch gebildet, dass dem Nomen N2 anstatt der Kopula **desu** (です) deren negierte Form **dewa arimasen** (ではありません) nachgestellt wird.

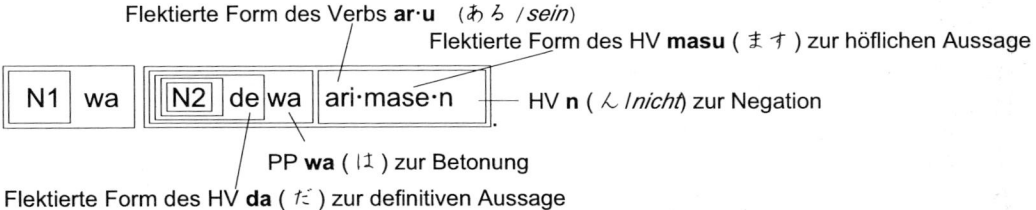

Flektierte Form des Verbs **ar·u** (ある /sein)
Flektierte Form des HV **masu** (ます) zur höflichen Aussage

| N1 | wa | N2 de wa | ari·mase·n | ← HV **n** (ん /nicht) zur Negation

PP **wa** (は) zur Betonung
Flektierte Form des HV **da** (だ) zur definitiven Aussage

Kore wa hon **de wa arimasen**.
これは本ではありません。
Das ist kein Buch.

1.2 Postpositionen

Im Japanischen gibt es ca. achtzig verschiedene Postpositionen, die nach morpho-syntaktischen (also die Wort- und Satzstruktur betreffenden) und semantischen Kriterien

---

[1] In diesem Lehrbuch werden der linguistische Terminus *Topik* und der Begriff *Thema* als Synonyme behandelt.

in sechs verschiedene Kategorien untergliedert werden[2]: kasusmarkierende PP, kasusmarkierende PP mit Modalitätsfunktion (Ausdruck der Gefühle bzw. der Einstellung des Sprechers), kopulative (auflistende) PP, adverbiale PP, konjunktionale (satzverbindende) PP und modalitätsausdrückende PP (siehe Tabelle 59). Postpositionen sind nicht flektierbar.

1.2.1 Modalitätsausdrückende PP *ka* (か) zum Ausdruck einer Frage oder eines Zweifels

Fragesätze werden dadurch gebildet, dass man die interrogative PP **ka** (か) an das Satzende setzt. Eine Umstellung der Satzglieder wie im Deutschen ist nicht erforderlich, und in der Regel werden keine Fragezeichen benötigt. In der Transkription hingegen werden Fragezeichen verwendet. Das folgende Schema zeigt auf, dass der Satz eine Proposition (ein Urteil oder eine Aussage) darstellt und dass der Inhalt dieser Proposition durch die Verwendung der PP **ka** (か) vom Sprecher in Frage gestellt wird.

| Satz (Proposition) | ka | — Interrogative PP zum Ausdruck einer Frage bzw. eines Zweifels |

Bsp: Anata wa gakusei desu **ka**?
あなたは学生ですか。
Sind Sie Student/Studentin?

1.2.2 PP *wa* (は) zur Markierung eines Topiks

Anders als im Deutschen können im Japanischen als Topik (Thema) fast alle Satzglieder stehen, z. B. das syntaktische Subjekt oder Objekt, die lokale oder temporale Angabe, das Adverbial und sonstige Satzglieder.

<u>Watashi</u> wa gakusei desu. (Das Topik ist ein Subjekt: **watashi** / *ich*)
私は学生です。
Ich bin Student/Studentin. (Wortwörtl.: Was mich betrifft, so bin ich Student [-in].)

<u>Ashita</u> wa yasumi desu. (Das Topik ist eine temporale Angabe: **ashita** / *morgen*)
明日は休みです。
Morgen ist frei. (Wortwörtl.: Was morgen betrifft, so ist es frei.)

<u>Anata ni</u> wa ii-masen. (Das Topik ist ein Adressat: **anata** / *Sie*)
あなたには言いません。
Ihnen sage ich (es) nicht. (Wortwörtl.: Was 'an Sie' betrifft, so sage ich [es] Ihnen nicht.)

1.2.3 PP *mo* (も) zur Markierung eines Themas und zugleich zum Ausdruck von *auch*

Die PP **mo** (も) erfüllt eine zweifache Funktion: als Markierung des Satzthemas und gleichzeitig als Ausdruck der Bedeutung von *auch*. Durch die Verwendung der PP **mo** (も) fallen stets die PP **ga** (が) zur Subjektmarkierung und meistens die PP **o** (を) zur Objektmarkierung aus. Sonstige postpositionale Satzglieder, wie z. B. < Ort **ni** >, < Partner **to** >, < Ort **de** >, < Startpunkt **kara** > usw., bleiben in ihrer Zusammensetzung unverändert und die PP **mo** (も) wird ihnen nachgestellt.

---

[2] Die Anzahl sowie die Kategorisierung der Postpositionen sind je nach grammatischer Auffassung unterschiedlich. Funktionen und Kategorisierung der PP basieren auf Katsuki (2003).

| Nomen | ga (o) ni to usw. | mo |

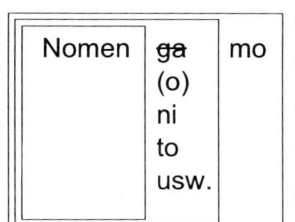

Watashi ga mo gakusei desu.
私がも学生です。
(Auch ich bin Student/in)

Watashi wa bîru (o) mo nomu.
私はビール（を）も飲む。
Ich trinke auch Bier.

Watashi wa anata to mo odoru.
私はあなたとも踊る。
Ich tanze auch mit Ihnen.

Watashi wa Nihon e mo iku.
私は日本へも行く。
Ich fahre auch nach Japan.

1.2.4 PP *no* (の) zur genaueren Bestimmung des Nomens

Ein Nomen kann durch ein anderes bzw. mehrere andere Nomen genauer bestimmt werden. In diesem Fall wird die kasusmarkierende PP **no** (の) in ihrer attributiven Funktion verwendet.

| N1 | no | N2 |

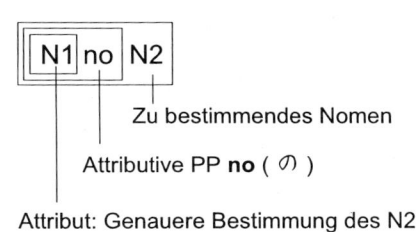

Zu bestimmendes Nomen

Attributive PP **no** (の)

Attribut: Genauere Bestimmung des N2

kaisha **no** kuruma
会社の車
Firmenwagen (der Wagen der Firma)

imouto **no** kaisha **no** kuruma
妹の会社の車
Firmenwagen meiner (jüngeren) Schwester
(der Wagen der Firma meiner jüngeren Schwester)

1.3 Japanische Hilfsverben

Im Japanischen gibt es 23 flektierbare und nicht flektierbare Hilfsverben (Abkürzung: HV) (siehe Tabellen 54, 56 und 90). Sie sind linguistisch betrachtet Verbalsuffixe, die den Nomen, Adjektiven oder den Verben agglutiniert (angefügt) werden, um verschiedene Bedeutungen wie z. B. Negation, Vermutung, Vergleich, Wunsch Höflichkeit, Passiv, Kausativ usw. zum Ausdruck zu bringen.

1.3.1 HV *desu* (です) zum Ausdruck einer definitiven Aussage

Das deutsche Verb *sein* hat unter anderem zwei Hauptfunktionen: *definitiv* (das <u>ist</u> ein Buch) und *lokal* im Sinne von *sich befinden* (das Buch <u>ist</u> dort). Das japanische HV **desu** (です) verhält sich ähnlich.

1.3.1.1 Definitiv

Wie das folgende Schema zeigt, wird mittels des HV **desu** (です /*sein*) das Demonstrativpronomen **kore** (これ /*das*) als **hana** (花 /*Blume*) definiert.

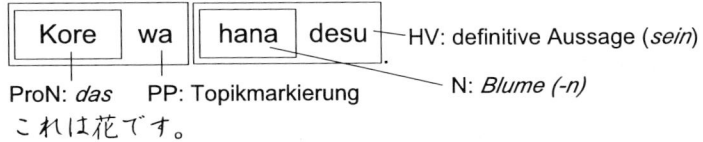

| Kore | wa | hana | desu |

HV: definitive Aussage (*sein*)

ProN: *das*   PP: Topikmarkierung   N: *Blume (-n)*

これは花です。
Das ist eine Blume. / Das sind Blumen.

1.3.1.2 Lokal

Wenn in der Satzkonstruktion < N1 **wa** N2 **desu** > die Demonstrativpronomen (siehe 1.5) **koko** (ここ), **soko** (そこ), **asoko** (あそこ) oder **doko** (どこ : zugleich ein Fragewort) stehen, hat das HV **desu** (です) die Bedeutung von *sich befinden*. In diesem Fall können jedoch als N2 nur Einrichtungen wie Banken, Schulen u.dgl. stehen; Gegenstände oder Bezeichnungen von Menschen und Tieren können als N2 nicht verwendet werden.

Koko wa yuubin-kyoku desu.
ここは郵便局です。
Hier befindet sich ein Postamt. / Wir befinden uns vor dem Postamt/im Postamt.

💣*Falsch: Koko wa ~~hon~~ desu. ここは本です。
Koko wa ~~inu~~ desu. ここは犬です。

Wenn zum Ausdruck gebracht werden soll, dass sich etwas *hier* (**koko**)/ *dort* (**soko**)/ *dort drüben* (**asoko**) befindet, wird der Existenzsatz < N1 **ni** N2 **ga arimasu/imasu** > verwendet (siehe Lektion 3).

Koko ni hon ga arimasu.
ここに本があります。
Hier befindet sich ein Buch.

1.4. Japanische Nomen
Japanische Nomen weisen bis auf einige Vokabeln keine Markierung des Geschlechts (Maskulinum: *der* See; Femininum: *die* Quelle; Neutrum: *das* Meer), der Plural-Singular- (*ein Buch/Bücher*) oder der Definit-Indefinit-Unterscheidung (*ein Buch/das Buch/Bücher/ die Bücher*) auf. Da die genannten grammatischen Informationen unerwähnt bleiben, bedeutet das, dass der Sprecher bei der Verwendung des Japanischen keine besondere Aufmerksamkeit darauf richtet. Der Sprecher und der Hörer stellen diese nicht explizit ausgedrückten Informationen kontextmäßig fest.

1.5 Das *ko-so-a-do*-Paradigma
Mit den Silben **ko** (こ), **so** (そ), **a** (あ) und **do** (ど) werden systematisch Reihen von Demonstrativa, Adjektive (Rentaishi: siehe 2.1.3), Adverbien und Interrogativa gebildet. Sie weisen eindeutig paradigmatische Beziehungen auf, nämlich eine Struktur des Sprachsystems, das auf vertikaler Ebene eine Austauschbarkeit der linguistischen Einheiten darstellt. Tabelle 13 veranschaulicht diese morphologische Systematik.

Kore wa hon desu.
これは本です。
Das ist ein Buch.

Konna hon wa arimasen.
こんな本はありません。
Ein solches Buch gibt es nicht.

Koko wa ginkou desu.
ここは銀行です。
Hier ist die/eine Bank.
Wir befinden uns vor der/einer Bank.

Kono hon wa **ko**nna ni omoshiroi desu.
この本はこんなに面白いです。
Das Buch ist so interessant.

Kochira ni kite-kudasai.
こちらに来て下さい。
Bitte kommen Sie hierher.

Watashi wa **ko**u ii-mashita.
私はこう言いました。
Ich habe es so gesagt.

Kono hon wa omoshiroi desu.
この本は面白いです。
Das Buch ist interessant.

(siehe 1.7 für Beispiele der interrogativen **do**-Reihe: **dore**, **doko**, **dochira**, **dono**, **donna**, **donna ni** und **dou**)

1.5.1 Verwendung des *ko-so-a-do*-Paradigmas
Je nachdem, ob das Paradigma in einer konkreten physischen Situation (exophorisch)

Lektion 1   Grammatik   157

Tabelle 13: Das *ko-so-a-do*-Paradigma

Demonstrativpronomen		
Gegenstand *der/die/das* *dieser/diese/dieses*	Ort *hier bei mir / dort bei Ihnen / dort drüben*	Richtung *hierher bei mir / dorthin bei Ihnen / dorthin*

ko	kore (これ)	koko (ここ)	kochira (こちら)
so	sore (それ)	soko (そこ)	sochira (そちら)
a	are (あれ)	asoko (あそこ)	achira (あちら)
do	dore (どれ) *welcher/welche/welches*	doko (どこ) *wo*	dochira (どちら) *welche Richtung /* *welcher/welcher/welches*

Rentaishi-Adjektive (siehe 2.1)			
attributiv 1 *der/die/das*	attributiv 2 *solch einer/eine/ein*	adverbial 1 *in solchem Maß; so*	adverbial 2 *in dieser Weise; so*

ko	kono + Nomen	konna + N	konna ni	kou
so	sono + Nomen	sonna + N	sonna ni	sou
a	ano + Nomen	anna + N	anna ni	aa
do	dono + Nomen *welcher/welche/* *welches* + N	donna + N *was für ein/eine* + N *was für* + N	donna ni *egal wie ...*	dou *wie*

verwendet wird, oder ob es abstrakt in einem Textzusammenhang (anaphorisch) verwendet wird, hat das **ko-so-a-do**-System zur Unterscheidung verschiedene semantische Kriterien (siehe 2.1.3.2).

1.5.1.1 In einer konkreten physischen Situation: exophorisch

Das physische Territorium des Sprechers und des Hörers bestimmt die Verwendung des **ko-so-a-do**-Paradigmas. Der Gegenstand/der Mensch/das Gebäude usw., auf den/das mit **ko** (こ) hingewiesen wird, befindet sich im Territorium des Sprechers; auf den/das mit **so** (そ) hingewiesen wird, befindet sich im Territorium des Hörers; der/das mit **a** (あ) aufgezeigt wird, befindet sich außerhalb der Territorien des Sprechers und des Hörers (siehe Diagramm 2). Die **do**-Reihe wird in 1.7 unter Interrogativa gesondert behandelt.

Diagramm 2: Schematische Darstellung des exophorischen *ko-so-a-do*-Paradigmas

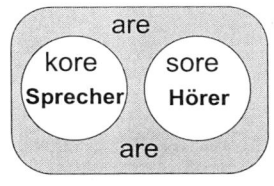

are kore — sore Sprecher — Hörer are	asoko koko — soko Sprecher — Hörer asoko	ano kono — sono Sprecher — Hörer ano
Demonstrativpronomen *(der/die/das bzw. dieser/* *diese/dieses bei mir,* *bei Ihnen oder dort drüben)*	Lokale Demonstrativpronomen *(hier bei mir / dort bei Ihnen /* *dort drüben)*	Rentaishi-Adjektiva *(der .../* *die.../das ... bzw. dieser .../* *diese .../dieses ... bei mir,* *bei Ihnen oder dort drüben)*

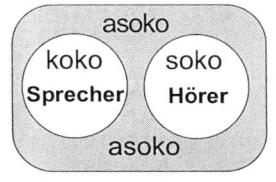

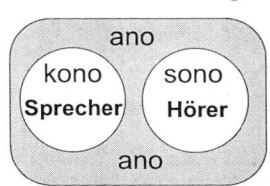

Beispiele mit den Demonstrativpronomen:

Kore wa watashi no hon desu.
これは私の本です。
Das Buch, das bei mir liegt, ist mein Buch. / Das ist mein Buch.

Sore wa anata no hon desu ka?
それはあなたの本ですか。
Ist das Buch, das bei Ihnen liegt, Ihr Buch? / Ist das Ihr Buch?

Are wa dare no hon desu ka?
あれは誰の本ですか。
Wem gehört das Buch, das dort drüben liegt? / Wessen Buch ist das?

Dore ga anata no hon desu ka?
どれがあなたの本ですか。
Welches ist Ihr Buch?

1.5.1.2 Im Textzusammenhang: anaphorisch

Informationsbekanntheit ist das Kriterium zur anaphorischen Unterscheidung (siehe Diagramm 2). **Ko** (こ) deutet darauf hin, dass der mit dem **ko** (こ) angesprochene Sachverhalt nur dem Schreiber/Sprecher bekannt ist; **so** (そ) weist darauf hin, dass der mit **so** (そ) markierte Sachverhalt entweder dem Schreiber/Sprecher oder dem Leser/Hörer bekannt ist. **A** (あ) hingegen deutet darauf hin, dass der mit **a** (あ) erwähnte Sachverhalt sowohl dem Schreiber/Sprecher als auch dem Leser/Hörer bekannt ist. Es handelt sich hier um die Informationsdeixis (Verweis), die angibt, ob eine Information bekannt ist und zudem wem sie bekannt ist. Die **do**-Reihe wird in 1.7 unter Interrogativa gesondert behandelt.

Diagramm 3: Schematische Darstellung des anaphorischen *ko-so-a-do*-Paradigmas

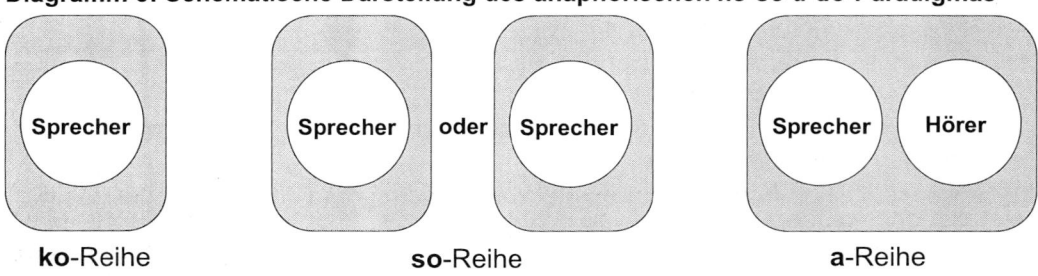

ko-Reihe	**so**-Reihe	**a**-Reihe
Sprecher	Sprecher oder Sprecher	Sprecher Hörer

Beispiele mit den Rentaishi-Adjektiven:

Kono hito wa shinsetsu desu.
この人は親切です。
Er/Sie, den/die ich kenne, ist nett. / Er/Sie ist nett.

Sono hito wa shinsetsu desu ka?
その人は親切ですか。
Ist er/sie, den/die Sie kennen, nett? / Ist er/sie nett?

Sono hito wa Doitsu-jin desu.
その人はドイツ人です。
Er/Sie, den/die ich kenne, ist Deutscher/Deutsche.

Ano hito wa shinsetsu desu.
あの人は親切です。
Er/Sie, den/die wir kennen, ist nett. / Er/Sie ist nett.

Dono hon ga omoshiroi desu ka?
どの本が面白いですか。
Welches Buch ist interessant?

1.6 Personalpronomen

Personalpronomen werden im Japanischen nicht so oft verwendet. Stattdessen werden Funktionsbezeichnungen wie z. B. Lehrer, Gast, Kunde, Arzt u. dgl. oder Verwandtschaftsbezeichnungen wie z. B. Vater, Mutter, jüngere Schwester u. dgl. zur Anrede verwendet (siehe unten angeführte Beispiele)[3].

Tabelle 14: Personalpronomen

	Singular	Plural
1. Person	watashi (私 : *ich*)	watashi-tachi (私達 : *wir*)
2. Person	anata (あなた : *Sie/du*)	anata-tachi (あなた達 : *Sie/ihr*)
3. Person	kare (彼 : *er*)	kare-ra / kare-tachi (彼等 / 彼達 : *sie*)
	kanojo (彼女 : *sie*)	kanojo-ra / kanojo-tachi (彼女等 / 彼女達 : *sie*)

Kore wa <u>sensei</u> no hon desu ka?
これは先生の本ですか。
Ist das <u>Ihr</u> Buch? (Der Sprecher spricht mit seinem Lehrer.)

Kore wa <u>Kurisutîne</u> no hon desu ka?
これはクリスティーネの本ですか。
Ist das <u>Ihr</u> Buch? (Der Sprecher spricht mit Christine.)

Kore wa <u>o-kyaku-san</u> no hon desu ka?
これはお客さんの本ですか。
Ist das <u>Ihr</u> Buch? (Der Sprecher spricht mit seinem Kunden.)

1.7 Interrogativa

Wie Tabelle 15 aufzeigt, werden die japanischen Fragewörter in verschiedene Wortarten untergliedert: Nomen, Demonstrativpronomen, Adjektive und Adverbien. Die **do**-Reihe des **ko-so-a-do**-Paradigmas bildet Interrogativa (siehe Tabelle 13): <u>**dore**</u> (どれ), <u>**doko**</u> (どこ), <u>**dochira**</u> (どちら), <u>**dono**</u> + Nomen (どの +N), <u>**donna**</u> + Nomen (どんな +N), <u>**donna ni**</u> (どんなに) und <u>**dou**</u> (どう). Die Bedeutung von *wer* wird durch die Verwendung von **donata** (どなた) höflicher ausgedrückt. **Dare** (だれ／誰) hingegen ist neutral.

Ano hito wa **dare** desu ka?
あの人は誰ですか。
Wer ist er/sie?

Ano kata wa **donata** desu ka?
あの方はどなたですか。
Wer ist er/sie?

Das Fragewort **nani** (何) wird **nan** ausgesprochen, wenn das ihm folgende Wort mit den Konsonanten [t], [d] oder [n], oder mit einem Zähleinheitswort anfängt.

---

[3] Für detaillierte Erklärungen siehe Suzuki (1986).

Tabelle 15: Interrogativa

Fragewort	deutsche Entsprechung	japanische Wortart
nani/nan (何)	was	Nomen
itsu (いつ)	wann	Nomen; Adverb
iku-ra (いくら)	wie viel (kostet ...?)	Nomen; Adverb
dare (誰)	wer	Nomen
donata (どなた)	wer	Nomen
doko (どこ)	wo	Demonstrativpronomen
dochira (どちら)	welche/-r/-s (von beiden)	Demonstrativpronomen
dore (どれ)	welcher/welche/welches	Demonstrativpronomen
dono + N (どの + N)	welcher/welche/welches + N	Rentaishi-Adjektiv
donna + N (どんな + N)	was für ein/eine/einer + N, was für + N	Rentaishi-Adjektiv
donna ni	wie sehr ...	Adverb
dou	wie	Adverb

Kore wa nan **d**esu ka?
これは何ですか。
Was ist das?

Kore wa nan **t**o ii-masu ka?
これは何と言いますか。
Wie heißt das?

Kore wa nan **n**o hon desu ka?
これは何の本ですか。
Was für ein Buch ist das?

Hon wa zenbu de nan-**satsu** desu ka?
本は全部で何冊ですか。
Wie viele Bücher/Bände gibt es insgesamt?

Im Folgenden Beispiele für **doko** (どこ), **dare** (だれ／誰), **dono** (どの), **donna** (どんな), **donna ni** (どんなに) und **dou** (どう):

Dore ga ii desu ka?
どれがいいですか。
Welcher/Welche/Welches ist gut?

Anata no kuruma wa **dore** desu ka?
あなたの車はどれですか。
Welches ist Ihr Auto?

Anata no tanjou-bi wa **itsu** desu ka?
あなたの誕生日はいつですか。
Wann ist Ihr Geburtstag?

Dono hon ga ii desu ka?
どの本がいいですか。
Welches Buch ist gut?

Kono hon wa **ikura** desu ka?
この本はいくらですか。
Wie viel kostet das Buch?

Donna hon ga ii desu ka?
どんな本がいいですか。
Was für ein Buch ist gut?

Koko wa **doko** desu ka?
ここはどこですか。
Wo befinden wir uns?
(Wortwörtlich: Wo ist es hier?)

Donna ni taihen ka shitte-imasu ka?
どんなに大変か知っていますか。
Wissen Sie, wie schwer das ist?

Dochira ga ii desu ka?
どちらがいいですか。
Welche/-r/-s ist besser?

Dou shi-mashou ka?
どうしましょうか。
Was sollen wir machen?

2 Grammatik der Lektion 2

Lektion 2 behandelt japanische Adjektive (Keiyoushi, Keiyoudoushi und Rentaishi) (siehe 2.1), Attribute des Japanischen (siehe 2.2), Adverbien (siehe 2.3) und die finalen Postpositionen **ne** (ね) und **yo** (よ) sowie die kasusmarkierenden Postpositionen **de** (で) und **ga** (が) (siehe 2.4).

2.1 Japanische Adjektive

Japanische Adjektive werden entsprechend syntaktischen Kriterien in drei verschiedene Arten unterteilt: Keiyoushi-Adjektiv (Abkürzung: K), Keiyoudoushi-Adjektiv (Abkürzung: KD) und Rentaishi-Adjektiv (Abkürzung: R). Unter diesen drei ist nur das K-Adjektiv flektierbar und prädikativ, d.h. es kann als Prädikat des Satzes fungieren. Hingegen kann am KD-Adjektiv keine flexivische Änderung vorgenommen werden; KD-Adjektive sind erst in Verbindung mit den flektierbaren Kopulae wie z.B. **da** (だ), **dearu** (である) oder **desu** (です : siehe 1.3.1) prädikativ: < KD **da** >, < KD **dearu** > oder < KD **desu** >. Die dritte Kategorie der japanischen Adjektive ist das unflektierbare Rentaishi-Adjektiv, das nicht prädikativ ist; es hat lediglich attributive Funktion, um Nomen genauer zu bestimmen. Tabellen 16 und 17 zeigen die morpho-syntaktischen Gemeinsamkeiten und Unterschiede dieser drei japanischen Adjektive.

Tabelle 16: Morpho-syntaktische Merkmale der japanischen Adjektive

Adjektiva (Abkürzung)	flektierbar	attributiv	prädikativ
Keiyoushi-Adjektiv (K)	+	+	+
Keiyoudoushi-Adjektiv (KD)	-	+	+ (Nur in Verbindung mit der Kopula **da/dearu/desu**)
Rentaishi-Adjektiv (R)	-	+	-

Beispiele der japanischen Adjektive:

Tabelle 17: Morpho-syntaktische Darstellung der japanischen Adjektive

Syntax	attributiv	prädikativ
K: [K	Nomen]	utsukushi·i hana K.*schön* N.*Blume* 美しい花 *eine schöne Blume*	Kono hana wa utsukushi·i. Demonstrativpronomen.*das* N.*Blume* PP: Topikmarkierer Prädikat: K.*schön* この花は美しい。 *Die Blume ist schön.*
KD: [KD na	Nomen]	kirei na hana KD.*schön* Kopula.*sein* N.*Blume* 綺麗な花 *eine schöne Blume*	Kono hana wa kirei da. Demonstrativpronomen.*das* N.*Blume* PP: Topikmarkierer KD.*schön* HV.*sein* Prädikat この花は綺麗だ。 *Die Blume ist schön.*

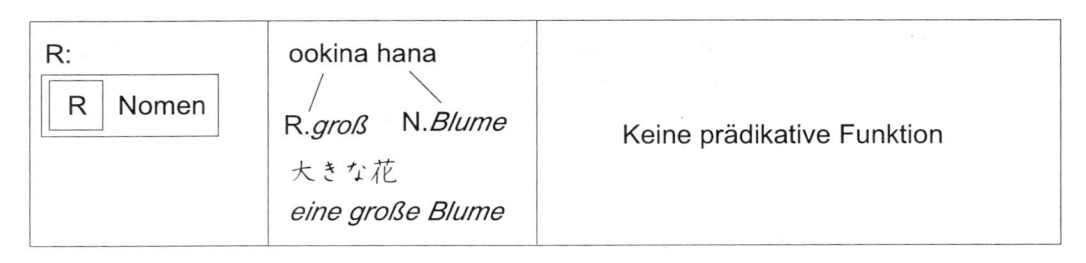

R:	ookina hana	Keine prädikative Funktion
R Nomen	R.groß N.Blume 大きな花 eine große Blume	

2.1.1 Keiyoushi-Adjektive (形容詞)

Das Keiyoushi ist flektierbar und besitzt das morphologische Merkmal, dass alle K-Adjektive mit dem Vokal [i] enden. Sie werden nach morphologischen Kriterien, nämlich ihrer Kombination der letzten zwei Phoneme (lautliche Segmente mit bedeutungsunterscheidender Funktion), in vier Untergruppen untergliedert: **a·i**-, **i·i**-, **u·i**- und **o·i**-Endungen. Beachte, dass die **e·i**-Vokalkombination kein K-Adjektiv darstellt. **Kirei** (綺麗/*schön*) ist z. B. ein Keiyoudoushi (KD) und kein Keiyoushi (K). Der Stamm des K-Adjektivs wird dadurch gewonnen, dass man die Endsilbe [i] weglässt: **aka** ist der Stamm des K-Adjektivs **aka·i** (赤い/*rot*). Das Punktzeichen "·" markiert das Stammende des K-Adjektivs.

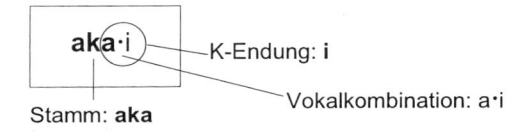

aka·i — K-Endung: **i**
Stamm: **aka** — Vokalkombination: **a·i**

Untergruppen der K-Adjektive nach morphologischen Kriterien

1. **-a·i**-Endung   aka·i (赤い/*rot*); taka·i (高い/*hoch, teuer*)
2. **-i·i**-Endung   tanoshi·i (楽しい/*interessant, Spaß machen*); i·i (いい/*gut*)
3. **-u·i**-Endung   karu·i (軽い/*leicht [Gewicht]*); akaru·i (明るい/*hell*)
4. **-o·i**-Endung   ao·i (青い/*blau*); omo·i (重い/*schwer [Gewicht]*)

2.1.1.1 Prädikative Verwendung des K-Adjektivs

K-Adjektive sind prädikativ. Da im japanischen Satz das Prädikat stets am Satzende steht, sieht ein Satz mit einem K-Adjektiv als Prädikat wie folgt aus:

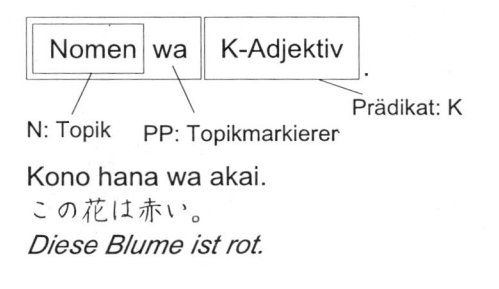

| Nomen | wa | K-Adjektiv |

Prädikat: K
N: Topik   PP: Topikmarkierer

Kono hana wa akai.
この花は赤い。
Diese Blume ist rot.

2.1.1.2 Flexion des K-Adjektivs

Die Flexion des K-Adjektivs wird am Endvokal [i] vorgenommen: flexivische Änderungen finden am Endvokal [i] statt. Lektion 2 stellt die Negationsflexion des K-Adjektivs vor: < Stamm + **ku** + **nai** (**desu**) > bzw. < Stamm + **ku** + **arimasen** >. Es gibt insgesamt drei verschiedenen Formen der Negation des K-Adjektivs, **aka·ku·nai**, **aka·ku·nai·desu** und **aka·ku·ari·mase·n**, welche alle die Bedeutung von *etwas ist nicht rot* beinhalten.[4] Folgende Darstellungen verdeutlichen die morphologischen Strukturen. Das Punktzeichen stellt dabei die morphologischen Trennungen dar.

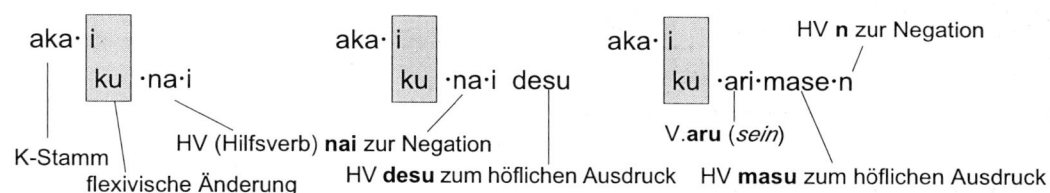

aka·**i** / **ku** ·na·i
K-Stamm / flexivische Änderung / HV (Hilfsverb) **nai** zur Negation

aka·**i** / **ku** ·na·i desu
HV **desu** zum höflichen Ausdruck

aka·**i** / **ku** ·ari·mase·n
V.**aru** (*sein*) / HV **masu** zum höflichen Ausdruck / HV **n** zur Negation

Kono hon wa takakunai.
この本は高くない。
Das Buch ist nicht teuer.

Kono eiga wa omoshirokunai.
この映画は面白くない。
Der Film ist nicht interessant.

Im Folgenden wird die morphologische Struktur von **arimasen** (ありません) aufgezeigt:

ar · **u** / **i** ·mas· **u** / **e** ·n

- **u** —— Vollverb *sein*
- **i** —— flexivische Änderung
- **u** —— HV (Hilfsverb) zum höflichen Ausdruck
- **e** —— flexivische Änderung
- **n** —— HV (Hilfsverb) zur Negation

2.1.1.3 Fragesatz mit dem K-Prädikat: Verwendung der interrogativen PP *ka* (か)

Wie in 1.2.1 bereits eingeführt, wird ein Fragesatz dadurch gebildet, dass man die interrogative PP **ka** (か) dem Prädikat, das stets am Satzende steht, nachstellt. Im Fall des K-Prädikats sieht dies wie folgt aus:

| Kono hon wa omoshiroi desu | ka | ?

この本は面白いですか。
Ist das Buch interessant?

2.1.1.4 Attributive Verwendung des K-Adjektivs

Das Keiyoushi-Adjektiv (K) wird zur genaueren Bestimmung des Nomens eingesetzt, indem man es dem zu bestimmenden Nomen voranstellt.

| K | Nomen |

ooki·i ie　　　　大きい家　　　*ein großes Haus*
osana·i kodomo　幼い子供　　　*ein kleines Kind*
kawai·i neko　　可愛い猫　　　*eine süße Katze*

Es gibt jedoch drei Keiyoushi-Adjektive, die sich anders verhalten: **chika·i** (近い/*nah*), **too·i** (遠い/*weit entfernt*) und **oo·i** (多い/*viel*): In ihrer attributiven Verwendung werden sie zuerst in ihre nominale Form (**chika-ku**, **too-ku** und **oo-ku**) umgewandelt und dann

---

[4] Dabei handelt es sich um stilistische Unterschiede, die ausführlich in Lektion 4 behandelt werden.

mittels der attributiven PP **no** (の) dem zu bestimmenden Nomen vorangestellt (siehe 1.2.4): < N1 no N2 >.

chika·ku no sûpâ	近くのスーパー	*ein nahe gelegener Supermarkt*
too·ku no machi	遠くの町	*eine Stadt, die weit entfernt liegt (eine weit entfernt liegende Stadt)*
oo·ku no gakusei	多くの学生	*viele Studierende*

Man beachte, dass die Keiyoushi-Adjektive **too·i** (遠い) und **chika·i** (近い) jeweils nur in Verbindung mit den temporalen Nomen **mukashi** (昔 /*Vergangenheit*) und **shourai** (将来 /*Zukunft*) auch in ihrer gewöhnlichen Form verwendet werden:

too·i mukashi	遠い昔	*ferne Vergangenheit*
chika·i shourai	近い将来	*nahe Zukunft*

2.1.2 Keiyoudoushi-Adjektive (形容動詞)

Die KD-Adjektive sind größtenteils von sino-japanischen Wörtern entlehnt worden, die Eigenschaften darstellen: **shinsetsu** (親切 /*freundlich*), **juuyou** (重要 /*wichtig*), **kantan** (簡単 /*einfach*), **kokkei** (滑稽 /*komisch*), **kirei** (綺麗 /*schön*). Sie weisen daher kein festes morphologisches Endungsmerkmal auf, wie es bei etymologisch japanischen K-Adjektiven ausgeprägt ist, nämlich dass sie alle mit dem Vokal [i] enden (siehe 2.1.1).

Zu den KD-Adjektiven gehören auch solche Eigenschaftswörter aus den indo-europäischen Sprachen, die im Japanischen als Lehnwörter verwendet werden: **modan** (モダン /eng.: *modern*), **shikku** (シック /fr.: *chic*), **hotto** (ホット /eng.: *hot*).

2.1.2.1 Prädikative Verwendung des KD-Adjektivs

KD-Adjektive können in Verbindung mit dem kopulativen HV **da** (だ)/**dearu** (である)[5]/ **desu** (です) ein Prädikat bilden. Der Unterschied bei diesen verschiedenen Hilfsverben liegt in der stilistischen Form, die in Lektion 4 näher erklärt wird.

N	wa	KD	da/dearu/desu

Kono hana wa kirei da.	この花は綺麗だ。	*Diese Blume ist schön.*
Ano hito wa ganko dearu.	あの人は頑固である。	*Er/Sie ist stur.*
Kono machi wa yuumei desu.	この町は有名です。	*Die Stadt ist berühmt.*

2.1.2.2 Attributive Verwendung des KD-Adjektivs

Das KD wird als Attribut verwendet, indem man das KD-Prädikat < KD **da** > dem zu bestimmenden Nomen voranstellt; das HV **da** (だ) wird dann zur flexivisch geänderten Form **na** (な).

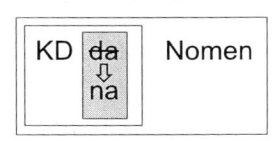

KD	~~da~~ ⇩ na	Nomen

---

[5] Das HV **dearu** (である) besteht morphologisch aus **de** (で), welches die flektierte Form des HV **da** (だ) zur definitiven Aussage darstellt, sowie dem Verb **aru** (ある /*sein*). In diesem Lehrbuch wird das HV **dearu** (である) wegen seiner Funktion wie ein kopulatives HV behandelt.

Lektion 2   Grammatik   165

kirei na hana	綺麗な花	*eine schöne Blume*
ganko na hito	頑固な人	*ein sturer Mensch*
yuumei na machi	有名な町	*eine berühmte Stadt*
hansamu na hito	ハンサムな人	*ein gut aussehender Mann*
yunîku na machi	ユニークな町	*eine einzigartige Stadt*
gôjasu na heya	ゴージャスな部屋	*ein prächtiges Zimmer*

2.1.2.3 Negation des KD-Prädikats < KD *da/dearu/desu* >

Das Prädikat < KD **da/dearu/desu** > kann auf zweierlei Art und Weise negiert werden: < KD **de wa nai** > bzw. < KD **de wa arimasen** >. Es handelt sich hierbei um einen stilistischen Unterschied, der in Lektion 8 ausführlich behandelt wird. Bis zur Lektion 7 wird lediglich die letztere Form verwendet.

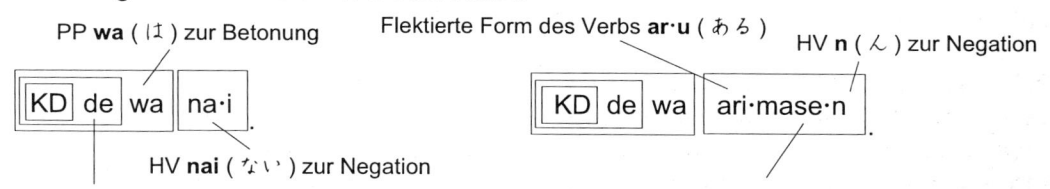

```
  PP wa (は) zur Betonung       Flektierte Form des Verbs ar·u (ある)
                                                              HV n (ん) zur Negation
  ┌──┬──┬──┬────┐                    ┌──┬──┬──┬────────┐
  │KD│de│wa│na·i│                    │KD│de│wa│ari·mase·n│
  └──┴──┴──┴────┘                    └──┴──┴──┴────────┘
        HV nai (ない) zur Negation
Flektierte Form des HV da (だ) zur definitiven Aussage   HV masu (ます) zur höflichen Aussage
```

2.1.2.4 Fragesatz des Prädikats < K *desu* >

Eine Frage wird durch die interrogative PP **ka** (か) markiert, indem man sie der Proposition (Aussagesatz 'N wa K desu') nachstellt; < N **wa** K **desu ka**? >

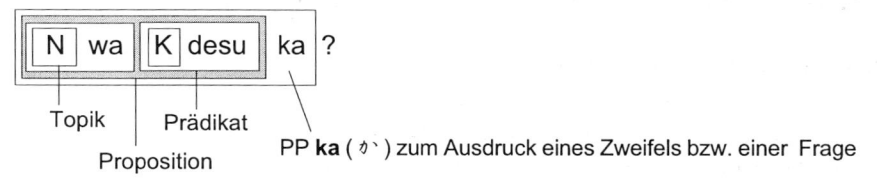

```
  ┌─┬──┬─┬────┬──┐
  │N│wa│K│desu│ka│?
  └─┴──┴─┴────┴──┘
  Topik  Prädikat
     Proposition    PP ka (か) zum Ausdruck eines Zweifels bzw. einer Frage
```

Kono kuruma wa atarashii desu ka?
この車は新しいですか。
Ist der Wagen neu?

2.1.3 Rentaishi-Adjektive (連体詞)

Das Rentaishi (R) ist nicht flektierbar und hat lediglich die attributive Funktion, um Nomen genauer zu bestimmen; daher ist es nicht prädikativ. Die Anzahl von Rentaishi ist im Vergleich zu den K-Adjektiven und den KD-Adjektiven wesentlich geringer. Sie können nach den morphologischen Kriterien in vier verschiedene Untergruppen unterteilt werden: R-Adjektive mit der Endung **na**, R-Adjektive aus dem **ko-so-a-do**-Paradigma (siehe 1.5), die von Verben abgeleiteten R-Adjektive, und zuletzt noch sonstige, die in die ersteren drei Kategorien nicht integriert werden können.

2.1.3.1 R-Adjektive mit der Endung *na* (な)

Die R-Adjektive dieser Gruppe sind etymologisch japanischen Ursprungs und haben die Endung **na** (な), welche anders als bei den KD-Adjektiven, die vorwiegend Entlehnungen aus Fremdsprachen sind, ein fester Bestandteil des Wortes ist, d.h. ein gebundenes Morphem (siehe Tabelle 18). Ihre Anzahl ist begrenzt, und sie zeigen eine morphologische Parallelität zu einem Teil der K-Adjektiva (siehe Tabelle 19):

Tabelle 18: Ein morphologischer Vergleich zwischen Rentaishi und Keiyoudoushi

Rentaishi (R)		Keiyoudoushi (KD)	
chiisana hana	小さな花 *eine kleine Blume*	kirei na hana	綺麗な花 *eine schöne Blume*
Na (な) ist ein gebundenes Morphem.		**Na** (な) ist ein freies Morphem.	

Tabelle 19: Rentaishi-Keiyoushi-Paare mit denselben Bedeutungen

Rentaishi-Adjektiv	K-Adjektiv	deutsche Bedeutung
chiisana (小さな)	chiisa·i (小さい)	*klein*
ookina (大きな)	ooki·i (大きい)	*groß*
okashina (おかしな)	okashi·i (おかしい)	*komisch, merkwürdig*

2.1.3.2 R-Adjektive des *ko-so-a-do*-Paradigmas

Kono (この), **sono** (その), **ano** (あの) und **dono** (どの) sowie **konna** (こんな), **sonna** (そんな), **anna** (あんな) und **donna** (どんな) werden den R-Adjektiven zugeordnet (siehe 1.5 sowie Tabellen 13 und 20). Sie entsprechen den deutschen Demonstrativpronomen. Sinngemäß stellen sie jedoch zwei verschiedene deiktische (verweisende) Verhältnisse dar: der Ort, an dem sich etwas befindet (Lokaldeixis), oder aber die Information, die der Sprecher oder der Hörer besitzt (Informationsdeixis). Tabelle 20 zeigt ihre Anwendung anhand des Nomens **hon** (本 /*Buch*).

Tabelle 20: Rentaishi-Adjektive des *ko-so-a-do*-Paradigmas

		Lokaldeixis	Informationsdeixis
ko	kono hon (この本)	*dieses Buch bei mir*	*das Buch, das ich kenne*
so	sono hon (その本)	*das Buch bei Ihnen*	*das Buch, das ich kenne bzw. das Buch, das Sie kennen*
a	ano hon (あの本)	*jenes Buch dort drüben*	*das Buch, das wir kennen*
do	dono hon (どの本)	*welches Buch*	*welches Buch*

2.1.3.3 Verbale Ableitung als R-Adjektiv

R-Adjektive dieser Untergruppe sind sehr gering in ihrer Anzahl. Das R-Adjektiv **tonda** (とんだ /*unverständlich, schrecklich, verrückt*) gehört z. B. zu dieser Kategorie; es wurde vom Verb **tob·u** (飛ぶ /*fliegen*) abgeleitet: **Tonda** ist die TA-Form dieses Verbs (siehe Lektion 8). In der gleichen Weise ist das R-Adjektiv **kakaru** (かかる /*solche, -s, -r*) aus dem klassischen Japanisch, nämlich dem Verb **kakar·i** (斯り /*so sein*) hergeleitet.

tonda hanashi
とんだ話
so eine unverständliche/schreckliche/verrückte Geschichte

kakaru hanashi
かかる話
eine solche Geschichte

2.1.3.4 Sonstige R-Adjektive

R-Adjektive dieser Gruppe können nach morphologischen Kriterien nicht in die ersteren zwei Untergruppen (2.1.3.2 und 2.1.3.3) untergliedert werden. Semantisch entsprechen sie den deutschen Pronomina. Zwei R-Adjektive dieser Gruppe werden unten vorgestellt: **arayuru** (あらゆる /allerlei) und **aru** (或る /gewisser, -e, -es).

arayuru mondai
あらゆる問題
allerlei Probleme

aru mondai
或る問題
ein gewisses Problem

2.2 Attribute des Japanischen (*Rentai-shuushoku*/ 連体修飾)

Im Japanischen gibt es sieben verschiedene attributive Satzstrukturen (siehe Tabelle 21).

Tabelle 21: Syntaktische Strukturen der japanischen Attribute

1. Nominalattribut

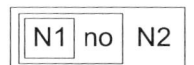

   | N1 | no | N2 |

   watashi no hon
   私の本
   mein Buch

2. K-adjektivisches Attribut

   | K | N |

   omoshiro·i hon
   面白い本
   ein interessantes Buch

3. KD-adjektivisches Attribut

   | KD | na | N |

   kirei na hana
   綺麗な花
   eine schöne Blume bzw. schöne Blumen

4. R-adjektivisches Attribut

   | R | N |

   ookina uchi
   大きな家
   ein großes Haus

5. Attribut mittels postpositionalen Satzglieds (Nomen + PP)

   | N1 | PP | no | N2 |

   Nihon kara no gakusei
   日本からの学生
   Studierende aus Japan

6. Attribut mittels adverbialer Ergänzung
   Jene adverbialen Ergänzungen, die aus einem postpositionalen Satzglied und einem Verb in der TE-Form bestehen, gehören zu dieser Gruppe.

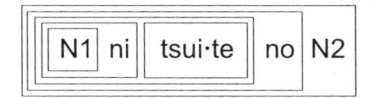

   | N1 | ni | tsui·te | no | N2 |

   Nihon ni tsui·te no hon
   日本についての本
   ein Buch über Japan

   gakusei to shi·te no tachiba
   学生としての立場
   der Standpunkt als Studierender

7. **Attributsatz (siehe Lektion 24)**
Ein Nomen kann mittels eines ihm vorangestellten Satzes genauer bestimmt werden.

| Satz | N |

ima mite-iru eiga
今見ている映画
ein Film, den ich jetzt gerade ansehe

ashita miru eiga
あした見る映画
ein Film, den ich morgen ansehen werde

kinou mita eiga
きのう見た映画
ein Film, den ich gestern angesehen habe

2.3 Adverbien (*Fukushi* 副詞)

Adverbien beziehen sich auf K, KD, R, andere Adverbien oder auf Prädikate, um diese genauer zu bestimmen.

| Adverb | K/KD/R/ADV/Prädikat |

taihen utsukushii
大変美しい
sehr schön

totemo chiisana hana
とても小さな花
eine sehr kleine Blume

Watashi wa **taitei** uchi ni i-masu.
私はたいてい家にいます。
Ich bin meistens zu Hause.

totemo kirei na hana
とても綺麗な花
eine sehr schöne Blume

Totemo hayaku hanasu.
とても早く話す。
sehr schnell sprechen

2.3.1 Adverbien in Verbindung mit einem verneinten Prädikat

Einige Adverbien werden stets in Verbindung mit einem negierten Prädikat verwendet; das Adverb und das Prädikat stehen in einem Abhängigkeitsverhältnis (Rektion). Das Adverb **kesshite** (決して /*keinesfalls*) gehört zu dieser Kategorie.

Kono hon wa **kesshite** taka·ku na·i.
この本は決して高くない。
Das Buch ist keinesfalls teuer.

2.3.2 Adverbien mit einem bejahten oder verneinten Prädikat

Einige Adverbien zeigen unterschiedliche Bedeutungen, je nachdem, ob sie mit einem bejahten oder mit einem negierten Prädikat verwendet werden: Das Adverb **amari** (あまり) hat dieses Merkmal. In seiner Verwendung mit einem bejahten Prädikat werden oft die PP **ni** (に) zur modalen Angabe und zugleich die PP **mo** (も) zur Kennzeichnung einer extremen Eigenschaft hintereinander agglutiniert (angehängt).

Bejahung	Negation
amari ni mo takai	amari takaku nai
あまりにも高い	あまり高くない
allzu teuer	*nicht so teuer*

2.3.3 Adverbiale Formen des KD-Adjektivs und des R-Adjektivs

Durch die Nachstellung der kasusmarkierenden PP **ni** (に) zur Markierung eines Zustandes können das KD-Adjektiv und ein Teil der R-Adjektive, nämlich **konna**, **sonna**, **anna** und **donna** (siehe 1.5 und Tabelle 13), adverbial verwendet werden.

KD-Adjektiv ni	R-Adjektiv ni
Kirei ni <u>kaku</u> 綺麗に書く *etwas **schön** schreiben*	**konna ni** <u>kirei na</u> hana こんなに綺麗な花 ***solch** eine schöne Blume*

2.4 Postpositionen der Lektion 2

2.4.1 PP *ne* (ね) und PP *yo* (よ)

Die PP **ne** (ね) und die PP **yo** (よ) werden in der gesprochenen Sprache verwendet und drücken eine Einstellung bzw. die Gefühle des Sprechers aus. Sie werden modalitätsausdrückende Postpositionen genannt. Japanische Postpositionen haben in der Regel mehrere semantische Funktionen (Polyfunktionalität). In Lektion 2 wird jeweils für die PP **ne** (ね) und die PP **yo** (よ) eine Funktion vorgestellt: die PP **ne** (ね) deutet darauf hin, dass der Inhalt des Gesagten sowohl dem Sprecher als auch dem Hörer bekannt ist, und dass der Sprecher eine Zustimmung des Hörers erwartet. Im Deutschen kann das mit *nicht wahr* wiedergegeben werden; **yo** (よ) hingegen impliziert, dass die Information nur dem Sprecher bekannt ist. Im Deutschen wird dies mit einem Ausdruck wie z. B. *Wissen Sie …?* formuliert.

Diagramm 4: Die modalitätsausdrückenden PP *yo* (よ) und *ne* (ね)

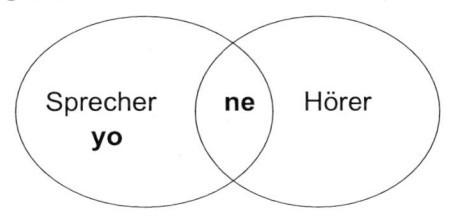

Sprecher **yo** — **ne** — Hörer

Kore wa anata no hon desu **ne**?
これはあなたの本ですね。
Das ist doch Ihr Buch, nicht wahr?

Kore wa omoshiroi hon desu **yo**.
これは面白い本ですよ。
Wissen Sie, das ist ein interessantes Buch.

2.4.2 PP *de* (で) zur kausalen Angabe

Mit der kasusmarkierenden PP **de** (で) kann ein Grund bzw. eine Ursache markiert werden.

Myunhen wa bîru **de** yuumei desu.
ミュンヘンはビールで有名です。
München ist wegen seines Bieres bekannt.

Kaze **de** kaisha o yasumi-mashita.
病気で会社を休みました。
Wegen einer Erkältung bin ich nicht zur Firma gegangen.

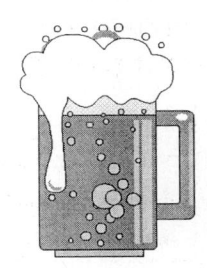

2.4.3 PP *ga* (が) zur Einleitung einer Aussage

Die konjunktionale PP **ga** (が) verbindet den vorangestellten Nebensatz (NS) mit dem ihm nachgestellten Hauptsatz (HS): < NS ga, HS. >. Eine Funktion dieser PP ist, dass eine durch die PP **ga** (が) markierte Information als eine Einleitung zur Hauptaussage im Hauptsatz fungiert.

| Nebensatz | ga | | Hauptsatz |

Sumi-masen ga, koko wa Yotsuya desu ka?
すみませんが、ここは四谷ですか。
Entschuldigen Sie bitte, aber ist hier Yotsuya?

Maria desu ga, Yoshiko-san wa imasu ka?
マリアですが、良子さんはいますか
Hier spricht Maria. Ist Yoshiko zu Hause?

Verschiedene Bezeichnungen

▽ *Ikebukuro-eki, Higashi-guchi:*
   Der Ikebukuro-Bahnhof (Ausgang Ost) in Tokyo

▽ *Kin-en* (Rauchen verboten!)

Takushî-noriba: Taxistand ▷

▽ Abfallsortierung auf einem Bahnsteig in Tokyo

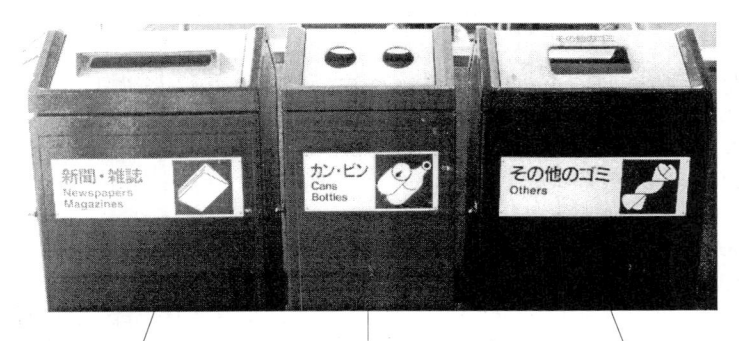

Shinbun · Zasshi
(Zeitung · Zeitschriften)

Kan · Bin
(Dosen · Flaschen)

Sonota no gomi
(Sonstige Abfälle)

Sen-sha (Autowäsche) ▷

3 Grammatik der Lektion 3

Lektion 3 behandelt Lokalangaben, nämlich dass *sich etwas an einem Ort befindet*. Dieser Satz wird **sonzai-bun** (存在文) genannt und bedeutet *Existenz-Satz* (siehe 3.1 u. 3.3). Ferner werden Mengenangaben mit den ihnen zugeordneten Zahleinheitswörtern vorgestellt, mit denen eine bestimmte Anzahl von Menschen, Gegenständen, Sachverhalten usw. angegeben wird (siehe 3.2). In 3.4 wird die Wortstellung des Japanischen und in 3.5 werden die Postpositionen **ga** (が), **to** (と), **ya** (や) und **de** (で) jeweils kurz dargestellt.

3.1 Existenz-Satz (*Sonzai-bun*/ 存在文): < ... ni ... ga arimasu > bzw. < ... ni ... ga imasu >

Die folgende Satzstruktur hat drei Satzglieder, bestehend aus einer lokalen Angabe, einem syntaktischen Subjekt und dem Prädikat, nämlich dem Verb **ar·u** (あ る /*da sein*) bzw. **i·ru** (い る /*da sein*).⁵

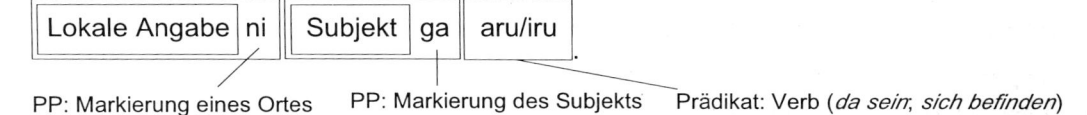

Lokale Angabe	ni	Subjekt	ga	aru/iru

PP: Markierung eines Ortes   PP: Markierung des Subjekts   Prädikat: Verb (*da sein; sich befinden*)

Der Unterschied zwischen dem Verb **ar·u** (あ る) und dem Verb **i·ru** (い る) besteht darin, dass bei der Verwendung des Verbs **ar·u** (あ る) das Subjekt ein unbelebtes Wesen (Inanimat) wie z. B. ein Ding, eine Pflanze oder ein Sachverhalt darstellt; hingegen fordert das Verb **i·ru** (い る) ein Subjekt, das ein belebtes Wesen (Animat) wie z. B. ein Mensch oder ein Tier ist. Diese beiden Verben haben dieselbe Bedeutung von *sich befinden* bzw. *dasein*. Bis zur Lektion 8 werden anstatt **ar·u** und **i·ru** die Formen **ari·masu** (あ り ま す) und **i·masu** (い ま す) verwendet, die wiederum beide die Bedeutung von *sich befinden* bzw. *dasein* haben; es handelt sich um einen stilistischen Unterschied, der in Lektion 8 eingehend erklärt wird. Morphologisch bilden letztere jeweils ein Kompositum mit dem HV **masu** (ま す) zur höflichen Aussage, das in der gesprochenen Sprache der deutschen *Sie*-Form entspricht.

Koko ni hon ga **ari-masu**.   Koko ni gakusei ga **i-masu**.
ここに本があります。   ここに学生がいます。
Hier befindet sich ein Buch.   *Hier ist ein Student/eine Studentin.*
Hier befinden sich Bücher.   *Hier befinden sich Studierende.*

3.1.1 Der Existenz-Satz (*Sonzai-bun*/ 存在文) mit einer Mengenangabe

Man kann beim Existenzsatz eine quantitative Angabe machen, um auszudrücken, wie viele Menschen/Gegenstände sich irgendwo befinden bzw. vorhanden sind. In diesem Fall wird die Mengenangabe als ein neues Satzglied in die o. a. Satzstruktur eingebettet:

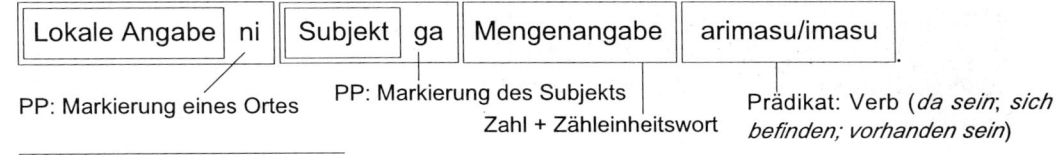

Lokale Angabe	ni	Subjekt	ga	Mengenangabe	arimasu/imasu

PP: Markierung eines Ortes   PP: Markierung des Subjekts   Prädikat: Verb (*da sein; sich*
                              Zahl + Zähleinheitswort   *befinden; vorhanden sein*)

---

⁵ Die Verben **i·ru** (い る) und **ar·u** (あ る) verhalten sich morpho-syntaktisch (die Wort- und Satzebene der Sprache betreffend) anders als der Infinitiv der deutschen Verben, so dass in diesem Lehrwerk der Begriff *Infinitiv* bewusst vermieden worden ist.

Morphologisch gesehen ist die Mengenangabe ein Kompositum bestehend aus der Anzahl und einem Zähleinheitswort (siehe 3.2).

Koko ni hon ga **ni-satsu** ari-masu.
ここに本が二冊あります。
Hier sind zwei Bücher.

Koko ni gakusei ga **san-nin** i-masu.
ここに学生が三人います。
Hier befinden sich drei Studierende.

3.1.2 Der Existenz-Satz mit einem bekannten Subjekt: <... *wa* ... *ni arimasu* bzw. *imasu*>

Wenn das Subjekt im Existenz-Satz dem Sprecher und dem Hörer bekannt ist, wird es mittels der PP **wa** (は) als Topik markiert. Anders ausgedrückt stellt das Subjekt in der in 3.1.1 vorgestellten Satzstruktur < ... **ga** ... **ni arimasu/imasu** > sowohl für den Sprecher als auch für den Hörer eine neue Information dar. Die Unterscheidung zwischen der bekannten bzw. der unbekannten Information wird im Deutschen durch die Verwendung der bestimmten bzw. unbestimmten Artikel gemacht. Da ein Thema des Satzes in der Regel die Anfangsposition im Satz einnimmt, erfolgt eine Änderung in der Wortstellung (Topik [Subjekt] + Lokal + Menge + Prädikat) im Vergleich zur Satzstruktur von 3.1.1 (Lokal + Subjekt + Menge + Prädikat).

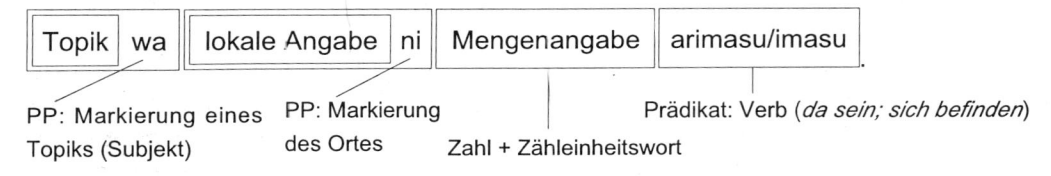

Topik	wa	lokale Angabe	ni	Mengenangabe	arimasu/imasu
PP: Markierung eines Topiks (Subjekt)		PP: Markierung des Ortes		Zahl + Zähleinheitswort	Prädikat: Verb (*da sein; sich befinden*)

Hon **wa** koko ni ni-satsu ari-masu.
本はここに二冊あります。
Hier sind drei Bücher.

Gakusei **wa** koko ni san-nin i-masu.
学生はここに三人います。
Hier befinden sich drei Studierenden.

3.1.3 Der Existenz-Satz mit hervorgehobenem Topik

Ein Topik eines Existenzsatzes kann mit der folgenden Satzstruktur hervorgehoben werden. In diesem Fall kann das Topik eine bekannte oder unbekannte Information darstellen.

Lokale Angabe	ni	Topik (Subjekt)	wa	arimasu/imasu
PP: Markierung eines Ortes		PP: Topikmarkierung		Prädikat: Verb (*da sein; sich befinden*)

Durch die Umstellung der Satzglieder im Satz von < N1 **wa** + N2 **ni** + **arimasu/imasu** > zu < N2 **ni** + N1 **wa** + **arimasu/imasu** > entsteht ein Nuancenunterschied: Das Topik, das in der Regel am Satzanfang steht (siehe 1.1), wird von dieser Position auf die vorletzte Stellung verschoben. Dadurch wird in der Aussage angedeutet, dass *zwar etwas da ist, etwas anderes jedoch nicht*. Die PP **wa** (は) hat hier eine Funktion der Kontrasthervorhebung; hervorgehoben wird das im Satz explizit erwähnte Thema, welches ein Subjekt ist, und ein unerwähntes aber implizit angedeutetes Subjekt, das im Kontrastverhältnis zum erwähnten steht, und nur aus dem Kontext heraus festgestellt werden kann. Folgende Beispiele dienen daher nur als eine mögliche Übersetzungshilfe.

Koko ni CD-purêyâ **wa** arimasu.
ここにCDプレーヤーはあります。
Hier befindet sich ein CD-Player. (Zwar befindet sich hier ein CD-Player, aber etwas anderes ist nicht hier.)

Koko ni Doitsu-jin no gakusei **wa** imasu.
ここにドイツ人の学生はいます。
Hier sind deutsche Studierende. (Zwar sind hier deutsche Studierende, aber z. B. keine spanischen oder französischen.)

3.1.4 Fragesatz der Satzstruktur < ... ni ... ga arimasu/imasu >
Wie bei allen interrogativen Sätzen wird ein Fragesatz dadurch gebildet, dass man die interrogative PP **ka** (か : siehe 1.2.1) dem Prädikat anhängt.

Asoko no konbini ni wain ga arimasu **ka**?
あそこのコンビニにワインがありますか。
Gibt es Wein im 24-Stunden-Laden dort? / Hat der 24-Stunden-Laden dort Wein?

3.1.5 Verneinung der Satzstruktur < ... ni ... ga arimasu/imasu >: < ... ni ... ga arimasen/imasen >
Die Verneinung wird dadurch gebildet, dass das Negations-HV **n** (ん) dem Verb **ari·masu** (あります) bzw. **i·masu** (います) agglutiniert (angehängt) wird: < ar·u + masu + n > → **ari·mase·n** (ありません) bzw. < i·ru + masu + n > → **i·mase·n** (いません) (siehe 2.1.1.2 zur Zergliederung der morphologischen Zusammensetzung).

Kono machi ni wa gekijou ga ari-mase**n**.
この町には劇場がありません。
In der/dieser Stadt gibt es kein Theater.

Kono daigaku ni wa Oranda no gakusei ga i-mase**n**.
この大学にはオランダの学生がいません。
An der/dieser Universität gibt es keinen Studenten aus den Niederlanden.

Bei den obigen zwei Beispielssätzen wird die lokale Angabe als bekannte Information durch die PP **wa** (は : siehe 1.2.2) markiert und somit als Topik des Satzes gekennzeichnet.

3.2 Mengenangaben
Die Mengenangabe wird mittels eines Kompositums bestehend aus einer Zahl und einem Zähleinheitswort gemacht (siehe 3.2.1 und 3.2.2) und kann als eigenständiges Satzglied eine Stellung in der Satzstruktur einnehmen (siehe 3.1.1 und 3.1.2).

3.2.1 Zähleinheitswörter
Jedes Objekt hat eine dafür spezifische Stückzahleinheit, die nach semantischen Kriterien festgelegt worden ist (siehe Tabelle 12). Mit Hilfe folgenden Beispiels wird die Kompositionsstruktur zum Ausdruck *drei Bücher* (**san-satsu no hon**/ 三冊の本) erkenntlich gemacht:

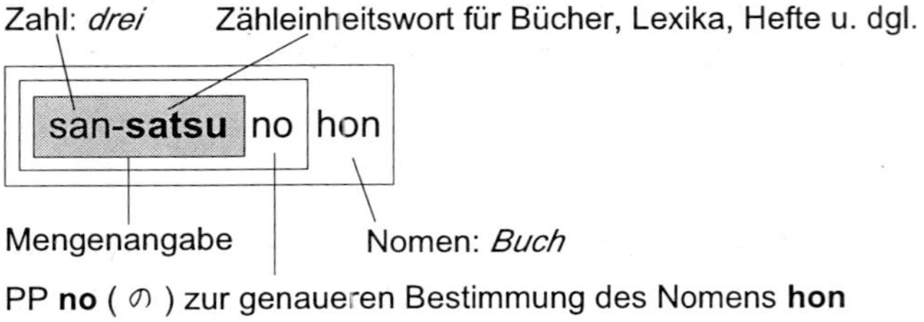

Zahl: *drei*   Zähleinheitswort für Bücher, Lexika, Hefte u. dgl.

```
| san-satsu | no | hon |
```

Mengenangabe   Nomen: *Buch*

PP **no** (の) zur genaueren Bestimmung des Nomens **hon**

Für Menschen wird das Zähleinheitswort **nin** (人) verwendet: *Drei Menschen*→ **san-nin no hito** (三人の人). Einige Beispiele:

drei Atomkraftwerke	san-**ki** no genshiryoku-hatsuden-sho (三基の原子力発電所)
drei Flugzeuge	san-**ki** no hikou-ki (三機の飛行機)
drei Kopiergeräte	san-**dai** no kopî-ki (三台のコピー機)
drei Universitäten	san-**kou** no daigaku (三校の大学)

3.2.2 Wortarten der Mengenangaben

Das mengenangebende Kompositum wird nach syntaktischen Kriterien in zwei verschiedene Wortarten untergliedert: Adverbial und Nomen.

1. <u>Als adverbiale Ergänzung</u>

Der folgende Beispielssatz hat vier Satzglieder: die lokale Angabe (**koko ni**), das Subjekt (**hon ga**), die Mengenangabe als das Adverbial (**go-satsu**) und das Prädikat (**arimasu**).

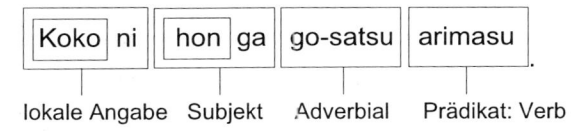

```
| Koko | ni |   | hon | ga |   | go-satsu |   | arimasu |
```

lokale Angabe   Subjekt   Adverbial   Prädikat: Verb

Da das Adverbial ein unabhängiges Satzglied bilden kann, kann es innerhalb des Satzes bis auf das Prädikat, das stets am Satzende stehen muss, je nach der nuancierten Absicht des Sprechers umgestellt werden (siehe 3.4):

<u>Go-satsu</u> / koko ni / hon ga / arimasu.
Koko ni / <u>go-satsu</u> / hon ga / arimasu.

2. <u>Als Nomen</u>

Das quantitätsausdrückende Kompositum < Zahl + Zähleinheitwort > kann attributiv zur genaueren Bestimmung eines Nomens verwendet werden, wie in der schematischen Darstellung in 3.2.1 aufgezeigt wird. Die folgende Satzstruktur zeigt, wie die Mengenangabe als Nomen in der attributiven Funktion verwendet werden kann.

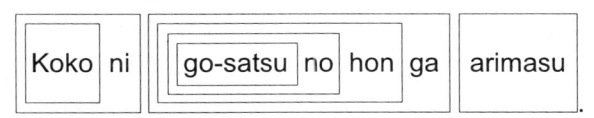

```
| Koko | ni |   | go-satsu | no | hon | ga |   | arimasu |
```

Der Satz hat insgesamt drei Satzglieder, wobei die Mengenangabe als ein Attribut zum Nomen **hon** (本) in das Subjekt-Satzglied eingesetzt worden ist. Was die Wortstellung betrifft, so können innerhalb eines Satzgliedes dessen Bauelemente nicht geändert werden, so dass die Wortstellung der Mengenangabe **go-satsu** in dieser Satzposition verbleibt. Man kann jedoch die lokale Angabe und das Subjekt umstellen, da sie beide unabhängige Satzglieder sind: < Go-satsu no hon ga > + < koko ni > + < arimasu >.

3.3 Lokale Angaben

Im Deutschen werden lokale Angaben mit präpositionalen Satzgefügen wie z. B. *auf/ unter/neben/über dem Tisch* bzw. mit adverbialen Ergänzungen wie z. B. *links von/ rechts von/in der Nähe von* gekennzeichnet. Die japanischen Entsprechungen für diese deutschen Präpositionen oder Adverbiale gehören zur Wortkategorie Nomen. Daher werden die lokalen Angaben, wie unten verdeutlicht, in folgender Weise vorgenommen: Zuerst wird das Nomen **tsukue** (机/*Schreibtisch*) als Attribut und als Bezugswort erwähnt; danach folgt die PP **no** (の) zur Markierung eines nominalen Attributs; schließlich kommt das Lokalnomen **ue** (上/*auf, über*), das die Position aufzeigt. Anders ausgedrückt fungieren **tsukue** (机) und **ue** (上) als Nomen und daher wird **ue** mittels **tsukue** genauer bestimmt. Folgende schematische Darstellungen zeigen syntaktisch die deutsche präpositionale und die japanische postpositionale Struktur auf.

Diagramm 5: Schematische Darstellung der deutschen und japanischen Lokalangaben

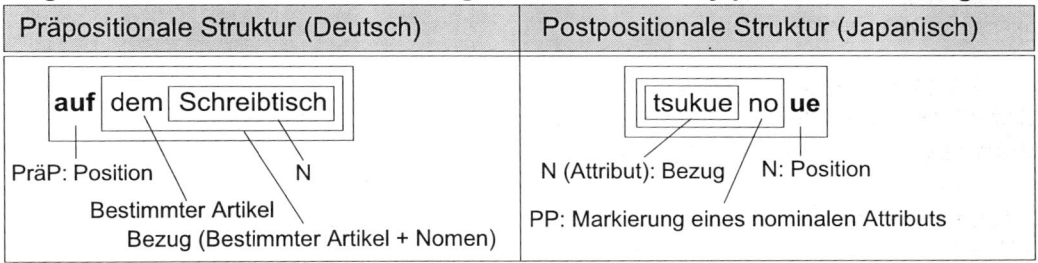

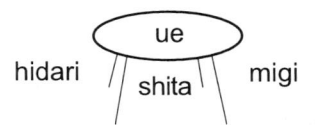

Präpositionale Struktur (Deutsch)	Postpositionale Struktur (Japanisch)
auf dem Schreibtisch PräP: Position N Bestimmter Artikel Bezug (Bestimmter Artikel + Nomen)	tsukue no **ue** N (Attribut): Bezug / N: Position PP: Markierung eines nominalen Attributs

hidari — ue / shita — migi

Im Folgenden einige kontrastive Beispiele im Deutschen und Japanischen:

Tabelle 22: Kontrastive Darstellung der deutschen und japanischen Lokalangaben

Deutsch		Japansich		
unter	*dem Schreibtisch*	tsukue	no	shita
auf	*dem Schreibtisch*	tsukue	no	ue
links von	*dem Schreibtisch*	tsukue	no	hidari
rechts von	*dem Schreibtisch*	tsukue	no	migi

3.3.1 Lokalnomen

Die folgenden Skizzen zeigen die Bezeichnungen der Positionen, welche im Japanischen als Nomen fungieren.

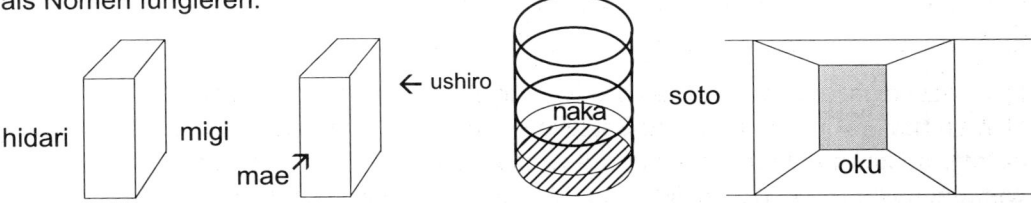

hidari — migi — mae — ← ushiro — naka — soto — oku

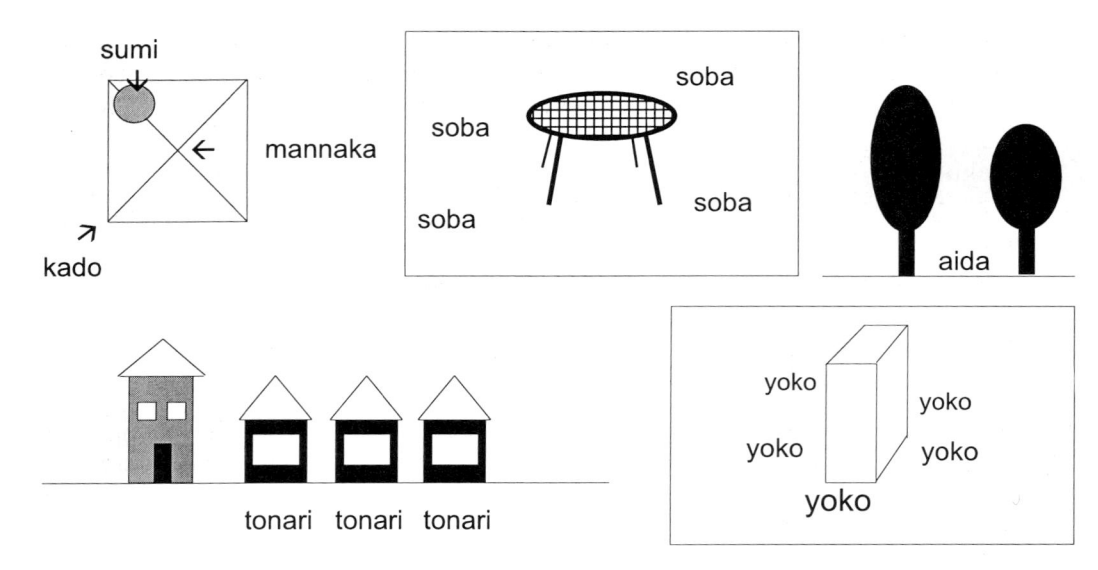

Tonari (隣 /neben) wird horizontal auf einer Linie betrachtet; **yoko** (横 /neben) umfasst die weitere Umgegend; **soba** (傍・側 /in der Nähe von) wird aus der Sicht der dreidimensionalen Räumlichkeit her betrachtet.

3.4 Wortstellung des Japanischen
Die Wortstellung des Japanischen ist flexibel; bis auf das Prädikat können alle Satzglieder umgestellt werden. Durch die Umstellung kann ein Satzglied in seiner Aussagebedeutung hervorgehoben werden. Bei einer Nicht-Standardwortstellung wird in der Regel das Satzglied, das die vorletzte Stellung vor dem Prädikat einnimmt, betont (vgl. 3.1.2), gesetzt den Fall, dass man suprasegmentale Merkmale (Betonung, Intonation, Akzent usw.) außer Acht lässt. Die Anzahl der Umstellmöglichkeiten ergibt sich nach der Formel ([Anzahl der Satzglieder - 1] · 2). Wir sehen an Hand des Satzes < **koko ni** + **hon ga** + **san-satsu** + **arimasu** (ここに本が三冊あります。/Es gibt hier drei Bücher.) > die vorhandenen Umstellungsmöglichkeiten.

1.	Koko ni	hon ga	san-satsu	arimasu.	(Standardwortstellung)
2.	Koko ni	san-satsu	hon ga	arimasu.	
3.	Hon ga	koko ni	san-satsu	arimasu.	
4.	Hon ga	san-satsu	koko ni	arimasu.	
5.	San-satsu	koko ni	hon ga	arimasu.	
6.	San-satsu	hon ga	koko ni	arimasu.	

Satzglieder können bis auf das Prädikat ausgelassen werden, wenn die unerwähnten Satzglieder für den Sprecher/Schreiber und für den Hörer/Leser aus dem Kontext erschlossen werden können.

3.5 Postpositionen der Lektion 3
3.5.1 Kopulative Postpositionen *to* (と) und *ya* (や)
Die Postpositionen **to** (と) und **ya** (や) werden verwendet, um Nomen aufzulisten. Sie unterscheiden sich dadurch, dass mit der PP **to** (と) eine vollständige und mit der PP **ya** (や) eine unvollständige Auflistung der Nomen gemacht wird, wie die folgenden

schematischen Darstellungen aufzeigen. Als aufzulistende Nomen werden hier als Beispiel nur zwei verschiedene Nomen aufgeführt. Man kann theoretisch aber mehr als zwei Nomen zur Auflistung anführen: N1 **to** N2 **to** N3 (**to** ...); N1 **ya** N2 **ya** N3 (**ya** ...).

Tabelle 23: Kopulative PP *to* (と) und *ya* (や)

Vollständige Aufzählung	Unvollständige Aufzählung
N1 **to** N2	N1 **ya** N2
jitensha **to** kuruma	jitensha **ya** kuruma
自転車と車	自転車や車
ein Fahrrad und ein Auto (und nichts weiter)	*ein Fahrrad und ein Auto (usw.)*

Zur Auflistung der Nomen erfolgt die Verwendung der PP **to** (と) bzw. der PP **ya** (や) fakultativ; man kann die aufzulistenden Nomen aber auch durch ein Komma (、) trennen.

Kono heya ni, isu, tsukue, soshite kokuban ga arimasu.
この部屋に、椅子、机、そして黒板があります。
In diesem Raum befinden sich Stühle, Schreibtische und eine Tafel.

Kono heya ni, isu, tsukue, kokuban nado ga arimasu.
この部屋に、椅子、机、黒板などがあります。
In diesem Raum befinden sich Stühle, Schreibtische, eine Tafel usw.

3.5.2 PP *ga* (が) zur Subjektmarkierung
Die kasusmarkierende PP **ga** (が) hat die Funktion der Markierung des syntaktischen Subjekts.

Ano hito[6] **ga** Yamada-san desu.
あの人が山田さんです。
Er/Sie ist Herr/Frau Yamada.

Yamada-san **ga** asoko ni imasu.
山田さんがあそこにいます。
Herr/Frau Yamada befindet sich dort.

3.5.3 PP *de* (で) zur Markierung einer Einschränkung
Wenn bei einer Aussage eine lokale bzw. temporale Angabe eingeschränkt dargestellt werden soll, wird dies mit Hilfe der kasusmarkierenden PP **de** (で) kenntlich gemacht. In dieser Verwendung wird die PP **de** (で) zusammen mit der PP **wa** (は) zur Topikmarkierung verwendet, so dass zwei Postpositionen hintereinander dem Nomen nachgestellt werden: **de wa** (では).

Uchi **de wa** tabako o sui-masen.
家ではたばこを吸いません。
Zu Hause rauche ich nicht.

---

[6] **Ano hito** bedeutet wortwörtlich *jene Person*. Die deutschen Entsprechungen sind sinngemäß jedoch *er* bzw. *sie*.

Hokkaidou **de wa** fuyu yuki ga takusan furi-masu.
北海道では冬雪がたくさん降ります。
In Hokkaidô schneit es im Winter viel.

3.5.4 PP de (で) zur Markierung einer quantitativen Einheit

Die kasusmarkierende PP **de** (で) wird verwendet, um eine mengenmäßige Einheit zu kennzeichnen.

Futa-ri **de** ryouri o tsukuri-masu.
二人で料理を作ります。
Wir kochen zu zweit.

Zenbu **de** ikura desu ka?
全部で幾らですか。
Wie viel kostet es insgesamt?

3.5.5 Die PP wa (は) zur Kontrasthervorhebung

Zwei gegensätzliche Satzglieder können kontrastiv hervorgehoben werden, indem man sie mittels der PP **wa** (は) markiert (vgl. 3.1.3). Im Folgenden werden beispielsweise zwei Subjekte, lokale, temporale Angaben oder Adressaten kontrastiv hervorgehoben.

1. Kontrasthervorhebung der Subjekte

    Jitensha **wa** yasui desu ga, kuruma **wa** takai desu.
    自転車は安いですが、車は高いです。
    Fahrräder sind billig, aber Autos sind teuer.

2. Hervorhebung der lokalen Angaben

    Kono sûpâ ni **wa** shinsen na yasai ga ari-masu ga, asoko no sûpâ ni **wa** ari-masen.
    このスーパーには新鮮な野菜がありますが、あそこのスーパーにはありません。
    In diesem Supermarkt gibt es frisches Gemüse, aber im Supermarkt dort nicht.

3. Hervorhebung der temporalen Angaben

    Nichi-youbi **wa** uchi ni imasu ga, do-youbi **wa** uchi ni i-masen.
    日曜日は家にいますが、土曜日は家にいません。
    Am Sonntag bin ich zu Hause, aber am Samstag nicht.

4. Hervorhebung der Adressaten

    Rukasu ni **wa** jijitsu o ii-masu ga, anata ni **wa** ii-masen.
    ルーカスには事実を言いますが、あなたには言いません。
    Lukas sage ich die Wahrheit, aber Ihnen nicht.

4 Grammatik der Lektion 4

Lektion 4 stellt die japanischen Verben vor (siehe 4.1 u. 4.3). Ferner werden zwei Prädikatsstile, welche an der Endung der Prädikate erkennbar sind, behandelt: der **desu-masu**-Stil und der **da-dearu**-Stil (siehe 4.2). Die Postpositionen **o** (を), **ni** (に), **e** (へ), **kara** (から), **hodo** (ほど), **kurai/gurai** (くらい / ぐらい) und **de** (で) sowie das postpositionale Suffix **goro** (ごろ / 頃) (siehe 4.4) und einige Konjunktionen (siehe 4.6) werden kurz erläutert.

4.1 Kategorien der japanischen Verben

Morphologisch ergeben sich drei verschiedene Kategorien von Verben: vokalische (**iru**- und **eru**-Verben), konsonantische und unregelmäßige Verben (**suru**- und **kuru**-Verben). Alle Verben weisen die Vokalendung u [ɯ] auf. Im Japanischen gibt es zwei Grundtypen der verbalen Flexion, mit denen verschiedene Satzstrukturen gebildet werden können: die V1- bis V6-Flexion (siehe 4.1.1) und die TE-Formflexion (siehe 7.1). Lektion 4 stellt die erstere Flexionskategorie vor.

4.1.1 <V1 bis V6>-Flexion

Innerhalb dieser Flexionskategorie gibt es sechs morphologisch unterschiedliche Flexionsformen: die Verbflexionsstufen 1 bis 6. Sie werden in diesem Lehrwerk mit den Abkürzungen V1, V2, V3, V4, V5 und V6 dargestellt (siehe Tabellen 24-1 bis -7). Japanisch ist eine agglutinierende Sprache, d. h. Suffixe oder sonstige Wörter können dem Prädikat angehängt werden. Dies wird mit Hilfe des Prädikats **ikaseraretakunakatta** (行かせられたくなかった / *jemand wollte nicht dazu gezwungen werden, irgendwohin zu gehen*) verdeutlicht.

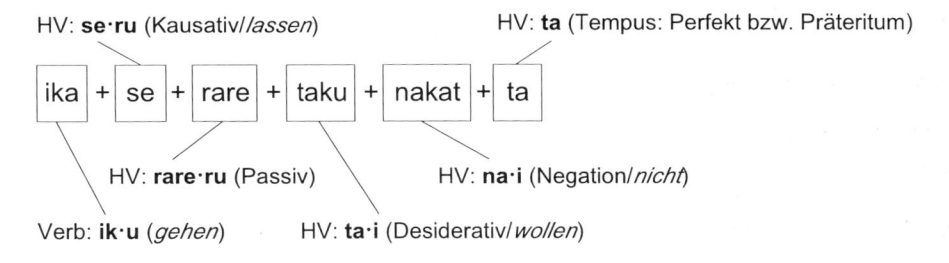

HV: **se·ru** (Kausativ/*lassen*)   HV: **ta** (Tempus: Perfekt bzw. Präteritum)

| ika | + | se | + | rare | + | taku | + | nakat | + | ta |

HV: **rare·ru** (Passiv)   HV: **na·i** (Negation/*nicht*)

Verb: **ik·u** (*gehen*)   HV: **ta·i** (Desiderativ/*wollen*)

An der Spitze des Prädikats **ikaseraretakunakatta** steht das Verb **ik·u** (行く /*gehen*). An dieses Verb werden weitere fünf Hilfsverben, welche morphologisch betrachtet verbale Suffixe darstellen, hintereinander angehängt. Es gibt dabei eine Kongruenz (Übereinstimmung), so dass jedes HV nur mit einer bestimmten Flexionsstufe (V1 bis V6) zusammengesetzt werden kann: Das HV **se·ru** (せる) zur Kausativbildung, das HV **rare·ru** (られる) zur Bildung des Passivs sowie das HV **na·i** (ない) zur Negation können nur mit der V1-Form der Verben verbunden werden; dem HV **ta·i** (たい) zum Ausdruck eines Wunsches kann nur die V2-Form der Verben vorangestellt werden; das HV **ta** (た) gehört zu dem anderen Flexionsgrundtyp (nämlich der TE-Formgruppe), die in Lektion 7 behandelt wird. Tabellen 24-1 bis -7 ermöglichen einen Überblick der phonologischen und morphologischen Systematik der japanischen Verben.

4.1.1.1 Vokalische Verben

Vokalische Verben werden nach morphologischen Kriterien in zwei Untergruppen unterteilt: die **iru**-Verben und die **eru**-Verben. Die erstere Gruppe der vokalischen Verben haben die Endung -**iru**, die letztere die Endung -**eru**. Bis auf eine begrenzte Anzahl von Ausnahmen kann man dementsprechend die vokalischen Verben definieren. Der Stamm der vokalischen Verben wird dadurch ermittelt, dass die Endung -**ru** weggelassen wird (siehe folgende Beispiele **mi·ru** [見る /*sehen*] und **tabe·ru** [食べる /*essen*]):

mi	ru		tabe	ru
Stamm	Endung		Stamm	Endung

Die Bezeichnung *vokalisch* kommt daher, dass der Stamm dieser Verben mit dem Vokal [i] bzw. [e] endet. Mit dem Verb **mi·ru** (見る /*sehen*) wird die V1-V6-Flexionsformen der vokalischen Verben gezeigt (siehe Tabelle 24-1). Im Fall des Verbs **tabe·ru** (食べる / *essen*) wird in die folgende Tabelle anstatt des Stamms **mi** des Verbs **mi·ru** (見る / *sehen*) der Stamm **tabe** des Verbs **tabe·ru** (食べる /*essen*) eingesetzt.

(1) Vokalische Verben (Im Fall des Verbs **mi·ru** [見る/*sehen*])

Tabelle 24-1: Flexionskategorie "V1" bis "V6" der vokalischen Verben

Form	Stamm	flexivische Endung	Beispiele der Wörter (HV, PP, N usw.), die an die Flexionsstufe angehängt werden können
V1	mi		**nai** (Negation: *jmd. sieht etw. nicht*) **rareru** (Passiv: *jmd. wird gesehen*; Potentialis: *jmd. kann etw. sehen*; Honorativ: *jmd. sieht etw.*; Spontaneität: *etw. ist sichtbar* **saseru/sasu** (Kausativ: *jmd. lässt jmdn. etw. sehen*) usw.
V2	mi		**masu** (Honorativ: *jmd. sieht etw.*); **tai** (Desiderativ: *jmd. will etw. sehen*) usw.
V3	mi	ru	Nomen usw.
V4	mi	re	**ba** (Konditional: *wenn jmd. etw. sehen würde*), etc.
V5	mi	ro	(Imperativ: abrupter Befehl [*Schau!*])
V6	mi		**you** (Wille: *jmd. will etw. sehen*; Aufforderung: *lasst uns etw. sehen*; Absicht: *jmd. beabsichtig, etw. zu sehen*; Vermutung: *jmd. wird vermutlich etw. sehen*)

4.1.1.2 Konsonantische Verben

Die Bezeichnung *konsonantisch* bezieht sich auf das Phonem (die kleinste lautliche Einheit) der Stammendung dieser Verben, die auf Konsonanten beschränkt ist; der Stamm wird erkennbar, indem man die Endsilbe **u** [ɯ] weglässt.

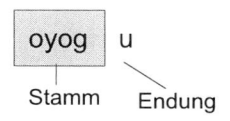

oyog	u
Stamm	Endung

Das Verb **oyog·u** (泳ぐ /*schwimmen*) endet mit dem Konsonanten [g]. Im Laufe der Sprachentwicklung weist der Stamm der konsonantischen Verben aufgrund von

Lektion 4 — Grammatik

phonologischen Änderungen teilweise heute keinen Konsonanten, sondern einen Vokal auf. Früher verfügten alle diese Verben über den Konsonanten [w], der im Laufe der Sprachgeschichte verschwand: **kaw·u** (買う /kaufen), **aw·u** (会う /treffen), **aw·u** (合う /übereinstimmen), **iw·u** (言う [jɯː] /sagen, äußern, aussprechen, reden), **iwaw·u** (祝う /feiern, gratulieren, beglückwünschen) usw.

Konsonantische Verben weisen eine phonologische Regelmäßigkeit auf, d. h. die flexivischen Änderungen mit fünf Vokalen werden in der Reihenfolge **a** [a], **i** [i], **u** [ɯ], **e** [e] und **o** [o] vollzogen (siehe Tabellen 24-2 bis 24-5). Diese Reihenfolge entspricht auch dem Lautsystem und gleichzeitig dem Schriftsystem des Japanischen, da einzelne Laute bis auf diese fünf Vokale als eigenständige Laute in Kombination mit einem Konsonanten und einem Vokal gebildet werden (siehe Tabellen 4, 5 und 6).

Im Folgenden werden die Flexionsstufen V1 bis V6 der konsonantischen Verben vorgestellt. Dem Phonem (der kleinsten lautlichen Einheit) der Stammendung folgen vier verschiedene Unterteilungen: **-s** [s], **- ts** [ts], Vokale und sonstige Konsonanten.

(1) **s**-Endung (Im Fall des Verbs **hanas·u**: 話す /sprechen)

Tabelle 24-2: Konsonantische Verbflexion "V1" bis "V6" im Fall der *s*-Endung

V1	hanas	a	**nai** (Negation); **seru/su** (Kausativ) usw.
V2	hanash	i	**masu** (Honorativ); **tai** (Desiderativ) usw.
V3	hanas	u	Nomen usw.
V4	hanas	e	**ba** (Konditional) usw.
V5	hanas	e	(Imperativ: abrupter Befehl) usw.
V6	hanas	o	**u** (Wille, Aufforderung, Absicht, Vermutung)

(2) **ts**-Endung (Im Fall des Verbs **mats·u**: 待つ /warten)

Tabelle 24-3: Konsonantische Verbflexion "V1" bis "V6" im Fall der *ts*-Endung

V1	mat	a	**nai** (Negation); **seru/su** (Kausativ) usw.
V2	mach	i	**masu** (Honorativ); **tai** (Desiderativ) usw.
V3	mats	u	Nomen usw.
V4	mat	e	**ba** (Konditional) usw.
V5	mat	e	(Imperativ: abrupter Befehl)
V6	mat	o	**u** (Wille, Aufforderung, Absicht, Vermutung)

(3) **Vokal**-Endung (Im Fall des Verbs **uta·u**: 歌う /singen)

Tabelle 24-4: Konsonantische Verbflexion "V1" bis "V6" im Fall der Vokal-Endung

V1	utaw	a	**nai** (Negation); **seru/su** (Kausativ) usw.
V2	uta	i	**masu** (Honorativ); **tai** (Desiderativ) usw.
V3	uta	u	Nomen usw.
V4	uta	e	**ba** (Konditional) usw.
V5	uta	e	(Imperativ: abrupter Befehl)
V6	uta	o	**u** (Wille, Aufforderung, Absicht, Vermutung)

(4) Sonstige Konsonanten (Im Fall des Verbs **oyog·u**: 泳ぐ /schwimmen)

Tabelle 24-5: Konsonantische Verbflexion "V1" bis "V6" im Fall eines sonstigen Konsonanten

V1	oyog	a	**nai** (Negation); **seru/su** (Kausativ) usw.
V2	oyog	i	**masu** (Honorativ); **tai** (Desiderativ) usw.
V3	oyog	u	Nomen usw.
V4	oyog	e	**ba** (Konditional) usw.
V5	oyog	e	(Imperativ: abrupter Befehl)
V6	oyog	o	**u** (Wille, Aufforderung, Absicht, Vermutung)

4.1.1.3 Unregelmäßige Verben

Unregelmäßige Verben gliedern sich in **suru**- und **kuru**-Verben. Hierzu gehören neben den eigenständigen Verben **suru** (する /tun, durchführen, tätigen u. ä.) bzw. **kuru** (来る /kommen) zwei Kompositagruppen: solche bestehend aus dem Nomen und dem Verb **suru** (Nomen + **suru**) wie z. B. **ryokou-suru** (旅行する : **ryokou** [*Reise*] + **suru** [*machen*] → *reisen*) und solche Komposita bestend aus der TE-Form des Verbs (siehe 7.1) und dem Verb **kuru** (-**te-kuru**) wie z. B. **motte-kuru** (持ってくる /etw. mitbringen).

(1) **suru**-Verben (Im Fall des Verbs **suru**: する/tun, machen u.ä.)

Tabelle 24-6: Unregelmäßige Verbflexion "V1" bis "V6" im Fall der *suru*-Verben

V1	shi		**nai** (Negation)
	sa		**reru** (Passiv, Honorativ, Spontaneität)
	se		**zu** (Negation) usw.
V2	shi		**masu** (Honorativ); **tai** (Desiderativ) usw.
V3	su	ru	Nomen usw.
V4	su	re	**ba** (Konditional) usw.
V5	shi	ro	(Imperativ: abrupter Befehl)
V6	shi		**you** (Wille, Aufforderung, Absicht, Vermutung)

(2) **kuru**-Verben (Im Fall des Verbs **kuru**: 来る/kommen)

Tabelle 24-7: Unregelmäßige Verbflexion "V1" bis "V6" im Fall der *kuru*-Verben

V1	ko		**nai** (Negation); **rareru/reru** (Potentialis)
			rareru (Passiv, Honorativ, Spontaneität)
			zu (Negation) usw.
V2	ki		**masu** (Honorativ); **tai** (Desiderativ) usw.
V3	ku	ru	Nomen usw.
V4	ku	re	**ba** (Konditional) usw.
V5	ko		**i** (Imperativ: abrupter Befehl)
V6	ko		**you** (Wille, Aufforderung, Absicht, Vermutung)

4.2 Prädikatsstil: *da-dearu*-Stil und *desu-masu*-Stil

Das japanische Prädikat weist zwei verschiedene Formen auf: den **da-dearu**-Stil (だ・

Lektion 4　　　　　　　　　　　Grammatik　　　　　　　　　　　　　　　　　183

である体) und den **desu-masu**-Stil (です・ます体).⁷ Welcher der beiden Prädikatsstile verwendet werden soll, wird nach folgenden Kriterien entschieden: ob Japanisch gesprochen oder geschrieben wird; der Zweck des Sprechens bzw. des Schreibens, d. h. ob Japanisch z. B. in einem Brief oder in einem Zeitungsartikel benutzt wird, ob es in einem Vortrag oder in einer Protestrede Verwendung findet. Die folgende Tabelle stellt vereinfacht diese Unterschiede beim Gebrauch der Prädikatsstile dar. Wenn man mit dem Gesprächspartner in einem Gespräch in der *du*-Form, also im **da-dearu**-Stil, spricht, verwendet man beim Verfassen eines Briefes an denselben Gesprächspartner den **desu-masu**-Stil. Konkret dargestellt, spricht man mit seiner Mutter im **da-dearu**-Stil, aber in einem Brief an sie verwendet man den **desu-masu**-Stil.

Tabelle 25: Entscheidungskriterien des Prädikatsstils: der *da-dearu*-Stil oder der *desu-masu*-Stil

Stil	gesprochene Sprache	geschriebene Sprache
da-dearu-Stil	- entspricht der dt. *du*-Form (intime, informelle Sprache in der Familie oder unter Freunden) - auf Protestkundgebungen	akademische Publikationen, Essays, Gebrauchsanweisungen, Gesetzbücher, Kochrezepte, Berichte, Tagebücher, Thesen, Verträge, Zeitungsartikel, u. ä.
desu-masu-Stil	- entspricht der dt. *Sie*-Form (formell) - Nachrichten im Fernsehen und Radio - Vortrag	Briefe, Werbung usw.

4.3 Japanische Prädikate

Neben den bereits vorgestellten Prädikaten < N da/dearu/desu > der Lektion 1, < KD da/dearu/desu > und < K> der Lektion 2 fungiert das Verb auch prädikativ. Bis zur Lektion 7 werden Prädikate ausschließlich im **desu-masu**-Stil verwendet (siehe Tabellen 25 und 40-1 bis -4). Das Verb nimmt dann die Form < V2 + **masu** > an.

1. Nominales Prädikat < N **desu** >

    Watashi wa gakusei desu.
    私は学生です。
    Ich bin Student/Studentin.

2. *Keiyoudoushi*-adjektivisches Prädikat < KD **desu** >

    Kono hana wa kirei desu.
    この花は綺麗です。
    Die Blume ist schön. / Die Blumen sind schön.

3. *Keiyoushi*-adjektivisches Prädikat < K **desu** >

    Kono hana wa utsukushii desu.
    この花は美しいです。
    Die Blume ist schön. / Die Blumen sind schön.

---

⁷ Ferner gibt es den **degozaimasu**-Stil (でございます体), der als sehr formeller Stil vorwiegend bei offiziellen Reden bzw. in formellen Briefen verwendet wird.

4. Verbales Prädikat < V2 + **masu** >

   Watashi wa hon o yomi-masu.
   私は本を読みます。
   Ich lese ein Buch/Bücher.

4.3.1 Verbales Prädikat im *desu-masu*-Stil: < V2 + *masu* >
Mit dem Prädikat < V2 + **masu** > können Handlungen zum Ausdruck gebracht werden.

N	ga	V2 + masu
Subjekt		Prädikat

Sensei ga utai-masu.
先生が歌います。
Der Lehrer/Die Lehrerin singt.

Wenn das Subjekt dem Sprecher und dem Hörer bekannt ist, wird vom Sprecher das Subjekt als Thema erwähnt und wird daher mit der PP **wa** (は) markiert.

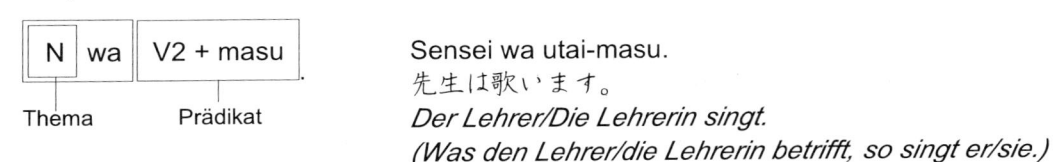

N	wa	V2 + masu
Thema		Prädikat

Sensei wa utai-masu.
先生は歌います。
Der Lehrer/Die Lehrerin singt.
(Was den Lehrer/die Lehrerin betrifft, so singt er/sie.)

4.3.2 Interrogativsatz mit dem verbalen Prädikat im *desu-masu*-Stil: < V2 + *masu ka* >
Der Fragesatz wird dadurch gebildet, dass man die interrogative PP **ka** (か) am Ende des Satzes anhängt:

Sensei wa utai-masu **ka**?
先生は歌いますか。
Singt der Lehrer/die Lehrerin?

4.3.3 Verneinung des verbalen Prädikats im *desu-masu*-Stil: < V2 + *masen* >
Die Verneinung wird dadurch gebildet, dass der Verbflexionsform V2 das negierte HV **masu** (also **masen** [ません]) nachgestellt wird (siehe die morphologische Zusammensetzung von **masen** in 2.1.1.2).

Sensei wa utai-masen.
先生は歌いません。
Der Lehrer/Die Lehrerin singt nicht.

Bejahung:	V2 + masu.
Frage:	V2 + masu ka? / V2 + masen ka?
Verneinung	V2 + masen.

4.3.4 Semantische Funktionen des verbalen Prädikats < V3 > bzw. < V2 + *masu* >
Semantisch drückt die V3-Form im **da-dearu**-Stil bzw. die Form < V2 + **masu** > im **desu-masu**-Stil hauptsächlich Folgendes aus:

1. Wiederholung (Iterativ)
   Wiederholte Handlungen werden zum Ausdruck gebracht.

Kono michi wa yoku kuruma ga toori-masu.
この道はよく車が通ります。
Diese Straße wird viel befahren. (Wortwörtlich: Was diese Straße betrifft, so sind es Autos, die viel auf ihr fahren.)

2. Gewohnheit/Angewohnheit (Habituell)
Eine Gewohnheit bzw. Angewohnheit eines Menschen wird zum Ausdruck gebracht.

Asa wa koucha o nomi-masu.
朝は紅茶を飲みます。
Morgens trinke ich (gewöhnlich) schwarzen Tee.

3. Zukunft (Futur)
Ein Geschehen bzw. eine Handlung findet in der Zukunft statt.

Kotoshi wa natsu-yasumi ni Itaria ni iki-masu.
今年は夏休みにイタリアに行きます。
Dieses Jahr fahre ich in den Sommerferien nach Italien.

4. Entschluss des Sprechers
Wenn der Sprecher entschlossen ist, etwas zu tun, wird dies mit der V3-Form bzw. < V2 + **masu** > formuliert.

Watashi wa Tanaka-san to kekkon-shi-masu.
私は田中さんと結婚します。
Ich heirate Frau/Herrn Tanaka. (Was mich betrifft, so heirate ich Frau/Herrn Tanaka.)

5. Eine sichere Vermutung (Spekulativ)
Wenn die Wahrscheinlichkeit, dass ein vermutetes Geschehen eintreten wird, groß ist, und man dies als eine subjektive Vermutung darstellen möchte, kann die V3-Form bzw. < V2 + **masu** > verwendet werden. In solchen Fällen werden oft spekulative Adverbien wie z. B. **kitto** (きっと /*mit Sicherheit*) oder **kakujitsu ni** (確実に /*mit Sicherheit*) verwendet.

Ano hito wa kakujitsu ni koko ni ki-masu.
あの人は確実にここに来ます。
Er/Sie wird sicherlich hierher kommen. (Was ihn/sie betrifft, so wird er/sie sicherlich hierher kommen.)

4.4 Postpositionen der Lektion 4
Neben Postpositionen wird wegen der Ähnlichkeit von dessen semantischer Funktion auch das Suffix **goro** (ごろ / 頃) behandelt.

4.4.1 PP *o* (を) zur Objektkennzeichnung
Ein syntaktisches Objekt wird mittels der PP **o** (を) markiert.

猫は魚を食べます。
Katzen fressen Fische.

4.4.2 PP *ni* (に) zur Markierung der Zeit

Eine Zeitangabe wird durch die kasusmarkierende PP **ni** (に) gekennzeichnet (siehe u. a. Beispiel 1). Unter den nominalen Ableitungen (Desubstantiva: Wörter, deren zugrunde liegende Ausgangswörter Nomen sind), die als Adverbien verwendet werden, gibt es jedoch in Bezug auf die Verwendung der PP **ni** (に) zwei Untergruppen: solche, die keinen Zeitmarkierer **ni** (に) benötigen (siehe u. a. Beispiel 2) und solche, die fakultativ mit der PP **ni** (に) markiert werden (siehe u. a. Beispiel 3).

1. Stets mit der PP **ni** (に): präzise Zeitangabe

   Otouto wa **8-ji** ni oki-masu.
   弟は八時に起きます。
   Mein (jüngerer) Bruder steht um acht Uhr auf.

2. Ohne die PP **ni** (に): zeitliche Wiederholung

   Otouto wa **mai-asa** jûsu o nomi-masu.
   弟は毎朝ジュースを飲みます。
   Mein (jüngerer) Bruder trinkt jeden Morgen Saft.

3. Fakultativ mit oder ohne **ni** (に): relativ präzise Zeitangabe

   Otouto wa **natsu** (ni) Kanada ni iki-masu.
   弟は夏（に）カナダに行きます。
   Mein (jüngerer) Bruder fährt im Sommer nach Kanada.

4.4.3 PP *ni* (に) und *e* (へ) als Richtungsmarkierer

Eine Richtung kann entweder mit der PP **ni** (に) oder der PP **e** (へ) markiert werden. Die PP **e** zur Richtungsmarkierung wird nicht mit dem Schriftzeichen え [e] geschrieben, sondern mit dem Schriftzeichen へ [he], das ausnahmsweise [e] ausgesprochen wird. Der semantische Unterschied zwischen der PP **ni** (に) und der PP **e** (へ) als Richtungsmarkierer lag ursprünglich darin, das die PP **ni** (に) eine präzise, die PP **e** (へ) hingegen eine vage Richtung angibt. Im heutigen Gebrauch wird jedoch diese Unterscheidung nicht mehr bewusst wahrgenommen, so dass die PP **e** (へ) und **ni** (に) in gleicher Weise verwendet werden können.

Imouto wa machi no depâto **ni** iki-masu.
妹は町のデパートに行きます。
Meine (jüngere) Schwester geht in das Kaufhaus in der Stadt.

Fune wa kita **e** susumi-masu.
船は北へ進みます。
Das Schiff fährt nach Norden.

4.4.4 PP *kara* (から) zur Markierung des Ausgangspunktes (Ablativ)

Der temporale bzw. lokale Startpunkt, von dem her etwas anfängt, wird durch die PP **kara** (から) markiert.

San-ji **kara** mîtingu o hajime-masu.
三時からミーティングを始めます。
Um drei Uhr beginnen wir mit der Sitzung. (Wortwörtlich: Ab drei Uhr fangen wir die Sitzung an.)

Eki **kara** daigaku made wa tooi desu.
駅から大学までは遠いです。
Vom Bahnhof bis zur Universität ist es weit.

(In diesem Satz werden die Satzkonstituenten **eki kara** und **daigaku made** als Thema des Satzes angegeben; die japanische Topik-Prädikation-Satzstruktur [siehe 1.1] gibt einen natürlichen Satzklang an.)

4.4.5 PP *made* (まで) zur Markierung einer Grenze
Eine Grenze im Sinne von *bis* wird mittels der PP **made** (まで) zum Ausdruck gebracht.

Eki kara daigaku **made** nan-pun kakari-masu ka?
駅から大学まで何分かかりますか。
Wie lange dauert es vom Bahnhof bis zur Universität?

4.4.6 PP *de* (で) zur instrumentalen Angabe
Ein Instrument, mit dem man eine Handlung ausführt, wird durch die PP **de** (で) gekennzeichnet.

Kono naifu **de** kêki o kiri-masu.
このナイフでケーキを切ります。
Mit diesem Messer schneide ich Kuchen.

4.4.7 PP *hodo* (ほど) zum Ausdruck einer Ungenauigkeit
Die Quantität des mit der PP **hodo** (ほど) markierten Nomens wird als eine ungefähre Menge dargestellt. Die deutschen Entsprechungen sind *ungefähr*, *ca.*, *um* u. ä. **Hodo** (ほど/程) kann auch als ein Pseudo-Nomen betrachtet werden. Pseudo-Nomen sind solche, deren ursprüngliche Bedeutungen verloren gegangen sind; sie werden bei der Bildung des Satzes nur als Funktionswörter verwendet (Grammatikalisierung). Wenn **hodo** (程) als ein Vollnomen verwendet wird, bedeutet es *Grad*, *Größenordnung* u. ä.

Watashi wa ichi-nen **hodo** Afurika ni i-mashi-ta.
私は一年ほどアフリカにいました。
Ich war ungefähr ein Jahr lang in Afrika gewesen.

4.4.8 PP *kurai/gurai* (くらい/ぐらい) zum Ausdruck einer Ungenauigkeit
Die PP **kurai/gurai** (くらい/ぐらい) ist eine Ableitung des Nomens **kurai** (位/*Status*, *Stellung*) und hat dieselbe Funktion wie die PP **hodo** (ほど), nämlich die Markierung einer ungenauen Menge.[8] Die Aussage mit der PP **hodo** (ほど/程) ist jedoch formeller als mit der PP **kurai/gurai** (くらい/ぐらい).

---

[8] Im Japanischen werden Aussagen oft implizit und vage ausgedrückt, um Direktheit zu vermeiden; indirekte Äußerungen gelten als höflich. Das bedeutet, dass der Sprecher vage Angaben macht, auch wenn er präzise Angaben machen könnte.

Nan-nen **kurai/gurai** Afurika ni i-mashi-ta ka?
何年くらい（/ ぐらい） アフリカにいましたか。
Ungefähr wie viele Jahre waren Sie in Afrika? / Wie lange waren Sie in Afrika?

4.4.9 Das Suffix *goro* (ごろ / 頃) zum Ausdruck einer Ungenauigkeit

Die temporale Ungenauigkeit im Sinne von *um* oder *gegen* wird durch das Suffix **goro** (ごろ / 頃) kenntlich gemacht; Zeitangaben wie die Uhrzeit, Kalendermonat/-jahr, Jahrhundert oder sonstige Zeitrechnungen können durch **goro** (ごろ / 頃) gekennzeichnet werden, um eine präzise Angabe zu vermeiden.

Kore wa ju-s-seiki **goro** no sakuhin desu.
これは十世紀ごろの作品です。
Das ist ein Werk (ungefähr) aus dem zehnten Jahrhundert.

Ashita wa hachi-ji **goro** ni kaisha ni iki-masu.
明日は八時頃に会社に行きます。
Morgen fahre ich gegen acht Uhr zur Firma.

4.5 Satzglieder

Der japanische Satz besteht aus verschiedenen Satzgliedern. Folgende Einheiten können im Satz die Stellung eines Satzgliedes einnehmen: das postpositionale Satzglied bestehend aus einem Nomen und einer PP oder mehreren Postpositionen< N + PP (+ PP + ...) >, das Adverbial (Adverb oder adverbiale Ergänzung) und das Prädikat. Bis auf das Prädikat, welches stets die Endstellung des Satzes einnimmt, können alle im Satz verwendeten Satzglieder je nach der beabsichtigten Betonung umgestellt werden. Wir sehen anhand folgender Satzglieder, die bis Lektion 4 vorgekommen sind, zwei Beispiele der Konstruktionsmöglichkeiten japanischer Sätze:

Tabelle 26: Übersicht der Satzglieder (bis Lektion 4); Baueinheiten des japanischen Satzes

▣ Adverb	▣ (syntaktisches Subjekt) **ga**
▣ adverbiale Ergänzung	▣ (ungenaue Menge) **hodo**
▣ Prädikate	▣ (Startpunkt) **kara**
· < N + **da/dearu/desu** >	▣ (ungenaue Menge) **kurai / gurai**
· < KD + **da/dearu/desu** >	▣ (Grenze) **made**
· < K-Adjektiv >	▣ (Thema) **mo**
· < Verb >	▣ (Ort, an dem sich etwas befindet) **ni**
▣ (Einheit) **de**	▣ (Richtung) **ni**
▣ (Einschränkung) **de wa**	▣ (Zeit) **ni**
▣ (Grund/Ursache) **de**	▣ (Attribut: genauere Bestimmung) **no**
▣ (Handlungsort) **de**	▣ (syntaktisches Objekt) **o**
▣ (Instrument) **de**	▣ (Kontrast) **wa**
▣ (Richtung) **e**	▣ (Topik) **wa**

Lektion 4 Grammatik

Beispielsätze:

| Watashi | wa | kinou | toshokan | de | hon | o | yomi-mashita |

Topik — Adverb — Handlungsort — Objekt — Prädikat

私は昨日図書館で本を読みました。
Ich las gestern in der Bibliothek Bücher.

| Gakusei | ga | aruite | daigaku | ni | iki-masu |

Subjekt — adverbiale Ergänzung — Richtung — Prädikat

学生が歩いて大学に行きます。
Die Studierenden gehen zu Fuß zur Universität.

4.6 Konjunktionen der Lektion 4

Mit Konjunktionen wird ein neuer Satz eingeleitet. Japanische Konjunktionen stehen stets am Satzanfang; der Satz davor muss abgeschlossen sein.

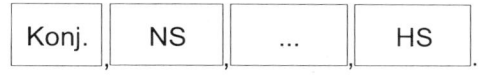

| Konj. | NS | ... | HS |

NS: Nebensatz; HS: Hauptsatz

4.6.1 Konsekutiv (Folge)

Die Konjunktionen **soshite** (そして /*und*) und **sorekara** (それから /*danach*) drücken eine zeitliche Folge aus. Oft wird ein Komma nach Konjunktionen gesetzt; dies ist jedoch nicht obligatorisch.

Kokku wa zairyou o kai-masu. **Soshite**, ryouri o tsukuri-masu.
コックは材料を買います。そして、料理を作ります。
Der Koch kauft Zutaten ein. Und anschließend kocht er Gerichte. (Der Koch kauft Zutaten ein, und anschließend kocht er Gerichte.)

4.6.2 Additiv (Zusatz)

Mit der Konjunktion **sorekara** (それから /*und*) kann ausgedückt werden, dass etwas zusätzlich erwähnt wird.

Kore ga setsumei-sho desu. **Sorekara**, kore ga hoshou-sho desu.
これが説明書です。それから、これが保証書です。
Das ist eine Gebrauchsanweisung. Und dies hier ist ein Garantieheft.

4.6.3 Adversativ (Gegensatz)

Mit den Konjunktionen **shikashi** (しかし /*aber, jedoch*) und **keredomo** (けれども /*aber, jedoch*) wird ein Gegensatz zu der zuerst erwähnten Aussage ausgedrückt. Der Unterschied zwischen den beiden liegt darin, dass die erstere formeller als die letztere ist.

Kono hon wa ii desu. **Shikashi/Keredomo**, takai desu.
この本はいいです。しかし、高いです。
この本はいいです。けれども、高いです。
Dieses Buch ist gut, aber teuer. (Wortwörtlich: Dieses Buch ist gut. Aber es ist teuer.)

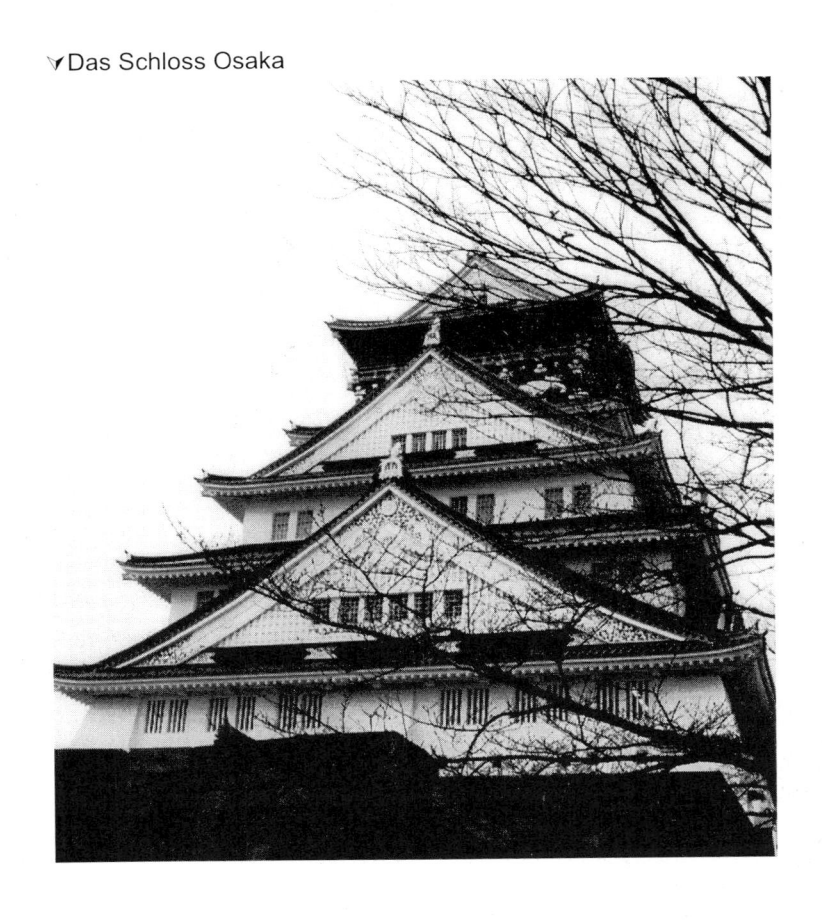

Das Schloss Osaka

5 Grammatik der Lektion 5

Lektion 5 behandelt das Tempus (Präteritum und Perfekt [siehe 5.1]), die nominalen Formen der Verben (Deverbativa: Nomen, deren zugrunde liegende Wörter Verben sind [siehe 5.2]), die Adverbien **mou** (もう) und **metta ni** (滅多に) (siehe 5.3), die Bewegungsverben (siehe 5.4) und die Postpositionen **de** (で), **o** (を) und **ni** (に) (siehe 5.5).

5.1 Das Hilfsverb *ta* (た)

Mit dem HV **ta** (た) werden das Präteritum und das Perfekt ausgedrückt. Der Kontext bestimmt die Funktionen des HV **ta** (た). In welcher der beiden Funktionen **ta** (た) im Satz verwendet wird, wird durch den Kontext festgelegt. Lektion 5 stellt das Präteritum (die Vergangenheitsform) der Verben im **desu-masu**-Stil vor (siehe 4.2 und 8.2).

5.1.1 Bildung des verbalen Prädikats mit dem HV *ta* (た)

Im **desu-masu**-Stil werden der V2-Form aufeinander folgend das HV **masu** (ます) und das HV **ta** (た) nachgestellt: < V2 + **masu** + **ta** > → < V2 + **mashita** >. Die flexivische Änderung durch die Fusion der beiden Hilfsverben sieht wie folgt aus:

ma s̶u̶ → HV zum Ausdruck von Höflichkeit
    shi → flexivische Änderung
ta → HV zur Markierung des Perfekts bzw. des Präteritums

Die Verneinungsform des verbalen Prädikats im **desu-masu**-Stil wird dadurch gebildet, dass man der V2-Form aufeinander folgend die Hilfsverben **masu** (ます), **n** (ん), **desu** (です) und **ta** (た) anhängt: < V2 + **masu** + **n** + **desu** + **ta** > → < V2 + **masen deshita** >. Hier die derart gebildeten flexivischen Änderungen:

ma s̶u̶ → HV zum Ausdruck von Höflichkeit
   e → flexivische Änderung
     n → HV zum Ausdruck einer Negation
       de s̶u̶ → HV zum Ausdruck einer definitiven Aussage
         shi → flexivische Änderung
           ta → HV zum Ausdruck des Perfekts bzw. des Präteritums

Ein Fragesatz wird dadurch gebildet, dass man an das Satzende die interrogative Postposition **ka** (か) setzt: < V2 + **mashita ka**? > bzw. < V2 + **masen deshita ka**? >.

Bejahung:	V2 + **mashita**.
Frage:	V2 + **mashita ka**? / V2 + **masen deshita ka**?
Verneinung	V2 + **masen deshita**.

Watashi wa kinou terebi o mi·mashi·ta. Otouto wa terebi o mi·mase·n·deshi·ta. Anata wa kinou terebi o mi·mashi·ta ka?

私は昨日テレビを見ました。弟はテレビを見ませんでした。あなたは昨日テレビを見ましたか。

Ich sah gestern fern. Mein jüngerer Bruder sah nicht fern. Haben Sie gestern ferngesehen?

5.1.2 Präteritum

Das Präteritum bezieht sich auf Ereignisse bzw. Handlungen in der Vergangenheit; der Sprecher betrachtet das vergangene Geschehen aus dem Zeitpunkt des Geschehens, das vor der Sprechzeit lag. Konkrete temporale Angaben wie z. B. *gestern*, *letztes Jahr* u. dgl. verdeutlichen das Präteritum. Das japanische Präteritum wird mit dem HV **ta** (た) markiert.

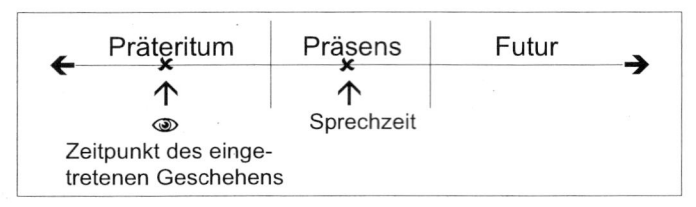

```
←――― Präteritum ――┼―― Präsens ――┼―― Futur ―――→
          x                   
          ↑                   ↑
          ⊙                Sprechzeit
   Zeitpunkt des einge-
   tretenen Geschehens
```

Kyou wa asa ku-ji ni asa-gohan o tabe-mashi**ta**.
今日は朝9時に朝ご飯を食べました。
Heute frühstückte ich um 9 Uhr morgens.

Sen-hyaku-kyuu-juu-ni-nen ni Minamoto no Yoritomo ga Kamakura ni Kamakura-bakufu o hiraki-mashi**ta**.
1192年に源頼朝が鎌倉に鎌倉幕府を開きました。
1192 gründete in Kamakura Minamoto no Yoritomo das Kamakura-Shogunat.

5.1.3 Perfekt

Das Perfekt bezeichnet Handlungen und Ereignisse, die in der Vergangenheit vollendet und abgeschlossen worden sind; der dadurch entstandene Zustand kann noch zum Sprechzeitpunkt andauern (Perfekt mit resultativem Charakter); der Sprecher betrachtet das in der Vergangenheit abgeschlossene Geschehen vom Zeitpunkt der Vollendung des Geschehens her, das sich vor der Sprechzeit ereignete. Temporale Adverbien wie z. B. **mou** (もう /*bereits*, *schon*) oder **sude ni** (既に /*bereits*, *schon*) drücken das Perfekt explizit aus. Das japanische Perfekt wird ebenfalls mit dem HV **ta** (た) markiert.

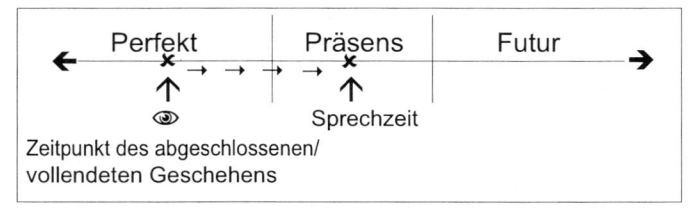

```
←――― Perfekt ――┼―― Präsens ――┼―― Futur ―――→
       x     → → →      x
       ↑                   ↑
       ⊙                Sprechzeit
Zeitpunkt des abgeschlossenen/
vollendeten Geschehens
```

Watashi wa mou hiru-gohan o tabe-mashi**ta**.
私はもう昼ご飯を食べました。
Ich habe schon zu Mittag gegessen.

Kono hon o mou yomi-mashi**ta**.
この本をもう読みました。
Ich habe das Buch bereits gelesen.

5.1.4 Fragesatz und sich darauf beziehende Antwort unter Verwendung des HV *ta* (た)

Die Unterscheidung zwischen dem Präteritum und dem Perfekt ist in erster Linie vom Kontext abhängig. Durch die Einsetzung der temporalen Angaben oder Adverbien kann das Tempus verdeutlicht werden. Beachtet werden sollte, dass die negative Antwort gegenüber dem mit dem HV **ta** (た) gebildeten Fragesatz unterschiedlich ist, je nachdem, ob es sich nämlich um das Präteritum oder das Perfekt handelt.

Table 27: Das Hilfsverb *ta* (た) zum Ausdruck des Präteritums und des Perfekts

	Präteritum	Perfekt
Frage	Kyou hiru-gohan o tabe-mashita ka? 今日昼ご飯を食べましたか。 *Haben Sie heute zu Mittag gegessen?*	Kyou mou hiru-gohan o tabe-mashita ka? 今日もう昼ご飯を食べましたか。 *Haben Sie heute schon zu Mittag gegessen?*
Bejahung	Hai, tabe-mashita. はい、食べました。 *Ja, ich aß zu Mittag.*	Hai, (mou) tabe-mashita. はい、（もう）食べました。 *Ja, ich habe (bereits) gegessen.*
Verneinung	Iie, tabe-masen deshita. いいえ、食べませんでした。 *Nein, Ich aß nicht zu Mittag.*	Iie, mada desu. いいえ、まだです。 *Nein, noch nicht.* Iie, mada tabete-i-masen.[9] いいえ、まだ食べていません。 *Nein, ich habe noch nicht zu Mittag gegessen.*

5.2 Die V2-Form des Verbs als Nomen (Deverbativ)

Die V2-Form kann als Nomen verwendet werden. Die folgende Tabelle zeigt die Nomen, die von Verben abgeleitet worden sind:

Table 28: Nominale Formen der Verben (Deverbativa)

V3-Form	deutsche Bedeutung	V2-Form	deutsche Bedeutung
ik·u / yuk·u 行く	*sich fortbewegen* (*gehen, fahren, fliegen* usw.)	iki / yuki 行き	*Hinfahrt, Hinflug auf dem Weg nach ...*
kaer·u 帰る	*zurückkehren, nach Hause kommen*	kaeri 帰り	*Rückkehr*
hanas·u 話す	*sprechen, erzählen*	hanashi 話	*Gespräch, Erzählung Geschichte*
hajime·ru 始める	*anfangen* (tr.)	hajime 始め	*Anfang*
hajimar·u 始まる	*anfangen* (intr.)	hajimari 始まり	*Anfang*
owar·u 終わる	*enden* (intr.)	owari 終わり	*Ende*

5.3 Adverbien der Lektion 5: *mou* (もう) und *metta ni* (滅多に)

Das Adverb **mou** (もう) gehört zu jener Kategorie von Adverbien, die sowohl mit dem bejahenden als auch mit dem verneinenden Prädikat verwendet werden können, aber mit unterschiedlichen Bedeutungen (vgl. 2.3.2). Hingegen gehört das Adverb **metta ni**

---
[9] Die TE-**iru**-Form wird in Lektion 7 genauer erklärt.

(めったに / 滅多に) zu der Gruppe der Adverbien, die nur in Verbindung mit dem verneinenden Prädikat verwendet werden können (vgl. 2.3.1). Die folgende Tabelle zeigt ihre Verwendungen und Bedeutungen:

Table 29: Die Verwendung der Adverbien *mou* (もう) und *metta ni* (滅多に)

Adverbien	Bejahungssatz	Verneinungssatz
mou	*bereits*	*nicht mehr, nie mehr*
	Mou ano hito ni ai-mashita.	Mou ano hito ni ai-masen.
	もうあの人に会いました。	もうあの人に会いません。
	Ich habe ihn/sie bereits getroffen.	*Ich werde ihn/sie nie mehr sehen.*
metta ni	keine Verwendung	*selten, kaum*
		Ano hito ni metta ni ai-masen.
		あの人に滅多に会いません。
		Ich sehe ihn/sie kaum.

5.4 Rektion des Kasus und die Bewegungsverben

Nach semantischen Kriterien (*Weggang*, *Über-* bzw. *Durchgang*, *Ankunft* bzw. *Eintreten*) können aus japanischen Verben *Bewegungsverben* herausgewonnen werden. Sie alle teilen die Grundbedeutung (das Semem) der Fortbewegung. Die postpositionale Kasusmarkierung des Ortes, an dem diese Fortbewegung stattfindet, steht in fester Beziehung zu der Art der o. a. Fortbewegung (Rektion). Folgende Tabelle zeigt diese Kasus-Verb-Beziehung.

1. <u>Beispiele für den Weggang</u>

    Densha **o** ori·ru. (電車を降りる。/ *aus der Bahn aussteigen*)
    Kuni **o** de·ru. (国を出る。/ *die Heimat verlassen*)

2. <u>Beispiele für den Übergang/Durchgang</u>

    Sora **o** tob·u (空を飛ぶ。/ *am Himmel fliegen*)
    Toukyou no joukuu **o** tob·u (東京の上空を飛ぶ。/ *über die Stadt Tokyo fliegen*)
    Michi **o** aruk·u (道を歩く。/ *auf der Straße gehen*)
    Kousoku **o** hashir·u (高速を走る。/ *auf der Autobahn fahren*)
    Kouen **o** toor·u (公園を通る。/ *durch den Park gehen*)
    Kono heya **o** toor·u (この部屋を通る。/ *durchs Zimmer gehen*)
    Kouen **o** sanpo-suru. (公園を散歩する。/ *im Park spazieren gehen*)
    Itaria **o** ryokou-suru. (イタリアを旅行する。/ *in Italien reisen*)

3. <u>Beispiele für die Ankunft/das Eintreten</u>

    Eki **ni** tsuk·u (駅に着く。/ *am Bahnhof ankommen*)
    Yama **ni** nobor·u (山に登る。/ *auf den Berg steigen*)
    Ki **ni** nobor·u (木に登る。/ *auf den Baum klettern*)

5.5 Postpositionen der Lektion 5
5.5.1 PP *de* (で) als Markierer des Handlungsortes
Mit der PP **de** (で) wird der Handlungsort markiert.

Lektion 5　　　　　　　　　　Grammatik　　　　　　　　　　　　195

Table 30: Das Abhängigkeitsverhältnis der postpositionalen Satzglieder und der Verben

Satzglied: < Ort + PP >	Bewegungsverben und ihre Bedeutungen
(Ort) **o**	**Weggang** de·ru (出る /ausgehen, verlassen, absolvieren) ori·ru (降りる /aussteigen [Auto, Fahrstuhl, Bahn u. dgl.], absteigen [Fahrrad])
(Ort) **o**	**Übergang/Durchgang** toor·u (通る /durchgehen durch ..., -fahren durch ..., -fliegen über ...; fahren auf/in ...) tob·u (飛ぶ /fliegen an/in ...) aruk·u (歩く /gehen auf ...) nobor·u (上る /hochgehen [Treppen]) watar·u (渡る /überqueren [Fluss, Straße, Brücke]) sanpo-suru (散歩する /spazieren gehen in ...) hashir·u (走る /laufen auf ..., rennen auf ..., fahren auf ...)
(Ort) **ni**	**Ankunft/Eintreten** hair·u (入る /eintreten in ..., betreten) tsuk·u (着く /ankommen an/in ...) nobor·u (登る /steigen, klettern auf [Berge, Baum]),

Gakusei wa kono heya **de** Nihon-go o benkyou shi-masu.
学生はこの部屋で日本語を勉強します。
Die Studierenden lernen in diesem Raum Japanisch.

5.5.2　PP *o* (を) zur Markierung des Ortes, den man verlässt

Der Ort, den man verlässt, wird durch die PP **o** (を) markiert. Die PP **o** (を) in dieser Funktion wird in Verbindung mit den Bewegungsverben (siehe 5.4 und Tabelle 30) verwendet.

Gakusei wa kono heya **o** de-masu.
学生はこの部屋を出ます。
Die Studierenden verlassen diesen Raum.

Gakusei wa daigaku **o** de-masu.
学生は大学を出ます。
Studierende absolvieren das Studium an der Universität. (Wortwörtlich: Studierende verlassen die Universität.)

5.5.3　PP *o* (を) zur Markierung des Übergangs- bzw. Durchgangsortes

Der Ort, den man durchschreitet, -fährt oder -fliegt, wird mittels der PP **o** (を) markiert. Bei einigen Verben wie z. B. **sanpo-suru** (散歩する /spazieren gehen) oder **ryokou-suru** (旅行する /reisen) steht die Grundbedeutung (das Semem: kleinste Bedeutungskomponente) von Durchgang bzw. Übergang nicht im Vordergrund; sie drücken stattdessen Handlungen im neutralen Sinne aus. Die PP **o** (を) in dieser Funktion wird mit den Bewegungsverben (siehe 5.4 und Tabelle 30) verwendet. Der Kasus, der den Übergang bzw. den Durchgang markiert, wird *Perlativ* genannt.

Kuruma ga kono mon o toori-masu.
車がこの門を通ります。
Ein Auto fährt durch das Tor hindurch.

Onna no hito ga kouen o sanpo-shi-masu.
女の人が公園を散歩します。
Eine Frau macht im Park einen Spaziergang.

Otouto wa Supein o ryokou-shi-masu.
弟はスペインを旅行します。
Mein (jüngerer) Bruder bereist Spanien.

5.5.4 PP *ni* (に) zur Markierung des Ortes, den man betritt
Der Ort, den man betritt, wird durch die PP **ni** (に) markiert. In diesem Fall werden die Bewegungsverben (siehe 5.4 und Tabelle 30) verwendet. Der Kasus, der den Ankunftsort bzw. den Ort, in den man sich hineinbewegt, markiert, wird *Illativ* genannt.

Neko ga heya **ni** hairi-masu.
猫が部屋に入ります。
Eine Katze kommt/geht/läuft in das Zimmer.

Musuko ga daigaku **ni** hairi-mashita.
息子が大学に入りました。
Mein Sohn fing mit dem Studium an der Universität an. (Wortwörtlich: Mein Sohn betrat die Universität.)

Ein Seminarraum an einer japanischen Universität

6 Grammatik der Lektion 6

Lektion 6 behandelt hauptsächlich die Vergangenheitsform der Prädikate < N + **da/dearu/desu** >, < KD + **da/dearu/desu** > und < **i**-Adjektiv > (siehe 4.3). Die japanische Zeitstufe *Vergangenheit* deckt alle drei Vergangenheitsformen des Deutschen, die Tempora *Präteritum*, *Perfekt* und *Plusquamperfekt*, ab; sie alle werden mit dem HV **ta** (た) ausgedrückt (siehe 6.1). Die Postpositionen, die in dieser Lektion vorkommen (siehe 6.2), sind die kasusmarkierenden Postpositionen **to** (と) und **ni** (に) sowie die konjunktionalen (satzverbindenden) Postpositionen **ga** (が) und **kara** (から). In Lektion 6 wird zudem der Ausdruck eines Zwecks, nämlich < V2 + **ni** + **iku/kuru/kaeru** >, vorgestellt (siehe 6.3).

6.1 Die Vergangenheitsformen der Prädikate

Die Vergangenheitsform der oben erwähnten Prädikate im **desu-masu**-Stil werden in dieser Lektion behandelt: < N + **desu** >, < KD + **desu** > und < K + **desu** >.

6.1.1 Prädikate: < N + *desu* > und < KD + *desu* >

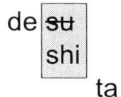

Beide Prädikate enthalten gleichermaßen das HV **desu** (です), welches zwei Funktionen aufweist: Ausdruck einer definitiven Aussage sowie von Höflichkeit. Die Vergangenheitsform wird dadurch gebildet, dass man dem HV **desu** (です) das HV **ta** (た) zum Ausdruck des Präteritums bzw. des Perfekts nachstellt: < desu + ta >→< deshita >.

de ~~su~~ →HV zur definitiven Aussage und zum Ausdruck von Höflichkeit
shi →flexivische Änderung
ta →HV zum Ausdruck des Präteritums bzw. des Perfekts

Kyou wa getsu-youbi desu. Kinou wa nichi-youbi **deshita**.
今日は月曜日です。きのうは日曜日でした。
Heute ist Montag. Gestern war Sonntag.

Die verneinende Vergangenheitsform des Prädikats < N/KD + **desu** > wird dadurch gebildet, dass man dessen Präsens-Verneinungsform (< N/KD + **de wa arimasen** >) die Vergangenheitsform des HV **desu** (です), nämlich **deshita** (でした), nachstellt: < N/KD + **de wa arimasen deshita** >.

Kinou wa getsu-youbi de wa arimasen deshita.
きのうは月曜日ではありませんでした。
Gestern war nicht Sonntag.

Tabelle 31: Vergangenheitsform der Prädikate < N + *desu* > und < KD + *desu* >

	Bejahung		Verneinung	
G	N1 wa N2/KD	desu	N1 wa N2/KD de wa arimasen	
V	N1 wa N2/KD	deshita	N1 wa N2/KD de wa arimasen	deshita

G: Gegenwart; V: Vergangenheit

6.1.2 Prädikat: < Keiyoushi-Adjektiv >

Die Flexionsänderungen für die Vergangenheit und die Negation werden an der Endung des K-Adjektivs, nämlich am Vokal [i], vorgenommen.

taka· |i|
      |kat| →K-Adjektiv: *teuer*
         ta   →flexivische Änderung
              →HV zum Ausdruck des Präteritums bzw. des Perfekts

Kono tokei wa takakatta desu.
この時計は高かったです。
Die/Diese Uhr war teuer.

Die Negation des K-Adjektivs wird mit dem HV **na·i** (ない) gebildet, welches die Keiyoushi-Flexion aufweist (siehe Tabelle 60).

na· |i|
    |kat| →HV zur Negation
       ta   →flexivische Änderung
            →HV zum Ausdruck des Präteritums bzw. Perfekts

Die Verneinung des K-Adjektivs **taka·i** (高い /*teuer*) wird dadurch gebildet, dass man ihm das HV **na·i** zur Negation nachstellt (siehe 2.1.1.2): < **taka·i** + **na·i** >→< **taka·ku·na·i** >. Man bildet seine Vergangenheitsform, indem man ihm das HV **ta** (た) nachstellt: < **taka·i** + **na·i** + **ta** >→< **taka·ku·na·kat·ta** >. Da wir bis Lektion 8 den **desu-masu**-Prädikatsstil (siehe 4.2) verwenden, wird ferner an dieser Form das HV **desu** (です) zum Ausdruck von Höflichkeit angehängt: < **taka·i** + **na·i** + **ta** + **desu** >→< **taka·ku·na·kat·ta·desu** >.

Kono tokei wa takaku nakatta desu.
この時計は高くなかったです。
Die/Diese Uhr war nicht teuer.

Bei den K-Adjektiven gibt es bei ihrer Verneinung eine weitere Möglichkeit, wenn sie im **desu-masu**-Stil ausgedrückt werden (siehe 2.1.1.2): **taka·ku·ari·mase·n** (高くありません). In diesem Fall wird dem Ausdruck **taka·ku·ari·mase·n** das HV **desu** (です) in der Vergangenheit, nämlich **deshita** (でした), hinzugefügt: < **taka·i** + **ar·u** + **masu** + **n**+ **desu**+ **ta** >→< **taka·ku·ari·mase·n·deshi·ta** >.

Kono tokei wa takaku arimasen deshita.
この時計は高くありませんでした。
Die/Diese Uhr war nicht teuer.

Tabelle 32 zeigt mit dem K-Adjektiv **taka·i** (高い /*teuer*) die Vergangenheitsformen des K-Adjektivs auf:

6.2 Postpositionen der Lektion 6
6.2.1 Die kasusmarkierende PP *to* (と) zur Kennzeichnung desjenigen, der die Rolle des Partners einnimmt: Komitativ

Ein Partner/Eine Partnerin, mit dem/der man etwas unternimmt, wird mit der PP **to** (と) markiert.

Anata **to** dansu-suru.
あなたとダンスする。
Ich tanze mit Ihnen.

Lektion 6　　　　　　　　　　　Grammatik　　　　　　　　　　　　　199

Tabelle 32: Vergangenheitsform des Prädikats < K + *desu* >

		Bejahung				Verneinung	
G	N wa taka·	i	desu	G	N wa takaku na·	i	desu
V	N wa taka·	kat·ta	desu	V	N wa takaku na·	kat·ta	desu
				G	N wa takaku arimasen		
				V	N wa takaku arimasen	deshi·ta	

G: Gegenwart; V: Vergangenheit

6.2.2 Die konjunktionale PP *ga* (が) zum Ausdruck eines Gegensatzes: Adversativ

Mit der PP **ga** (が), welche die adversative Bedeutung *aber* oder *obwohl* ausdrückt, können Haupt- (HS) und Nebensätze (NS) miteinander verbunden werden. Das folgende Diagramm zeigt den Unterschied in der Satzstellung und in der Position der Konjunktionen zur Verbindung von HS und NS zwischen dem Deutschen und dem Japanischen.

Diagramm 6: Satzstellung des Haupt- und Nebensatzes im Deutschen und Japanischen 1

Japanisch	Deutsch
NS **ga**,　　HS.	HS, **aber** NS.　　oder　　**Obwohl** NS, HS.
Nachstellung	Voranstellung

Sowohl die japanische konjunktionale PP **ga** (が) im Sinne von *aber* bzw. *obwohl* als auch die deutschen Konjunktionen *aber* und *obwohl* beziehen sich auf den Nebensatz. Der Unterschied besteht darin, dass die japanische PP **ga** (が) dem NS nachgestellt wird, während man die deutschen Konjunktionen dem NS voranstellt. Hier sieht man kontrastiv die **post**-positionalen und **prä**-positionalen Satzstrukturen der beiden Sprachen.

Kinou wa samukatta desu **ga**, pûru de oyogi-mashita.
昨日は寒かったですが、プールで泳ぎました。
Gestern war es kalt, aber ich bin trotzdem im Schimmbad geschwommen.

6.2.3 PP *wa* (は) zur Kontrasthervorhebung: < ... *wa* ..., ... *wa* ... >

Zwei Gegensätze können mit der PP **wa** (は) kontrastiv hervorgehoben werden (vgl. 3.1.3). Als Gegensätze können Subjekte, lokale bzw. temporale Angaben oder sonstige Angaben kontrastierend dargestellt werden.

1. Subjekt als Kontrast

    Watashi **wa** gakusei desu ga, ano hito **wa** kaisha-in desu.
    私は学生ですが、あの人は会社員です。
    Ich bin Student/Studentin, aber er/sie ist Angestellter/Angestellte.

2. Richtungsangabe als Kontrast

    Girisha ni **wa** iki-masu ga, Toruko ni **wa** iki-masen.
    ギリシャには行きますが、トルコには行きません。
    Zwar fahre ich nach Griechenland, aber nicht in die Türkei.

3. Zeit als Kontrast

Kinou **wa** ii tenki deshita ga, kyou **wa** ame desu.
きのうはいい天気でしたが、きょうは雨です。
Gestern war das Wetter schön, aber heute regnet es.

6.2.4 Die konjunktionale PP *kara* (から) zum Ausdruck eines Grundes: Kausal

Ein Grund bzw. eine Ursache für etwas, das in Form eines oder mehrerer Sätze formuliert wird, kann mit der konjunktionalen PP **kara** (から) markiert werden. Was die Satzstellung und die Position der Konjunktionen zur Verbindung von Haupt- und Nebensätzen betrifft, gilt die Regel, die in 6.2.2 erwähnt worden ist.

Diagramm 7: Satzstellung des Haupt- und Nebensatzes im Deutschen und Japanischen 2

Japanisch	Deutsch		
NS **kara**, HS. ↺	HS, **weil** NS. HS, **denn** NS. ↺	oder	**Weil** NS, HS. ↺
Nachstellung	Voranstellung		

Kyou wa ame desu **kara**, pûru ni iki-masen.
きょうは雨ですから、プールに行きません。
*Ich gehe nicht zum Schwimmbad, **weil** es heute regnet.*
*Ich gehe nicht zum Schwimmbad, **denn** es regnet heute.*
***Weil** es heute regnet, gehe ich nicht zum Schwimmbad.*

6.2.5 Die kasusmarkierende PP *ni* (に) zum Ausdruck eines Zwecks: Final

Die PP **ni** (に) kann einen Zweck markieren (siehe 6.3 und 8.4.3).

Kekkon-shiki **ni** kimono o kiru.　　　Machi ni kaimono **ni** iku.
結婚式に着物を着る。　　　　　　　　町に買い物に行く。
Zur Hochzeit trage ich einen Kimono.　*Ich gehe zum Einkaufen in die Stadt.*

6.3 Die Satzstruktur < V2 + *ni* + *iku*/*kuru*/*kaeru* >

In Verbindung mit den Verben **ik·u** (行く /hingehen, -fahren, -fliegen), **kuru** (来る / kommen) und **kaer·u** (帰る /nach Hause gehen, zurückkehren) kann das Satzglied < V2 + **ni** > verwendet werden, um die finale Bedeutung von *um zu ...*, *so dass ...* oder *damit ...* auszudrücken. Die PP **ni** (に) hat hier eine finale Funktion (siehe 6.2.5).

CD o kai **ni** machi no denki-ten ni iku.
CDを買いに町の電器店に行く。
Ich gehe in das Elektrogeschäft in der Stadt, um CDs zu kaufen.

Takusan no kankou-kyaku ga kono machi o kenbutsu-shi ni ki-mashita.
たくさんの観光客がこの町を見物しに来ました。
Viele Touristen sind gekommen, um diese Stadt zu besichtigen.

Watashi wa hiru-gohan o tabe ni uchi ni kaeri-masu.
私は昼ご飯を食べに家に帰ります。
Ich gehe nach Hause, um zu Mittag zu essen.

7 Grammatik der Lektion 7

Die Lektion 7 behandelt vorwiegend die sogenannte TE-Form der verbalen Flexion, welche im Japanischen neben der V1-V6-Flexion (siehe 4.1 — 4.1.1.3) der zweite Grundtyp der verbalen Flexion bildet. Mit dieser Flexionsart werden verschiedenste Satzstrukturen gebildet. Lektion 7 stellt drei solche Satzstrukturen vor: die TE-**iru**-Form (siehe 7.3), die TE-**kara**-Form (siehe 7.5) sowie die TARI-TARI-**suru**-Satzstruktur (siehe 7.6.1). Die Kategorisierung der japanischen Verben nach dem semantischen Kriterium *statisch* oder *dynamisch* wird ebenfalls vorgestellt (siehe 7.8).

7.1 TE-Form

Die TE-Form wird in der japanischen Linguistik **onbin-kei** (音便形) genannt. Sie wird bei den vokalischen und unregelmäßigen Verben dadurch gebildet, dass man der V2-Form die konjunktionale PP **te** (て) nachstellt: **mi·te** (見て), **tabe·te** (食べて), **shi·te** (して) und **ki·te** (来て). Bei den konsonantischen Verben zeigen sich jedoch phonologisch abweichende Formen, die erst in der Heian-Zeit (8. bis 12. Jh.) entstanden und im Laufe der Kamakura (12. bis 14. Jh.) und Muromachi-Zeit (14. bis 17. Jh.) voll entwickelt worden sind.[11] Die Tabelle 33-2 in 7.1.1.2 verdeutlicht diese phonologischen Abweichungen. Die TE-Form der Prädikate < K-Adjektiv > und < N/KD **da/dearu/desu** > wird ebenfalls in 7.1.1.4 und 7.1.1.5 erläutert.

7.1.1 Morphologie

Im Folgenden wird gezeigt, wie die TE-Form je nach Prädikatsart (< Verben >, < K-Adjektiv > und < N/KD + **da/dearu/desu** > gebildet werden kann.

7.1.1.1 TE-Form der vokalischen Verben

Die TE-Form der vokalischen Verben wird dadurch gebildet, dass man der V2-Form der Verben die konjunktionale PP **te** (て) nachstellt: < V2 + TE >.

Tabelle 33-1: TE-Flexionsart der vokalischen Verben

V3	V2	TE-Form: < V2 + TE >
mi·ru (見る)	mi (見)	mi·te (見て)
tabe·ru (食べる)	tabe (食べ)	tabe·te (食べて)

7.1.1.2 TE-Form der konsonantischen Verben

Die TE-Form der konsonantischen Verben gliedert sich nach dem Kriterium der Stammendung in sechs verschiedene Untergruppen: **k** [k], **g** [g], **s** [s], **b** [b]/**m** [m]/**n** [n], **ts** [ts]/**r** [r] und Vokale [a]/[i]/[ɯ]/[o]. Der Stamm der Verben, die der fünften Gruppe angehören, endet mit einem Vokal; das ist auf eine phonologische Änderung zurückzuführen, bei der der Konsonant [ɯ] im Laufe der Sprachentwicklung getilgt worden ist (siehe Tabelle 33-2; vgl. Tabellen 24-2 — 24-5 in 4.1.1.2).

7.1.1.3 TE-Form der unregelmäßigen Verben

Die TE-Form der unregelmäßigen Verben wird dadurch gebildet, dass man der V2-Form die konjunktionale PP **te** (て) nachstellt (siehe Tabelle 22-3).

7.1.1.4 TE-Form des K-Adjektivs

Die TE-Form des K-Adjektivs wird dadurch gebildet, dass man dem Stamm des K-

---

[11] Kitahara, Yasuo et al. (1988): *Nihon-bunpô-jiten*. Tokyo: Yûseidô. 4. Auflage. S. 71.

Tabelle 33-2: TE-Flexionsart der konsonantischen Verben

1) -**k**-Endung	ka **k** u 　　 **i** + TE	kak·u (書く / *schreiben*) ka·i·te (書いて)
2) -**g**-Endung	oyo **g** u 　　 **i** + DE	oyog·u (泳ぐ / *schwimmen*) oyo·i·de (泳いで)
3) -**s**-Endung	hana **s** u 　　 **shi** + TE	hanas·u (話す / *sprechen*) hana·shi·te (話して)
4) -**b/m/n**-Endung	to **b** u 　 **n** + DE yo **m** u 　 **n** + DE shi **n** u 　 **n** + DE	tob·u (飛ぶ / *fliegen*) to·n·de (飛んで) yom·u (読む / *lesen*) yo·n·de (読んで) shin·u (死ぬ / *sterben*) shi·n·de (死んで)
5) -**ts/r**-Endung	ma **ts** u 　 **t** + TE kaza **r** u 　 **t** + TE	mats·u (待つ / *warten*) ma·t·te (待って) kazar·u (飾る / *schmücken*) kaza·t·te (飾って)
6) -**Vokal**-Endung	ka 　 u 　 **t** + TE	ka·u (買う / *kaufen*) ka·t·te (買って)

Tabelle 33-3: TE-Flexionsart der unregelmäßigen Verben

V3	V2	TE-Form: < V2 + TE >
suru (する) kuru (来る)	shi (し) ki (来)	shi·te (して) ki·te (来て)

Adjektivs die konjunktionale PP **te** (て) nachstellt; dabei entsteht eine flexivische Änderung: < K-Stamm + **ku** + TE >. Folgende Darstellung zeigt dies mit Hilfe des K-Adjektivs **aka·i** (赤い / *rot*).

　　aka· **i**　　→ das i-Adjektiv **aka·i** (赤い / *rot*)
　　　　 ku　→ flexivische Änderung
　　　　te 　→ die konjunktionale PP **te** (て)

7.1.1.5 TE-Form des Prädikats < N/KD + *da/dearu/desu* >

Die TE-Formen der jeweiligen Hilfsverben zur definitiven Aussage (**da/dearu/desu**), sind **de/deatte/deshite** (で / であって / でして). Unter diesen drei Möglichkeiten wird die TE-Form des HV **da** (だ), nämlich **de** (で), am häufigsten verwendet. **Deat·te** (であって) und **deshi·te** (でして) sind sehr formell; ferner wird **deshi·te** (でして) in der gesprochenen Sprache bei sehr formeller Rede verwendet. Morphologisch betrachtet ist **deat·te** (であって) eine Zusammensetzung vom HV **da** (だ) und dem Verb **ar·u** (ある), so dass **at·te** (あって) die TE-Form des Verbs **ar·u** (ある) darstellt.

de su → das HV zur definitiven und höflichen Aussage
  shi → flexivische Änderung
  te → die konjunktionale PP **te** (て)

Tabelle 34: TE-Flexionsformen der Hilfsverben *da* (だ), *desu* (です) und *dearu* (である)

HV	TE-Form
da (だ)	de (で)
de·su (です)	de·shi·te (でして)
de·ar·u (である)	de·a·t·te (であって)

7.1.2 Semantische Funktionen der TE-Form

Die TE-Form hat verschiedene semantische Funktionen, so dass der Kontext entscheidet, in welcher Bedeutung sie im Satz verwendet worden ist. Lektion 7 stellt einige dieser Funktionen vor.

7.1.2.1 Konsekutiv: *und danach*

Durch die TE-Form wird die zeitliche Reihenfolge ausgedrückt.

Kinou wa hon o yon**de**, ronbun o kaita.
昨日は本を読んで論文を書いた。
Gestern las ich Bücher und schrieb danach eine (wissenschaftliche) Arbeit.

Ike o mawat**te**, benchi ni koshi-kaketa.
池を回ってベンチに腰掛けた。
Ich ging um den Teich herum und setzte ich mich dann auf die Bank.

Man kann mit der TE-Form aufeinander folgende Handlungen ausdrücken, indem man die Nebensätze (NS) mit der TE-Form verbindet. Die Reihenfolge der Handlungen ist konsekutiv.

| NS (...TE) | , | NS (...TE) | , | NS (...TE) | , (...,) | HS (Hauptsatz) |

Kyou no asa wa, daigaku ni it**te**, toshokan de hon o sagashi**te**, kari-dashita.
今日の朝は、大学に行って、図書館で本を捜して、借り出した。
Heute morgen ging ich zur Universität, suchte in der Bibliothek Bücher und lieh sie aus.

7.1.2.2 Kopulativ: *und*

Die Sätze können mit der TE-Form verbunden werden; ein Nebensatz kann mit einem Hauptsatz verbunden werden, indem man das Prädikat des Nebensatzes in die TE-Form umformt.

1. Prädikat < Verb >

    Ano hito wa ima shiken no junbi o shite-i**te**, jikan ga nai.
    あの人は今試験の準備をしていて、時間がない。
    Er/Sie macht jetzt eine Prüfungsvorbereitung und hat (deshalb) keine Zeit.

2. Prädikat < K-Adjektiv >

    Asoko no resutoran wa yasuku**te** oishii.
    あそこのレストランは安くて美味しい。
    Das Restaurant dort ist billig und gut.

3. Prädikat < N + **da** >

   Ano hito wa Doitsu-jin **de**, Nihon-gaku no gakusei da.
   あの人はドイツ人で日本学の学生だ。
   Er/Sie ist ein Deutscher/eine Deutsche, und ein Studierender/eine Studierende der Japanologie.

   Kono hon wa Nihon-go no handobukku **de**, nedan mo yasui.
   この本は日本語のハンドブックで、値段も安い。
   Das ist ein japanisches Handbuch, und der Preis ist auch niedrig.

4. Prädikat < KD + **da** >

   Ano hito wa yuumei **de**, shiranai hito wa inai.
   あの人は有名で知らない人はいない。
   Er/Sie ist berühmt, und jeder kennt ihn/sie. (Wortwörtlich: Er/Sie ist berühmt und Menschen, die sie/ihn nicht kennen, gibt es nicht.)

   Kono handobukku wa benri **de**, tsukai-yasui.
   このハンドブックは便利で、使い易い。
   Das Handbuch ist praktisch, und es ist leicht zu benutzen.

7.1.2.3 Modal (Art und Weise)

Die TE-Form kann auch als eine modale Angabe fungieren.

Arui**te** eki ni iku.
歩いて駅に行く。
Zu Fuß gehe ich zum Bahnhof.

Yorokon**de** kono shigoto o hiki-ukeru.
喜んでこの仕事を引き受ける。
Mit Freude nehme ich diese Arbeit an.

Kodomo-tachi wa hashi**tte** uchi ni kaeru.
子供達は走って家に帰る。
Die Kinder kehren rennend nach Hause zurück. (Die Kinder laufen nach Hause.)

7.2 Die Satzstruktur < TE-*iru* > und ihre semantischen Funktionen

Das verbale Kompositum bestehend aus der TE-Form des Verbs und dem Verb **ir·u** (いる /*da sein*) drückt verschiedene Bedeutungen aus: Aspekt[12] (Progressiv), Aspekt (Zustand), Aspekt (Gewohnheit/Angewohnheit), Aspekt (Kontinuität) und Attributiv (Eigenschaft).

7.2.1 Progressiv

Mit der TE-**iru**-Form wird auch eine Handlung oder ein Ereignis, das gegenwärtig stattfindet, zum Ausdruck gebracht. Das entspricht der englischen Verlaufsform *be ...ing*.

Ima hon o yonde-iru.
今本を読んでいる。
Im Moment lese ich ein Buch. / I'm reading a book.

---

[12] Der Begriff *Aspekt* bezeichnet in der Linguistik unterschiedliche Zeitabläufe bzw. Phasen von Vorgängen, die durch verschiedene Verbformen zum Ausdruck gebracht werden: Inchoativ (Beginn), Terminativ (Ende), Perfektiv (vollendet), Progressiv (im Gange) usw.

Kuruma ga <u>hashitte-iru</u>.
車が走っている。
Ein Auto fährt gerade. / A car is running.

7.2.2 Resultativ (Zustand)
Ein Zustand, der aus einer Handlung bzw. einem Ereignis zustande gekommen ist, wird mit der TE-**iru**-Form ausgedrückt. Dies entspricht dem deutschen Zustandspassiv.

Doa ga <u>aite-iru</u>.
ドアが開いている。
Die Tür ist geöffnet.

Tokei ga <u>kowarete-iru</u>.
時計が壊れている。
Die Uhr ist kaputt.

7.2.3 Gewohnheit/Angewohnheit
Eine Gewohnheit kann entweder mit der Form < TE-**iru** > oder der verbalen Flexionsstufe < V3 > ausgedrückt werden. Der Unterschied zwischen den beiden Formen liegt darin, dass die Aussage mit der Form < TE-**iru** > impliziert, dass man irgendwann eine Gewohnheit angenommen hat und sie ***heute noch*** hat. Daher gebraucht man oft bei der TE-**iru**-Form zum Ausdruck einer Gewohnheit temporal begrenzende Bestimmungen wie z. B. **saikin** (最近 /*in letzter Zeit*) oder adverbiale Bestimmungen, die einen Anfangszeitpunkt wie z. B. **sengetsu kara** (先月から /*seit letztem Monat*) u. ä. andeuten.

Watashi wa saikin mai-asa <u>sanpo-shite-i-masu</u>.
私は最近毎朝散歩しています。
Ich mache in letzter Zeit jeden Morgen einen Spaziergang.

Der Ausdruck einer gewohnheitsmäßigen Handlung durch die Form < V3 > besagt lediglich, dass etwas eine Gewohnheit ist, und weiter nichts. Diese Form wird deshalb auch verwendet, wenn eine allgemeingültige Gewohnheit eines Volkes u. dgl. ausgedrückt werden soll.

Doitsu-jin wa yoku <u>sanpo-suru</u>.
ドイツ人はよく散歩する。
Die Deutschen gehen oft spazieren.

7.2.4 Kontinuität
Mit der TE-**iru**-Form kann auch die Kontinuität einer Handlung bzw. eines Geschehnisses ausgedrückt werden.

Takusan no hito ga sensou de <u>shinde-iru</u>.
たくさんの人が戦争で死んでいる。
Durch Kriege sind viele Menschen ums Leben gekommen.

7.2.5 Attributiv (Eigenschaft)
Die TE-**iru**-Formen bestimmter Verben stellen Eigenschaften dar, und werden daher als adjektivische Prädikate verwendet (siehe die Tabelle 35). Viele von ihnen werden ausschließlich in der TE-**iru**-Form verwendet.

Tabelle 35: TE-*iru*-Formen der Verben als Adjektive

V3	TE-**iru**-Form	deutsche Bedeutung
futor·u (太る)	futo·t·te-i·ru (太っている)	*korpulent sein*
koe·ru (肥える)	koe·te-i·ru (肥えている)	*nährstoffreich sein (Boden)*
magar·u (曲がる)	maga·t·te-i·ru (曲がっている)	*gebogen sein*
ni·ru (似る)	ni·te-i·ru (似ている)	*ähneln, ähnlich sein*
sobie·ru (聳える)	sobie·te-i·ru (聳えている)	*aufragen (Türme)*
teki-su (適す)	teki-shi·te-i·ru (適している)	*geeignet sein*
togar·u (尖る)	toga·t·te-i·ru (尖っている)	*spitz sein*
yaser·u (痩せる)	yase·te-i·ru (痩せている)	*dünn sein (Menschen, Tiere)*

Kono enpitsu wa <u>togatte-iru</u>.
この鉛筆は尖っている。
Der/Dieser Bleistift ist spitz.

Kono sen wa <u>magatte-iru</u>.
この線は曲がっている。
Die/Diese Linie ist krumm.

Watashi wa haha ni <u>nite-iru</u>.
私は母に似ている。
Ich ähnele meiner Mutter.

Kono neko wa <u>futotte-iru</u>.
この猫は太っている。
Die/Diese Katze ist dick.

7.3 Gegenwarts- und Vergangenheitsform der TE-*iru*-Form

Das Tempus, die Bejahung/Verneinung sowie der Prädikatsstil (entweder der **da-dearu**-Stil oder der **desu-masu**-Stil) werden am zweiten Kompositionsglied **i·ru** (いる) vorgenommen.

Tabelle 36: TE-*iru*-Formen der Verben in der Bejahung/Verneinung sowie im *desu-masu*- und *da-dearu*-Stil

	Bejahung		Verneinung	
	da-dearu-Stil	desu-masu-Stil	da-dearu-Stil	desu-masu-Stil
G	TE-i·ru	TE-i·masu	TE-i·na·i	TE-i·mase·n
V	TE-i·ta	TE-i·mashi·ta	TE-i·na·kat·ta	TE-i·mase·n deshi·ta

7.4 Besonderheit des Verbs *shir·u* (知る / *wissen, kennen*)

Die Flexion des Verbs **shir·u** (知る / *wissen, kennen*) weist eine Besonderheit auf; es verwendet bei seinem bejahenden und interrogativen Prädikat die TE-Form-Flexion, aber bei seiner Negation die V2-Form der V1-V6-Verbflexion.

Bejahung:	shitte-imasu (知っています)
Frage:	shitte-imasu ka (知っていますか)
Verneinung:	shiri-masen (知りません)

7.5 Die Satzstruktur < TE-*kara* > zum Ausdruck von Vorzeitigkeit

Dass eine Handlung vor einer anderen Handlung ausgeführt wird, kann ausgedrückt werden, indem man zuerst das verbale Prädikat des Nebensatzes in die TE-Form umformt und ihr die konjunktionale PP **kara** (から) in der ablativen Funktion zur Markierung eines Anfangs nachstellt: < TE-**kara** >. Die deutschen Entsprechungen sind *nachdem*, *seitdem*, *seit* u. ä.

Tegami o <u>kaite kara</u>, yuubinkyoku ni iku.
手紙を書いてから、郵便局に行く。
Nachdem ich einen Brief geschrieben habe, gehe ich zum Postamt.

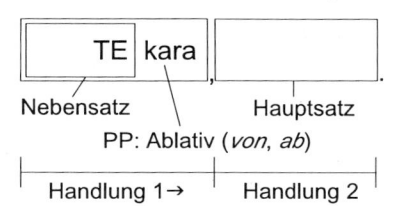

```
┌────┬────┐
│ TE │kara│
└────┴────┘
Nebensatz      Hauptsatz
     PP: Ablativ (von, ab)
  Handlung 1→    Handlung 2
```

Nihon-go no benkyou o <u>hajimete kara</u>, mou ni-nen ni naru.
日本語の勉強を始めてから、もう二年になる。
Seitdem ich mit dem Studium der japanischen Sprache angefangen habe, sind bereits zwei Jahre vergangen.

7.6 TARI-Form der Verben

Die TARI-Form flektiert wie die TE-Form (siehe Tabellen 33-1, -2 und -3 in 7.1). Anstatt der konjunktionalen PP **te** (て) bzw. ihrer phonologisch geänderten Form **de** (で) wird das Wort **tari** (たり) bzw. seine phonologisch geänderte Form **dari** (だり) verwendet: < TE→TARI > bzw. < DE→DARI >. **Tari** (たり) ist ein perfektives HV aus dem klassischen Japanisch zum Ausdruck von Abgeschlossenheit. Im modernen Japanisch wird **tari** (たり) wie eine konjunktionale PP in der kopulativen bzw. konsekutiven Funktion verwendet.[13]

Tabelle 37: TARI-Formen der Verben

1. Vokalische Verben	
V3	V2 + tari
tabe·ru (食べる /essen)	tabe·tari (食べたり)
ochi·ru (落ちる /fallen)	ochi·tari (落ちたり)

2. Konsonantische Verben	
V3	TARI-Form
kak·u (書く /schreiben)	ka·i·tari (書いたり)
oyog·u (泳ぐ /schwimmen)	oyo·i·dari (泳いだり)
hanas·u (話す /sprechen)	hana·shi·tari (話したり)
tob·u (飛ぶ /fliegen)	to·n·dari (飛んだり)
yom·u (読む /lesen)	yo·n·dari (読んだり)
shin·u (死ぬ /sterben)	shi·n·dari (死んだり)
mats·u (待つ /warten)	ma·t·tari (待ったり)
watar·u (渡る /überqueren)	wata·t·tari (渡ったり)
a·u (会う /treffen)	a·t·tari (会ったり)

3. Unregelmäßige Verben	
V3	V2 + tari
suru (する /tun, machen)	shi·tari (したり)
kuru (来る /kommen)	ki·tari (来たり)

---

[13] Die Mehrheit der Wörterbücher des modernen Japanisch klassifiziert das Wort **tari** (たり) als eine PP.

7.6.1 Die Satzstruktur < -TARI, -TARI-*suru* > zum Ausdruck einer Auflistung verschiedener Handlungen als Beispiele

Man kann mit der folgenden Satzkonstruktion verschiedene Handlungen, die man ausgeführt hat, als Beispiele aufführen. Im Gegensatz zur Auflistung verschiedener Handlungen mit der TE-Form (siehe 7.1.2.1) ist die Reihenfolge nicht unbedingt konsekutiv; es handelt sich lediglich um eine Auflistung ohne Berücksichtigung der zeitlichen Folge. Die TARI-Konstituente kann mehrmals in einen Satz eingebettet werden; am häufigsten wird sie jedoch zweimal erwähnt. Syntaktisch betrachtet sind die TARI-Konstituenten adverbiale Ergänzungen, und das Verb **suru** (する /*tun, machen*) am Ende des Satzes bildet das Prädikat.

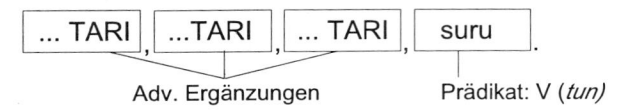

... TARI	...TARI	... TARI	suru

Adv. Ergänzungen — Prädikat: V (*tun*)

Kinou wa gorufu o shi**tari**, eiga o mi ni it**tari** shi-mashita.
昨日はゴルフをしたり映画を見に行ったりしました。
Gestern habe ich (unter anderem) Golf gespielt und bin ins Kino gegangen.

7.7 Konjunktionale Funktion der V2-Form sowie des Stamms des K-Adjektivs mit *ku*

Mit der V2-Form können Sätze verbunden werden. Im Vergleich zur Satzverbindung mit der TE-Form wirkt dies formeller.

Kono koto ni tsuite chousa-shi, kekka o houkoku-suru.
このことについて調査し、結果を報告する。
Wir untersuchen diese Angelegenheit und werden das Ergebnis berichten.

In der gleichen Weise kann man mit dem Stamm des K-Adjektivs mit der flexivischen Änderung **ku** Sätze verbinden: < Stamm des K-Adjektiv + **ku** >.

Kono hon wa omoshiro·ku, ima hyouban da.
この本は面白く、今評判だ。
Das Buch ist interessant und ist zur Zeit populär.

7.8 Statische und dynamische Verben

Die japanischen Verben können nach verschiedenen Kriterien unterteilt werden. Ein solches Kriterium ist die semantische Unterscheidung zwischen den statischen (den Zustand ausdrückenden) und den dynamischen (aktive Handlungen ausdrückenden) Verben. Tabelle 38 zeigt Beispiele der Verben, die unter diese Kategorisierung fallen.

Das Seto-Inlandssee

Tabelle 38: Statische und dynamische Verben

Statische Verben	1.	Zustandsverben: Sie drücken einen Zustand aus. **ar·u** (あ る /*dasein, sein*) **i·ru** (い る /*dasein, sein*)
	2.	Eigenschaftsverben: Sie drücken eine Eigenschaft aus. **dekir·u** (出来る /*machbar sein=können*) **ir·u** (要る /*nötig sein=benötigen*) **togar·u** (尖る) in der Form von **togat·te·i·ru** (尖っている /*spitz sein*) **wakar·u** (分かる /*verständlich sein=verstehen, begreifen*)
Dynamische Verben	1.	Kontinuitätsverben: Sie drücken eine Kontinuität aus. **hanas·u** (話す /*sprechen*) **tabe·ru** (食べる /*essen*) **yom·u** (読む /*lesen*)
	2.	Augenblicksverben: Sie drücken augenblickliche Ereignisse bzw. Geschehen aus. **kes·u** (消す /*löschen, ausschalten*); **kie·ru** (消える /*gelöscht werden, ausgeschaltet werden*)

⋏ Das *Jidai-matsuri* in Kyôto

⋎ Das *Jidai-matsuri* in Kyôto

⋎ Das *Jidai-matsuri* in Kyôto

Vokabeln zur Erweiterung: Freizeitbeschäftigungen

アイススケート	aisusukêto (5)	Schlittschuhlaufen
バドミントン	badominton (3)	Federball
バレーボール	barêbôru (4)	Volleyball
ビデオの観賞	bideo (1) no kanshou (0)	Videofilme ansehen
読書	dokusho (1)	Lesen
チェス	chesu (1)	Schach
ドライブ	doraibu (2)	Spazierfahrt
映画	eiga (0)	Filme ansehen, Kino
園芸	engei (0)	Gartenarbeit
ハングライダー	hanguraidâ (4)	Drachenfliegen
碁	go (0)	das Go (jap. Brettspiel)
ゴルフ	gorufu (1)	Golf
ジョギング	jogingu (0)	Jogging
乗馬	jouba (0)	Reiten
カラオケ	karaoke (0)	Karaoke
コンピューターゲーム	konpyûtâgêmu (7)	Computerspiel
マラソン	marason (0)	Marathon
モーターボート	môtâbôto (5)	Motorbootfahren
庭いじり	niwa-ijiri (3)	Gartenpflege
音楽	ongaku (1)	Musik
ピアノ	piano (0)	Klavierspielen
旅行	ryokou (0)	Reisen
料理	ryouri (1)	Kochen
サッカー	sakkâ (1)	Fußball
将棋	shougi (0)	das Shôgi (jap. Brettspiel)
水泳	suiei (0)	Schwimmen
水上スキー	suijou-sukî (5)	Wasserskisport
スカイダイビング	sukaidaibingu (4)	Fallschirmspringen
スキー	sukî (1)	Skifahren
スキンダイビング	sukindaibingu (4)	Tauchen (ohne Tauchanzug)
スキューバダイビング	sukyûbadaibingu (5)	Tauchen (mit Tauchanzug)
スケートボード	sukêtobôdo (5)	Skateboardfahren
卓球	takkyuu (0)	Tischtennis
トランプ	toranpu (2)	Kartenspiel
ヨット	yotto (1)	Yacht
野球	yakyuu (0)	Baseball

8 Grammatik der Lektion 8

In dieser Lektion werden die sogenannte TA-Form der Verben und die bereits in 4.2 kurz erläuterten beiden stilistisch verschiedenen Prädikatsstile, nämlich der **da-dearu**-Stil und der **desu-masu**-Stil, ausführlich behandelt.

8.1 TA-Form

Die TA-Form gehört zum Typ der verbalen TE-Form-Flexion. Sie wird daher in der gleichen Weise wie die TE-Form oder TARI-Form gebildet. Man setzt in die Tabellen 33-1, -2 und -3 in Lektion 7 anstatt TE das HV **ta** (た) bzw. seine phonologisch geänderte Form **da** (だ) ein: < TE >→< TA > bzw. < DE >→< DA >. Es handelt sich um das Hilfsverb **ta** (た), das das Präteritum oder das Perfekt ausdrückt (siehe 5.1.2 und 5.1.3).

1. Vokalische Verben

Der V2-Form wird das Hilfsverb **ta** (た) nachgestellt.

Tabelle 39-1: TA-Form der vokalischen Verben

V3	V2	TA-Form
mi·ru (見る /sehen)	mi (見)	mi·ta (見た /sah(en); gesehen haben)
tabe·ru (食べる /essen)	tabe (食)	tabe·ta (食べた /aß(en); gegessen haben)

2. Konsonantische Verben

Nach dem Kriterium des letzten Konsonanten des Stammes werden sie in sechs verschiedene Untergruppen unterteilt: -**k**, -**g**, -**s**, -**b/m/n**, -**ts** und Vokal.

Tabelle 39-2: TA-Form der konsonantischen Verben

	V3	TA-Form
1.	kak·u (書く /schreiben)	ka·i·ta (書いた)
2.	oyog·u (泳ぐ /schwimmen)	oyo·i·da (泳いだ)
3.	hanas·u (話す /sprechen)	hana·shi·ta (話した)
4.	tob·u (飛ぶ /fliegen)	to·n·da (飛んだ)
	yom·u (読む /lesen)	yo·n·da (読んだ)
	shin·u (死ぬ /sterben)	shi·n·da (死んだ)
5.	mats·u (待つ /warten)	ma·t·ta (待った)
	watar·u (渡る /überqueren)	wata·t·ta (渡った)
6.	a·u (会う /treffen)	a·t·ta (会った)

3. Unregelmäßige Verben

Der V2-Form der Verben **suru** (する /tun, machen) und **kuru** (来る /kommen) wird das Hilfsverb **ta** (た) nachgestellt.

Tabelle 39-3: TA-Form der unregelmäßigen Verben

V3	V2	TA-Form
suru (する /tun, machen)	shi (し)	shi·ta (した /tat(en); getan haben)
kuru (来る /kommen)	ki (来)	ki·ta (来た /kam(en); gekommen sein)

8.2 Ein Überblick der Prädikatsstile: *desu-masu*-Stil und *da-dearu*-Stil

Die japanischen Prädikate werden vorwiegend nach zwei stilistisch unterschiedlichen

Arten gebildet: dem **da-dearu**-Stil (だ・である体) und dem **desu-masu**-Stil (です・ます体). Unterscheidungskriterien sind, ob das Japanische gesprochen oder geschrieben wird, und zu welchem Zweck das Japanische verwendet wird (siehe Tabelle 25 in 4.2); der Gebrauch der Stile ist an Zweck und Situation gebunden, und ihre Verwendung ist nicht mit der deutschen *du-* bzw. *Sie-*Form gleichzusetzen. Man achte darauf, dass es morphologisch im **desu-masu**-Stil zwei verschiedene Negationsformen gibt. Im Folgenden werden sie nach der Prädikatsart unterteilt und kontrastiv dargestellt; Die Prädikate < N + **da/dearu/desu** > und < KD + **da/dearu/desu** > werden zusammen aufgeführt.

1. Prädikat: < N/KD + da/dearu/desu > (**ame da** [雨だ / *es regnet*]; **kirei da** [綺麗だ / *etw. ist schön*])

Tabelle 40-1: Der *desu-masu-* und der *da-dearu*-Stil der Prädikate < N/KD + *da/dearu/desu* > (G = Gegenwart; V = Vergangenheit)

		desu-masu-Stil	da-dearu-Stil
Positiv	G	ame/kirei desu	ame/kirei da
Positiv	V	ame/kirei deshi·ta	ame/kirei da·t·ta
Negativ	G	ame/kirei de wa arimasen	ame/kirei de wa na·i
Negativ	V	ame/kirei de wa arimasen deshi·ta	ame/kirei de wa na·kat·ta
Negativ	V	ame/kirei de wa na·kat·ta desu	

1) Prädikat: < N + da/dearu/desu >
   Kinou wa ame deshita ga, kyou wa ame de wa ari-masen.
   昨日は雨でしたが、今日は雨ではありません。
   Gestern hat es geregnet, aber heute regnet es nicht.

2) Prädikat: < KD + da/dearu/desu >
   Kono hana wa kirei desu ga, ano hana wa kirei de wa ari-masen.
   この花は綺麗ですが、あの花は綺麗ではありません。
   Diese Blume ist schön, aber jene Blume ist nicht schön.

2. Prädikat: < K-Adjektiv >: **ao·i** (青い / *etw. ist blau*)

Tabelle 40-2: Der *desu-masu-* und der *da-dearu*-Stil des *Keiyoushi*-Prädikats

		desu-masu-Stil	da-dearu-Stil
Positiv	G	ao·i desu	ao·i
Positiv	V	ao·kat·ta desu	ao·kat·ta
Negativ	G	ao·ku·na·i desu	ao·ku·na·i
Negativ	V	ao·ku·na·kat·ta desu	ao·ku·na·kat·ta
Negativ	G	ao·ku·ari·mase·n	
Negativ	V	ao·ku·ari·mase·n deshi·ta	

Tomato wa akai desu ga, kyuuri wa akaku arimasen.
トマトは赤いですが、キュウリは赤くありません。
Tomaten sind rot, aber Gurken sind nicht rot.

Lektion 8　　　　　　　　　　　Grammatik　　　　　　　　　　　　　213

3. Prädikat: Verben

Tabelle 40-3: Der *desu-masu-* und der *da-dearu-*Stil des verbalen Prädikats

		desu-masu-Stil	da-dearu-Stil
Positiv	G	V2 + masu	V3
Positiv	V	V2 + mashi·ta	TA-Form
Negativ	G	V2 + mase·n	V1 + na·i
Negativ	V	V2 + mase·n deshi·ta	V1 + na·kat·ta

Koko ni hon wa ari-masu ga, tokei wa ari-masen.
ここに本はありますが、時計はありません。
Hier befindet sich ein Buch, aber keine Uhr.

Beachte, dass die Verneinungsform des Verbs **ar·u** (ある/*da sein*) im **da-dearu**-Stil nicht **ar·a·na·i** ist, sondern lediglich das Hilfsverb **na·i** (ない).

Tabelle 40-4: Der *desu-masu-* und der *da-dearu-*Stil des Verbs *ar·u* (ある/*da sein*)

		desu-masu-Stil	da-dearu-Stil
Positiv	G	ari + masu	ar·u
Positiv	V	ari + mashi·ta	a·t·ta
Negativ	G	ari + mase·n	na·i
Negativ	V	ari + mase·n deshi·ta	na·kat·ta

Koko ni hon ga aru.　　　　　　Koko ni hon ga nai.
ここに本がある。　　　　　　　ここに本がない。
Hier befindet sich ein Buch.　*Hier befindet sich kein Buch.*

8.3 Adverbien mit dem Prädikat in der Negation

Manche japanische Adverbien und einige adverbiale Postpositionen stehen mit dem Prädikat im Kongruenzverhältnis, so dass sie nur in Verbindung mit einem verneinten Prädikat verwendet werden können (vgl. 2.3.2 und 5.3). Lektion 8 stellt vier solcher Adverbien und eine adverbiale Postposition vor: **kesshite** (決して/*keinesfalls*), **ichi-do-mo** (一度も/*kein einziges Mal*), < **ichi** + Zähleinheitswort + **mo** > (<一〜も>/*kein einziger ...; kein einziges ... ; keine einzige ...*), **sukoshimo** (少しも/*überhaupt nicht*) und die adverbiale PP **shika** (しか/*nur, ausschließlich*).

1. Das Adverb **kesshite** (決して/*keinesfalls*)

   Ano hito wa **kesshite** uso o tsukanai.
   あの人は決して嘘をつかない。
   Er/Sie lügt keinesfalls.

2. Das Adverb **ichi-do-mo** (一度も/*kein einziges Mal*)

   Ano hito wa **ichi-do mo** hatsugen-shinakatta.
   あの人は一度も発言しなかった。
   Er/Sie hat sich kein einziges Mal gemeldet. / Er/Sie hat kein einziges Mal gesprochen.

3. Das Adverb < **ichi**-Zähleinheitswort-**mo** > (< 一〜も > / *kein einziger* ...)
   Das Kompositum < **ichi** + Zähleinheitswort + **mo** > wird adverbial verwendet. **Ichi** ist die Zahl *Eins* und **mo** (も) ist eine adverbiale Postposition zur Markierung einer Vollständigkeit. Je nach dem, was man betonen möchte, wird das jeweilige Zähleinheitswort der Substantiva verwendet: für Bücher -**satsu** (冊), für Kühe und andere große Tiere -**tou** (頭) usw. (siehe Tabelle 12).

   Tsukue no ue ni wa **is-satsu mo** hon ga nai.
   机の上には一冊も本がない。
   Kein einziges Buch liegt auf dem Schreibtisch.

4. Das Adverb **sukoshimo** (少しも /*überhaupt nicht*)

   Kinou wa **sukoshimo** terebi o minakatta.
   昨日は少しもテレビを見なかった。
   Gestern habe ich überhaupt nicht ferngesehen.

5. Die PP **shika** (しか /*nur, ausschließlich*)
   Die PP **shika** (しか) kann allen Satzgliedern nachgestellt werden. Wenn sie jedoch den Postpositionen **ga** (が) bzw. **wa** (は) nachgestellt wird, fallen die PP **ga** (が) bzw. **wa** (は) weg: < Subjekt ~~ga~~ **shika** ... >; < Topik ~~wa~~ **shika** ... >. Wird die PP **shika** (しか) der PP **o** (を) nachgestellt, ist ihre Weglassung fakultativ: < Objekt (**o**) **shika** ... >. Bei mehreren postpositionalen Satzgliedern wird ihnen die PP **shika** (しか) nachgestellt, so dass zwei oder mehr als zwei Postpositionen aneinander gereiht werden (siehe folgende Beispiele).

   1) Zwei-wertige PP: Markierung des **ni**-Satzgliedes

      Watashi wa yoru **ni shika** benkyou-shinai.
      私は夜にしか勉強しない。
      Ich lerne nur nachts.

   2) Drei-wertige PP: Markierung des **ni-dake**-Satzgliedes

      Watashi wa haha **ni dake shika** kono koto o iwanai.
      私は母にだけしかこのことを言わない。
      Ich sage dies nur meiner Mutter.

   3) Markierung des Subjekts mit der PP **shika**

      Watashi **shika** sono koto o shiranai.
      私しかそのことを知らない。
      Ausschließlich ich weiß es. (Keiner weiß es außer mir.)

8.4 Postpositionen der Lektion 8
Postpositionen sind semantisch multifunktional. Drei neue Funktionen der kasusmarkierenden PP **ni** (に) sowie die kasusmarkierende PP **to** (と) in ihrer komparativen Funktion werden vorgestellt (vgl. 3.5.1).

8.4.1 PP *ni* (に) zur Bezeichnung des Ergebnisses einer Änderung: Resultativ
Ein Ergebnis resultierend aus einer Änderung wird durch die PP **ni** (に) markiert. Der

Fachbegriff für diesen Kasus lautet *Resultativ*. Die PP **ni** (に) in dieser Funktion wird mit den Verben, die eine Änderung darstellen, verwendet: ... **ni nar·u** (〜になる /*zu etwas werden*), **fue·ru** (〜に増える /*ansteigen auf* ...; *zunehmen auf* ...),... **ni her·u** (〜に減る /*abnehmen auf* ...), ... **ni kawar·u** (〜に変わる /*sich ändern zu* ...) usw.

Shingou ga aka kara ao **ni** kawatta.
信号が赤から青に変わった。
Die Ampel wechselte von Rot auf Grün. (Wortwörtlich: Die Ampel wechselte von Rot zu Blau.)

8.4.2 PP *ni* (に) zur Kennzeichnung eines Vergleichsobjekts: Komparativ

Die PP **ni** (に) kann ein Vergleichsobjekt kennzeichnen. Diese Kasusfunktion wird *Komparativ* genannt.

Watashi wa chichi **ni** nite-iru.
私は父に似ている。
Ich ähnele meinem Vater.

8.4.3 PP *ni* (に) zur Markierung eines Zwecks: Final

Ein Zweck kann mit der PP **ni** (に) gekennzeichnet werden: finale Funktion (siehe 6.2.5 und 6.3).

Kimono wa katsudou **ni** teki-shite-inai.
着物は活動に適していない。
Das Kimono ist für Aktivitäten nicht geeignet.

8.4.4 PP *to* (と) zur Kennzeichnung eines Vergleichsobjekts: Komparativ

Die PP **to** (と) kann wie die PP **ni** (siehe 8.4.2) ein Vergleichsobjekt markieren. Ein Vergleich mit der PP **to** (と) ist formeller als mit der PP **ni** (に).

Kono naiyou wa chousa no kekka **to** ruiji-shite-iru.
この内容は調査の結果と類似している。
Der Inhalt ist dem Untersuchungsergebnis ähnlich.

8.5 Adverbiale

Adverbiale Ergänzungen können eigenständige Satzglieder bilden (siehe 4.5). Es gibt eine Reihe solcher Adverbiale, die mit der TE-Form der Verben gebildet werden. Lektion 8 behandelt zwei Adverbiale dieser Art: < ... **ni tsuite** (〜について /*betreffend* ...; *in Bezug auf* ...; *über* ...) > und < ... **to shite** (〜として /*als* ...) >.

8.5.1 Der adverbiale Ausdruck < ... *ni tsuite* (〜について /*über* ...) >

Tsuite ist die TE-Form des Verbs **tsuk·u** (就く), dessen ursprüngliche Bedeutung *zu einer Stellung antreten* bei seiner Verwendung als Adverbial verloren gegangen ist (Grammatikalisierung). Ausgedrückt wird die Bedeutung *über* ..., *betreffend* ... u. dgl.

Chousa no kekka **ni tsuite** hanashi-au.
調査の結果について話し合う。
Wir sprechen über das Untersuchungsergebnis.

8.5.2 Der adverbiale Ausdruck < ... *to shite* (〜として /als ...) >

Die Bedeutung von *als* im Sinne von *in der Funktion von* wird mit der adverbialen Bestimmung < ... **to shite** >, bestehend aus einem **to**-Satzglied und der TE-Form des Verbs **suru** (する /*tun, machen*), zum Ausdruck gebracht.

Kono kaisha no daihyou **to shite** kaigi ni sanka-suru.
この会社の代表として会議に参加する。
Als Vertreter dieser Firma nehme ich an der Konferenz teil.

8.6 Das Pseudo-Nomen *koto* (こと／事)

Eine der vielen Funktionen des Pseudo-Nomens **koto** (こと／事) wird in Lektion 8 behandelt, nämlich in der Form < Nomen **no koto** >. Sie bedeutet *über...* und kann beim Satzaufbau als Subjekt, Objekt oder sonstiges Satzglied dort eingesetzt werden, wo ein Nomen stehen kann. Das Pseudo-Nomen **koto** wird im heutigen Gebrauch in der Regel in Hiragana geschrieben (vergleiche 10.1 und 14.6).

1. Als Subjekt

    Anata no koto ga shinpai da.
    あなたのことが心配だ。
    Ich mache mir Sorgen um Sie.

2. Als Objekt

    Ryokou no koto o kangaeru.
    旅行のことを考える。
    Ich denke an die Reise.

⊿Die *Togetsu-bashi*-Brücke in Kyoto

9 Grammatik der Lektion 9

Ab Lektion 9 werden verschiedene Satzstrukturen behandelt, die sich auf die Grundlage der bisherigen Grammatik (L1 bis L8) stützen. Vorgestellt werden deontische[14] Ausdrücke wie Bitte, Befehl, Verpflichtung, Verbot, Erlaubnis, Empfehlung/Vorschlag, Aufforderung/Bereitschaft/Angebot und „Nicht-Notwendigkeit".

9.1 Eine Bitte äußern: *Bitte ...*

Mit dem honorativen Verb **kudasar·u** (下さる /*jemand gibt dem Sprecher etwas*) kann man eine Bitte äußern. **Kudasar·u** (下さる) flektiert bis auf die V2 und V5 wie konsonantische Verben; der Lateral [r] des Stamms **kudasar** wird bei diesen Flexionsstufen getilgt (siehe Tabelle 41). Die imperative V5-Form wird mit der modalitätsausdrückenden PP **i** (い) zum Ausdruck eines Befehls gebraucht: < ... **kudasa·i** (下さい /*Bitte geben Sie mir/uns etw.!*) >. Das Verb **kudasar·u** (下さる) wird im heutigen Gebrauch in der Regel mit Hiragana geschrieben.

Tabelle 41: Flexion des honorativen Verbs *kudasar·u* (下さる /*geben*)

V1	kudasar	a	na.i (HV)
V2	kudasa~~r~~	i	masu (HV)
V3	kudasar	u	
V4	kudasar	e	ba (PP)
V5	kudasa~~r~~ ~~e~~		i (PP)
V6	kudasar	o	u (HV)

→ kudasa·i·masu (*jmd. gibt mir/uns etw.*)

→ kudasa·i (*bitte geben Sie mir/uns etw.*)

9.1.1 Bitte um einen Gegenstand: < ... *o kudasai* (～を下さい) >

Mit der Satzstruktur < ... **o kudasai** (～を下さい) > kann der Sprecher (1. Person: *ich* oder *wir*) den Gesprächspartner bitten, ihm etw. zu geben: *Bitte geben Sie mir/uns ...* . Die PP **o** (を) markiert ein syntaktisches Objekt.

	o	kudasa·i

Gyuuniku o ichi-kiro kudasai.
牛肉を一キロください。
Geben Sie mir ein Kilo Rindfleisch.

9.1.2 Bitte um eine Handlung: < *TE-kudasai* (～て下さい) >

Wenn der Sprecher den Hörer um die Ausführung einer Handlung bittet, wird zuerst das Handlungsverb in die TE-Form umgewandelt und ihm **kudasai** nachgestellt.

TE	kudasa·i

Kono hon o yonde kudasai.
この本を読んでください。
Bitte lesen Sie das Buch.

---

[14] Der Ausdruck *deontisch* kommt aus dem Griechischen und bedeutet *Pflicht, Verbot* und *Befehl*. In diesem Lehrwerk wird der Begriff in Bezug auf das Japanische erweitert; er schließt auch die Begriffe *Erlaubnis, Bitte, Empfehlung* bzw. *Vorschlag, Aufforderung, Bereitschaft, Angebot* und „*Nicht-Notwendigkeit*" ein.

9.1.3 Bitte um Nichtdurchführung einer Handlung: < V1 + *nai de kudasai* (～ないで下さい) >

Wenn der Sprecher den Hörer bitten möchte, etwas nicht auszuführen, wird die Satzstruktur < V1 + **nai** + **de** + **kudasai** > verwendet. Der V1-Form des Verbs werden hintereinander zuerst das Hilfsverb zur Negation **na·i** (ない) und dann die adverbiale Postposition **de** (で) aus dem klassischen Japanisch zur Negation nachgestellt. Am Ende folgt die imperative Form des Verbs **kudasar·u** (下さる), nämlich **kudasa·i** (下さい).

V1	na·i	de	kudasa·i

Mado o akenai de kudasai.
窓を開けないでください。
Bitte öffnen Sie das Fenster nicht.

9.2 Befehl

In der gesprochenen Sprache drückt die Satzstruktur < V2 + **nasai** > einen milden und die Satzkonstruktion < V5 > einen harschen Befehl aus. Der letztere gehört zur Männersprache und klingt sehr abrupt. Daher müssen sich der Sprecher und der Hörer gut kennen, sonst ist der Ausdruck unhöflich. In der geschriebenen Sprache werden jedoch als Anweisung einer Aufgabe die beiden Formen im neutralen Sinne verwendet.

9.2.1 Ein neutraler Befehl: < V2 + *nasai* (～なさい) >

Zu diesem Ausdruck wird das honorative Verb **nasar·u** (なさる /*tun, machen*) verwendet. Morphologisch verhält es sich genauso wie das honorative Verb **kudasar·u** (くださる /*geben*): mit den Ausnahmen von V2- und V5-Form flektiert es konsonantisch; der letzte Lateral [r] des Stamms der V2 und V5 wird getilgt. Die Satzstruktur <V2+**nasa·i**> besteht aus der V2-Form des Verb und der imperativen V5-Form des Verbs **nasar·u** (なさる) mit der PP **i** (い) zum Ausdruck eines Befehls.

Tabelle 42: Flexion des honorativen Verbs *nasar·u* (なさる /*tun, machen*)

V1	nasar	a	nai (HV)	
V2	nasa~~r~~	i	masu (HV)	→ nasa·i·masu (*jemand tut etwas*)
V3	nasar	u		
V4	nasar	e	ba (PP)	
V5	nasa~~r~~	~~e~~	i (PP)	→ nasa·i (*Tun Sie etwas!*)
V6	nasar	o	u (HV)	

V2	nasa·i

Heya no souji o shi-nasai.
部屋の掃除をしなさい。
Räume das Zimmer auf.

9.2.2 Ein abrupter Befehl: < V5 >

Die V5-From des Verbs ist stets Imperativ (siehe Tabelle 43).

Tabelle 43: V5-Flexionsform als Ausdruck eines abrupten Imperativs

vokalisch	konsonantisch	unregelmäßig	
V5 (Stamm + **ro**)	V5 (Stamm + **e**)	V5 (**shi** + **ro**)	V5 (**ko**) + **i**
tabe·ro	kak·e	shi·ro	ko·i
食べろ /*Iss!*	書け /*Schreib!*	しろ /*Mach!*	来い /*Komm!*

Kono heya o souji-shiro!
この部屋を掃除しろ！
Räum das Zimmer auf!

9.3 Verpflichtung: *müssen*

Verpflichtung einschließlich Erfordernis oder Notwendigkeit kann mit den Satzstrukturen < V1 + **naku te wa naranai** >, < V1 + **naku te wa ikenai** >, < V1 + **nakereba naranai** > oder < V1 + **nakereba ikenai** > ausgedrückt werden.

9.3.1 < V1 + *naku te wa naranai* (〜なくてはならない) >

Nara·na·i (ならない) besteht aus dem Verb **nar·u** (なる/*werden*) und dem Hilfsverb **na·i** (ない) zur Negation und bedeutet wortwörtlich *nicht werden*. **Ika·na·ku·te wa nara·na·i** (行かなくてはならない) bedeutet daher wortwörtlich *es wird nichts, wenn man nicht geht* und somit entsteht die Bedeutung *etwas tun müssen*, *es ist notwendig* bzw. *es ist erforderlich, etwas zu tun*.

V1 + naku	te	wa	naranai / narimasen

Mainichi eiyou no aru mono o tabenakute wa narimasen.
毎日栄養のあるものを食べなくてはなりません。
Man muss jeden Tag nährstoffreiche Lebensmittel essen.

9.3.2 < V1 + *naku te wa ikenai* (〜なくてはいけない) >

Ik·e·na·i (いけない) besteht aus dem Verb **ik·u** (行く/*gehen*), dem Hilfsverb **e·ru** (える) zum Ausdruck einer Fähigkeit und dem Hilfsverb **na·i** (ない) zur Negation; es bedeutet daher *nicht gehen können*. **Ika·na·ku·te wa ik·e·na·i** (行かなくてはいけない) bedeutet wortwörtlich *es geht nicht, wenn man nicht geht*, wodurch es die Bedeutung einer Verpflichtung *man muss gehen* annimmt. **Ikenai** (いけない) in diesem Ausdruck wird mit Hiragana geschrieben.

V1 + naku	te	wa	ikenai

Ano hito ni shinjitsu o iwanakute wa ikenai.
あの人に真実を言わなくてはいけない。
Wir müssen ihm/ihr die Wahrheit sagen.

9.3.3 < V1 + *nakere ba naranai* (〜なければならない) >

Es handelt sich um einen Satz bestehend aus einem Nebensatz mit der konjunktionalen PP **ba** (ば) zur Markierung einer Kondition (V1+**nakere ba**) und einem Hauptsatz (**naranai**). Wortwörtlich besagt diese Satzstruktur *es wird nichts, wenn man etwas nicht tut*. Die morphologische Zusammensetzung sieht wie folgt aus:

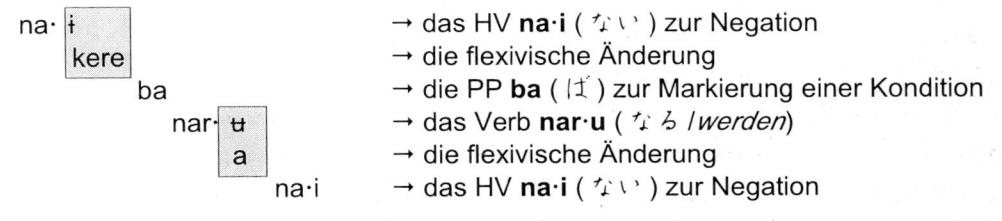

na·~~i~~ kere → das HV **na·i** (ない) zur Negation
→ die flexivische Änderung
ba → die PP **ba** (ば) zur Markierung einer Kondition
nar·~~u~~ a → das Verb **nar·u** (なる/*werden*)
→ die flexivische Änderung
na·i → das HV **na·i** (ない) zur Negation

| V1 + nakere | ba | naranai / narimasen |

Isoganakereba narimasen.
急がなければなりません。
Ich muss mich beeilen.

9.3.4 < V1 + *nakere ba ikenai* (〜なければいけない) >

Dies ist die Kombination vom negativen **ba**-Konditionalsatz **na·kere·ba** (*wenn jemand etwas nicht tut*) und dem negativen Potentialsatz **ik·e·na·i** (**ik·u** + **e·ru** + **na·i**: *nicht gehen können*); die Bedeutung von *müssen* wird daher zum Ausdruck gebracht. Im Vergleich zu < V1 + **na·kere·ba nara·na·i** > ist dieser Ausdruck informeller und daher wesentlich subjektiver.

| V1 + nakere | ba | ikenai |

Kyou wa kaimono ni ikanakereba ikemasen.
今日は買い物に行かなければいけません。
Ich muss heute einkaufen gehen.

9.4 Verbot: *nicht dürfen*

Man kann *jemandem verbieten, etwas zu tun* zum Ausdruck bringen, indem man folgende Satzstrukturen verwendet: < TE **wa ikenai** > oder < TE **wa naranai** >.

9.4.1 < TE *wa ikenai* (〜てはいけない) >

Zur Erklärung des Ausdrucks **ikenai** siehe 9.3.2.

| ... TE | wa | ikenai / ikemasen |

Inshu-unten o shite wa ikenai.
飲酒運転をしてはいけない。
Es ist verboten, unter Alkoholeinfluss zu fahren. (Wortwörtlich: Man darf betrunken kein Auto fahren.)

9.4.2 < TE *wa naranai* (〜てはならない) >

Zur Erklärung von **naranai** siehe 9.3.3. Im Vergleich zum Ausdruck < TE **wa ikenai** > ist der Ausdruck formeller.

| ... TE | wa | naranai / narimasen |

Hito o damashite wa naranai.
人を騙してはならない。
Man darf Menschen nicht betrügen.

9.5 Erlaubnis: *dürfen*
9.5.1 Morphologie der TEMO-Form

Zwei verschiedene Satzstrukturen, mit denen das „Erlaubnis erteilen" zum Ausdruck gebracht wird, werden vorgestellt: < TEMO **i·i** > und < TEMO **kamawa·na·i** >. Die

Lektion 9   Grammatik   221

TEMO-Form gehört zum TE-Flexionstyp der Verben (siehe 7.1). Daher wird anstatt TE (て) bzw. DE (で) die konjunktionale PP **temo** (ても) bzw. ihre phonologisch geänderte Form **demo** (でも) in die Tabellen 33-1, -2 und -3 in Lektion 7 eingesetzt: < TE >→ < TEMO > bzw. < DE >→< DEMO >. Die PP **temo** (ても) hat eine konzessive Funktion und drückt daher Bedeutungen wie *obwohl, auch wenn ..., obgleich ...* u. dgl. aus. Die Verbindung der Prädikate mit der PP **temo** (ても) sieht wie folgt aus:

< N/KD da/dearu/desu >	→	N/KD **demo**
< K-Adjektiv >	→	K-Stamm + **ku** + **temo**
< Verb >	→	TEMO-Form der Verben

9.5.2   < TEMO *ii* (〜てもいい) >

Es handelt sich bei dieser Satzstruktur um einen konzessiven Satz. Der Ausdruck **i·t·temo i·i** (言ってもいい) z. B. bedeutet wortwörtlich *es ist gut, auch wenn man etwas sagt*. Daher erhält man die Bedeutung *etwas sagen dürfen*.

| ... TEMO | ii | (desu) |

Mado o aketemo ii desu ka?
窓を開けてもいいですか。
Darf ich das Fenster öffnen?

Kono pan o tabetemo ii desu ka?
このパンを食べてもいいですか
Darf/Kann ich das Brot essen?

9.5.3   < TEMO *kamawanai* (〜てもかまわない) >

Kamaw·a·na·i (かまわない) besteht aus dem Verb **kama·u** (構う / *etwas trifft mich bzw. jmdn.*) und dem Hilfsverb **na·i** (ない), und bedeutet somit *etwas trifft mich bzw. jmdn. nicht* oder *etwas stört mich bwz. jmdn nicht*. Daher entsteht die Bedeutung von *dürfen*.

| ... TEMO | kamawanai |

Yoru osoku temo kamai-masen kara, denwa o kudasai.
夜遅くてもかまいませんから、電話を下さい。
Bitte rufen Sie mich an, auch wenn es spät am Abend ist. / Es darf spät am Abend sein, aber bitte rufen Sie mich an.

Yoro osoku denwa o kake temo kamai-masen ka?
夜遅く電話をかけてもかまいませんか。
Darf ich Sie spät am Abend anrufen?

9.6   Empfehlung/Rat: *Es ist / wäre besser, ...*

Ein Ratschlag kann mit folgenden Satzstrukturen zum Ausdruck gebracht werden: < TA + **hou ga i·i** (〜た方がいい) > im Fall eines positiven Vorschlags, dass man etwas tun soll, und < V1 + **na·i** + **hou ga i·i** (〜ない方がいい) > im Fall eines negativen Vorschlags, dass man etwas nicht tun soll. **Hou** (方 /*Richtung*) ist hier als ein Pseudo-Nomen verwendet worden, und wird in der Regel mit Hiragana geschrieben.

9.6.1 < TA + *hou ga ii* (〜た方がいい) >

Die Satzstruktur < TA + **hou ga ii** > mit ihren Bedeutungen wie *es wäre besser, wenn man ...* oder *man soll ...* wird verwendet, um jemandem einen Vorschlag oder einen Rat bzw. einen Ratschlag zu unterbreiten.

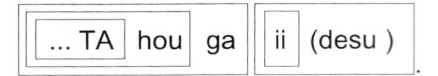

| ... TA | hou | ga | ii | (desu) |

Kasa o motte-itta hou ga ii desu yo.
傘を持って行った方がいいですよ。
Es ist besser, wenn Sie einen Regenschirm mitnehmen.

9.6.2 < V1 + *nai* + *hou ga ii* (〜ない方がいい) >

Es wird empfohlen, etwas nicht zu tun.

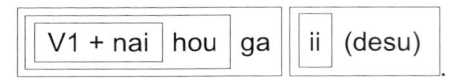

入 傘 (かさ)

| V1 + nai | hou | ga | ii | (desu) |

O-sake no nomi-suginai hou ga ii desu yo.
お酒を飲み過ぎない方がいいですよ。
Wissen Sie, es wäre besser für Sie, wenn Sie nicht so viel trinken.
Sie sollen nicht so viel trinken.

9.7 Aufforderung (*Lasst uns ...*) / Angebot (*Soll ich ...*)

Japanische Ausdrücke der Aufforderung und des Angebots haben teilweise dieselben Satzkonstruktionen. Die Tabelle 44 zeigt ihre Verwendungsmöglichkeiten und ihre Bedeutungen auf.

Tabelle 44: Deontische Satzstrukturen (Aufforderung; Vorschlag; Angebot; Bereitschaft)

	Aufforderung/Vorschlag	Vorschlag	Angebot/Bereitschaft
Sie-Form	V2 + mase·n ka? V2 + masho·u V2 + masho·u ka?	V2 + mase·n ka?	V2 + masho·u ka?
du-Form	V1 + na·i? V6 + u/you	V1 + na·i?	V6 + u/you ka?
	Das Agens: der Sprecher und der Hörer *Wollen wir .../Sollen wir ...*	Das Agens: der Hörer *Wollen Sie ...*	Das Agens: der Sprecher *Soll ich ... / Sollen wir ...*

9.7.1 HV *u* (う) und *you* (よう)

Sowohl das HV **u** (う) als auch das HV **you** (よう) haben drei semantische Funktionen: Vermutung (Spekulativ), Aufforderung (Kohortativ) und Wille (Volitional) bzw. Absicht. Nach dem HV **masu** (ます) zur höflichen Aussage und der V6 der konsonantischen Verben wird das HV **u** (う) angehängt; der V6-Form der vokalischen und unregelmäßigen Verben wird stattdessen das HV **you** (よう) nachgestellt (siehe Tabelle 45).

ma	su		→ HV **masu** (ます) zur höflichen Aussage
	sho		→ flexivische Änderung
		u	→ HV **u** (う) zum Ausdruck einer Aufforderung, von Vermutung, Wille oder Absicht

Eiga o mi ni iki-mashou.
映画を見に行きましょう。
Lasst uns ins Kino gehen! / Lassen Sie uns ins Kino gehen!

Tabelle 45: Flexion von < V6 + *you/u* >

	vokalisch	konsonantisch	unregelmäßig	
	V6 (=Stamm) + **you** tabe·**you** 食べよう	V6 (Stamm + o) + **u** kak·o·u 書こう	V6 (**shi**) + **you** shi·**you** しよう	V6 (**ko**) + **you** ko·**you** 来よう
①	*Lasst uns etw. essen!*	*Lass uns etw. schreiben!*	*Lasst uns etw. tun!*	*Lasst uns kommen!*
②	*Jmd. wird etw. essen.*	*Jmd. wird etw. schreiben.*	*Jmd. wird etw. tun.*	*Jmd. wird kommen.*
③	*Ich will etw. essen.*	*Ich will etw. schreiben.*	*Ich will etw. tun.*	*Ich will kommen.*
④	*Ich habe vor, etw. zu essen.*	*Ich habe vor, etw. zu schreiben.*	*Ich habe vor, etw. zu tun.*	*Ich habe vor, zu kommen.*

1. Aufforderung; 2. Vermutung; 3. Wille; 4. Absicht

9.7.2 Aufforderung/Vorschlag: < V2 + *mashou* (〜ましょう) >; < V2 + *masen ka* (〜ませんか) >; < V2 + *mashou ka* (〜ましょうか) >; < V1 + *nai* (〜ない) >; < V6 + *u/you* (〜う/よう) >

Eine Aufforderung im Sinne von *lassen Sie uns ...*, *wollen wir ...* oder *sollen wir ...* wird mit o. a. Satzstrukturen ausgedrückt. Der Unterschied bei diesen Ausdrücken liegt zuerst in der Beziehung zwischen dem Sprecher und dem Hörer, ob sie zueinander in einer vertrauten Beziehung stehen oder nicht. Die Satzstrukturen < V2 + **mashou** >, < V2 + **mashou ka**? > und < V2 + **masen ka**? > entsprechen der deutschen *Sie*-Form, und < V6 + **u/you** > und < V1 + **nai**? > der *du*-Form. Ferner wirkt die geäußerte Aufforderung in der folgenden Reihenfolge von < V2 + **masho·u** >, < V2 + **masho·u ka** >, < V2 + **mase·n ka** > zurückhaltender, da die Nuance der Dringlichkeit in dieser Reihenfolge abnimmt; d. h. vom Sprecher wird dem Willen des Hörers in dieser Reihenfolge mehr und mehr Rechnung getragen (siehe Tabelle 46).

Sie-Form

Eiga o mi ni iki-mashou.
映画を見に行きましょう。
Wollen wir ins Kino gehen?

Eiga o mi ni iki-mashou ka.
映画を見に行きましょうか。
Sollen wir ins Kino gehen?

Eiga o mi ni iki-masen ka?
映画を見に行きませんか。
Wollen/Sollen wir (nicht) ins Kino gehen?

du-Form

Eiga o mi ni ikou.
映画を見に行こう。
Wollen wir ins Kino gehen?

Eiga o mi ni ikou ka.
映画を見に行こうか。
Sollen wir ins Kino gehen?

Eiga o mi ni ikanai?
映画を見に行かない。
Wollen wir (nicht) ins Kino gehen?
Lasst uns ins Kino gehen!

Tabelle 46: Semantische Analyse der Ausdrücke < V2 + *mashou* **>, < V2 +** *mashou ka* **> und < V2+** *masen ka* **>**

	aufdringlicher ──────────────────────────── sanfter
nicht intim	V2 + **mashou** ◄ V2 + **mashou ka** ◄ V2 + **masen ka**
intim	V6 + **u/you** ◄ V1 + **nai**?

9.7.3 Vorschlag: < V2 + *masen ka* (～ませんか) > und < V1 + *nai* (～ない) >

Ein Vorschlag im Sinne von *wollen Sie ...* bzw. *willst du ...* wird ausgedrückt.

<u>Sie</u>-Form

Kon-shuu no do-you-bi uchi ni ki-masen ka.
今週の土曜日家に来ませんか。
Wollen Sie an diesem Samstag (nicht) zu uns kommen?
Kommen Sie doch an diesem Samstag zu uns!

<u>du</u>-Form

Kon-shuu no do-you-bi uchi ni konai?
今週の土曜日家に来ない。
Willst du an diesem Samstag (nicht) zu uns kommen?
Komm doch an diesem Samstag zu uns!

9.7.4 Angebot : < V2 + *mashou ka* (～ましょうか) > und < V6 + *u/you ka* (～うか/ ～ようか) >

Ein Angebot, dass man bereit ist, etwas für jemanden auszuführen, wird wie folgt ausgedrückt: *soll ich ...* bzw. *sollen wir ...*

<u>Sie</u>-Form

Mado o ake-mashou ka.
窓を開けましょうか。
Soll ich das Fenster öffnen?

<u>du</u>-Form

Mado o ake-you ka?
窓を開けようか。
Soll ich das Fenster öffnen?

9.8 Nicht-Notwendigkeit: < V1 + *naku* TEMO *ii* (～なくてもいい) >

Das Gegenteil zum Ausdruck einer Pflicht, nämlich dass man etwas tun muss (< V1 + **nakere ba naranai** [siehe 9.3 >), ist, dass *man etwas nicht zu tun braucht*. Also besteht keine Notwendigkeit, etwas auszuführen. Zu diesem Ausdruck wird die PP **temo** (て も : siehe 9.5.1) zum konzessiven Ausdruck im Sinne von *auch wenn* verwendet. Der folgende Beispielsatz bedeutet wortwörtlich: *Es ist gut, auch wenn man keinen Brief schreibt.*

| V1 | naku | TEMO | ii | (desu) |

Tegami o kak·a·na·ku·temo ii desu.
手紙を書かなくてもいいです。
Sie brauchen keinen Brief zu schreiben. / Es ist nicht erforderlich, dass Sie einen Brief schreiben.

10 Grammatik der Lektion 10

Lektion 10 behandelt Aussagen des temporalen Zeitpunktes sowie temporale Aussagen der Vor-, Gleich- und Nachzeitigkeit (siehe Tabelle 47).

Tabelle 47: Satzstrukturen der temporalen Angaben 1

	Satzstruktur	dt. Entsprechungen
Bestimmter Zeitpunkt	< [V3 / TE-iru / TA] + **toki** (ni) >	*wenn ..., als ...*
Vorzeitigkeit	< TA **ato** (de) >	*nachdem ..., seitdem ...*
Gleichzeitigkeit	< TE-**iru** + **aida** >	*während ...*
	< TE-**iru** + **aida ni** >	*während ... noch ... solange noch ...*
	< V2 + **nagara** >	*während ...; ...-nd*
	< TA + **mama** >	*mit ...; ... -nd*
Nachzeitigkeit	< V3 + **mae** (ni) >	*bevor ...*

10.1 Pseudo-Nomen (*Keishiki-Meishi*/形式名詞)

Bis auf den Ausdruck der Gleichzeitigkeit < V2+ **nagara** >, bei dem die konjunktionale PP **nagara** (ながら) zum Ausdruck einer Gleichzeitigkeit verwendet wird, benutzen alle anderen Zeitangaben Pseudo-Nomen (vgl. 8.6 und 14.6): **toki** (時), **ato** (後), **aida** (間), **mama** (儘) und **mae** (前). Sie unterscheiden sich von den Vollnomen dadurch, dass sie als Funktionswörter nur zum Zweck des Satzaufbaus eingesetzt werden (Grammatikalisierung). Folgende Tabelle zeigt den Bedeutungswandel der Nomen.

Tabelle 48: Temporale Pseudo-Nomen

	Vollnomen	Pseudo-Nomen
toki (時)	*Zeit; Zeitpunkt*	*wenn ...; als ...*
ato (後)	*die Zeit nach etw.*	*nach*
aida (間)	*Zeitspanne*	*während*
mama (儘)	*Vollständigkeit*	*...-nd; während ...*
mae (前)	*die Zeit vor etw.; vordere Seite*	*vor*

10.1.1 Morphosyntax

Zum Ausdruck der Zeitangaben werden diese Pseudo-Nomen in der folgenden Weise verwendet:

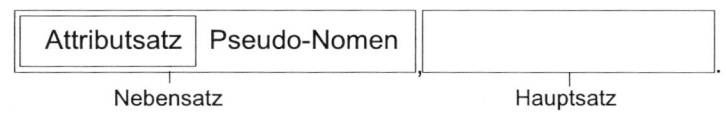

Attributsatz	Pseudo-Nomen	
Nebensatz	Hauptsatz	

Syntaktisch betrachtet, handelt es sich um einen Attributsatz, der das Nomen genauer

Tabelle 49: Prädikatsformen des Attributsatzes

Bejahung		Verneinung	
N no / N dearu	Nomen	N de wa nai	Nomen
N + datta/deatta		N + de wa nakatta	
KD na		KD de wa nai	
KD datta/deatta		KD de wa nakatta	
K		K-Stamm + ku + nai	
K-Stamm + katta		K-Stamm + ku + nakatta	
V3		V1 + nai	
TA		V1 + nakatta	

bestimmt: < Attributsatz + Nomen >. In diesem Fall sieht das Prädikat des Attributsatzes wie oben aus (siehe Tabelle 49).

|chichi-oya ga kenchiku-ka no| Yamada-san
|chichi-oya ga kenchiku-ka dearu| Yamada-san
父親が建築家の山田さん / 父親が建築家である山田さん
Herr Yamada, dessen Vater Architekt ist

|chichi-oya ga kenchiku-ka de wa nai| Yamada-san
父親が建築家ではない山田さん
Herr Yamada, dessen Vater kein Architekt ist

|kirei na| hana
綺麗な花
Blumen, die schön sind (= schöne Blumen)

|mukashi wa kirei datta| kawa
昔は綺麗だった川
der Fluss, der früher sauber war

|mukashi wa kirei de wa nakatta| kawa
昔は綺麗ではなかった川
der Fluss, der früher nicht sauber war

|nedan ga yasukatta| sofâ
値段が安かったソファー
ein Sofa, dessen Preis niedrig war

|nedan ga yasuku nakatta| sofâ
値段がやすくなかったソファー
ein Sofa, dessen Preis nicht niedrig war

|naiyou ga muzukashikatta| hon
内容が難しかった本
ein Buch, dessen Inhalt schwer (zu verstehen) war

|naiyou ga muzukashiku nakatta| hon
内容が難しくなかった本
ein Buch, dessen Inhalt nicht schwer war

▲ 蓮（ハス）

10.2 Der *toki*-Satz
Der **toki**-Satz drückt einen genauen Zeitpunkt aus, zu dem eine Handlung ausgeführt wird/wurde, oder sich ein Geschehen ereignet/ereignete. Die PP **ni** (に) zur Markierung einer Zeitangabe ist fakultativ.

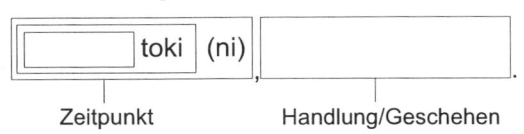

	toki	(ni)	
Zeitpunkt			Handlung/Geschehen

Kyouto ni itta toki ni kono e-hagaki o katta.
京都に行った時にこの絵葉書を買った。
Als ich nach Kyôto gefahren bin, kaufte ich diese Ansichtskarten.

10.2.1 Der Prädikatsstil im *toki*-Satz
Das Prädikat im **toki**-Satz nimmt in der Regel den **da-dearu**-Stil an; der **desu-masu**-Stil wird bei formellen Reden u. ä. eingesetzt.

Kôhî o nomu toki, miruku to satou o ireru.
コーヒーを飲む時、ミルクと砂糖を入れる。
Wenn ich Kaffee trinke, nehme ich Milch und Zucker.

Shou o moratta toki, ureshikatta.
賞をもらった時、嬉しかった。
Als ich einen Preis erhielt, war ich glücklich.

Kyonen mina-sama no mae de o-hanashi-shimashita toki wa atsui natsu deshita.
去年皆様の前でお話ししました時は暑い夏でした。
Als ich letztes Jahr vor Ihnen allen sprach, war es heißer Sommer gewesen.

10.2.2 Das Tempus des Prädikats im *toki*-Satz
10.2.2.1 Unterschiedlicher Standpunkt der Betrachtung
Das Tempus des Prädikats im **toki**-Satz (Prädikat1 [P1]) ist bis auf die Verben **ik·u** (行く /hingehen, -fahren, -fliegen) und **kuru** (来る /herkommen, -fahren, -fliegen) flexibel verwendbar, wenn das Prädikat im Hauptsatz (Prädikat 2 [P2]) in der TA-Form (Präteritum bzw. Perfekt) steht; daher wird das Tempus der ganzen Aussage vom Prädikat des Hauptsatzes (P2) bestimmt (siehe u. a. Beispielsätze). Der Unterschied zwischen den ersten beiden Beispielsätzen liegt dabei in der Wahrnehmung des Sprechers. Wenn P1 in der V3-Form steht (wie im zweiten unten angeführten Beispiel), versetzt sich der Sprecher in die Zeit der bereits geschehenen Handlung (P1). Falls P1 in der TA-Form steht (wie im ersten unten angeführten Beispiel), schildert der Sprecher die Handlung (P1) aus der Perspektive der Gegenwart; er wirft hierbei den Blick aus der Gegenwart in die Vergangenheit zurück.

| ... Prädikat 1 (P1) | toki | (ni) |, | ... Prädikat 2 (P2) |

1. Kôhî o <u>non**da**</u> toki, miruku to satou o <u>ire**ta**</u>.
   コーヒーを飲んだ時、ミルクと砂糖を入れた。
   Als ich Kaffee trank, nahm ich Milch und Zucker.

Vergangenheit	Gegenwart	Zukunft
✗	✗	
Zeitpunkt der eingetretenen Handlung	Sprechzeit / Standort der Betrachtung	

2. Kôhî o <u>nomu</u> toki, miruku to satou o <u>ireta</u>.
   コーヒーを飲む時、ミルクと砂糖を入れた。
   Als ich Kaffee trank, nahm ich Milch und Zucker.

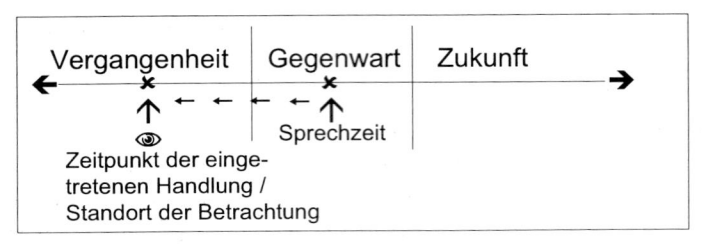

```
   Vergangenheit  │ Gegenwart │ Zukunft
   ←──────×───←──←─┼──×───↑────┼──────────→
          ↑        │  Sprechzeit
          👁
   Zeitpunkt der einge-
   tretenen Handlung /
   Standort der Betrachtung
```

3. Kôhî o <u>nomu</u> toki, miruku to satou o <u>ireru</u>.
   コーヒーを飲む時、ミルクと砂糖を入れる。
   Wenn ich Kaffee trinke, nehme ich Milch und Zucker.

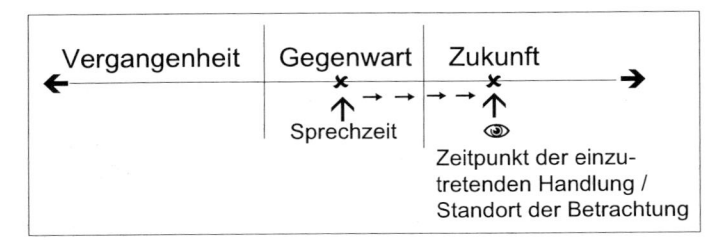

```
   Vergangenheit │ Gegenwart │ Zukunft
   ←─────────────┼──×──→──→──┼→──→──×─────→
                 │     ↑     │      ↑
                 │ Sprechzeit│      👁
                             Zeitpunkt der einzu-
                             tretenden Handlung /
                             Standort der Betrachtung
```

10.2.2.2 Besonderheiten der Verben *ik·u* (行く) und *kuru* (来る)

Die Verben **ik·u** (行く /*hingehen, -fahren, -fliegen*) und **kuru** (来る /*herkommen, -fahren, -fliegen*) beinhalten das perspektivische Semem (*hin* bzw. *her*), so dass das Tempus im **toki**-Satz eine Rolle spielt. Wenn das Verb **i·ku** (P1) in der V3-Form (Präsens bzw. Zukunft) steht, befindet sich das Subjekt noch nicht am Zielort; wenn aber **i·ku** (P1) in der TA-Form (Perfekt bzw. Präteritum) steht, ist das Subjekt bereits am Zielort angelangt.

Nihon ni <u>iku</u> toki, Yamada-san ni atta.
日本に行く時、山田さんに会った。
Als ich nach Japan flog, traf ich Herrn/Frau Yamada. (Der Sprecher war noch nicht nach Japan abgereist, so dass das Treffen außerhalb Japans stattfand.)

Nihon ni <u>itta</u> toki, Yamada-san ni atta.
日本に行った時、山田さんに会った。
*Als ich nach Japan gegangen war, traf ich (dort) Herrn/Frau Yamada.
(Der Sprecher war bereits in Japan angelangt und das Treffen fand in Japan statt.)*

In der gleichen Weise befindet sich das Subjekt noch nicht am Zielort, wenn das Verb **kuru** (P1) in der V3-Form, die die Gegenwart bzw. die Zukunft darstellt, steht; das Subjekt ist jedoch am Zielort, wenn das Verb **kuru** (P1) in der TA-Form zum Ausdruck eines bereits eingetretenen Ereignisses (Perfekt) steht.

Nihon ni <u>kuru</u> toki, Yamada-san ni atta.
日本に来る時、山田さんに会った。
*Bevor ich nach Japan kam, hatte ich Herrn/Frau Yamada getroffen.
(Der Sprecher war noch nicht in Japan angelangt; das Treffen fand vor dem Zeitpunkt seiner Ankunft in Japan statt.)*

Nihon ni ki**ta** toki, Yamada-san ni at**ta**.
日本に来た時、山田さんに会った。
Als ich in Japan angekommen war, traf ich (dort) Herrn/Frau Yamada.
(Der Sprecher war bereits in Japan angekommen; das Treffen fand danach in Japan statt.)

10.2.3 Das Subjekt im *toki*-Satz

Wenn das Subjekt des **toki**-Satzes (S1) und das des Hauptsatzes (S2) nicht identisch sind, kann das Subjekt im **toki**-Satz nicht als Thema genommen werden; stattdessen wird es ausschließlich als Subjekt mit dem Subjektmarkierer **ga** (が) oder der PP **no** (の) verwendet. Das Subjekt des Hauptsatzes (S2) wird in der Regel als Thema genommen und somit mit der PP **wa** (は) markiert.

| Subjekt 1 ... | toki | (ni) | Subjekt 2 ... |

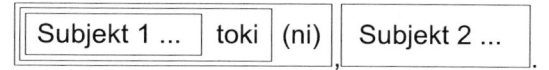

S1≠S2:
Tenki **ga/no** ii toki wa, chichi wa yoku kouen o sanpo-suru.
天気がいい時、父はよく公園を散歩する。/ 天気のいい時、父はよく公園を散歩する。
Wenn das Wetter schön ist, macht mein Vater oft im Park einen Spaziergang.

Wenn S1 und S2 jedoch identisch sind, wird das Subjekt in der Regel als Thema im Hauptsatz mit der PP **wa** (は) markiert. Wenn das Subjekt die erste Person (ich/wir) ist und für den Hörer aus dem Kontext erschließbar bleibt, wird es im Satz oft nicht erwähnt.

Benkyou-suru toki, watashi wa keitai o kir·u.
勉強する時、私は携帯を切る。
Wenn ich lerne, schalte ich das Handy aus.

10.3 Der *ato*-Satz: der Ausdruck der Vorzeitigkeit (*nachdem* ...)

Handlung A wird zuerst ausgeführt und danach *Handlung B*. Die vorher eingetretene *Handlung A* wird stets mit dem Prädikat in der TA-Form angegeben; TA folgen das Pseudo-Nomen **ato** (後) und **de** (で : die flektierte Form des HV **da** [だ]), welche fakultativ ist. Das HV **ta** (た) hat hier eine perfektive Funktion, die aussagt, dass etwas abgeschlossen ist.

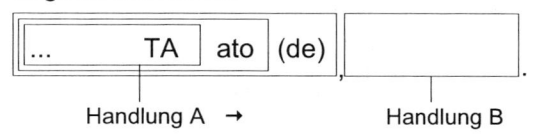

| ... TA | ato | (de) | |

Handlung A → Handlung B

Vorzeitigkeit: *Handlung A* wird zuerst ausgeführt und danach *Handlung B*: A➤B.

Hiru-gohan o tabe**ta** ato (de), machi ni iku.
昼ご飯を食べた後（で）、町に行く。
Ich gehe in die Stadt, nachdem ich zu Mittag gegessen habe.

10.4 Der *mae*-Satz: der Ausdruck der Nachzeitigkeit (*bevor* ...)

Die Nachzeitigkeit, die darin besteht, dass *Handlung A* nach *Handlung B* ausgeführt wird, wird mit dem **mae**-Satz zum Ausdruck gebracht. Das Prädikat des **mae**-Satzes ist stets in der V3-Form, die das Tempus des Futurs darstellt. Die PP **ni** (に) zur Markierung einer temporalen Angabe ist fakultativ.

```
| ... | V3 | mae | (ni) |     |   .
```
    └─ Handlung A   ← Handlung B

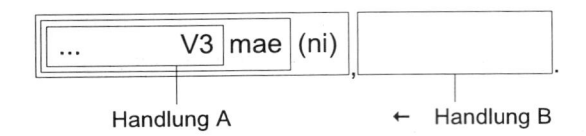

Nachzeitigkeit: Nach Handlung B wird Handlung A ausgeführt: A◄B.

Jugyou ga hajimaru mae ni kôhî o nomu.
授業が始まる前に、コーヒーを飲む。
Bevor der Unterricht anfängt, trinke ich Kaffee.

10.5 Ausdrücke der Gleichzeitigkeit

Vier verschiedene Satzstrukturen zum Ausdruck von Gleichzeitigkeit werden in dieser Lektion behandelt. Sie unterscheiden sich dadurch, dass die Gleichzeitigkeit zweier Handlungen bzw. Geschehnisse vom Sprecher unterschiedlich wahrgenommen werden und somit unterschiedliche Ausdrucksformen (siehe 10.5.1 bis 10.5.4) erfordern.

10.5.1 Der *aida*-Satz und der *aida-ni*-Satz

Die beiden Satzstrukturen drücken die deutsche Bedeutung *während* aus. Sie unterscheiden sich morpho-syntaktisch dadurch, dass entweder die temporale PP **ni** (に) eingesetzt wird oder nicht. Der semantische Unterschied liegt darin, dass die Satzstruktur < TE-**iru aida** > in erster Linie eine Zeitspanne darstellt, d. h. dass <u>während dieser Zeit</u> eine Handlung (Handlung B) ausgeführt wird bzw. ein Geschehnis (Geschehnis B) eintritt (s. u.); < TE-**iru aida ni** > drückt hingegen eine temporale Begrenzung aus, d. h. dass *Handlung B* ausgeführt wird, bevor *Handlung A* bzw. *Geschehnis A* einen Abschluss gefunden hat.

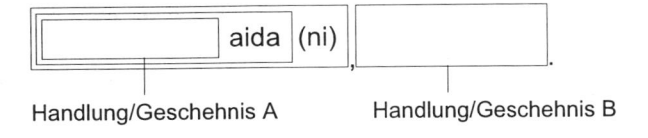

```
|                         | aida | (ni) |                         |   .
```
  └─ Handlung/Geschehnis A   └─ Handlung/Geschehnis B

Gleichzeitigkeit: Handlung A und Handlung B ereignen sich zur gleichen Zeit: A⇆B.

Kodomo ga nete-iru **aida**, sentaku o suru.
子供が寝ている間、洗濯をする。
Während das Kind schläft, wasche ich die Wäsche.

Kodomo ga nete-iru **aida ni**, sentaku o suru.
子供が寝ている間に、洗濯をする。
Während das Kind noch schläft, wasche ich die Wäsche.
Ich wasche die Wäsche, bevor das Kind wach wird.

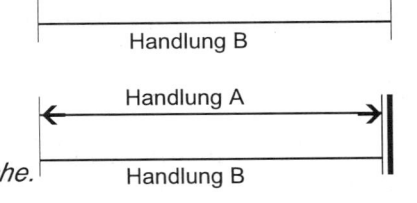

10.5.1.1 Das Subjekt im *aida*-Satz bzw. dem *aida-ni*-Satz

Das Subjekt des **aida**-Satzes bzw. des **aida-ni**-Satzes (S1) muss mittels der PP **ga** (が) markiert werden, falls es sich von dem Subjekt des Hauptsatzes (S2) unterscheidet (siehe folgende Beispiele). Wenn sie jedoch identisch sind, wird es in der neutralen Aussage einmal im Satz erwähnt, welches durch die PP **wa** (は) als Thema angegeben wird; es kann am Satzanfang stehen, oder die Stelle der S2 einnehmen. Wenn der Kontext es zulässt, kann das Thema auch unerwähnt bleiben.

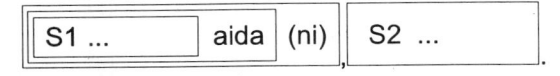

```
| S1 ... | aida | (ni) | S2 ... |   .
```

Lektion 10   Grammatik

1. S1≠S2

Haha **ga** machi de kaimono o shite-iru aida, watashi wa uchi de terebi o mita.
母が町で買い物をしている間、私は家でテレビを見た。
Während meine Mutter in der Stadt einkaufte, sah ich zu Hause fern.

2. S1=S2

Watashi **wa**, machi de kaimono o shi.te-i.ru aida, ryokou no koto o kangaeta.
Machi de kaimono o shite-iru aida, watashi **wa** ryokou no koto o kangaeta.
Machi de kaimono o shite-iru aida, ryokou no koto o kangaeta.
私は町で買い物をしている間、旅行の事を考えた。
町で買い物をしている間、私は旅行の事を考えた。
町で買い物をしている間、旅行の事を考えた。
Ich habe an meine Reise gedacht, während ich in der Stadt eingekauft habe.

10.5.2 Der *mama*-Satz (*während ...*)

Wenn eine Handlung (Handlung B) unter einem Zustand durchgeführt wird, der durch eine andere Handlung (Handlung A) ausgelöst worden ist, wird dies mit dem **mama**-Satz zum Ausdruck gebracht. Eine Konnotation der Handlung des **mama**-Satzes ist ihr augenblickliches Erfolgen, wie z. B. bei **tsuke·ru** (点ける / *einschalten*), **kes·u** (消す / *ausschalten*) u. dgl. Das Prädikat des **mama**-Satzes steht immer in der TA-Form.

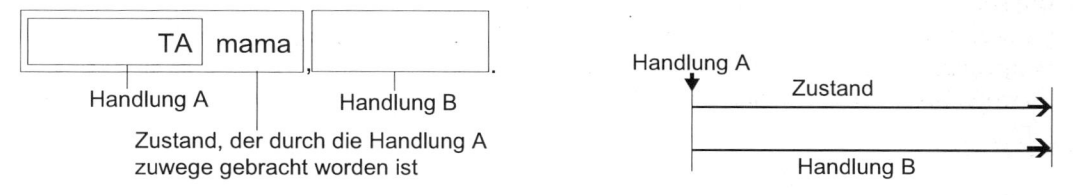

```
┌────┬──────┐                              Handlung A
│ TA │ mama │ ,                   .              ▼
└────┴──────┘                                    ├──── Zustand ────────►
 Handlung A   Handlung B                         │
              Zustand, der durch die Handlung A  └──── Handlung B ─────►
              zuwege gebracht worden ist
```

Terebi o tsuketa **mama**, nete-shimatta.
テレビをつけたまま、寝てしまった。
Ich bin beim Fernsehen eingeschlafen. (Wortwörtlich: *... bei eingeschaltetem Fernseher ...*)

Nihon de wa kutsu o haita **mama** uchi ni agatte wa ike-masen.
日本では靴を履いたまま家に上がってはいけません。
In Japan dürfen Sie nicht mit Schuhen in den Wohnbereich des Hauses eintreten.

10.5.3 Der *nagara*-Satz (*während ...*)

Zwei parallel verlaufenden Handlungen können mit dem **nagara**-Satz ausgedrückt werden. Bei diesem Ausdruck wird das Augenmerk auf zwei gleichzeitig stattfindende Handlungen gerichtet. Der V2-Form wird die PP **nagara** (ながら) zum Ausdruck einer Gleichzeitigkeit nachgestellt.

```
┌────┬────────┐                                ──── Handlung 1 ────►
│ V2 │ nagara │ ,                  .
└────┴────────┘                                ──── Handlung 2 ────►
  Handlung 1   Handlung 2
```

Uta o utai-nagara, heya no souji o shita.
歌を歌いながら、部屋の掃除をした。
Singend putzte ich das Zimmer.

10.5.4 Eine Zusammenfassung der Ausdrücke der Gleichzeitigkeit

In den Erläuterungen 10.5.1 bis 10.5.3 zum Thema *Ausdrücke der Gleichzeitigkeit* wurde dargestellt, dass ein Sprecher ein und dasselbe Geschehen unterschiedlich wahrnehmen kann.

Tabelle 50: Satzstrukturen der temporalen Angaben 2

Satztypus	**aida**-Satz	**aida-ni**-Satz	**mama**-Satz	**nagara**-Satz
Prädikat	TE-**iru**	TE-**iru**	TA	V2
Augenmerk des Sprechers	Zeitspanne	zeitliche Einschränkung	Zustand	parallel verlaufende Handlungen
dt. Bedeutung	*während*	*während noch*	*während*	*während; ...-nd*

10.6 Die Wortbildung mit dem Suffix *chuu* / *juu* (中)

Das Suffix **chuu/juu** (中) kann zur Wortbildung verwendet werden. Seine phonetisch unterschiedlichen Lesemöglichkeiten, nämlich **chuu** [tʃuː] bzw. **juu** [dʑuː], geben auch semantisch verschiedene Bedeutungen wieder (siehe Tabellen 51, 52 und 53).

1. **chuu** (中)

Tabelle 51 zeigt solche Komposita auf, deren Kompositionsglied 中 ausschließlich **chuu** [tʃuː] gelesen wird.

Tabelle 51: Kanji-Komposita mit *chuu* (中)

in	*im Gange; in einem Zustand begriffen*	*während*
ketsueki-chuu 血液中 *im Blut (haben)*	junbi-chuu 準備中 *in Vorbereitung (sein); geschlossen (sein) (Geschäfte u. ä.)*	eigyou-chuu 営業中 *geöffnet (sein) (Geschäft u. dgl.)*
	shiyou-chuu 使用中 *besetzt (sein)*	kouji-chuu 工事中 *Baustelle (sein)*

2. **juu** (中)

Bei folgenden Komposita wird das letzte Kompositionsglied 中 **juu** [dʑuː] gelesen.

Tabelle 52: Kanji-Komposita mit *juu* (中)

gänzlich, ganz	*die ganze Zeit hindurch*
sekai-juu 世界中 *in der ganzen Welt*	ichi-nichi-juu 一日中 *den ganzen Tag hindurch*
machi-juu 町中 *in der ganzen Stadt*	ichi-nen-juu 一年中 *das ganze Jahr hindurch*

3. **chuu** (中) oder **juu** (中)

Ob das Wortbildungsmorphem 中 **chuu** [tʃuː] oder **juu** [dʑuː] gelesen wird, hängt vom ihm vorangestellten Lexem (lexikalische Einheit, die eine begriffliche Bedeutung trägt) ab (siehe unten).

Tabelle 53: Kanji-Komposita mit *chuu / juu* (中)

bis Ende; im Laufe ...
kyou-juu 今日中 *bis heute; im Laufe des Tages*
kotoshi-juu 今年中 *bis Ende des Jahres; im Laufe des Jahres*
raigetsu-chuu 来月中 *bis Ende nächsten Monats; im Laufe des nächsten Monats*
konshuu-chuu 今週中 *bis Ende der Woche; im Laufe dieser Woche*

10.7 Postpositionen der Lektion 10
10.7.1 PP *nagara* (ながら) zum Ausdruck einer Gleichzeitigkeit
Genaueres siehe 10.5.3.

Terebi o mi nagara, hiru-gohan o tabeta.
テレビを見ながら、昼ご飯を食べた。
Beim Fernsehen aß ich zu Mittag.

10.7.2 PP *no* (の) zur Markierung eines Subjekts
Das Subjekt im Attributsatz kann mittels der PP **no** (の) markiert werden. Genaueres siehe 10.2.3.

| Watashi **no** yonda | hon wa kore desu.

私の読んだ本はこれです。
Das ist das Buch, das ich gelesen habe.

Vokabeln zur Erweiterung: Bürobedarf (文房具)

えんぴつ（鉛筆）	ボールペン	シャーペン
けしごむ（消しゴム）	はさみ（鋏）	ホチキス
カッターナイフ	ガムテープ	はいざら（灰皿）
カレンダー	むしめがね（虫眼鏡）	セロテープ
ふうとう（封筒）	えんぴつけずり（鉛筆削り）	じょうぎ（定規）
こづつみ（小包）	ファイル	コピー用紙
はかり（秤）	そろばん（算盤）	えんけいぶんどき（円形分度器）
でんたく（電卓）	コンパス	めいし（名刺）

11 Grammatik der Lektion 11

Direkte und indirekte Rede sowie der Ausdruck der Meinungsäußerung sind die Hauptthemen dieser Lektion. Die PP **to** (と) als Inhaltsmarkierer spielt dabei eine wichtige Rolle.

11.1 Postposition *to* (と) zur Markierung des Inhalts einer Handlung bzw. eines Geschehnisses

Die PP **to** (と) in der kopulativen Funktion wurde bereits in Lektion 3 vorgestellt (siehe 3.5.1). Eine weitere Funktion dieser PP ist die Kasusmarkierung, nämlich die Kennzeichnung des Inhalts einer Handlung bzw. eines Geschehnisses, die bzw. das mittels Verben dargestellt wird.

| Thema (Subjekt) | wa | Inhalt | to | Verb (Handlung bzw. Geschehnis) |

Man kann mit dem Verb **i·u** (言う /*sagen*) die Satzstrukturen der direkten bzw. der indirekten Rede (siehe 11.2) sowie mit dem Verb **omo·u** (思う /*denken, meinen, glauben*) die Satzkonstruktionen der Meinungsäußerung (siehe 11.3) bilden. Die schematische Darstellung, wobei das Thema (hier: Subjekt) weggelassen werden kann, wenn es aus dem Kontext erkennbar ist, sieht wie folgt aus:

1. Direkte/Indirekte Rede: < ... *wa* ... *to iu* [～は～と言う] >

| Thema (Subjekt) | wa | Inhalt | to | iu |

Janetto wa watashi ni Nihon-go wa yasashii **to** itta.
ジャネットは私に日本語は易しいと言った。
Jeanette sagte mir, dass Japanisch einfach ist. / Jeanette sagte mir, Japanisch sei einfach. / Jeanette sagte mir: „Japanisch ist einfach."

2. Meinungsäußerung: < ... *wa* ... *to omou* [～は～と思う] >

In der gleichen Weise kann man das Verb **omo·u** (思う /*denken, meinen, annehmen, glauben*) verwenden und dessen Inhalt, nämlich das, was man denkt bzw. gedacht hat, mit der PP **to** (と) markieren.

| Subjekt | wa | Inhalt | to | omou |

Watashi wa Nihon-go wa yasashiku nai **to** omou.
私は日本語は易しくないと思う。
Ich bin der Meinung, dass Japanisch nicht einfach ist.

11.2 Direkte und indirekte Rede im Japanischen: < ... *wa* ... *to iu* (～は～と言う) >

Im Japanischen wird die Unterscheidung zwischen direkter und indirekter Rede linguistisch nicht so deutlich markiert, so dass oft der Kontext zur Feststellung entscheidend ist, in welcher Form eine Aussage weitergeleitet worden ist. Man kann jedoch beim Schreiben die japanischen Anführungszeichen einsetzen, um die direkte Rede optisch deutlich zu markieren (siehe folgenden Beispielsatz). Bei horizontaler Schreibweise setzt man sie <u>oben links</u> und <u>unten rechts</u>, bei vertikaler Schreibweise oben rechts und unten links ein: 「......」 oder ⌐...⌐ .

Janetto wa watashi ni „Nihon-go wa yasashii" **to** itta.
ジャネットは私に「日本語は易しい」と言った。
Jeanette sagte mir: „Japanisch ist einfach."

11.2.1 Das Prädikat der direkten bzw. indirekten Rede

Das Prädikat der direkten bzw. indirekten Rede, die mit der PP **to** (と) markiert wird, steht in der Regel im **da-dearu**-Stil. Bei direkter Rede kann es jedoch im **desu-masu**-Stil stehen, wenn der Sprecher in der Tat im **desu-masu**-Stil gesprochen hat; die Anführungszeichen sind dabei nicht obligatorisch.

| ... | Prädikat | to | iu | . |

Im **da-dearu**-Stil bei der direkten bzw. indirekten Rede

Janetto wa | Nihon-go wa yasashii | to itta.
ジャネットは日本語は易しいと言った。
Jeanette sagte mir, dass Japanisch einfach ist. / Jeanette sagte mir, Japanisch sei einfach. / Jeanette sagte mir: „Japanisch ist einfach."

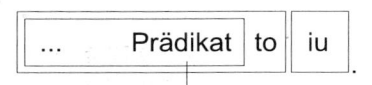

| ... | Prädikat | to | iu | . |

Im **desu-masu**-Stil bei direkter Rede

Janetto wa | Nihon-go wa yasashii desu | to itta.
ジャネットは日本語は易しいですと言った。
Jeanette sagte mir: „ Japanisch ist einfach."

11.2.2 Attributive Verwendung der Satzstruktur zur direkten bzw. indirekten Rede: < N1 *to iu* N2 (N1 という N2) >

Die Satzstruktur < ... **to iu** ... (～という～) > kann als Attributsatz verwendet werden, um ein Nomen genauer zu bestimmen. Ihre deutschen Entsprechungen sind: *N1 mit dem Namen N2*, *N1 namens N2*, *N1, der/die/das N2 genannt wird* usw.

Akagawa Jirou to iu sakka
赤川次郎という作家
ein Schriftsteller, der Akagawa Jirô heißt

Nomen mit einem Attributsatz dieser Art können beim Satzaufbau verwendet werden. Das folgende Beispiel zeigt, dass ein solches Nomen ein syntaktisches Objekt darstellt.

| Genji-monogatari to iu sakuhin | o | shitte-imasu | ka | ?

源氏物語という作品を知っていますか。

Lektion 11 Grammatik 237

Kennen Sie das Werk 'Genji-monogatari'? (Wortwörtlich: Kennen Sie das Werk, das „Genji-monogatari" heißt?)

11.3 Meinungsäußerung: < ... *to omou* (〜と思う) >

Wie bereits in 11.1 erklärt, kann eine Meinung mit der Satzkonstruktion < ... **to omou** [〜と思う] > zum Ausdruck gebracht werden.

Ashita wa tenki ni naru to omoi-masu ka?
明日は天気になると思いますか。
Meinen Sie, dass es morgen schönes Wetter wird? (天気 bedeutet hier im Kontext 'gutes Wetter'.)

Zur Meinungsäußerung kann man anstatt des Verbs **omo·u** (思う /denken, glauben, meinen) die Synonyme **kangae·ru** (考える /denken), **minas·u** (看做す /betrachten als ...; für etwas halten) oder den Ausdruck < ... **to iu iken da** (〜という意見だ/der Meinung sein, dass ...) > gebrauchen.

Watashi wa kono puran o jikkou-shita hou ga ii to iu iken desu.
私はこのプランを実行した方がいいという意見です。
In bin der Meinung, dass es besser wäre, diesen Plan durchzuführen.

11.3.1 Grammatische Einschränkung beim Meinungsäußerungssatz

Bei der Meinungsäußerung gibt es in Bezug auf die grammatische Person folgende Einschränkungen: die Prädikatsform < ... **to omou** (〜と思う) > deutet darauf hin, dass der Inhaber der Meinung die erste Person (*ich, wir*) ist. Falls die zweite Person (*Sie, du, ihr*) das Subjekt einer Meinungsäußerung ist, wird diese Satzstruktur in einer Frageform verwendet: < ... **to omoi-masu ka**? (〜と思いますか) >. Wenn die dritte Person (*er, sie, es*) seine/ihre Meinung äußert, nimmt das Prädikat **omo·u** (思う) die TE-**iru**-Form an: < ... **to omotte-iru** (〜と思っている) >. Dies resultiert daher, dass die Meinungsäußerung im Japanischen im Vergleich zum Deutschen anders aufgefasst wird: Im Japanischen denkt man, dass man nur für sich das aussprechen kann, was man denkt; die Meinung des Anderen liegt außerhalb des Territoriums des Sprechers. Diese territoriale Betrachtung wird in der Sprache widergespiegelt, indem sie durch linguistische Markierung erkennbar gemacht wird. Das verbale Kompositum TE-**iru** drückt hier einen Zustand aus, und so wird explizit aufgezeigt, dass der Träger der Meinung die dritte Person ist.

Watashi wa kono kuruma wa ii to <u>omoi-masu</u> ga, anata wa kono kuruma ga ii to <u>omoi-masu ka</u>? Watashi no ane mo kono kuruma ga ii to <u>omotte-imasu</u>.
私はこの車がいいと思いますが、あなたはこの車がいいと思いますか。私の姉もこの車がいいと思っています。
Ich bin der Meinung, dass das Auto gut ist. Glauben Sie, dass das Auto gut ist? Auch meine ältere Schwester denkt, dass das Auto gut ist.

11.4 PP *ga* (が) zum Ausdruck einer direkten Schilderung

Wenn der Sprecher das Geschehen, das vor seinen Augen stattfindet, schildert, kann das Subjekt des Satzes nicht als Thema markiert werden, sondern nur als Subjekt, und somit wird es mit der PP **ga** (が) markiert. Denn das vom Sprecher dargestellte Geschehen als Gesamtheit bildet das implizite Thema, innerhalb dessen die Abläufe vom Sprecher dargestellt werden. Tatsächlich handelt es sich hier um die **wa-ga**-Satzkonstruktion, wobei das übergeordnete Thema (im u. a. Beispielsatz Fußballspiel) nicht erwähnt wird.

Bekkuhamu ga bôru o pasu-shi-masu. Sono bôru o Ronaudo ga sarani Figo ni pasu-shi-masu. Soshite, Jidan ga shûto o kime-masu!
ベックハムがボールをパスします。そのボールをロナウドがさらにフィゴにパスします。そして、ジダンがシュートを決めます。
Beckham leitet den Ball weiter. Den Ball leitete Ronaldo weiter an Figo. Und dann schießt Jidan auf das Tor!

11.5 Der progressive Aspekt der Verb-Form < V3 > bzw. < V2 + *masu* >

Die Verb-Formen < V3 > bzw. < V2 + **masu** > drücken in der Regel das Tempus des Futurs aus. Sie können aber progressives Präsens darstellen, wenn sie zur Schilderung der sich vor Augen abspielenden Geschehnisse verwendet werden, wie bereits in 11.4 erwähnt worden ist. Der Unterschied zwischen der Form < TE-**iru** > und der Form < V3 > bzw. < V2 + **masu** > in der progressiven Funktion liegt darin, dass die TE-**iru**-Form einen progressiven Vorgang neutral darstellt, wohingegen die Schilderung mit der < V3 > bzw. < V2 + **masu** > lebendiger sind, so dass der Hörer in das Geschehen hineingezogen wird, als ob er direkt am Ort des Vorgehens wäre.

Kodomo-tachi ga kouen de asonde-imasu. Otoko no ko ga buranko ni notte-imasu. Onna no ko ga suna-ba de asonde-imasu. Oya-tachi ga soba no benchi ni suwatte, hanashite-imasu.
子供達が公園で遊んでいます。男の子がブランコに乗っています。女の子が砂場で遊んでいます。親達が側のベンチに座って話しています。
Kinder spielen im Park. Ein Junge schaukelt. Ein Mädchen spielt im Sandkasten. Ihre Eltern sitzen auf einer Sitzbank in der Nähe und unterhalten sich.

▲Das Sky-Building in Osaka

12 Grammatik der Lektion 12

Lektion 12 behandelt die Komparation: den Positiv (siehe 12.1 - 12.1.2), den Komparativ (siehe 12.2 - 12.2.8) und den Superlativ (siehe 12.3 - 12.3.5). Der Positiv dient im Vergleich zweier Größen zum Ausdruck einer Gleichheit (*N1 ist genauso ... wie N2*); der Komparativ wird zum Ausdruck der Ungleichheit zweier Größen, die verglichen werden; der Superlativ drückt aus, dass beim Vergleich mindestens dreier verschiedener Größen, eine davon in irgendeiner Hinsicht den ersten Platz erhält.

12.1 Der Positiv

Für zwei Größen wird Gleichheit dargestellt. Es gibt positive Gleichheit (*N1 ist genauso ... wie N2*) und negative Gleichheit (*N1 ist nicht so ... wie N2*).

12.1.1 Positive Gleichheit: < N1 *wa* N2 *to onaji gurai/kurai ...* >

Die positive Gleichheit zweier Sachverhalte bzw. Objekte (N1 und N2) wird mit der folgenden Satzstruktur ausgedrückt. Die deutsche Entsprechung lautet: *N1 ist genauso ... wie N2*.

| N1 | wa | N2 | to | onaji | gurai/kurai | Prädikat |

Onaji (同じ) wird drei verschiedenen Wortarten zugeordnet: Adverb, Rentaishi-Adjektiv und Nomen. Bei der Komparation wird **onaji** (同じ / *der/die/das Gleiche*) als Nomen verwendet, welches durch die adverbiale PP **kurai** bzw. **gurai** (くらい / ぐらい [位] / *ungefähr*) zur Markierung einer Ungenauigkeit gekennzeichnet worden ist. Die Verbindung von **onaji** (同じ) mit der PP **kurai** (くらい) bzw. **gurai** (ぐらい) wird als eine adverbiale Ergänzung im Satz verwendet; sie bedeutet wortwörtlich *ungefähr das Gleiche*. Im Japanischen werden oft direkte und explizite Ausdrücke vermieden, weil diese als unhöflich empfunden werden. Hingegen wird im Deutschen der Ausdruck *genauso* verwendet. Man sieht hier einen Unterschied in der Äußerung desselben Geschehens, das jeweils unterschiedlich ausgedrückt wird: implizit (Japanisch) oder explizit (Deutsch).

Suu-gaku wa gengo-gaku to onaji gurai omoshiroi.
数学は言語学と同じぐらい面白い。
Mathematik ist genauso interessant wie Sprachwissenschaft.

12.1.2 Negative Gleichheit: < N1 *wa* N2 *hodo ... nai* >

Die folgende Satzstruktur drückt die deutsche Bedeutung *N1 ist nicht so ... wie N2* aus. N2 wird durch die PP **hodo** (ほど) zum Ausdruck eines Vergleichsgrades markiert. Man kann aber < N2 + **hodo** > als ein nominales Kompositum betrachten, wobei **hodo** (程) als Vollnomen die Bedeutung von *Grad* trägt; das Kompositum wird dann nach dieser Auffassung im Satz als eine adverbiale Ergänzung verwendet.

| N1 | wa | N2 | hodo | Prädikat in der Verneinung |

Neko wa inu hodo kashikoku nai.
猫は犬ほど賢くない。
Eine Katze ist nicht so klug wie ein Hund.

12.2 Der Komparativ

Der Komparativ wird im Japanischen mit der PP **yori** (より) zur Markierung des Vergleichsobjekts (siehe 12.2.1) oder mit dem quantitativen Verstärkungsadverb **yori** (より : siehe 12.2.2) gebildet. Es handelt sich um dasselbe Wort, das zu verschiedenen Wortarten gehört, und daher unterschiedlich beim Satzaufbau verwendet wird: es gehört einerseits zur Wortart der Postpositionen und andererseits zur Wortgruppe der Adverbien.

12.2.1 Der Komparativ mit der PP *yori* (より): < N1 *wa* N2 *yori* ... >

Die folgende Satzstruktur drückt eine komparative Bedeutung aus; der Satz besteht aus einem Subjekt, das als Thema betrachtet wird (N1 **wa**), einem Vergleichsobjekt (N2 **yori**) und einem Prädikat.

| N1 | wa | N2 | yori | Prädikat |

Supôtsukâ wa torakku yori hayai.
スポーツカーはトラックより速い。
Ein Sportwagen ist schneller als ein LKW.

12.2.2 Der Komparativ mit dem Verstärkungsadverb *yori* (より): < N *wa yori* ... >

Bei der folgenden Satzstruktur bezieht sich das Adverb **yori** (より) mit der Bedeutung von *mehr* auf das Prädikat; der Satz besteht aus einem Thema (N **wa**), einem Adverb **yori** (より) und einem Prädikat. Das Vergleichsobjekt ist im Satz nicht erwähnt, ist aber aus dem Kontext heraus festzustellen.

| N | wa | yori | Prädikat |

Supôtsukâ wa yori hayai.
スポーツカーはより速い。
Ein Sportwagen ist schneller.

12.2.3 Interrogativer Komparativ: < N1 *to* N2 *to dochira ga* ... *ka*? >

Die folgende Satzstruktur setzt sich aus folgenden Satzbauelementen zusammen: zwei Vergleichsobjekte N1 und N2, die mit der kopulativen PP **to** (と) verbunden sind (N1 **to** N2 **to**); das Subjekt, das sich aus dem interrogativen Pronomen **dochira** (どちら / *welcher, -e, -es*) und der PP **ga** (が) zur Markierung des Subjekts zusammensetzt; das Prädikat; und zuletzt die interrogative PP **ka** (か) zum Ausdruck einer Frage bzw. eines Zweifels.

| N1 | to | N2 | to | dochira | ga | Prädikat | ka | ? |

Aka-wain to shiro-wain to dochira ga takai desu ka?
赤ワインと白ワインとどちらが高いですか。
Welcher Wein ist teurer, ein Rotwein oder ein Weißwein?

12.2.4 Komparative Antwort auf eine komparative Frage

Die folgende Satzkonstruktion wird zur Beantwortung einer komparativen Frage verwendet. Bei der Beantwortung einer Frage mit Hilfe einer Komparativkonstruktion wird das Pseudo-Nomen **hou** (方 /*Richtung*) verwendet. Das in der Frage genannte

Vergleichsobjekt kann in der Antwort nicht als Thema markiert werden, weil in der Regel nur Gegenstände bzw. Sachverhalte, die sowohl dem Sprecher und als auch dem Hörer bekannt sind, als Thema erwähnt werden können. In diesem Fall ist die Antwort dem Hörer (dem Fragesteller) eindeutig nicht bekannt. Daher wird z. B. das Objekt durch die PP **o** (を), das Subjekt durch die PP **ga** (が), der Partner durch die PP **to** (と) und eine Ortsangabe als Handlungsort durch die PP **de** (で) markiert.

| N1 bzw. N2 | no | hou | o/ga/to/de usw. | Prädikat |

Aka-wain no hou ga takai desu.
赤ワインの方が高いです。
Der Rotwein ist teurer.

Man kann auch als Antwort auf eine komparative Frage die Satzstruktur < (... **wa**) ... **da/ dearu/desu** > verwenden; da das Thema (... **wa**) dem Sprecher und dem Hörer bekannt ist, wird es in der Regel ausgelassen: < ... **da/dearu/desu** >.

| N1 bzw. N2 | da / desu / dearu |

Aka-wain desu.
赤ワインです。
Der Rotwein ist teurer. (Wortwörtlich: Es ist der Rotwein.)

12.2.5 Beispiele für interrogative Fragen und sich darauf beziehende Antworten

Die folgenden Beispiele zeigen konkret die komparativen Fragen und die Antwortmöglichkeiten, die in 12.2.3 und 12.2.4 erläutert wurden.

Als Vergleichsobjekte können im komparativen Fragesatz das syntaktische Subjekt wie im obigen Beispielsatz, das syntaktische Objekt, die Orts- und Zeitangabe oder sonstige Satzglieder fungieren.

1. <u>Als syntaktisches Objekt</u>

Frage: Aka-wain to shiro-wain to dochira o yoku nomi-masu ka?
              赤ワインと白ワインとどちらをよく飲みますか。
              Welchen Wein trinken Sie häufiger, roten oder weißen?

Antwort: Aka-wain no hou o nomi-masu.   Oder: Aka-wain desu.
              赤ワインの方を飲みます。   赤ワインです。
              Ich trinke mehr Rotwein.   *Ich trinke mehr Rotwein.*

2. <u>Als Lokativ (Ortsangabe: Handlungsort)</u>

Frage: Daigaku to uchi to dochira de yoku benkyou-shi-masu ka?
        大学と家とどちらでよく勉強しますか。
        Wo lernen Sie mehr, an der Universität oder zu Hause?

Antwort: Uchi no hou de yoku benkyou-shi-masu.   Oder: Uchi desu.
          家の方でよく勉強します。   家です。
          Ich lerne mehr (bei mir) zu Hause.   *Ich lerne mehr zu Hause.*

3. Als Temporativ (Zeitangabe)

Frage: Asa to yoru to dochira ga yoku benkyou ni shuuchuu-deki-masu ka?
朝と夜とどちらがよく勉強に集中できますか。
Wann können Sie sich besser konzentrieren, morgens oder abends?

Antwort: Yoru no hou ga yoku shuuchuu-deki-masu.
夜の方がよく集中できます。
Abends kann ich mich besser konzentrieren.

    Oder: Yoru desu.
        夜です。
        Abends kann ich mich besser konzentrieren.

4. Als Direktiv (Richtungsangabe)

Frage: Supein to Girisha to dochira ni yoku iki-masu ka?
スペインとギリシャとどちらによく行きますか。
In welches Land fahren Sie öfter, nach Spanien oder nach Griechenland?

Antwort: Supein no hou ni yoku iki-masu.   Oder: Supein desu.
スペインの方によく行きます。   スペインです。
Ich fahre öfter nach Spanien.   *Ich fahre öfter nach Spanien.*

5. Als Komitativ (Partner)

Frage: Anata no o-kaa-san to o-tou-san to dochira to yoku hanashi-masu ka?
あなたのお母さんとお父さんとどちらとよく話しますか。
Mit wem sprechen Sie öfter, mit Ihrer Mutter oder mit Ihrem Vater?

Antwort: Haha no hou to yoku hanashi-masu.   Oder: Haha desu.
母の方とよく話します。   母です。
Ich spreche öfter mit meiner Mutter.   *Ich spreche öfter mit meiner Mutter.*

12.2.6 Gleichheitsverhältnis ausdrückende Antwort auf eine komparative Frage

Auf eine Komparativfrage kann man dreierlei Antworten geben, wenn man diese Frage mit einem Gleichheitsverhältnis beantworten möchte:

Frage: | N1 | to | N2 | to | dochira | ga | Prädikat | ka | ?

Ei-go to Raten-go to dochira ga muzukashii desu ka?
英語とラテン語とどちらが難しいですか。
Was ist schwieriger, Englisch oder Latein?

Antwort 1: < N1 **wa** N2 **to onaji gurai** ... >

Ei-go wa Raten-go to onaji gurai muzukashii desu.
英語はラテン語と同じぐらい難しいです。
Englisch ist ebenso schwierig wie Latein.

Antwort 2: < N1 **mo** N2 **mo onaji gurai** ... >

    Ei-go mo Raten-go mo onaji gurai muzukashii desu.
    英語もラテン語もおなじぐらい難しいです。
    Englisch und Latein sind gleichermaßen schwierig.

Antwort 3: < **onaji gurai da/dearu/desu** >

    Onaji gurai desu
    同じぐらいです。
    Beides ist gleich schwierig.

12.2.7 Das Multiplikationsverhältnis: < N1 *wa* N2 *no ...-bai da* >

Zwei Sachverhalte bzw. Objekte können im Multiplikationsverhältnis im Sinne von *-fach* verglichen werden. Man verwendet zu diesem Ausdruck das Suffix **-bai** (倍 / *-fach*); das Kompositum mit dem Suffix **-bai** (倍) wird dann als Nomen oder als Adverb verwendet.

| N1 | wa | N2 | no | ...-bai | da |

1. Als Nomen

| Kono dejitaru-kamera wa | ano skyanâ no ni-bai no nedan | da | (Zwei Satzglieder)

このデジタルカメラはあのスキャナーの二倍の値段だ。
Diese Digitalkamera kostet das Zweifache mehr als der Scanner.
Diese Digitalkamera kostet doppelt so viel wie der Scanner.

2. Als Adverb

| Kono dejitaru-kamera wa | skyanâ no ni-bai | takai | (Drei Satzglieder)

このデジタルカメラはスキャナーの二倍高い。
Diese Digitalkamera ist um das Zweifache teurer.

12.2.8 Das Bruchzahlenverhältnis: < N1 *wa* N2 *no ...-bun no ... da* >

Die Bedeutung *N1 ist ... -tel von N2* wird mit der folgenden Satzstruktur ausgedrückt: z. B. ein Drit<u>tel</u>, ein Vier<u>tel</u> usw. Das Suffix **-bun** (分 / *geteilt*) deutet auf die Division hin.

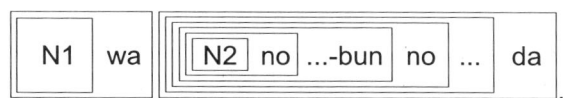

| N1 | wa | N2 | no | ...-bun | no | ... | da |

Kono sukyanâ no nedan wa dejitarukamera no ni-bun no ichi da.
このスキャナーの値段はデジタルカメラの二分の一だ。
Der Scanner kostet die Hälfte einer Digitalkamera.

12.3 Der Superlativ

Unter den zu vergleichenden Größen, wobei mindestens drei vorhanden sein müssen, wird eine auf den ersten Platz gesetzt.

12.3.1 Bildung der Superlativform

Der Superlativ wird mit den Graduierungsadverbien **ichi-ban** (一番) oder **mottomo** (最も), die sich auf das Prädikat oder andere Adverbien beziehen, gebildet.

| ichi-ban / mottomo | Prädikat |

mottomo kirei da
最も綺麗だ
etwas ist der/die/das schönste

ichi-ban ookii
一番大きい
etwas ist der/die/das größte

ichi-ban hanasu
一番話す
jemand spricht am meisten

mottomo yuumei da
最も有名だ
etwas ist der/die/das berühmteste

ichi-ban takusan taberu
一番たくさん食べる
jemand isst etwas am meisten

12.3.2 Der Superlativsatz
Der Superlativsatz sieht wie folgt aus:

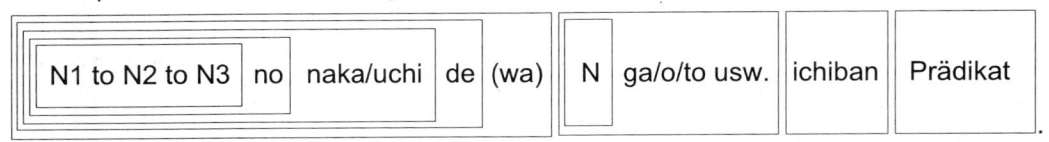

| N1 to N2 to N3 | no | naka/uchi | de | (wa) | N | ga/o/to usw. | ichiban | Prädikat |

Alternativen zur Auswahl werden mit der kopulativen PP **to** (と) aufgelistet: < N1 **to** N2 **to** N3 >. **Naka** bzw. **uchi** (なか bzw. うち [中]/*in*) ist ein Nomen, das mit der restriktiven PP **de** (で) markiert wird, und das **de**-Satzglied kann ferner fakultativ mit der PP **wa** (は) als Thema gekennzeichnet werden: < ... **naka de** (**wa**) >. Das ausgewählte Objekt, das in der Größenordnung den ersten Platz einnimmt, wird mit den jeweiligen Postpositionen markiert (siehe 12.3.3); wenn es sich um den Vergleich dreier Subjekte handelt, wird es mit der PP **ga** (が) markiert, und wenn es um eine temporale Angabe geht, wird es mit der PP **ni** (に) gekennzeichnet. Danach folgt die Superlativform des Prädikats mit dem Graduierungsadverb **ichi-ban** (一番) bzw. **mottomo** (最も).

Man kann auch die folgende Satzstruktur zur Bildung eines Superlativsatzes verwenden; im Vergleich zu der o. a. Satzstruktur wird das Nomen **naka** (なか) dabei ausgelassen, und die kopulative PP **to** (と) kann dem letzten Nomen fakultativ nachgestellt werden.

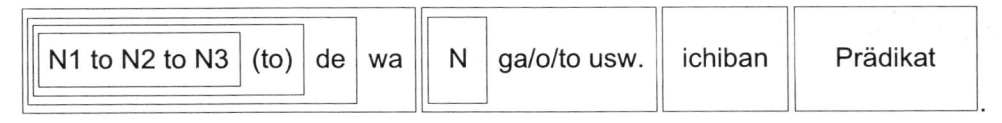

| N1 to N2 to N3 | (to) | de | wa | N | ga/o/to usw. | ichiban | Prädikat |

12.3.3 Der Gegenstand des Superlativs
Im Folgenden einige Beispiele, wie die Sache, der beim Vergleich dreier Größen der erste Rang zukommt, ausgedrückt wird.

1. Der Gegenstand des Superlativs: Subjekt

   Tomato to kyûri to ninjin no naka de tomato ga ichiban oishii.
   トマトとキューリとニンジンのなかでトマトが一番おいしい。
   Von Tomaten, Gurken und Möhren schmecken (die) Tomaten am besten.

2. Der Gegenstand des Superlativs: Objekt

Tomato to kyûri to ninjin no naka de tomato o ichiban takusan taberu.
トマトとキューリとジンジンのなかでトマトを一番たくさん食べる。
Von Tomaten, Gurken und Möhren esse ich die Tomaten am häufigsten.

3. Der Gegenstand des Superlativs: Komitativ (Partner)

Tanaka-san to Yamada-san to Ishikawa-san to de wa Tanaka-san to ichi-ban yoku nomi ni iki-masu.
田中さんと山田さんと石川さんとでは田中さんと一番よく飲みに行きます。
Von den Herren Tanaka, Yamada und Ishikawa gehe ich am häufigsten mit Herrn Tanaka trinken.

4. Der Gegenstand des Superlativs: Lokativ (Handlungsort)

Daigaku no toshokan to machi no toshokan to watashi no shosai (to) de wa watashi no shosai de ichiban yoku shigoto o shi-masu.
大学の図書館と町の図書館と私の書斎（と）では、私の書斎で一番よく仕事をします。
Von der Universitätsbibliothek, der städtischen Bibliothek und von meinem Büro zu Hause arbeite ich daheim im Büro am häufigsten.

12.3.4 Der interrogative Superlativsatz

Der interrogative Superlativsatz wird dadurch gebildet, dass man jene interrogativen Wörter (Nomen, Pronomen oder Rentaishi [siehe 1.7 und Tabelle 15]) einsetzt, zu denen man eine Antwort erfahren möchte: **dare** (誰/*wer*), **doko** (どこ/*wo*), **nani** (何/*was*), **dono** + Nomen (どの/*welche, -r, -es* + Nomen), **dore** (どれ/*welche, -r, -es*), **donna** + Nomen (どんな/*was für ...*), **itsu** (いつ/*wann*) usw. Folgende Beispiele mit den jeweiligen Antwortmöglichkeiten zeigen auf, wie die interrogativen Superlativsätze gebildet werden können.

1. Subjekt als eine Antwort

Frage: Tomato to kyûri to ninjin no naka de **dore** ga ichiban oishii desu ka.
トマトとキューリとニンジンのなでどれが一番おいしいですか。
Unter Tomaten, Gurken und Möhren, welche schmecken Ihnen am besten?

Antowrt: Tomato desu.　　　　　　Oder: Tomato ga ichiban oishii desu.
トマトです。　　　　　　　　　　　　トマトが一番美味しいです。
Es sind Tomaten.　　　　　　　　*Tomaten schmecken mir am besten.*

2. Objekt als eine Antwort

Frage: Tomato to kyûri to ninjin no naka de dore o ichiban takusan tabe-masu ka.
トマトとキューリとジンジンのなかでどれを一番たくさん食べますか。
Unter den Tomaten, Gurken und Möhren, was essen Sie am meisten?

Antwort: Tomato desu.　　　　　　Oder: Tomato o ichiban takusan tabe-masu.
トマトです。　　　　　　　　　　　　トマトを一番たくさん食べます。
Es sind Tomaten.　　　　　　　　*Tomaten esse ich am meisten.*

12.3.5 Der Elativ

Man kann ohne Vergleich etwas als das Größte darstellen. Der Superlativ dieser Art wird *Elativ* genannt. Im Japanischen kommt diese Form im Fragesatz vor:

1. Objekt als Frage mit dem Rentaishi < **donna** + Nomen >

Frage: Tanaka-san wa **donna** hon o ichiban yoku yomi-masu ka?
田中さんはどんな本を一番よく読みますか。
Was für Bücher lesen Sie am meisten?

Antwort: Rekishi no senmon-sho desu.
歴史の専門書です。
Es sind Geschichtsfachbücher.

Oder: Rekishi no senmon-sho o ichiban yoku yomi-masu.
歴史の専門書を一番よく読みます。
Ich lese meistens Geschichtsfachbücher. / Ich lese Geschichtsfachbücher am häufigsten.

2. Zeitpunkt als Frage mit dem temporalen Adverb **itsu**

Frage: Anata wa **itsu** jikan ga mottomo ari-masu ka?
あなたはいつ時間が最もありますか。
Wann haben Sie am meisten Zeit?

Antwort: Shuumatsu desu.
週末です。
Am Wochenende habe ich am meisten Zeit.

3. Richtungsangabe als Frage mit dem interrogativen Nomen **doko**

Frage: Anata wa **doko** ni ichiban yoku shutchou-shi-masu ka?
あなたはどこに一番良く出張しますか。
Wohin unternehmen Sie Ihre meisten Geschäftsreisen? (Wortwörtlich: Was Sie betrifft, wohin machen Sie am häufigsten Geschäftsreisen?)

Antwort: Oosaka desu.
大阪です。
Nach Ôsaka fahre ich am häufigsten.

Die Stadt Osaka ▷

13 Grammatik der Lektion 13

Ab Lektion 13 bis Lektion 15 wird die so genannte **wa-ga**-Satzstruktur behandelt. Es handelt sich um einen Satz, dessen drei Grundelemente sich aus einem Thema (... **wa**), einem syntaktischen Subjekt (... **ga**) und einem Prädikat zusammensetzen. Für diese Satzkonstruktion werden nur bestimmte prädikative Wörter verwendet, nämlich diejenigen, die Eigenschaften darstellen, wie zum Beispiel das Keiyoushi **hoshi·i** (欲しい /wünschenswert = haben wollen), die Keiyoudoushi **suki** (好き /mögenswert = mögen) oder **kirai** (嫌い /nicht mögenswert = nicht mögen) sowie die Verben **ar·u** (ある /habend = haben), **wakar·u** (分かる /verständlich = verstehen), **deki·ru** (出来る /machbar = können), **ir·u** (要る /benötigend = benötigen) usw.

13.1 Die *wa-ga*-Satzstruktur

Die oben skizzierte Satzstruktur sieht wie folgt aus:

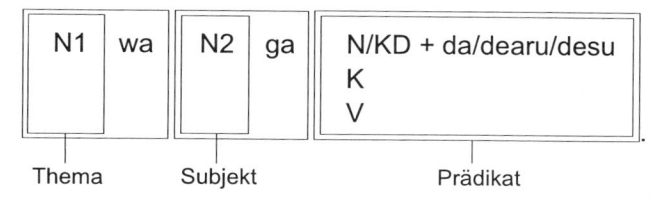

N1	wa	N2	ga	N/KD + da/dearu/desu K V
Thema		Subjekt		Prädikat

In Lektion 13 wird die **wa-ga**-Satzstruktur, die zum einen zum Ausdruck des Desiderativs (siehe 13.1.1), dass man etwas haben bzw. unternehmen will, und zum anderen zum Ausdruck einer Präferenz (siehe 13.1.2), dass man etwas mag oder nicht mag, verwendet wird, vorgestellt.

13.1.1 Desiderativ (Wunschäußerung): *jemand will etwas haben*

Zum Ausdruck eines Wunsches, dass man etwas haben möchte, verwendet man in der **wa-ga**-Satzstruktur als Prädikat das Keiyoushi **hoshi·i** (欲しい /wünschenswert). **Hoshi·i** (ほしい) wird in der Regel in Hiragana geschrieben. In der zweiten Subjektstellung wird im heutigen Gebrauch auch die PP **o** (を) zur Markierung eines syntaktischen Objekts verwendet; d. h. eine Kasusänderung, nämlich vom Subjekt hin zum Objekt, findet statt und da dieser Sprachwandel noch nicht abgeschlossen ist, wird heute noch das Objekt bzw. der Sachverhalt, das/den man haben will, entweder als syntaktisches Subjekt oder als syntaktisches Objekt in der Sprache widergespiegelt. N1 ist die Person, die etwas haben will; N2 ist der Gegenstand, den jemand haben will.

N1	wa	N2	ga/o	hoshii

Watashi wa atarashii jisho ga/o hoshii.
私は新しい辞書がほしい。／私は新しい辞書をほしい。
Ich will ein neues Wörterbuch haben.

13.1.1.1 Einschränkung des desiderativen Ausdrucks

Die desiderativen Ausdrücke erfahren in Bezug auf die grammatische Person (erste/zweite/dritte Person) gewisse Verwendungseinschränkungen. Hier sieht man nämlich die gleiche Grundauffassung, die auch bei der Meinungsäußerung widergespiegelt worden ist, nämlich dass der Sprecher nur seine eigenen Gefühle sprachlich wiedergeben zu können glaubt; alles, was sich außerhalb seines „Territoriums" befindet, muss der Sprecher entweder vom Hörer erfragen oder diesem gegenüber linguistisch explizit markieren, dass es sich dabei um die Gefühle einer anderen Person handelt.

1. Die erste Person (*ich / wir*) als Thema
Die Satzstruktur < N1 **wa** N2 **ga hoshi·i** > kann in dieser Form verwendet werden, wenn N1 die grammatische erste Person (*ich* oder *wir*) darstellt.

Ane to watashi wa atarashii pasokon ga hoshii.
姉と私は新しいパソコンがほしい。
Meine ältere Schwester und ich wollen einen neuen Computer haben.

2. Die zweite Person (*du / Sie / ihr*) als Thema
Wenn die zweite Person (*du / Sie /ihr*) etwas haben will, kann dies der Sprecher nur in Form einer Frage zum Ausdruck bringen: < N1 (2. Person) **wa** N2 **ga hoshii desu ka**? >

Anata wa atarashii purintâ ga hoshii desu ka?
あなたは新しいプリンターがほしいですか。
Wollen Sie einen neuen Drucker haben?

3. Die dritte Person (*er / sie / es*) als Thema
Wenn die dritte Person (*er / sie / es*) etwas haben will, wird am Stamm des Keiyoushi **hoshi·i** (**hoshi**) das Suffix **-gar·u** angehängt: **hoshi·gar·u** (ほしがる). Diese Zusammensetzung flektiert wie ein konsonantisches Verb: **hoshigar·u**. Dass man etwas haben will, wird als ein Zustand wahrgenommen und daher in der Regel mit der TE-**iru**-Form wiedergegeben: **hoshi·ga·t·te·i·ru** (ほしがっている). Der Gegenstand, den man haben will, wird hier aber immer als syntaktisches Objekt wiedergegeben. Deshalb muss die PP **o** (を) verwendet werden und kann die PP **ga** (が) nicht zum Einsatz kommen.

| 3. Person | wa | etwas | o | hoshigatte-iru |

Otouto wa atarashii sakkâ no bôru o hoshigatte-imasu.
弟は新しいサッカーのボールをほしがっています。
Mein jüngerer Bruder will einen neuen Fußball haben.

13.1.1.2 Desiderativ (Wunschäußerung): *jemand will etwas tun*
Wenn jemand eine Handlung ausführen will, wird dies mit der folgenden Satzkonstruktion zum Ausdruck gebracht:

| N1 | wa | N2 | ga/o | V2 + tai |

N1 ist jemand, der etwas tun will; N2 ist der Sachverhalt, den man ausführen will, und der im heutigen Gebrauch entweder mit dem Subjektmarkierer **ga** (が) oder mit dem Objektmarkierer **o** (を) gekennzeichnet werden kann; das Prädikat besteht aus der V2-Form und dem HV **ta·i** (たい) zum Ausdruck eines Wunsches. Wie an der morphologischen Zusammensetzung erkennbar ist, hat das HV **ta·i** (たい) eine Keiyoushi-Flexion (siehe

Tabelle 60): **ta·i** (Bejahung), **ta·ku·na·i** (Negation), **ta·kat·ta** (Bejahung + Vergangenheit) und **ta·ku·na·kat·ta** (Bejahung + Verneinung + Vergangenheit). Es muss beachtet werden, dass das zweite Satzglied < N2 **o/ga** > des desiderativen Satzes nur erwähnt wird, wenn ein Objekt, das man tun will, ausgedrückt wird. Beispielsätze in 13.1.1.3 zeigen solche Fälle auf, in denen die Sätze kein **o**- bzw. **ga**-Satzglied aufweisen, sondern ein **ni**-Satzglied, das eine Richtung angibt (siehe 1 und 3 in 13.1.1.3), oder ein **to**-Satzglied, das die Partnerin einer Handlung darstellt (siehe 2 in 13.1.1.3).

Watashi wa mizu ga nomi-tai.
私は水が飲みたい。
Ich will Wasser trinken.

Watashi wa kono têma ni tsuite ronbun o kaki-tai.
私はこのテーマについて論文を書きたい。
Ich möchte zu diesem Thema eine Arbeit schreiben.

13.1.1.3 Einschränkung der grammatischen Person
Wie bereits in 13.1.1.1 erklärt, gilt auch bei der Satzstruktur < N1 **wa** (N2 **ga/o**) V2 + **tai** > die Einschränkung der grammatischen Person; die Auffassung des Territoriums wird hier ebenfalls widergespiegelt.

1. Die erste Person will etwas tun: < N1 **wa** (N2 **o/ga**) V2 + **tai** >

   Watashi-tachi wa Nihon ni iki-tai desu.
   私達は日本に行きたいです。
   Wir wollen nach Japan fliegen.

2. Die zweite Person will etwas tun: < N1 **wa** (N2 **o/ga**) V2 + **tai desu ka**? >

   Pîtâ wa Petora to odori-tai desu ka?
   ペーターはペトラと踊りたいですか。
   Willst du mit Petra tanzen, Peter?

3. Die dritte Person will etwas tun: < N1 **wa** (N2 **o**) V2 + **tagaru** >

   Otouto wa Suisu ni iki-tagatte-imasu.
   弟はスイスに行きたがっています。
   Mein jüngerer Bruder will in die Schweiz fahren.

13.1.2 Präferenz: Ausdrücke einer Vorliebe (*Mögen* oder *Nicht-Mögen*)
Man kann die Einstellung des Sprechers gegenüber einem Gegenstand bzw. einem Sachverhalt im Sinne von *mögen* bzw. *nicht mögen* (oder noch verstärkt als *lieben* bzw. *hassen*) ausdrücken, indem man in die **wa-ga**-Satzstruktur als Prädikatsteil die Keiyoudoushi **suki** (好き /*mögenswert = mögen*), **dai-suki** (大好き /*sehr mögenswert = lieben*), **kirai** (嫌い /*nicht mögenswert = nicht mögen*) oder **dai-kirai** (大嫌い /*überhaupt nicht mögenswert = hassen*) mit den HV **da** (だ), **dearu** (である) oder **desu** (です) einfügt. Zur Betonung wird das Verstärkungspräfix **dai-** (大) dem KD **suki** (好き) bzw. **kirai** (嫌い) vorangestellt. Bei diesen Ausdrücken erfolgt keine Einschränkung der grammatischen Person; bei den Gefühlsausdrücken *mögen* oder *nicht mögen* wird vom Sprecher keine territoriale Demarkierung vorgenommen.

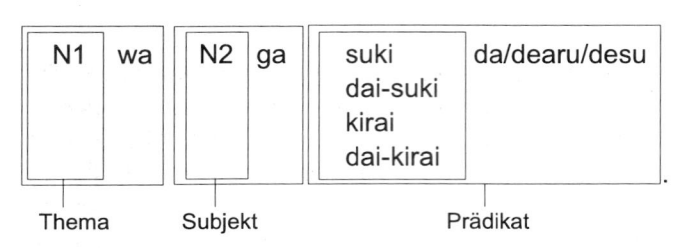

N1	wa	N2	ga	suki dai-suki kirai dai-kirai	da/dearu/desu
Thema		Subjekt			Prädikat

N1 mag N2.
N1 liebt N2.
N1 mag N2 nicht.
N1 hasst N2.

Folgende Beispielsätze zeigen konkret, wie diese KD prädikativ und attributiv verwendet werden können:

1. In prädikativer Stellung: < KD + **da/dearu/desu** >

    Watashi wa aisukurîmu ga **suki** desu ga, imouto wa aisukurîmu ga **kirai** desu.
    私はアイスクリームが好きですが、妹はアイスクリームが嫌いです。
    Ich mag Eis, aber meine jüngere Schwester mag es nicht.

    Chichi wa fugu ga **dai-kirai** desu ga, watashi wa **suki** desu.
    父はフグが大嫌いですが、私は好きです。
    Mein Vater hasst den Kugelfisch, aber ich mag ihn.

    ▽ Baseballstadion in Tokyo

2. In attributiver Stellung: < KD + **na** > (siehe 10.1.1)

    Watashi no **dai-suki na** supôtsu wa yakyuu desu.
    私の大好きなスポーツは野球です。
    Mein Lieblingssport ist Baseball.

    Otouto no **dai-kirai na** tabe-mono wa fâsuto-fûdo desu.
    弟の大嫌いな食べ物はファーストフードです。
    Das Essen, das mein jüngerer Bruder am meisten hasst, ist Fastfood.

    Makushimirian no **suki na** kamoku wa rekishi desu.
    マクシミリアンの好きな科目は歴史です。
    Das Lieblingsfach von Maximilian ist Geschichte.

Tabelle 54: Inventar der Hilfsverben (nach Verbingungsform)

V1	**n** (Negation), **na·i** (Negation), **nu** (Negation), **rare·ru** (Passiv/Potentialis/Honorativ/Spontaneität), **re·ru** (Passiv/Potentialis/Honorativ/Spontaneität), **sase·ru** (Kausativ), **sas·u** (Kausativ), **se·ru** (Kausativ), **s·u** (Kausativ), **zu** (Negation)
V2	**masu** (Höflichkeit); **souda** (Anschein), **ta·i** (Desiderativ)
V3	**beshi** (Pflicht); **mai** (Negation + Vermutung); **mita·i** (Anschein); **rashi·i** (Anschein), **souda** (Anschein/Hörensagen); **youda** (Anschein)
V4/V5	
V6	**u** (Aufforderung/Vermutung/Wille), **you** (Aufforderung/Vermutung/Wille)
N/KD	**da** (Definitiv), **dearu** (Definitiv), **desu** (Definitiv), **mita·i** (Anschein; Vergleich: N + mita·i), **rashi·i** (Vergleich: N + rashi·i), **youda** (Vergleich: N **no youda**)

Siehe auch Tabelle 56 (Inventar der japanischen Hilfsverben nach alphabetischer Reihenfolge) und Tabelle 60 (Japanische Hilfsverben nach Flexionsart).

14 Grammatik der Lektion 14

Lektion 14 stellt weitere Ausdrucksmöglichkeiten mit der **wa-ga**-Satzkonstruktion, die in Lektion 13 bereits eingeführt wurde, vor. Als Prädikate werden weitere KD (siehe 14.1 und 14.2) und einige Verben (siehe 14.3, 14.4 und 14.5), die die Fähigkeiten und Fertigkeiten eines Menschen ausdrücken, behandelt. Bei diesen Ausdrücken gibt es ebenfalls keine Einschränkung der grammatischen Person. Ferner wird das Pseudo-Nomen **koto** (こと / 事) in der syntaktischen Funktion der Substantivierung erläutert (siehe 14.6).

14.1 Der Ausdruck der starken bzw. schwachen Seite: < N1 *wa* N2 *ga tokui/nigate da* >

Wenn man ausdrücken möchte, dass etwas die starke bzw. schwache Seite von jemandem ist, wird die folgende **wa-ga**-Satzstruktur verwendet. **Tokui** (得意 / *starke Seite sein*) und **nigate** (苦手 / *schwache Seite sein*) sind KD, so dass sie in der prädikativen Stellung mit den HV **da** (だ), **dearu** (である) oder **desu** (です) verwendet werden.

N1	wa	N2	ga	tokui / nigate	da/dearu/desu	N2 ist die starke Seite von N1.
Thema		Subjekt			Prädikat	N2 ist die schwache Seite von N1.

Watashi wa ongaku ga tokui desu ga, supôtsu ga nigate desu.
私は音楽が得意ですが、スポーツが苦手です。
Meine starke Seite ist Musik, aber Sport ist meine Schwachstelle.

14.2 Der Ausdruck der Fertigkeit: < N1 *wa* N2 *ga jouzu/heta da* >

Bei diesem Ausdruck geht es um die Fertigkeit, nämlich dass man etwas <u>gut</u> oder <u>schlecht</u> kann. Es werden die KD **jouzu** (下手 / *gut sein, fertig sein*) und **heta** (上手 / *nicht gut sein*) verwendet. Die Satzstruktur sieht wie folgt aus:

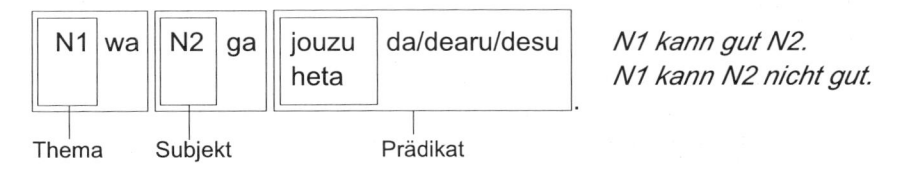

N1	wa	N2	ga	jouzu / heta	da/dearu/desu	N1 kann gut N2.
Thema		Subjekt			Prädikat	N1 kann N2 nicht gut.

Watashi wa Ei-go ga heta desu ga, Yamada-san wa jouzu desu.
私は英語が下手ですが、山田さんは上手です。
Ich kann Englisch nicht gut, aber Frau Yamada kann es gut.

14.2.1 Der Unterschied zwischen *tokui/nigate* und *jouzu/heta*

Wenn jemand etwas gut kann, ist dies mit Sicherheit seine starke Seite, so dass es sich um den gleichen Sachverhalt handelt. Der Unterschied zwischen den **wa-ga**-Satzstrukturen mit den KD **tokui/nigate** (siehe 14.1) und **jouzu/heta** liegt darin, dass derselbe Sachverhalt mit einem unterschiedlichen Augenmerk betrachtet wird. Beim ersteren lenkt der Sprecher sein Augenmerk darauf, ob etwas jemandes <u>starke oder schwache Seite</u> ist; beim letzteren hingegen legt der Sprecher die Konzentration seiner Wahrnehmung darauf, ob jemand etwas <u>gut oder schlecht</u> kann. Im Deutschen wird dieser Sachverhalt eher mit der Unterscheidung von gut oder schlecht wahrgenommen und wird in einer potentialen Form wiedergegeben (siehe u. a. Beispielsatz): *man kann etwas gut*.

Kono ko wa e ga jouzu da.
この子は絵が上手だ。
Das Kind kann gut malen. (Wortwörtlich: Was das Kind betrifft, so ist das Malen gut. = Das Kind malt gut.)

Chichi wa ryouri ga heta da.
父は料理が下手だ。
Mein Vater kann schlecht kochen. (Wortwörtlich: Was meinen Vater betrifft, so ist das Kochen schlecht. = Mein Vater kocht schlecht.)

14.2.2 Adverbiale bzw. attributive Verwendung der KD *tokui/nigate* und *jouzu/heta*

Tokui/nigate (得意 / 苦手) und **jouzu/heta** (上手 / 下手) sind KD, so dass sie adverbial und attributiv verwendet werden können.

1. In adverbialer Stellung

Die adverbiale Form des KD wird dadurch gebildet, dass man dem KD die kasusmarkierende PP **ni** (に)[15] zur Kennzeichnung eines Zustandes nachstellt: **jouzu ni** (上手に / *gut*).

Kono ko wa e o totemo **jouzu ni** kaki-masu.
この子は絵をとても上手に描きます。
Das Kind malt sehr gut. / Das Kind kann gut malen.

2. In attributiver Stellung

Die attributive Form des KD wird dadurch gebildet, dass man dem KD **na** (な), das die flektierte Form des HV **da** (だ) zur definitiven Aussage darstellt, nachstellt: < **jouzu/heta na** + Nomen > und < **tokui/nigate na** + Nomen >.

Watashi no tokui na ryouri wa tenpura desu.
私の得意な料理は天ぷらです。
Das Gericht, das ich sehr gut kochen kann, ist das Tenpura. / Das Gericht, das ich als meine starke Seite nennen kann, ist Tenpura.

14.3 Der Ausdruck einer Fähigkeit: < N1 *wa* N2 *ga dekiru* >

Zum potentialen Ausdruck, dass man etwas kann, wird das Verb **deki·ru** (出来る / *machbar sein [=können]*) verwendet. **Deki·ru** (出来る / *machbar sein [=können]*) wird nach semantischen Kriterien zu der Gruppe der Verben gezählt, die Eigenschaften darstellen (siehe 7.8 und Tabelle 38). Daher bedeutet das Verb **deki·ru** (出来る) wortwörtlich *machbar*, und der Sachverhalt (N2 in der u. a. schematischen Darstellung),

---

[15] Nach der Schulgrammatik wird **ni** (に) als flektierte Form des HV **da** (だ) betrachtet. **Ni** (に) kommt ursprünglich aus dem HV **nari** (なり) aus dem klassischen Japanisch zur definitiven Aussage und **ni** (に) stellt seine adverbiale Form (**renyou-kei** [連用形]) dar.

den man kann, wird als Subjekt des Satzes dargestellt; die Person, die etwas kann (N1 in der folgenden schematischen Darstellung), ist dann das Thema des Satzes, das durch den Themamarkierer **wa** (は) gekennzeichnet worden ist. **Deki·ru** (出来る) wird in der Regel in Hiragana geschrieben: できる .

| N1 | wa | N2 | ga | dekiru |

N1 kann N2.

Angerika wa Nihon-go ga deki-masu ga, Chuugoku-go ga deki-masen.
アンゲリカは日本語ができますが、中国語ができません。
Angelika kann Japanisch, aber Chinesisch nicht. / (Wortwörtlich: Was Angelika betrifft, so ist Japanisch machbar, aber Chinesisch ist nicht machbar.)

14.4 Der Ausdruck des Verstehens: < N1 *wa* N2 *ga wakaru* >

In derselben Weise wie das Verb **deki·ru** (出来る) wird das eigenschaftsdarstellende Verb **wakar·u** (分かる /*verständlich*, *verstehbar*) verwendet, um auszudrücken, dass man etwas versteht.

| N1 | wa | N2 | ga | wakaru |

N1 versteht N2.

Watashi wa Doitsu-go ga wakari-masu ga, Itaria-go ga wakari-masen.
私はドイツ語が分かりますが、イタリア語が分かりません。
Ich verstehe Deutsch, aber Italienisch nicht. / (Wortwörtlich: Was mich betrifft, so ist Deutsch verstehbar, aber Italienisch ist nicht verstehbar.)

14.5 Der Ausdruck einer Notwendigkeit: < N1 *wa* N2 *ga iru* >

Das Verb **ir·u** (要る) gehört ebenfalls zu den Eigenschaftsverben und bedeutet wortwörtlich *erforderlich*, *nötig* u. ä.

| N1 | wa | N2 | ga | iru |

N1 benötigt N2.

Watashi **wa** ryokou-suru no ni o-kane **ga** iru.
私は旅行するのにお金が要る。
Ich brauche Geld, um eine Reise zu machen. / (Wortwörtlich: Was mich betrifft, so ist das Geld nötig, um eine Reise zu machen.)

Die PP **no** (の) im obigen Beispielssatz hat die Funktion der Substantivierung (**ryokou-suru** [旅行する /*reisen*] wird substantiviert); die PP **ni** (に) hat die finale Funktion, einen Zweck zu markieren (*um ... zu ...*).

Man kann in der **wa-ga**-Satzstruktur das Subjekt auch als zweites Thema markieren, wenn es für den Sprecher und den Hörer eine bekannte Information darstellt: wir erhalten eine **wa-wa**-Satzstruktur. Das folgende Beispiel zeigt einen solchen Fall:

Watashi **wa** sonna mono **wa** iri-masen.
私はそんなものは要りません。
Ich brauche solche Dinge nicht. / (Wortwörtlich: Was mich betrifft, sind solche Dinge nicht nötig.)

14.6 Das Pseudo-Nomen *koto* (こと / 事) zur Substantivierung eines Satzes

Koto (こと / 事) gehört zur Wortkategorie der Pseudo-Nomen; sie werden nicht in ihrer ursprünglichen Bedeutung verwendet, sondern als Funktionswörter, um einen Satz zu bilden. Man nennt dieses Phänomen in der Linguistik *Grammatikalisierung*. Pseudo-Nomen werden im heutigen Gebrauch in Hiragana geschrieben. In diesem Sinne kann das Pseudo-Nomen **koto** (こと / 事) zur Substantivierung eines Satzes verwendet werden, indem man es ihm nachstellt (vergleiche 8.6 und 10.1).

| Satz | koto | = Nomen |

14.6.1 Die Verbindungsformen der Prädikate mit *koto* (こと / 事)

Bei der Bildung eines substantivierten Satzes muss man auf die Verbindungsformen der Prädikate des zu substantivierenden Satzes mit **koto** (こと / 事) achten (siehe Tabellen 21 und 49). Das Prädikat endet in der Regel im **da-dearu**-Stil und je nach der beabsichtigten Aussage in der Gegenwarts-, Vergangenheits-, Bejahungs- oder Verneinungsform; nur bei den Prädikatsformen < N/KD + **da/dearu/desu** > gibt es Abweichungen, welche in der Tabelle 55 fett gedruckt aufgelistet sind.

Tabelle 55: Verbindungsformen der Prädikate mit dem Pseudo-Nomen *koto* (こと / 事)

Prädikatsform	Verbindungsform mit koto	
< N + da/dearu/desu > ☞	< N + **no** > bzw. < N + dearu > < N + datta > bzw. < N + deatta > < N de wa nai > < N de wa nakatta >	
< KD + da/dearu/desu > ☞	< KD + **na** > bzw. < KD + dearu > < KD + datta > bzw. < KD + deatta > < KD + de wa nai > < KD + de wa nakatta >	+ koto
< Keiyoushi-Grundform > ☞	< Keiyoushi-Grundform > < K-Stamm + katta > < K-Stamm + ku + nai > < K-Stamm + ku + nakatta >	
< V3 > ☞	< V3 > < TA > < V1 + nai > < V1 + nakatta >	

14.6.2 Das Subjekt im substantivierten Satz

Das Subjekt des substantivierten Satzes kann nicht als Thema fungieren, so dass es stets durch den Subjektmarkierer **ga** (が) bzw. durch die PP **no** (の) in der Funktion des Subjektmarkierers gekennzeichnet wird. Das kommt daher, dass sich in der Regel das Satzthema auf den ganzen Satz und somit auf das Prädikat des Hauptsatzes bezieht; das mit der PP **ga** (が) bzw. der PP **no** (の) markierte Subjekt kann sich hingegen nur auf das nächstfolgende Prädikat beziehen.

```
| Subjekt ga/no ...    Prädikat | koto |
                └─ Satz
```

kono hanashi ga hontou no koto
この話が本当のこと
die Tatsache, dass diese Geschichte wahr ist

kono hanashi ga yuumei na koto
この話が有名なこと
die Tatsache, dass diese Geschichte berühmt ist

kono hanashi ga omoshirokatta koto
この話が面白かったこと
die Tatsache, dass diese Geschichte interessant war

kono hanashi o kiita koto
この話を聞いたこと
die Tatsache, dass man diese Geschichte hörte (bzw. gehört hat)

14.6.3 Verwendung des substantivierten Satzes

Der mittels **koto** (こと / 事) nominalisierte Satz hat den Wert eines Nomens, und somit kann er auch überall dort eingesetzt werden, wo ein Nomen stehen kann. Im Folgenden wird dies mit einigen Beispielen ersichtlich gemacht:

1. <u>In der Subjekt-Stellung: **ga**-Satzglied</u>

   | Mai-nichi Nihon-go no benkyou o suru | **koto** ga taisetsu da.

   毎日日本語の勉強をすることが大切だ。
   Es ist wichtig, jeden Tag Japanisch zu lernen.

2. <u>In der Resultativ-Stellung (Ergebnis): **ni**-Satzglied</u>

   | Mai-nichi Nihon-go no benkyou o suru | **koto** ni shita.

   毎日日本語の勉強をすることにした。
   Ich habe mich entschlossen, jeden Tag Japanisch zu lernen.

3. <u>In der Objekt-Stellung: **o**-Satzglied</u>

   | Marukusu ga mainichi Nihon-go no benkyou o shite-iru | koto o shitte-iru.

   マルクスが毎日日本語を勉強していることを知っている。
   Ich weiß, dass Markus jeden Tag Japanisch lernt.

4. <u>In der Kausal-Stellung: **de**-Satzglied</u>

   | Maria wa Nihon-go ga jouzu na | koto de yuumei da.

   マリアは日本語が上手なことで有名だ。
   Maria ist dafür bekannt, dass sie gut Japanisch kann.

Tabelle 56: Inventar der Hilfsverben (nach alphabetischer Reihenfolge)

Nr.	Hilfsverb Verbindungsform	Funktion	deutsche Bedeutung
1.	V3 + **beshi**	Pflicht	*sollen*
2.	N/KD + **da**	Definitiv	*sein*
3.	N/KD + **dearu**	Definitiv	*sein*
4.	N/KD + **desu**	Definitiv + Honorativ	*sein*
5.	V3/TA + **mita·i**	Anschein	*aussehen, erscheinen, scheinen*
	N/KD + **mita·i**		
	N + **mita·i**	Verlgeich (umgangspr.)	*wie ...*
6.	V1 / V3 + **mai**	Negation + Wille/Spekulativ	*nicht wollen; wohl nicht ...*
7.	V1 + **n**	Negation (Verneinung)	*nicht*
8.	V1 + **na·i**	Negation (Verneinung)	*nicht*
9.	V1 + **nu**	Negation (Verneinung)	*nicht*
10.	V1 + **rare·ru**	Passiv	*werden*
		Potentialis (Fähigkeit)	*können*
		Honorativ (Höflichkeit)	
		Spontaneität	
11.	V3/TA + **rashi·i**	Anschein	*aussehen, erscheinen, scheinen*
	N + **rashi·i**	Vergleich	*wie*
12.	V1 + **re·ru**	Passiv	*werden*
		Potentialis (Fähigkeit)	*können*
		Honorativ (Höflichkeit)	
		Spontaneität	
13.	V1 + **sase·ru**	Kausativ	*lassen, veranlassen*
14.	V1 + **sas·u**	Kausativ	*lassen, veranlassen*
15.	V1 + **se·ru**	Kausativ	*lassen, veranlassen*
16.	V3/TA + **souda**	Hörensagen	*sollen; man sagt, dass ...*
	V2 + **souda**	Anschein	*aussehen, erscheinen, scheinen*
17.	V1 + **s·u**	Kausativ	*lassen, veranlassen*
18.	**ta**	Präteritum; Perfekt	
19.	V2 + **ta·i**	Desiderativ	*wollen, möchten*
20.	V6 + **u**	Kohortativ (Aufforderung)	*lasst uns ...*
		Spekulativ (Vermutung)	*wahrscheinlich ..., vermutlich ...*
		Volitional (Wille, Absicht)	*wollen, beabsichtigen*
21.	V6 + **you**	Kohortativ (Aufforderung)	*lasst uns ...*
		Spekulativ (Vermutung)	*wahrscheinlich ..., vermutlich ...*
		Volitional (Wille, Absicht)	*wollen, beabsichtigen*
22.	V3/TA **youda**	Anschein	*aussehen, erscheinen, scheinen*
	N + no + **youda**	Vergleich	*wie ...*
23.	V1 + **zu**	Negation (Verneinung)	*nicht*

Siehe auch Tabelle 54 (Inventar der japanischen Hilfsverben nach Verbindungsform) und Tabelle 60 (Japanische Hilfsverben nach Flexionsart).

15 Grammatik der Lektion 15

In Lektion 15 werden weitere Darstellungen zur **wa-ga**-Satzstruktur erläutert. Behandelt werden die Verben **ar·u** (ある /*dasein; haben*) und **i·ru** (いる /*dasein; haben*) sowie die Keiyoushi **oo·i** (ある /*viel sein; viel haben*) und **sukuna·i** (ある /*wenig sein; wenig haben*), die in die **wa-ga**-Satzstruktur als Prädikat eingesetzt werden. Ferner werden der *Erfahrungssatz* (siehe 15.2) und der *Häufigkeitssatz* (siehe 15.3), welche die erweiterten Formen der **wa-ga**-Satzstruktur darstellen, eingeführt. Zuletzt werden idiomatische Redewendungen, die den Charakter oder die Merkmale eines Menschen ausdrücken, behandelt, da dies auch mit der **wa-ga**-Satzstruktur zum Ausdruck gebracht werden kann (siehe 15.4).

15.1 Der Ausdruck des Besitzes: < N1 *wa* N2 *ga aru/nai* >

Mit der folgenden Satzkonstruktion wird ausgedrückt, dass man etwas hat bzw. nicht hat, oder dass man von etwas viel oder wenig hat. N1 ist der Besitzer/die Besitzerin von etwas; N2 ist der Gegenstand, den man hat; als Prädikat können **ar·u** (ある), **i·ru** (いる), **na·i** (ない), **oo·i** (多い) oder **sukuna·i** (少ない) stehen. Man achte darauf, dass im heutigen Gebrauch anstatt des Verbs **ar·u** (ある) das Verb **i·ru** (いる) im Sinne von *haben* verwendete wird, falls N2 beseelt ist, wie z. B. Menschen und Tiere (Animat).

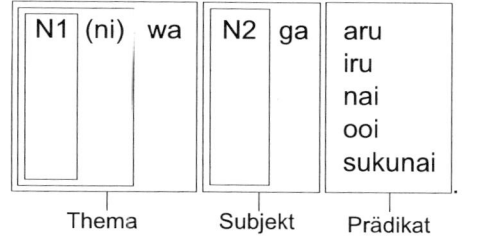

N1 (ni) wa	N2 ga	aru	N1 hat N2.
		iru	N1 hat N2.
		nai	N1 hat N2 nicht.
		ooi	N1 hat viel N2.
		sukunai	N1 hat wenig N2.
Thema	Subjekt	Prädikat	

Anata wa o-kane ga **aru** ga, watashi wa o-kane ga **nai**.
あなたはお金があるが、私はお金がない。
Du hast Geld, aber ich habe keins.

Watashi ni wa ane ga san-nin **iru**.
私には姉が三人いる。
Ich habe drei ältere Schwestern.

Yamashita-san ni wa kyoudai ga **ooi** (bzw. **sukunai**).
山下さんには兄弟が多い。／山下さんには兄弟が少ない。
Herr Yamashita hat viele/wenig Geschwister.

15.1.1 Der Unterschied zwischen dem Existenz- und Haben-Satz

Im Vergleich zum Existenzsatz < N1 **ni** (**wa**) N2 **ga aru** [siehe 3.1] > mit der Bedeutung *N2 befindet sich in N1*, ist die PP **ni** (に) zur Markierung eines Besitzers im Haben-Satz fakultativ; die PP **ni** (に) im Existenzsatz hat die Funktion der Markierung eines Ortes, an dem sich etwas befindet. Ferner kann beim Existenzsatz als N1 nur eine Ortsangabe stehen, während beim Haben-Satz als N1 nur beseelte Wesen wie z. B. Menschen oder Tiere diesen Platz einnehmen können.

Existenzsatz: < N1 **ni** (**wa**) N2 **ga aru** >

Koko ni (wa) hon ga takusan ar·u.

ここに（は）本がたくさんある。
Hier befinden sich viele Bücher.

<u>Haben-Satz: N1 **(ni) wa** N2 **ga aru** ></u>

Watashi (ni) wa bessou ga ar·u.
私（に）は別荘がある。
Ich habe ein Wochenendhaus.

15.2 Der Ausdruck einer Erfahrung: < N1 *wa TA koto ga aru/nai* >

Man kann mit der **wa-ga**-Satzstruktur eine Erfahrung zum Ausdruck bringen, die man schon einmal gemacht hat/hatte. An die Stelle des **ga**-Satzgliedes, das das syntaktische Subjekt des Satzes darstellt, setzt man mittels **koto** (こと [siehe 14.6, 14.6.1 und 14.6.2]) den somit substantivierten Satz ein. Das Prädikat des substantivierten Satzes muss stets in der TA-Form stehen.

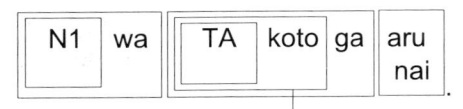

N1	wa	TA	koto	ga	aru
					nai

N2: Substantivierter Satz

*N1 hat **schon einmal** N2 gemacht.*
*N1 hat **noch nie** N2 gemacht.*

Watashi wa Kyoto ni itta koto ga **ari-masu**.
私は京都に行ったことがあります。
Ich bin schon einmal in Kyoto gewesen.

Watashi wa takai yama ni nobotta koto ga **ari-masen**.
私は高い山に登ったことがありません。
Ich bin noch nie auf einen hohen Berg gestiegen.

15.3 Der Ausdruck der Häufigkeit einer Handlung bzw. eines Ereignisses: < N1 *wa V3 koto ga aru/nai/ooi/sukunai* >

Die Häufigkeit einer Handlung bzw. eines Ereignisses kann mit der **wa-ga**-Satzstruktur ausgedrückt werden, indem man einen substantivierten Satz an die Stelle des **ga**-Satzgliedes einsetzt; das Prädikat des substantivierten Satzes muss aber stets in der V3-Form stehen. An die Stelle des Prädikats können nunmehr **ar·u** (ある), **na·i** (ない), **oo·i** (多い) und **sukuna·i** (少ない) eingesetzt werden.

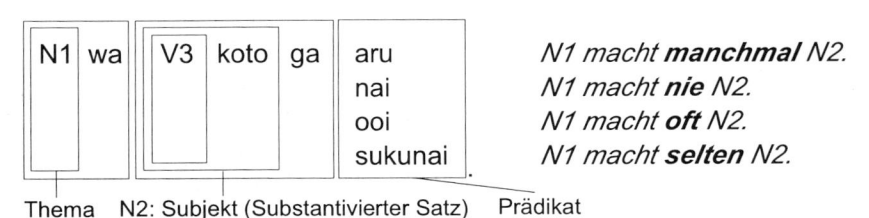

N1	wa	V3	koto	ga	aru
					nai
					ooi
					sukunai

Thema　　N2: Subjekt (Substantivierter Satz)　　Prädikat

*N1 macht **manchmal** N2.*
*N1 macht **nie** N2.*
*N1 macht **oft** N2.*
*N1 macht **selten** N2.*

Watashi wa Nihon no eiga o miru koto ga **aru**.
私は日本の映画を見ることがある。
Ich sehe manchmal japanische Filme.

Otouto wa heya no souji o jibun de suru koto ga **nai**.
弟は部屋の掃除を自分でする事がない。
Mein jüngerer Bruder putzt selbst nie sein Zimmer.

Haha wa oishii ryouri o tsukuru koto ga **ooi**.
母は美味しい料理を作ることが多い。
Meine Mutter kocht oft gutes Essen.

Chichi wa shuumatsu gaishutsu-suru koto ga **sukunai**.
父は週末外出することが少ない。
Mein Vater geht am Wochenende selten aus.

15.4 Beschreibung eines Merkmals/Charakters eines Menschen

Merkmale bzw. Charaktere eines Menschen können ebenfalls mit der **wa-ga**-Satzstruktur zum Ausdruck gebracht werden (siehe Tabelle 57). N1 ist der zu beschreibende Mensch; N2 ist die Bezeichnung eines Körperteils wie z. B. **atama** (頭/*Kopf*), **te** (手/*Arm, Hand*) usw.; als Prädikat stehen verschiedene Keiyoushi wie **ooki·i** (大きい/*groß*), **chiisa·i** (小さい/*klein*) oder Keiyoudoushi, verbale adjektivische Ausdrücke mit der TE-**iru**-Form der Verben (siehe 7.2.5 und Tabelle 35) wie z. B. **sugure·te-i·ru** (優れている/ *hervorragend sein*), oder sonstige adjektivische Ausdrücke. Diese können auch im übertragenen Sinne als feste Redewendungen verwendet werden (siehe Tabelle 58). Folgende Beispiele zeigen diese Ausdrucksmöglichkeiten:

| N1 | wa | N2 | ga | Prädikat |

Zu beschreibener Mensch — Bezeichnung eines Körperteils

Watashi wa me ga ookii.
私は目が大きい。
Ich habe große Augen. / (Wortwörtlich: Was mich betrifft, so sind die Augen groß.)

Watashi wa me ga chikai.
私は目が近い。
Ich bin kurzsichtig. / (Wortwörtlich: Was mich betrifft, so sind die Augen nah.)

Tabelle 57: Beschreibungen der körperlichen Merkmale mit der *wa-ga*-Satzstruktur

ashi ga mijikai	足が短い	kurzbeinig sein
ashi ga nagai	足が長い	lange Beine haben
ashi ga hosoi	足が細い	dünne Beine haben
ashi ga futoi	足が太い	dicke Beine haben
atama ga ookii	頭が大きい	einen großen Kopf haben
atama ga chiisai	頭が小さい	einen kleinen Kopf haben
ha ga shiroi	歯が白い	weiße Zähne haben
ha ga ii	歯がいい	gute Zähne haben
ha ga warui	歯が悪い	schlechte Zähne haben
kubi ga mijikai	首が短い	einen kurzen Hals haben
kubi ga nagai	首が長い	einen langen Hals haben
kuchi ga ookii	口が大きい	einen großen Mund haben
kuchi ga chiisai	口が小さい	einen kleinen Mund haben
kuchi ga hoso-nagai	口が細長い	einen schmalen Mund haben
hana ga chiisai	鼻が小さい	eine kleine Nase haben
hana ga takai	鼻が高い	eine große Nase haben
hana ga ookii	鼻が大きい	eine große Nase haben
hana ga hirapettai	鼻が平べったい	eine flache Nase haben

me ga chiisai	目が小さい	kleine Augen haben
mayuge ga koi	眉毛が濃い	dicke Augenbrauen haben
mayuge ga futoi	眉毛が太い	dicke Augenbrauen haben
matsuge ga mijikai	睫毛が短い	kurze Wimpern haben
matsuge ga nagai	睫毛が長い	lange Wimpern haben
me ga aoi	目が青い	blaue Augen haben
me ga kuroi	目が黒い	schwarze Augen haben
mimi ga ookii	耳が大きい	große Ohren haben
mimi ga chiisai	耳が小さい	kleine Ohren haben
mune ga ookii	胸が大きい	große Brüste haben
mune ga chiisai	胸が小さい	kleine Brüste haben
te ga nagai	手が長い	lange Arme haben
te ga mijikai	手が短い	kurze Arme haben
te ga ookii	手が大きい	große Hände haben
te ga chiisai	手が小さい	kleine Hände haben
ude ga nagai	腕が長い	lange Arme haben
ude ga mijikai	腕が短い	kurze Arme haben
yubi ga futoi	指が太い	dicke Finger haben
yubi ga hoso-nagai	指が細長い	schmale und lange Finger haben
yubi ga nagai	指が長い	lange Finger haben
yubi ga mijikai	指が短い	kurze Finger haben

Tabelle 58: Feste Redewendungen mit der *wa-ga*-Satzkonstruktion

ashi ga hayai	足が速い	schnell laufen können
ashi ga osoi	足が遅い	nicht schnell laufen können
atama ga ii	頭がいい	klug sein
atama ga katai	頭が固い	stur sein
atama ga warui	頭が悪い	dumm sein
koshi ga omoi	腰が重い	etwas nicht sofort machen (wortwörtlich: Hüfte ist schwer)
koshi ga hikui	腰が低い	unterwürfig/bescheiden sein (wortwörtlich: Hüfte ist niedrig)
kuchi ga hayai	口が早い	schnell sprechen
kuchi ga katai	口が固い	eine vertrauliche Sache niemandem sagen
kuchi ga warui	口が悪い	eine böse Zugen haben, über jemanden schlecht sprechen
hana ga ii	鼻がいい	gut riechen können
hana ga takai	鼻が高い	stolz sein
hana ga warui	鼻が悪い	schlecht riechen können
me ga ii	目がいい	gut sehen können; etwas schnell als gut beurteilen können
me ga tooi	目が遠い	weitsichtig sein
me ga warui	目が悪い	nicht gut sehen können
mimi ga ii	耳がいい	gut hören können
mimi ga tooi	耳が遠い	schwerhörig sein
mimi ga warui	耳が悪い	schlecht hören, nicht gut hören können, schwerhörig sein
ude ga ii	腕がいい	fertig sein, eine Sache gut machen können

Bezeichnungen der Körperteile

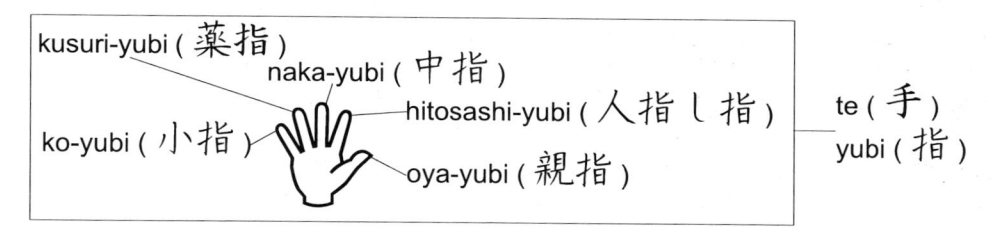

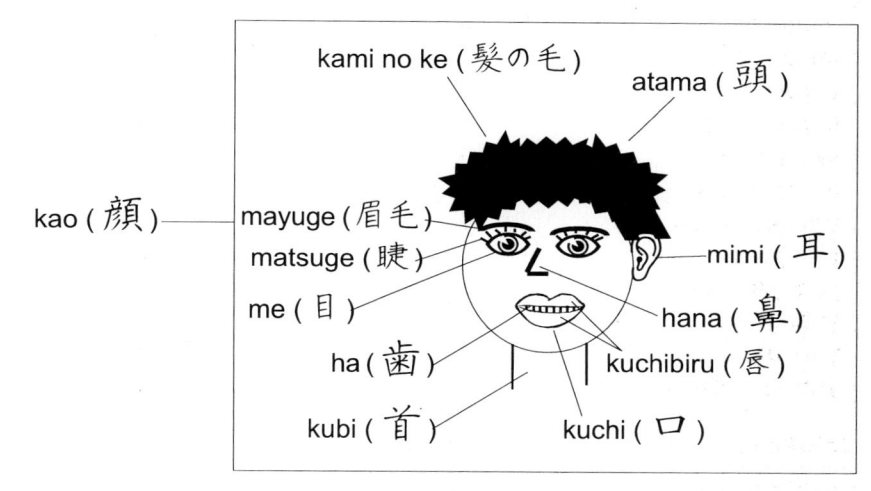

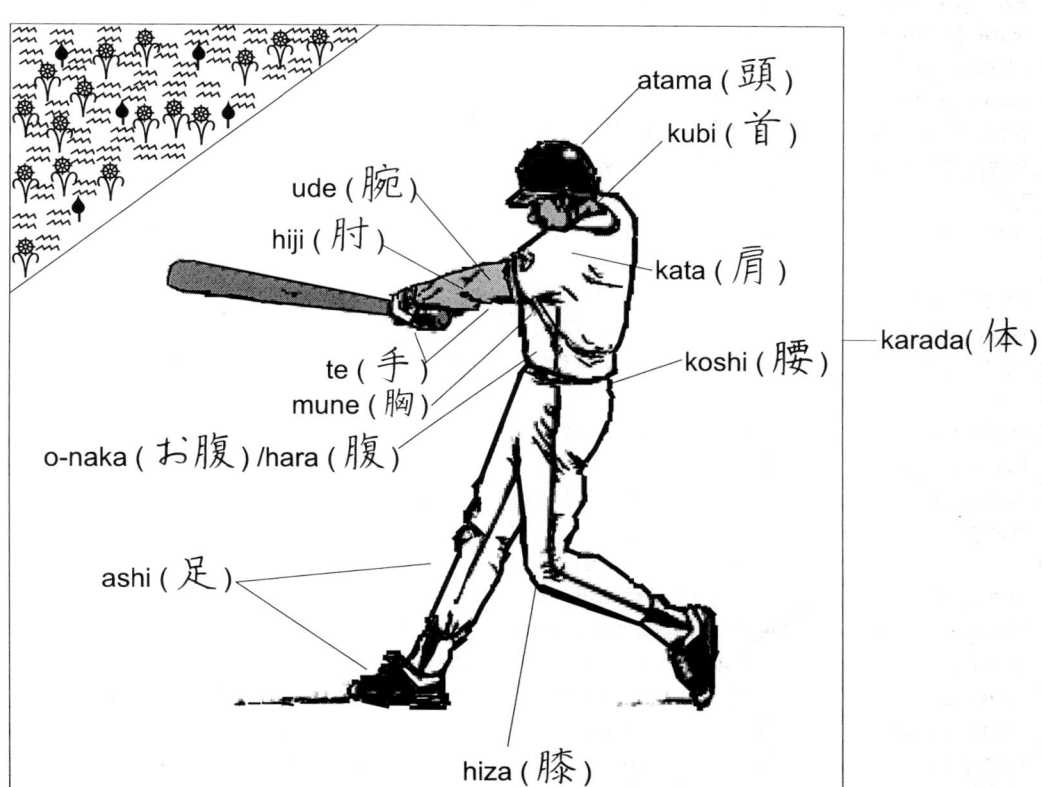

- kusuri-yubi (薬指)
- naka-yubi (中指)
- hitosashi-yubi (人指し指)
- ko-yubi (小指)
- oya-yubi (親指)
- te (手)
- yubi (指)

- kami no ke (髪の毛)
- atama (頭)
- kao (顔)
- mayuge (眉毛)
- matsuge (睫)
- me (目)
- mimi (耳)
- hana (鼻)
- ha (歯)
- kuchibiru (唇)
- kubi (首)
- kuchi (口)

- atama (頭)
- kubi (首)
- ude (腕)
- hiji (肘)
- kata (肩)
- te (手)
- koshi (腰)
- mune (胸)
- karada (体)
- o-naka (お腹) / hara (腹)
- ashi (足)
- hiza (膝)

Tabelle 59: Inventar der japanischen Postpositionen (in alphabetischer Reihenfolge)

1.	ba	29.	mono	56.	tatte [taʔte]/
2.	bakari/bakkari [baʔkaɾi]/bakashi/	30.	monode/		datte [daʔte]
	bakka [baʔka]		monde	57.	tari/dari
3.	dake	31.	monoka/	58.	te/de
4.	dano		monka	59.	teba/
5.	datte [daʔte]	32.	mononara		tteba [ʔteba]
6.	de	33.	monono	60.	temo/demo
7.	demo	34.	monoo	61.	to
8.	domo	35.	na/naa	62.	toka
9.	dokoroka	36.	nado	63.	tokorode
10.	e (え)	37.	nagara	64.	tokoroga
11.	e (へ)	38.	nanka	65.	tomo
12.	ga	39.	nante	66.	tote
13.	gurai/kurai	40.	nanzo/nazo	67.	tsutsu
14.	hodo	41.	nari	68.	tte [ʔte]
15.	i	42.	ne/nee	69.	o (を)
16.	ka	43.	ni	70.	wa (は)
17.	kana	44.	nite	71.	wa (わ)
18.	kara	45.	no	72.	wai (わい)
19.	kashira	46.	node	73.	ya
20.	ke/kke [ʔke]	47.	nomi	74.	yai
21.	kedo/kedomo/keredo/keredomo	48.	noni	75.	yara
22.	kiri	49.	sa	76.	yo
23.	koso	50.	sae	77.	yori
24.	koto	51.	shi	78.	ze
25.	kototote	52.	shika	79.	zo
26.	kuseni	53.	shimo	80.	zutsu
27.	made	54.	sura		
28.	mo	55.	tara/ttara [ʔtaɾa]		

Tabelle 60: Japanische Hilfsverben (nach Flexionsarten)

Flexionsart	Hilfsverben (Funktionen)
Keiyoushi-Flexion	**mita·i** (Anschein; Vergleich) **na·i** (Negation) **rashi·i** (Anschein; Vergleich) **ta·i** (Desiderativ)
Verbale Flexion	**dear·u** (Definitiv) **rare·ru/re·ru** (Passiv; Potentialis; Honorativ; Spontaneität) **sase·ru, sas·u, se·ru, s·u** (Kausativ),
< KD + **da** > - Flexion	**da** (Definitiv) **souda** (Anschein; Hörensagen) **youda** (Anschein; Vergleich)
Unregelmäßige Flexion	**beshi** (Pflicht) **desu** (Definitiv + Honorativ) **mai** (Negation + Wille/Spekulativ) **masu** (Höflichkeit) **n** (Negation); **nu** (Negation) **u/you** (Kohortativ; Spekulativ; Volitional); **zu** (Negation)

Vokabeln

Lektion 1　　　　　　　　　　　　　　　　　第一課

L1: Text A

Nomen

漢字	Rōmaji	Kana	Deutsch
バラ	bara	薔薇 (0)	Rose
第一課	dai-ik-ka	だい (1) いっか (1)	erste Lektion
ドイツ人	Doitsu-jin	ドイツじん (3)	Deutsche, -r
学生	gakusei	がくせい (0)	Student / Studentin
銀行	ginkou	ぎんこう (0)	Bank
花	hana	はな (2)	Blume
妹	imouto	いもうと (4)	jüngere Schwester
いとこ	itoko	(2)	Cousin / Cousine
会社	kaisha	かいしゃ (0)	Firma, Unternehmen
会社員	kaisha-in	かいしゃいん (3)	Firmenangestellte, -r
コンビニ	konbini	(0)	24-Stunden-Laden
車	kuruma	くるま (0)	Auto, Wagen
桃	momo	もも (0)	Pfirsich
名前	namae	なまえ (0)	Name
日本	Nihon/Nippon	にほん (2) ／にっぽん (3)	Japan
日本人	Nihon-jin/ Nippon-jin	にほんじん (4) ／にっぽんじん (5)	Japaner / Japanerin
桜	sakura	さくら (0)	Kirschbaum, Kirschblüte
スーパー	sûpâ	(1)	Supermarkt
友達	tomodachi	ともだち (0)	Freund / Freundin
郵便局	yuubin-kyoku	ゆうびんきょく (3)	Postamt

Pronomen

漢字	Rōmaji	Kana	Deutsch
あそこ	asoko	(0)	dort drüben
どこ	doko	(1)	wo
こちら	kochira	(0)	hier, das (ist ...)
ここ	koko	(0)	hier (bei mir)
何	nani/nan	なに (1) ／なん (1)	was
そこ	soko	(0)	dort (bei Ihnen)
私	watashi/ watakushi	わたし (0) ／わたくし (0)	ich
私達	watashi-tachi	わたしたち (3)	wir

Adverb

漢字	Rōmaji	Kana	Deutsch
そう	sou	(1)(0)	so

Hilfsverben

漢字	Rōmaji	Kana	Deutsch
です	desu		sein (zur definitiven Aussage)
ます	masu		(zum Ausdruck einer Höflichkeit)
ん	n		(zur Negation)

Verb

漢字	Rōmaji	Kana	Deutsch
ある	ar·u	(1)	sich befinden, da sein, sein

Postpositionen

か	ka	(zur Markierung einer Frage)
も	mo	(zur Markierung eines Themas und der Bedeutung von „auch")
の	no	(zur attributiven Bestimmung)
と	to	und (Kopulativ: zur vollständigen Aufzählung)
は	wa	(zur Markierung eines Themas)

Interjektionen

はい	hai (I)	(1)	Ja
いいえ	iie (I)	(0)	Nein

Wortbildungspräfix

第...	dai-	～だい	der/die/das ...ste (Ordinalzahl)

Wortbildungssuffixe

～課	-ka	～か	Abteilung ...
～さん	-san		Frau, Fräulein, Herr

Feste Ausdrücke

どうぞよろしく	Douzo yoroshiku!	Es freut mich, Sie kennen zu lernen.
はじめまして	Hajime-mashite!	Es freut mich, Sie kennen zu lernen.
すみません	Sumi-masen.	Entschuldigen Sie bitte.
よろしく	Yoroshiku!	Es freut mich, Sie kennen zu lernen.
こんにちは	Konnichi wa!	Guten Tag!

L1: Konversation

Nomen

建築家	kenchiku-ka	けんちくか (0)	Architekt
国	kuni	くに (0)	Land, Heimat

(お国 : honoratives Präfix **o** + Nomen **kuni**)

名刺	meishi	めいし (0)	Visitenkarte
仕事	shigoto	しごと (0)	Arbeit
弟	otouto	おとうと (4)	jüngerer Bruder

Pronomen

どちら	dochira	(1)	wo

Keiyoudoushi (*na*-Adjektiv)

失礼	shitsurei	しつれい (2)	unhöflich

Postposition

が	ga	(zur Einleitung einer Aussage [siehe Grammatik 2.4.3])

Sonstiger Ausdruck

失礼ですが	Shitsurei desu ga ...	しつれいですが	Entschuldigen Sie bitte, aber ...

L1: Übungen

Nomen

ボールペン	bôrupen	(0)	Kugelschreiber
チューリップ	chûrippu	(1)	Tulpe
大学	daigaku	だいがく (0)	Universität
デジカメ	dejikame	(0)	Digitalkamera
鉛筆	enpitsu	えんぴつ (0)	Bleistift

Lektion 1 / 2 — Vokabelliste

学食	gakushoku	がくしょく (0)	*Mensa*
本	hon (1)	ほん (1)	*Buch*
カフェテリア	kafeteria	(0)	*Cafeteria*
カメラ	kamera	かいしゃ (0)	*Kamera*
消しゴム	keshi-gomu	けしゴム (0)	*Radiergummi*
喫煙コーナー	kitsuen-kônâ	きつえんコーナー (5)	*Raucherecke*
切手	kitte	きって (0)	*Briefmarke*
教室	kyoushitsu	きょうしつ (0)	*Klassenzimmer, Seminarraum*
マウス	mausu	(1)	*Maus*
ノート	nôto	(1)	*Heft*
パソコン	pasokon	がくせい (0)	*Personalcomputer, PC*
ペン	pen	(1)	*Stift*
プリンター	purintâ	ぎんこう (0)	*Drucker*
レストラン	resutoran	(1)	*Restaurant*
先生	sensei	せんせい (3)	*Lehrer / Lehrerin*
写真	shashin	しゃしん (0)	*Foto*
新聞	shinbun	しんぶん (0)	*Zeitung*
スキャナー	sukyanâ	(2)	*Scanner*
トイレ	toire	(1)	*Toilette*
図書館	tosho-kan	としょかん (2)	*Bibliothek*
机	tsukue	つくえ (0)	*Schreibtisch*

Pronomen

あなた	anata	(2)	*Sie (2. Person, Sing.)*
彼	kare	かれ (1)	*er*
彼女	kanojo	かのじょ (1)	*sie (3. Person, Sing.)*

Lektion 2　　第二課

L2: Text A
Nomen

辺り	atari	あたり (1)	*Gegend*
美術館	bijutsu-kan	びじゅつかん (3)	*Kunstmuseum*
劇場	geki-jou	げきじょう (0)	*Theater*
ホテル	hoteru	(1)	*Hotel*
家	ie / uchi	いえ (0) / うち (0)	*Haus*
いつも	itsumo	いつも (1)	*immer, stets, ständig*
自動車	jidousha	じどうしゃ (2)	*Auto, Wagen*
自転車	jitensha	じてんしゃ (2)	*Fahrrad*
工場	koujou	こうじょう (3)	*Fabrik*
空気	kuuki	くうき (1)	*Luft*
町	machi	まち (2)	*Stadt*
水	mizu	みず (0)	*Wasser*
レンガ	renga	れんが / 煉瓦 (1)	*Ziegel*
酒	sake	さけ (0)	*Reiswein, alkoholisches Getränk*
タイヤ	taiya	(0)	*Reifen*

建物	tatemono	たてもの (2)	Gebäude
海	umi	うみ (1)	Meer
山	yama	やま (2)	Berg

Keiyoushi (i-Adjektive)
新しい	atarashi·i	あたらしい (4)	neu
近い	chika·i	ちかい (2)	nah
小さい	chiisa·i	ちいさい (3)	klein
古い	furu·i	ふるい (2)	alt
いい	i·i	(1)	gut
大きい	ooki·i	おおきい (3)	groß
強い	tsuyo·i	つよい (2)	stark, robust

Keiyoudoushi (na-Adjektive)
綺麗	kirei	きれい (1)	schön, sauber (Luft, Wasser)
静か	shizuka	しずか (1)	ruhig
有名	yuumei	ゆうめい (0)	bekannt, berühmt

Rentaishi
| どんな | donna | (1) | was für ... |

Adverbien
あまり	amari	(0)	nicht so ...
どう	dou	(1)	wie
いつも	itsumo	(1)	immer, stets, ständig
とても	totemo	(0)	sehr

Postpositionen
| ね | ne | | nicht wahr (zur Vergewisserung [siehe Grammatik 2.4.1]) |
| よ | yo | | (zur Mitteilung [siehe Grammatik 2.4.1]) |

L2: Konversation
Nomen
ビル	biru	(1)	Hochhaus
画家	gaka	がか (0)	Maler (Künstler)
医者	isha	いしゃ (0)	Arzt

(お医者さん : honoratives Präfix **o** + Nomen **isha** + honoratives Suffix **san**)

向こう	mukou	むこう (2)	gegenüber, drüben, die andere Seite
お宅	o-taku	おたく (0)	Ihr/sein/ihr Haus
次	tsugi	つぎ (2)	der/die/das Nächste
屋根	yane	やね (1)	Dach

Pronomen
| どこ | doko | (1) | wo |

Eigennamen
| 新宿 | Shinjuku | しんじゅく (0) | Shinjuku (Metropolenbezirk in Tokyo) |
| 四谷 | Yotsuya | よつや (0) | Yotsuya (Metropolenbezirk in Tokyo) |

Keiyoushi (i-Adjektive)
赤い	aka·i	あかい (2)	rot
高い	taka·i	たかい (2)	hoch; teuer
遠い	too·i	とおい (0)	weit

Verben
違う	chiga·u (kons.)	ちがう (0)	*falsch sein, sich irren*
済む	sum·u (kons.)	すむ (1)	*fertig sein, beendet werden*

Adverbien
ちょっと	chotto	(1)	*einen Augenblick, etwas*
そんなに	sonna ni	(0)	*nicht so ...*

Postpositionen
が	ga		*(Introduktiv: siehe 2.4.3)*
ぐらい	gurai		*ungefähr, ca. (zur Markierung einer Ungenauigkeit: siehe 4.4.8)*

Zähleinheitswort
分	fun/pun	ふん/ぶん (1)	*(für Minuten)*

Sonstige Ausdrücke
歩いて	aruite	あるいて (2)	*zu Fuß*
どうも	doumo	(1)	*Danke!*
すみません	sumimasen	(4)	*Danke! Entschuldigung!*

L2: Übungen
Nomen
CDプレーヤー	shîdî-purêyâ	シーディープレーヤー (1)	*CD-Player*

Lektion 3   第三課

L3: Text A
Nomen
電話	denwa	でんわ (0)	*Telefon*
ドア	doa	(1)	*Tür*
営業課	eigyou-ka	えいぎょうか (0)	*Verkaufsabteilung*
部屋	heya	へや (2)	*Raum, Zimmer*
人	hito	ひと (0)	*Mensch, Person*
本棚	hondana	ほんだな (1)	*Bücherschrank, Bücherregal*
椅子	isu	いす (0)	*Stuhl*
課長	kachou	かちょう (0)	*Abteilungsleiter*
カレンダー	karendâ	(2)	*Kalender*
計算機	keisanki	けいさんき (3)	*Rechner*
黒板	kokuban	こくばん (0)	*Tafel*
コピー機	kopîki	コピーき (2)	*Kopiergerät*
窓	mado	まど (1)	*Fenster*
前	mae	まえ (1)	*vor ...*
真ん中	mannaka	まんなか (0)	*mitten in ...*
中	naka	なか (1)	*in ...*
ノートパソコン	nôtopasokon	(4)	*Notebook, Laptop*
OHP	ôetchipî	オーエッチピー (6)	*Overheadprojektor (OHP)*
奥	oku	おく (1)	*tief hinten*
ロッカー	rokkâ	(1)	*Metallschrank; Schließfach*
そば	soba	側/傍 (1)	*nah ..., in der Nähe von ...*

すみ	sumi	隅 (1)	in der Ecke
たくさん	takusan	沢山 (3)	viel
机	tsukue	つくえ (0)	Schreibtisch
上	ue	うえ (2)	über ..., auf ...
後ろ	ushiro	うしろ (0)	hinter ...
全部	zenbu	ぜんぶ (1)	das Ganze, alles
全部で	zenbu de		insgesamt
横	yoko	よこ (0)	neben ...

Adverb

沢山	takusan	たくさん (0)	viel

Verb

ある	ar·u (kons.)	有る／在る (1)	da sein, sich befinden

Postposition

〜ずつ	-zutsu		jeweils ...

Zähleinheitswörter

台	-dai	だい	(für Maschinen)
人	-nin	にん	(für Menschen)
本	-hon/-bon	ほん／ぼん	(für schlanke, lange Gegenstände)
つ	-tsu		(für neutrale Gegenstände)

L3: Konversation

Nomen

天気	tenki	てんき (1)	Wetter, schönes Wetter
ゴルフ	gorufu	(1)	Golf
本当	hontou	ほんとう (0)	wahr, wirklich
趣味	shumi	しゅみ (1)	Hobby
サッカー	sakkâ	(1)	Fußball
ゴルフ場	gorufu-jou	ゴルフじょう (0)	Golfplatz
クラブ	kurabu	(1)	Club, Klub
メンバー	menbâ	(1)	Mitglied
ヤード	yâdo	(1)	Yard
キャディー	kyadî	(1)	Caddie
女	onna	おんな (3)	Frau, Weib
サッカー場	sakkâ-jô	サッカーじょう (0)	Fußballplatz
収集	shuushuu	しゅうしゅう (0)	Sammlung
いろいろ	iroiro	色々 (0)	verschieden, allerlei, vielerlei
中国	Chuugoku	ちゅうごく (1)	China
韓国	Kankoku	かんこく (1)	Südkorea
高校生	koukou-sei	こうこうせい (3)	Oberschüler/Oberschülerin
姉	ane	あね (0)	ältere Schwester
兄弟	kyoudai	きょうだい (1)	Geschwister
音楽	ongaku	おんがく (1)	Musik

Eigenname

箱根カントリークラブ	Hakone-kantrî-kurabu はこねカントリークラブ (9)	Hakone Country Club

Lektion 3 Vokabelliste

Keiyoushi (*i*-Adjektive)
多い	oo·i	おおい (1)	viel
珍しい	mezurashi·i	めずらしい (4)	selten

Keiyoudoushi (*na*-Adjektiv)
いろいろ	iroiro	色々 (0)	verschieden, bunt, viel

Adverbien
本当に	hontou ni	ほんとうに (0)	wirklich, in der Tat
たくさん	takusan	沢山 (3)(0)	viel
いろいろ	irorio	色々 (0)	verschiedentlich
まだ	mada	(1)	noch

Konjunktion
ところで	tokorode	(3)	übrigens

Interjektion
いや	iya	(0)	Nein

Zähleinheitswörter
〜歳／才	-sai	〜さい	... Jahre alt (für das Alter bei Menschen und Tieren)
〜人兄弟	-nin-kyoudai	〜にんきょうだい	(für Geschwister; der Sprecher wird dabei mitgezählt)

Sonstiger Ausdruck
それほどでもありません。 Sorehodo de mo arimasen. etw./jmd. ist nicht besonders;
それ程でもありません。 nicht so sehr (ein Bescheiden-
heitsausdruck)

L3: Übung
Nomen
間	aida	あいだ (0)	zwischen ...
バッグ	baggu	(1)	Handtasche, Tasche
病院	byouin	びょういん (0)	Krankenhaus
デパート	depâto	(2)	Kaufhaus
道路	douro	どうろ (1)	Straße
英語	ei-go	えいご (0)	Englisch
フォーク	fôku	(1)	Gabel
ガソリンスタンド	gasorin-sutando	(6)	Tankstelle
秤	hakari	はかり (3)	Waage
左	hidari	ひだり (0)	links von ...
今	ima	いま (1)	Gegenwart, jetzt
犬	inu	いぬ (2)	Hund
亀	kame	かめ (1)	Schildkröte
携帯	keitai	けいたい (0)	Handy, Mobiltelefon
木	ki	き (1)	Baum
機械	kikai	きかい (2)	Maschine
小鳥	kotori	ことり (0)	kleiner Vogel
右	migi	みぎ (0)	rechts von ...
ナイフ	naifu	(1)	Messer, Taschenmesser
猫	neko	ねこ (1)	Katze
農場	noujou	のうじょう (3)	Landgut, Plantage

入場券	nyuujou-ken	にゅうじょうけん (3)	Eintrittskarte
男	otoko	おとこ (3)	Mann
ポケット	poketto	(2)	Tasche (an Kleidung)
料理	ryouri	りょうり (1)	Kochen, Küche, Gericht
皿	sara	さら (2)	Teller
	(お皿: honoratives Präfix **o** + Nomen **sara**)		
小説	shousetsu	しょうせつ (0)	Roman
誕生日	tanjou-bi	たんじょうび (3)	Geburtstag
テーブル	têburu	(0)	Tisch
隣	tonari	となり (0)	neben ...; Nachbar (-in)
トラック	torakku	(2)	LKW
売り場	uri-ba	うりば (0)	Verkaufsstelle, Schalter
牛	ushi	うし (0)	Kuh

Keiyoushi (*i*-Adjektive)
美味しい	oishi·i	おいしい (3)	lecker, schmackhaft
若い	waka·i	わかい (2)	jung
安い	yasu·i	やすい (2)	preisgünstig, billig

Keiyoudoushi (*na*-Adjektive)
| 便利 | benri | べんり (1) | praktisch, handlich |
| 親切 | shinsetsu | しんせつ (1) | freundlich, nett |

Adverb
| 今 | ima | いま (1) | jetzt, gegenwärtig, im Moment |

Lektion 4

第四課

L4: Text A
Nomen
朝ご飯	asa-gohan	あさごはん (3)	Frühstück
勉強	benkyou	べんきょう (0)	Lernen, Studium
ビール	bîru	(1)	Bier
朝食	choushoku	ちょうしょく (0)	Frühstück
中国語	Chuugoku-go	ちゅうごくご (0)	Chinesisch
電車	densha	でんしゃ (0)	Bahn
駅	eki	えき (1)	Bahnhof
発音	hatsuon	はつおん (0)	Aussprache
日	hi	ひ (1)	Tag
昼	hiru	ひる (2)	Mittag, mittags
本社	honsha	ほんしゃ (1)	Hauptsitz einer Firma
殆ど	hotondo	ほとんど (2)	die meisten ...; meistens
郊外	kougai	こうがい (1)	Vorort
交代	koutai	こうたい (0)	Schichtablösung, Schichtwechsel
毎朝	mai-asa	まいあさ (1)	jeder Morgen, morgens, jeden Morgen
日曜日	nichi-you-bi	にちようび (3)	Sonntag, sonntags
音楽	ongaku	おんがく (1)	Musik
ラッシュアワー	rasshuawâ	(4)	Hauptverkehrszeit, Stoßzeit

Lektion 4 — Vokabelliste

旅行社	ryokou-sha	りょこうしゃ (2)	*Reisebüro*
社員	sha-in	しゃいん (1)	*Firmenangestellter*
CD	shîdî	シー・ディー (3)	*CD*
支店	shiten	してん (0)	*Niederlassung*
小説	shousetsu	しょうせつ (0)	*Roman*
出張	shutchou	しゅっちょう (0)	*Geschäftsreise*
少し	sukoshi	すこし (2)	*ein wenig, etwas*
テレビ	terebi	(1)	*Fernseher*
勤め	tsutome	つとめ (3)	*Arbeit, Dienst, Beruf*
休み	yasumi	やすみ (3)	*Pause, Ruhe, Rast, Erholung*
夜	yoru	よる (1)	*Abend, abends; Nacht, nachts*
全国	zenkoku	ぜんこく (1)	*das ganze Land*

Keiyoushi (*i*-Adjektive)

忙しい	isogashi·i	いそがしい (4)	*beschäftigt*
難しい	muzukashi·i	むずかしい (4)	*schwierig*
面白い	omoshiro·i	おもしろい (4)	*interessant*
少ない	sukuna·i	すくない (3)	*wenig*

Keiyoudoushi (*na*-Adjektive)

滅多	metta	めった (1)	*selten*
大変	taihen	たいへん (0)	*anstrengend, hart, fürchterlich, schrecklich*

Adverbien

毎朝	mai-asa	まいあさ (1)	*morgens, jeden Morgen*
滅多に	metta ni	めったに (1)	*kaum*
少し	sukoshi	すこし (2)	*etwas, ein wenig*
大変	taihen	たいへん (0)	*sehr*
よく	yoku	(1)	*oft*
夜	yoru	よる (1)	*abends, nachts*
ゆっくり	yukkuri	(3)	*in aller Ruhe, entspannt*

Verben

(〜を) 歩く	aruk·u (kons.)	あるく (2)	*zu Fuß gehen, laufen (in ...)*
(〜に) 外出する	gaishutsu-suru (unregelm.)	がいしゅつする (0)	*ausgehen (in ...)*
(〜が) 始まる	hajimar·u (kons.)	はじまる (0)	*etwas fängt an (intr.)*
(〜を) 始める	hajime·ru (vok.)	はじめる (0)	*etwas anfangen (tr.)*
(〜に) 行く	ik·u (kons.)	いく (0)	*sich fortbewegen (gehen, fliegen, fahren [nach ...])*
(〜が) 掛かる	kakar·u (kons.)	かかる (2)	*dauern, kosten*
(〜を) 聞く	kik·u (kons.)	きく (0)	*hören; fragen*
(〜が) 混む	kom·u (kons.)	こむ (1)	*überfüllt sein*
(〜を) 見る	mi·ru (vok.)	みる (1)	*sehen, ansehen*
(〜を) 飲む	nom·u (kons.)	のむ (1)	*trinken*
(〜が) 起きる	oki·ru (vok.)	おきる (2)	*aufstehen*
(〜に) 出張する	shutchou-suru (unregelm.)	しゅっちょうする (0)	*eine Geschäftsreise machen (nach ...)*
(〜を) 食べる	tabe·ru (vok.)	たべる (2)	*essen*
(〜に) 勤める	tsutome·ru (vok.)	つとめる (3)	*arbeiten (bei ...)*
(〜を) 休む	yasum·u (kons.)	やすむ (2)	*abwesend sein (von ...),*

				fehlen (in ...)
(～を)読む	yom·u (kons.)	よむ (1)	*lesen*

Konjunktionen

でも	demo	(1)	*aber*
ですから	desukara	(1)	*daher*
では	dewa	(1)	*also*
しかし	shikashi	(2)	*aber*
そして	soshite	(0)	*und*
ところで	tokorode	(3)	*übrigens*

Suffixe

～あまり	-amari		*gut ...*
～頃	-goro	～ごろ	*gegen ...*

Zähleinheitswörter

～分	-fun/-pun	～ふん／ぶん	*... Minute(n) (für Minuten)*
～時	-ji	～じ	*... Uhr (für Uhrzeit)*
～か月	-ka-getsu	～かげつ	*... Monate lang (für Monate)*
～回	-kai	～かい	*... Mal(e); ... mal*
～か所	-ka-sho	～かしょ	*... Stellen (für Orte, Stellen)*
～日	-nichi	～にち	*... Tag(e) (für Tage)*

Postpositionen

で	de	*in ... (zur Markierung eines Handlungsortes)*
で	de	*durch ...; mit ...; mittels ... (zur Markierung eines Instruments)*
で	de	*wegen ... (zur Markierung eines Grundes)*
で	de	*(zur Markierung einer Einheit)*
ほど	hodo	*ungefähr, ca. (zur Markierung einer Ungenauigkeit)*
から	kara	*von ..., ab ... (zur Markierung eines Ausgangspunktes)*
まで	made	*bis (zur Markierung einer Grenze)*
ね	ne	*(zum Ausdruck von Erstaunen)*
に	ni	*in ... (zur Markierung eines Ortes, an dem sich etwas befindet)*
に	ni	*in ... (zur Markierung eines Ortes, an dem eine dauerhafte Handlung stattfindet)*
に	ni	*um ... (zur Markierung einer Zeit)*
に	ni	*zu ..., nach ... (zur Markierung einer Richtung)*
に	ni	*in ... (zur Markierung eines Maßstabs)*
を	o	*(zur Markierung eines syntaktischen Objekts)*

Sonstiger Ausdruck

交代で	koutai de	こうたいで (0)	*abwechselnd, schichtweise*

L4: Konversation

Nomen

デジタルカメラ	dejitaru-kamera	(5)	*Digitalkamera*
電子辞書	denshi-jisho	でんしじしょ (4)	*elektronisches Wörterbuch*
独和	doku-wa	どくわ (0)	*deutsch-japanisch*
英和	ei-wa	えいわ (0)	*englisch-japanisch*
保証書	hoshou-sho	ほしょうしょ (0)	*Garantieheft*
百科事典	hyakka-jiten	ひゃっかじてん (4)	*Enzyklopädie*
幾ら	ikura	いくら (1)	*wie viel kostet ...*

Lektion 4 Vokabelliste

人名事典	jinmei-jiten	じんめいじてん (5)	Lexikon der Personennamen
階	kai	かい (1)	Stockwerk, Etage
漢和辞典	kanwa-jiten	かんわじてん (4)	chinesisch-jap. Wörterbuch
カタカナ語辞典	katakana-go-jiten	カタカナごじてん (5)	Fremdwörterlexikon
古語辞典	kogo-jiten	こごじてん (3)	Wörterbuch des klassischen Japanisch
広辞苑	Koujien	こうじえん (3)	Kôjien (repräsentatives jap.-jap. Wörterbuch)
免税	menzei	めんぜい (0)	zollfrei
パスポート	pasupôto	(3)	Reisepass
暫く	shibaraku	しばらく (2)	eine kurze Dauer, ein Augenblick
種類	shurui	しゅるい (1)	Sorte
手ごろ	tegoro	てごろ (0)	preiswert, mittlere Preislage
定価	teika	ていか (0)	festgesetzter Preis, Preisempfehlung
使い方	tsukai-kata	つかいかた (0)	Bedienungsanleitung
釣り	tsuri	つり (0)	Wechselgeld

(お釣: honoratives Präfix **o** + Nomen **tsuri**)

和独	wa-doku	わどく (0)	japanisch-deutsch
和英	wa-ei	わえい (0)	japanisch-englisch

Pronomen

こちら	kochira	(0)	dieser/diese/dieses (höflicher Ausdruck)

Keiyoudoushi (na-Adjektive)

便利	benri	べんり (1)	praktisch, nützlich
簡単	kantan	かんたん (0)	einfach

Adverb

暫く	shibaraku	しばらく (2)	einen Augenblick

Verben

(〜を)預かる	azukar·u (kons.)	あずかる (3)	aufbewahren
(〜で)ござる	gozar·u (kons.)	(2)	sein (honoratives Verb)
(〜を)下さる	kudasar·u (unregelm.)	くださる (3)	geben (honoratives Verb)
(〜を)待つ	mats·u (kons.)	まつ (1)	warten (auf ...)
(〜を)見せる	mise·ru (vok.)	みせる (2)	zeigen
(〜を)願う	nega·u (kons.)	ねがう (2)	bitten (um ...)
(〜を)捜す	sagas·u (kons.)	さがす (0)	suchen

Hilfsverb

せる	se·ru (vok.)		(zur Bildung des Kausativs)

Konjunktion

それと	soreto	(0)	ferner, außerdem

Sonstige Ausdrücke

〜円をお預かりします ... en o o-azukari-shimasu (Dieser Ausdruck wird vom Verkäufer verwendet, wenn der Kunde etwas bezahlen will. Wortwörtlich bedeutet dies „Ich bewahre ... Yen auf". Was es in diesem Zusammenhang bedeutet, ist, dass der Verkäufer ... Yen vom Kunden erhalten hat und dass der Kunde noch Wechselgeld erhält.)

幾らですか	Ikura desu ka	Wie viel kostet ...?
いらっしゃいませ	Irasshai-mase (6)	Guten Tag!; Guten Morgen! (Ein Grußwort der Verkäufer an die Kunden)
～を下さい	... o kudasai	Bitte geben Sie mir ...
お待たせしました	o+matase+shi-mashita	Entschuldigen Sie, dass ich Sie habe warten lassen. (Ein fester Ausdruck, wenn man jemanden hat warten lassen.)
～をお願いします	... o o-negai-shi-masu	Bitte geben Sie mir ...
お + V2 + 下さい	o + V2 + kudasai	Bitte ... Sie! (Ausdruck einer höflichen Bitte an den Hörer, dass er etwas tun soll)

L4: Übungen

Nomen

昼ご飯	hiru-gohan	ひるごはん (3)	Mittagessen
切符売り場	kippu-uriba	きっぷうりば (4)	Verkaufsschalter für Karten
子供	kodomo	こども (0)	Kind
コンサート	konsâto	(1)	Konzert
オートバイ	ôtobai	(3)	Motorrad
パン	pan	(1)	Brot
手紙	tegami	てがみ (0)	Brief

Keiyoushi (i-Adjektiv)

| つまらない | tsumarana·i | つまらない (3) | langweilig, uninteressant |

Verben

| (～に電話を) | (denwa o) kake·ru (vok.) | でんわをかける | anrufen, telefonieren |
| (たばこを) 吸う | (tabako o) su·u (kons.) | たばこをすう | (Zigaretten) rauchen |

Lektion 5   第五課

L5: Text A

Nomen

朝	asa	あさ (1)	Morgen
晩	ban	ばん (0)	Abend
ブラック	burakku	(2)	schwarzer Kaffee
地下	chika	ちか (2)	Untergeschoss
チケット	chiketto	(2)	Ticket, Karte
ドキュメンタリー	dokyumentarî	(3)	Dokumentarfilm
映画	eiga	えいが (1)	Film
駅前	eki-mae	えきまえ (0)	vor dem Bahnhof
エレベーター	erebêtâ	(3)	Aufzug
午後	gogo	ごご (1)	Nachmittag
昼休み	hiru-yasumi	ひるやすみ (3)	Mittagspause
自動販売機	jidou-hanbai-ki	じどうはんばいき (6)	Automat
時間	jikan	じかん (0)	Zeit
行き	iki	いき (0)	Hinfahrt, Hinflug, Hinreise

Lektion 5 — Vokabelliste

入り口	iri-guchi	いりぐち (0)	Eingang
一緒	issho	いっしょ (0)	zusammen
帰り	kaeri	かえり (3)	Rückreise, -flug, -fahrt, auf dem Weg nach Hause
カレーライス	karê-raisu	(4)	Curry-Reis (Gericht)
家族	kazoku	かぞく (1)	Familie
昨日	kinou	きのう (2)	gestern
喫茶店	kissa-ten	きっさてん (0)	Café
今日	kyou	きょう (1)	heute
ミルク	miruku	(1)	Milch
飲み物	nomi-mono	のみもの (2)	Getränk
一昨日	ototoi	おととい (0)	vorgestern
廊下	rouka	ろうか (0)	Korridor
先	saki	さき (0)	vorne
砂糖	satou	さとう (2)	Zucker
寝台券	shindai-ken	しんだいけん (3)	Schlafwagenfahrschein
指定席	shitei-ken	していせき (2)	reservierter Sitzplatz
食券	shok-ken	しょっけん (0)	Essensmarke
食堂	shokudou	しょくどう (0)	Kantine
食事	shokuji	しょくじ (0)	Essen
出張旅行	shutchou-ryokou	しゅっちょうりょこう (5)	Geschäftsreise
寿司／鮨	sushi	すし (1)	Sushi (Gericht)
只	tada	ただ (1)	gratis, kostenlos, gebührenfrei
夕べ	yuube	ゆうべ (3)	Abend
座席指定券	zaseki-shitei-ken	ざせきしていけん (5)	Platzkarte

Pronomen

僕	boku	ぼく (1)	ich (Männersprache)

Adverbien und Adverbiale

朝	asa	あさ (1)	morgens
晩	ban	ばん (0)	abends
午後	gogo	ごご (1)	nachmittags
早く	hayaku	はやく (1)	früh
一緒に	issho ni	いっしょに (0)	zusammen
昨日	kinou	きのう (2)	gestern
まだ	mada	(1)	noch
また	mata	(0)	wieder
もう	mou	(1)	bereits, schon
一昨日	ototoi	おととい (0)	vorgestern
先に	saki ni	さきに (1)	im Voraus, vorher
直ぐに	sugu ni	すぐに (1)	sofort

Verben

(〜を) 注文する	chuumon-suru (unregelm.)	ちゅうもんする (0)	bestellen
(〜に) 入る	hair·u (kons.)	はいる (1)	eintreten (in ...), betreten
(〜を) 買う	ka·u (kons.)	かう (0)	kaufen
(〜に) 戻る	modor·u (kons.)	もどる (2)	zurückkommen (zu ...)
(〜が) 寝る	ne·ru (vok.)	ねる (0)	schlafen, schlafen gehen
(〜を) 願う	nega·u (kons.)	ねがう (2)	bitten (um ...)

(〜に) 乗る	nor·u (kons.)	のる (0)	fahren (mit ...), einsteigen (in/auf ...)
(〜を) 降りる	ori·ru (vok.)	おりる (2)	aussteigen / absteigen (von...)
(〜が) 終わる	owar·u (kons.)	おわる (0)	zu Ende gehen

Konjunktionen

それで	sorede	(0)	deshalb, daher
それでは	soredewa	(3)	also, nun

Zähleinheitswort

〜階	-kai	〜かい (0)	(für Stockwerke)

Sonstige Ausdrücke

〜前	-mae	〜まえ (1)	vor ...
十五分前	juugo-fun-mae	じゅうごふんまえ (6)	vor 15 Minuten
駅前	eki-mae	えきまえ (0)	vor dem Bahnhof
お願いします	o-negai-shi-masu	おねがいします (6)	ich bitte Sie darum
先に	saki ni	さきに (0)	vorher
仕方がない	shikata ga nai	しかたがない (5)	man kann dagegen nichts machen
その代わり	sono kawari	そのかわり (0)	stattdessen

L5: Konversation

Nomen

春	haru	はる (1)	Frühling
ホーム	hômu	(1)	Bahnsteig
子	ko	こ (0)	Kind
(お子さん : honoratives Präfix **o** + Nomen **ko** + Suffix **san**)			
今年	kotoshi	ことし (0)	dieses Jahr
去年	kyonen	きょねん (1)	letztes Jahr
急行	kyuukou	きゅうこう (0)	Schnellzug
給料	kyuuryou	きゅうりょう (0)	Gehalt, Lohn
満員	man'in	まんいん (0)	überfüllt
一昨年	ototoshi	おととし (2)	vorletztes Jahr
外	soto	そと (1)	draußen

Keiyoushi (i-Adjektiv)

暗い	kura·i	くらい (2)	dunkel

Adverbien

	haru	はる (1)	im Frühling
今年	kotoshi	ことし (0)	dieses Jahr
去年	kyonen	きょねん (1)	letztes Jahr
一昨年	ototoshi	おととし (2)	vorletztes Jahr
たいてい	taitei	大抵 (0)	meistens

Verben

(〜と) 結婚する	kekkon-suru (unregelm.)	けっこんする (0)	(jmdn.) heiraten
(〜に) 残る	nokor·u (kons.)	のこる (2)	bleiben (in ...)
(〜が) 生まれる	umare·ru (vok.)	うまれる (0)	geboren werden

Sonstige Ausdrücke

まあまあです	Maa maa desu.		Es geht.

L5: Text B
Nomen

亜寒帯	akan-tai	あかんたい (0)	Subpolarzone
秋	aki	あき (1)	Herbst
亜熱帯	a'net-tai	あねったい (0)(2)	Subtropen
地理	chiri	ちり (1)	Geographie
中間	chuukan	ちゅうかん (0)	mittlere Zone
大体	daitai	だいたい (0)	ungefähr
冬	fuyu	ふゆ (2)	Winter
原野	gen'ya	げんや (1)	Wildnis, Feld
春	haru	はる (1)	Frühling
平方キロメートル	heihou-kiromêtoru	へいほうキロメートル (7)	Quadratkilometer
平野	heiya	へいや (0)	Ebene
人口	jinkou	じんこう (0)	Bevölkerung(szahl)
人口密度	jinkou-mitsudo	じんこうみつど (5)	Bevölkerungsdichte
川	kawa	かわ (2)	Fluss
気候	kikou	きこう (0)	Klima
北	kita	きた (0)	Norden
国土	kokudo	こくど (1)	Land, Hoheitsgebiet
面積	menseki	めんせき (1)	Fläche
南	minami	みなみ (0)	Süden
湖	mizuumi	みずうみ (2)	der See
紅葉	momiji / kouyou	もみじ (1)/ こうよう (0)	Herbstfärbung
南北	nan-boku	なんぼく (1)	der Süden und der Norden
夏	natsu	なつ (2)	Sommer
農地	nouchi	のうち (1)	Ackerland, Ackerboden
億	oku	おく (1)	hundert Millionen
温帯	on-tai	おんたい (0)	gemäßigte Zone
大きさ	ookisa	おおきさ (0)	Größe
パーセント	pâsento	(3)	Prozent
島	shima	しま (2)	Insel
森林	shinrin	しんりん (0)	Wald
台風	taifuu	たいふう (3)	Taifun
宅地	takuchi	たくち (0)	Baugrundstück
雪	yuki	ゆき (2)	Schnee

Eigennamen

琵琶湖	Biwa-ko	びわこ (0)	Biwa-ko (See)
富士山	Fuji-san	ふじさん (1)	Fuji-san (Berg)
北海道	Hokkaidou	ほっかいどう (3)	Hokkaidô (Nordinsel)
本州	Honshuu	ほんしゅう (1)	Honshû (Hauptinsel)
石狩川	Ishikari-gawa	いしかりがわ (4)	Ishikari-gawa (Fluss)
霞ケ浦	Kasumiga-ura	かすみがうら (4)	Kasumigaura (See)
北アルプス	Kita-Arupusu	きたアルプス (3)	Nordalpen
	Kyuushuu	きゅうしゅう (1)	Kyûshû (Südinsel)

南アルプス	Minami-arupusu	みなみアルプス (4)	Südalpen
沖縄	Okinawa	おきなわ (0)	Okinawa
佐渡	Sado	さど (1)	Sado (Insel)
サロマ湖	Saroma-ko	サロマこ (3)	Saroma-ko (See)
四国	Shikoku	しこく (2)	Shikoku
大雪山	Taisetsu-zan	たいせつざん (4)	Taisetsu-zan (Berg)
利根川	Tone-gawa	とねがわ (0)	Tone-gawa (Fluss)

Keiyoushi (*i*-Adjektive)

長い	naga·i	ながい (2)	lang
多い	oo·i	おおい (1)	viel
美しい	utsukushi·i	うつくしい (4)	schön

Keiyoudoushi (*na*-Adjektiv)

主	omo	おも (1)	Haupt-, hauptsächlich

Adverbien und Adverbiale

大体	daitai	だいたい (0)	ungefähr, im Großen und Ganzen
約	yaku	やく (1)	ungefähr, ca.
全体に	zentai ni	ぜんたいに (0)	im ganzen Land, überall

Verben

(雨が) 降る	(ame ga) fur·u (kons.)	ふる (1)	regnen
(〜が) 来る	kuru (unregelm.)	くる (1)	kommen
(〜が) 咲く	sak·u (kons.)	さく (0)	blühen

Suffix

〜用	-you	〜よう (0)	für ...; zum Zweck von ...

Sonstiger Ausdruck

その他	sono hoka	そのほか (2)	außerdem, ferner

L5: Übungen

Nomen

地下鉄	chika-tetsu	ちかてつ (0)	U-Bahn
映画館	eiga-kan	えいがかん (3)	Kino
高速	kousoku	こうそく (0)	Autobahn
メール	mêru	(0)	Mail
空	sora	そら (1)	Himmel

Verben

(〜を) チェックする	chekku-suru (unregelm.)	(1)	überprüfen, checken, kontrollieren
(〜を) 出る	de·ru (vok.)	でる (1)	(Ort) verlassen
(〜を) 走る	hashir·u (kons.)	はしる (2)	rennen, laufen, fahren (in/auf ...)
(〜を) 書く	kak·u (kons.)	かく (1)	schreiben
(〜を) 旅行する	ryokou-suru (unreglm.)	りょこうする (0)	reisen (in ...)
(〜を) 散歩する	sanpo-suru (unreglm.)	さんぽする (0)	spazierengehen (in ...)
(〜を) 飛ぶ	tob·u (kons.)	とぶ (0)	fliegen (an/in ...)
(〜を) 通る	toor·u (kons.)	とおる (1)	durchgehen, -fahren, -fliegen (durch ...), fahren (in ...)
(〜に) 着く	tsuk·u (kons.)	つく (1)	ankommen (an ...)
(〜を) 渡る	watar·u (kons.)	わたる (0)	(Ort) überqueren

Lektion 6

第六課

L6: Text A

Nomen

足	ashi	あし (2)	Fuß
茶店	chamise	ちゃみせ (0)	Teehaus
鳥獣戯画	choujuugiga	ちょうじゅうぎが (5)	Karikatur der Vögel und Tiere, des Haar- und Federwilds
ハイキング	haikingu	(1)	Wanderung
俳句	haiku	はいく (0)	das Haiku (eine Gattung der japanischen Dichtung)
一杯	ippai	いっぱい (0)	voll, überfüllt
景色	keshiki	けしき (1)	Landschaft, Aussicht
道	michi	みち (0)	Weg, Pfad
緑	midori	みどり (1)	Grün, grün
昔	mukashi	むかし (0)	Vergangenheit, früher
最初	saisho	さいしょ (0)	Beginn; der/die/das erste ...
写真	shashin	しゃしん (0)	Foto
空	sora	そら (1)	Himmel
滝	taki	たき (0)	Wasserfall
次	tsugi	つぎ (2)	der/die/das Nächste
山道	yama-michi	やまみち (2)	Bergweg

Eigennamen

嵐山	Arashi-yama	あらしやま (0)	Arashiyama (Ortsname)
清滝	Kiyotaki	きよたき (2)	Kiyotaki (Ortsname)
高山寺	Kouzan-ji	こうざんじ (1)	der Kôzanji-Tempel
京都	Kyouto	きょうと (1)	Kyôto (Ortsname)
芭蕉	Bashou	ばしょう (0)	Matsuo Bashô (jap. Dichter: 1644-1694)
大阪	Oosaka	おおさか (0)	Ôsaka (Ortsname)
高雄	Takao	たかお (2)	Takao (Ortsname)

Keiyoushi (i-Adjektive)

青い	ao·i	あおい (2)	blau
痛い	ita·i	いたい (2)	schmerzhaft
楽しい	tanoshi·i	たのしい (3)	schön (Zeit)
冷たい	tsumeta·i	つめたい (3)	kalt, kühl (Wasser, Luft, Gegenstände)
良い	yo·i	よい (1)	gut

Keiyoudoushi (na-Adjektiv)

急	kyuu	きゅう (0)	steil; schnell; dringend

Adverbien

ちょうど	choudo	丁度 (0)	gerade, eben, genau
一杯	ippai	いっぱい (0)	überfüllt, voll
まず	mazu	(1)	zuerst
昔	mukashi	むかし (0)	früher
最初	saisho	さいしょ (0)	zuerst, am Anfang

Verben
(写真を) 撮る	(shashin o) tor·u (kons.)	(しゃしんを) とる (1)	fotografieren
(～が) 疲れる	tsukare·ru (vok.)	つかれる (3)	müde werden
(～に) 着く	tsuk·u (kons.)	つく (1)	ankommen (in ..., an ...)
(～を) 作る	tsukur·u (kons.)	つくる (2)	dichten

Konjunktionen
それから	sorekara	(0)	danach, folglich
それに	soreni	(0)	außerdem, ferner

Sonstiger Ausdruck
この次は	kono tsugi wa	このつぎは (4)	nächstes Mal

L6: Konversation
Nomen
大仏	daibutsu	だいぶつ (0)	große Buddhastatue
絵葉書	e-hagaki	えはがき (2)	Ansichtskarte
外国人	gaikoku-jin	がいこくじん (4)	Ausländer
観光客	kankoukyaku	かんこうきゃく (3)	Tourist
見物	kenbutsu	けんぶつ (0)	Besichtigung
子鹿	ko-jika	こじか (0)	Rehkitz
名所	meisho	めいしょ (0)	Sehenswürdigkeit
庭	niwa	にわ (2)	Garten
鹿	shika	しか (0)	Reh, Hirsch
ツーリスト	tsûrisuto	(3)	Tourist

Eigennamen
平安神宮	Heian-jinguu	へいあんじんぐう (5)	der Heian-jingû-Schrein
春日大社	Kasuga-taisha	かすがたいしゃ (4)	der Kasuga-taisha-Schrein
南禅寺	Nanzen-ji	なんぜんじ (1)	der Nanzen-ji-Tempel
二条城	Nijou-jou	にじょうじょう (2)	das Schloss Nijô-jô

Keiyoushi (i-Adjektiv)
可愛らしい	kawairashi·i	かわいらしい (5)	süß (Menschen, Tiere)

Verben
(～を) 送る	okur·u (kons.)	おくる (0)	schicken, senden
(～を) 見物する	kenbutsu-suru (unregelm.)	けんぶつする (0)	besichtigen

Sonstiger Ausdruck
この前の日曜日	kono mae no nichi-youbi	このまえの (3) にちようび (3)	am letzten Sonntag

L6: Text B
Nomen
天の川	ama no gawa	あまのがわ (3)	Milchstraße
伝説	densetsu	でんせつ (0)	Legende
福	fuku	ふく (0)	Glück
行事	gyouji	ぎょうじ (1/0)	Jahresfeier
初め	hajime	はじめ (0)	Anfang
話	hanashi	はなし (3)	Erzählung, Geschichte
雛人形	hina-ningyou	ひなにんぎょう (3)	Hina-Puppe (Puppen für das Puppenfest)

Lektion 6 — Vokabelliste

星	hoshi	ほし (0)	Stern
神社	jinja	じんじゃ (1)	Schrein
門松	kadomatsu	かどまつ (2)	Neujahrskiefern
神	kami	かみ (1)	Gott
家庭	katei	かてい (0)	Familie, Haushalt
鯉幟	koinobori	こいのぼり (3)	Koinobori (Karpfenwimpel)
古来	korai	こらい (1)	von alters her, seit alters
豆	mame	まめ (2)	Bohne
祭り	matsuri	まつり (3)	Fest
餅	mochi	もち (2)	Mochi (Reiskuchen)
人形	ningyou	にんぎょう (0)	Puppe
鬼	oni	おに (2)	böser Geist
女の子	onna no ko	おんなのこ (3)	Mädchen
男の子	otoko no ko	おとこのこ (3)	Junge
終わり	owari	おわり (0)	Ende
しめ縄	shimenawa	しめなわ (0)	Shimenawa (Absperrungsseil, mit dem ein geheiligter Bereich markiert wird)
牛飼い	ushikai	うしかい (0)	Ochsentreiber

Eigennamen (Bezeichnungen der japanischen Feste)

雛祭り	hina-matsuri	ひなまつり (3)	Puppenfest (am 3. März)
子供の日	kodomo no hi	こどものひ (5)	Kindertag (am 5. Mai)
節分	setsubun	せつぶん (0)	Setsubun (der Tag vor dem Frühlingsanfang um den 3. Februar)
正月	shougatsu	しょうがつ (0)	Neujahrsfest (1. bis 15. Januar)
七夕	tanabata	たなばた (0)	Tanabata (Sternenfest am 7. Juli)
端午の節句	tango no sekku	たんごの (1) せっく (0)	Tango-no-sekku (Knabenfest am 5. Mai)

Keiyoudoushi (na-Adjektiv)

| ロマンチック | romanchikku | (4) | romantisch |

Adverb

| 古来 | korai | こらい (1) | seit alters, von alters her |

Verben

(〜に) 会う	a·u (kons.)	あう (1)	(jmdn.) treffen
(〜を) 飾る	kazar·u (kons.)	かざる (0)	schmücken (mit ...)
(〜に) 参る	mair·u (kons.)	まいる (1)	besuchen (Tempel, Schrein)
(〜を) 招く	manek·u (kons.)	まねく (2)	einladen
(〜が) 無くなる	nakunar·u (kons.)	なくなる (0)	verloren gehen, verschwinden (unbeseelte Sachen bzw. Gegenstände)
(〜を) 追い出す	oidas·u (kons.)	おいだす (3)	verjagen, vertreiben
(鯉幟を) 立てる	tate·ru (vok.)	たてる (2)	aufziehen (Flaggen, Wimpel)
(〜を) 渡る	watar·u (kons.)	わたる (0)	(Ort) überqueren

Postpositionen

| だけ | dake | | nur, ausschließlich |
| でも | demo | | auch wenn (Konzessiv) |

Sonstige Ausdrücke

| 幾つか | iku-tsu ka | いくつか (1) | einige |
| 今でも | ima demo | いまでも (1) | heute noch |

L6: Übungen

Nomen

オペラ歌手	opera-kashu	オペラかしゅ (4)	Opernsänger
エンジン	enjin	(1)	Motor
日本文学	Nihon-bungaku	にほんぶんがく (4)	Japanische Literatur
試合	shiai	しあい (0)	Spiel (beim Sport)
漢字テスト	kanji-tesuto	かんじテスト (4)	Kanji-Test
今晩	kon-ban	こんばん (1)	heute Abend
夕食	yuu-shoku	ゆうしょく (0)	Abendessen

Keiyoudoushi (na-Adjektiv)

シンプル	shinpuru	(1)	schlicht, einfach

Adverb

今晩	kon-ban	こんばん (1)	heute Abend

Lektion 7　　第七課

L7: Text A

Nomen

ベンチ	benchi	(1)	Sitzbank
弁当	bentou	べんとう (3)	Lunchpaket, Picknickpaket
ボール	bôru	(0)	Ball
近く	chikaku	ちかく (2)	Nähe
中学生	chuugaku-sei	ちゅうがくせい (3)	Schüler an einer Mittelschule (entspricht der dt. 7. bis 9. Klasse)
男女	danjo	だんじょ (1)	ein Mann und eine Frau, Männer und Frauen
土曜日	doyou-bi	どようび (2)	Samstag
ハーモニカ	hâmonika	(0)	Mundharmonika
橋	hashi	はし (2)	Brücke
光	hikari	ひかり (3)	Licht
池	ike	いけ (2)	Teich
花壇	kadan	かだん (1)	Blumenbeet
こちら側	kochira-gawa	こちらがわ (0)	diese Seite
鯉	koi	こい (1)	Karpfen
木蔭	kokage	こかげ (0)	Schatten eines Baumes
小鳥	kotori	ことり (0)	Vogel
公園	kouen	こうえん (0)	Park
向こう	mukou	むこう (2)	die andere Seite, drüben
向こう側	mukou-gawa	むこうがわ (0)	die andere Seite
丘	oka	おか (0)	Hügel
大勢	oozei	おおぜい (3)	viele (Menschen)
先週	senshuu	せんしゅう (0)	letzte Woche
写生	shasei	しゃせい (0)	Malen (nach der Natur)
新幹線	shinkansen	しんかんせん (3)	der Shinkansen-Superexpress
相撲	sumou	すもう (0)	das Sumô (traditioneller

Lektion 7 Vokabelliste

			japanischer Ringkampf)
遠く	tooku	とおく (3)	Ferne
歌	uta	うた (2)	Lied

Keiyoushi (i-Adjektive)

明るい	akaru·i	あかるい (0)	hell; fröhlich
黒い	kuro·i	くろい (2)	schwarz
若い	waka·i	わかい (2)	jung (Menschen, Tiere)

Adverbien

| 大勢 | oozei | おおぜい (0) | viele (bei Menschen) |
| 先週 | sen-shuu | せんしゅう (0) | letzte Woche |

Verben

(~が) 遊ぶ	asob·u (kons.)	あそぶ (0)	spielen; Freizeit verbringen
(~を) 吹く	fuk·u (kons.)	ふく (1)	spielen (Blasinstrumente)
(~を) 話す	hanas·u (kons.)	はなす (2)	sprechen, erzählen
(~が) 光る	hikar·u (kons.)	ひかる (2)	glänzen
(~が) 懸かる	kakar·u (kons.)	かかる (2)	sich spannen (Brücke)
(~を) 回る	mawar·u (kons.)	まわる (0)	herumgehen (um ...)
(~を) 見下ろす	mioros·u (kons.)	みおろす (3)	hinunter sehen / blicken
(~を) 持つ	mots·u (kons.)	もつ (1)	tragen; haben
(~を) 投げる	nage·ru (vok.)	なげる (2)	werfen
(~に/を) 上る	nobor·u (kons.)	のぼる (0)	hinaufgehen (auf ...)
(~が) 泳ぐ	oyog·u (kons.)	およぐ (2)	schwimmen
(~を) 写生する	shasei-suru (unregelm.)	しゃせいする (0)	Landschaft malen
(~を) 知る	shir·u (kons.)	しる (0)	wissen, kennen
(~に) 住む	sum·u (kons.)	すむ (1)	wohnen (in ...)
(相撲を) 取る	(sumou o) tor·u (kons.)	とる (1)	(im Sumô-Stil) ringen
(~を) 歌う	uta·u (kons.)	うたう (0)	singen
(~で) 休む	yasum·u (kons.)	やすむ (2)	sich ausruhen (in ...)

Postposition

| ので | node | | weil, da, denn |

L7: Konversation

Nomen

~番線	-bansen	~ばんせん (0)	Bahnsteig-Nr. ...
バス乗り場	basu-nori-ba	バスのりば (3)	Busstation
バス停	basu-tei	バスてい (0)	Bushaltestelle
東口	higashi-guchi	ひがしぐち (0)	Ausgang Ost
改札口	kaisatsu-guchi	かいさつぐち (4)	Bahnsteigsperre
小銭	kozeni	こぜに (0)	Kleingeld
西口	nishi-guchi	にしぐち (0)	Westausgang
料金	ryoukin	りょうきん (1)	Gebühren
ターミナル	tâminaru	(1)	Terminal
運転手	unten-shu	うんてんしゅ (3)	Fahrer
~行き	-yuki	~ゆき (0)	nach ... (Richtung)

Keiyoudoushi (na-Adjektiv)

| 大丈夫 | daijoubu | だいじょうぶ (3) | in Ordnung |

Adverb

少々	shoushou	しょうしょう (1)	*einen Augenblick/Moment*

Verben

(〜を)	払う	hara·u (kons.)	はらう (2)	*bezahlen, zahlen*
(〜に)	代わる	kawar·u (kons.)	かわる (0)	*übernehmen etwas (von ...)*
(〜を)	聞く	kik·u (kons.)	きく (0)	*fragen, sich erkundigen (nach ...)*
(〜を)	待つ	mats·u (kons.)	まつ (1)	*warten (auf ...)*
(〜が)	おる	or·u (kons.)	居る (2)	*da sein (Bescheidenheitsausdruck)*
(〜を)	両替えする	ryougae-suru (unregelm.)	りょうがえする (0)	*wechseln (Geld)*
(〜が)	分かる	wakar·u (kons.)	わかる (2)	*(etwas) verstehen*

Sonstiger Ausdruck

のち程	nochi hodo	のちほど (0)	*bis gleich, bis dann, bis später*

L7: Text B

Nomen

秋祭り	aki-matsuri	あきまつり (3)	*Herbstfest*
盆	bon	ぼん (0)	*Allerseelenfest, buddh. Totenfest*

(お盆: honoratives Präfix **o** + Nomen **bon**)

学校	gakkou	がっこう (0)	*Schule*
火	hi	ひ (1)	*Feuer*
豊作	housaku	ほうさく (0)	*gute Ernte*
除夜の鐘	joya no kane	じょやのかね (1)	*Silvesterglocke*
米	kome	こめ (2)	*(ungekochter) Reis*
暮れ	kure	くれ (0)	*Jahresende*
満月	mangetsu	まんげつ (1)	*Vollmond*
村	mura	むら (2)	*Dorf*
大晦日	oomisoka	おおみそか (3)	*Silvester*
親	oya	おや (2)	*Eltern*
最後	saigo	さいご (1)	*der/die/das letzte ...*
サイクリング	saikuringu	(1)	*Radtour*
先祖	senzo	せんぞ (1)	*Vorfahren*
シーズン	shîzun	(1)	*Jahreszeit*
スポーツ	supôtsu	(2)	*Sport*
魂	tamashii	たましい (1)	*Seele, Geist*
取り入れ	toriire	とりいれ (0)	*Ernte*
年	toshi	とし (2)	*Jahr*
月	tsuki	つき (2)	*Mond*
月見	tsukimi	つきみ (0)	*Mondschau (gemeinsames Bewundern des Mondes)*

(お月見: honoratives Präfix **o** + Nomen **tsukimi**)

運動会	undou-kai	うんどうかい (3)	*Sportfest*
夜中	yonaka	よなか (3)	*Mitternacht; in der Nacht, nachts, mitternachts*

Eigennamen

大文字	Daimonji	だいもんじ (3)	*Daimonji-Fest (ein Fest in Kyôto)*
関西	Kansai	かんさい (1)	*das Kansai-Gebiet (umfasst neben Ôsaka und Kyôto die diesen Städten vorgelagerten Regionen)*

Lektion 7/8   Vokabelliste

| 関東 | Kantou | かんとう (1) | das Kantô-Gebiet (umfasst außer Tôkyô die Präfekturen Chiba, Gunma, Ibaraki, Kanagawa, Saitama und Tochigi) |

Verben
(〜を) 祝う	iwa·u (kons.)	いわう (2)	feiern
(〜を) 迎える	mukae·ru (vok.)	むかえる (0)	empfangen (Menschen)
(〜を) 送る	okur·u (kons.)	おくる (0)	sich verabschieden (von...)
(〜が) 澄む	sum·u (kons.)	すむ (1)	klar werden (Himmel)
(〜を) 搗く	tsuk·u (kons.)	つく (1)	stampfen (Reiskuchen **mochi**)
(〜を) 連れる	tsure·ru (vok.)	つれる (0)	mitnehmen (Menschen, Tiere)

L7: Übungen
Nomen
ビアガーデン	biagâden		(3)	Biergarten
インターネット	intânetto		(5)	Internet
漢字	kanji	かんじ (0)		Kanji
リポート	ripôto		(2)	Referat; Bericht
サイト	saito		(1)	Website
ショッピング	shoppingu		(0)	Einkäufe, Shopping
宿題	shukudai	しゅくだい (0)		Hausaufgabe
週末	shuumatsu	しゅうまつ (0)		Wochenende

Verben
| 練習する | renshuu-suru (unregelm.) | れんしゅうする (0) | üben |
| ジョギングする | jogingu-suru (unregelm.) (0) | | joggen |

Lektion 8   第八課

L8: Text A
Nomen
バター	batâ	(1)	Butter
文化	bunka	ぶんか (1)	Kultur
地平線	chihei-sen	ちへいせん (0)	Horizont
頂上	choujou	ちょうじょう (3)	Spitze (eines Bergs)
ガイドブック	gaido-bukku	(4)	Reiseführer
海水浴	kaisuiyoku	かいすいよく (3)	Seebad
経済	keizai	けいざい (1)	Wirtschaft
今年	kotoshi	ことし (0)	dieses Jahr
高山植物	kouzan-shokubutsu	こうざんしょくぶつ (6)	Alpenblumen
去年	kyonen	きょねん (1)	letztes Jahr
見晴らし	miharashi	みはらし (0)	Aussicht
夏休み	natsu-yasumi	なつやすみ (3)	Sommerferien
野原	nohara	のはら (1)	Feld, Wiese
政治	seiji	せいじ (0)	Politik
市	shi	し (1)	Stadt
自然	shizen	しぜん (0)	Natur
収穫	shuukaku	しゅうかく (0)	Ernte
楽しみ	tanoshimi	たのしみ (3)	etwas, worauf man sich freut; Freude

所	tokoro	ところ (3)	Ort, Platz
冬季オリンピック大会	touki-orinpikku-taikai	とうき (1) オリンピックたいかい (7)	olympische Winterspiele
梅雨	tsuyu	つゆ (2)	Regenzeit
梅雨明け	tsuyu-ake	つゆあけ (0)	Ende der Regenzeit
山登り	yama-nobori	やまのぼり (3)	Bergsteigen
雪祭り	yuki-matsuri	ゆきまつり (3)	Schneefest
夕日	yuuhi	ゆうひ (0)	Abendsonne

Eigennamen

札幌	Sapporo	さっぽろ (0)	Sapporo (Stadt auf Hokkaidô)
知床半島	Shiretoko-hantou	しれとこはんとう (5)	Shiretoko-hantô (Halbinsel von Hokkaidô)
摩周湖	Mashuu-ko	ましゅうこ (2)	Mashûko (See auf Hokkaidô)

Keiyoushi (i-Adjektive)

広い	hiro·i	ひろい (2)	groß (Fläche), breit
遅い	oso·i	おそい (2)	spät

Keiyoudoushi (na-Adjektiv)

比較的	hikaku-teki	ひかくてき (0)	relativ, verhältnismäßig

Adverbien

実に	jitsu ni	じつに (2)	in der Tat, wirklich
比較的	hikaku-teki	ひかくてき (0)	verhältnismäßig
夕べ	yuube	ゆうべ (0)	am letzten Abend

Verben

(〜が) 晴れる	hare·ru (vok.)	はれる (2)	sich aufklären, aufheitern (Wetter)
(お金が) 掛かる	(o-kane ga) kakar·u (kons.)	かかる (2)	(viel) kosten
(〜に) 感動する	kandou-suru (unregelm.)	かんどうする (0)	berührt/begeistert sein (von/über...)
(〜を) 考える	kangae·ru (vok.)	かんがえる (3)	denken, nachdenken (über ...)
(〜を) 回る	mawar·u (kons.)	まわる (0)	eine Rundtour machen
(〜を) 見晴らす	miharas·u (kons.)	みはらす (0)	überblicken
(〜に) 登る	nobor·u (kons.)	のぼる (0)	(auf einen Berg) steigen

Zähleinheitswörter

〜度	-do	ど	Mal (Häufigkeit)
〜週間	-shuukan	しゅうかん	... wochenlang

Postposition

ながら	nagara		(zur Markierung zweier gleichzeitiger Handlungen)

Sonstige Ausdruck

一度も	ichi-do mo	いちども (0)	(in Verbindung mit einem negierten Prädikat) kein einziges Mal

< Zahl **ichi** (一) + Zähleinheitswort **do** (度) + PP **mo** (も) >

L8: Konversation

Nomen

学期中	gakki-chuu	がっきちゅう (0)	während des Semesters
グループ	gurûpu	(2)	Gruppe
日焼け	hiyake	ひやけ (0)	Sonnenbrand

Lektion 8   Vokabelliste

| スキンダイビング | sukin-daibingu | (4) | | Sporttauchen (ohne Anzug) |
| 山小屋 | yama-goya | やまごや | (0) | Hütte (auf einem Berg) |

Eigennamen

| 北岳 | Kitadake | きただけ (2) | Kitadake (Berg in Shizuoka; 3192 m) |
| 湘南海岸 | Shounan-kaigan | しょうなんかいがん (5) | Shônan-Kaigan (Meeresstrand in der Präfektur Kanagawa) |

Keiyoudoushi (*na*-Adjektiv)

| 雄大 | yuudai | ゆうだい (0) | großartig, grandios, überwältigend |

Rentaishi

| 同じ | onaji | おなじ (0) | gleich, derselbe/dieselbe/dasselbe |

Verben

(テントを) 張る	(tento o) har·u (kons.)	はる (0)	(ein Zelt) aufschlagen
(〜が) 日焼けする	hiyake-suru (unregelm.)	ひやけする (0)	Sonnenbrand bekommen
(〜を) 囲む	kakom·u (kons.)	かこむ (0)	umzingeln, um etwas/jemanden stehen/sitzen
(〜に) 集中する	shuuchuu-suru (unregelm.)	しゅうちゅうする (0)	sich konzentrieren (auf ...)
(〜に) 泊まる	tomar·u (kons.)	とまる (0)	übernachten (in ...)

Postpositionen

| ばかり | bakari | | nur (zur Markierung einer Ausschließlichkeit) |
| い | i | | (interrogative PP) |

Sonstiger Ausdruck

| それもそうだね | Sore mo sou da ne. (1) | Das stimmt aber auch! |

━━

L8: Text B

Nomen

大体	daitai	だいたい (3)	im Großen und Ganzen
普段着	fudangi	ふだんぎ (2)	Alltagskleidung
婦人	fujin	ふじん (0)	Dame, Hofdame
服装	fukusou	ふくそう (0)	Kleidung
袴	hakama	はかま (3)	Hakama (Rockhose: jap. Kleidung)
埴輪	haniwa	はにわ (0)	Terrakottafigur (Grabbeigaben)
法律	houritsu	ほうりつ (0)	Gesetz, Recht
十二単	juu-ni-hitoe	じゅうにひとえ (4)	Jûnihitoe (Zeremonierobe japanischer Hofdamen)
結婚式	kekkon-shiki	けっこんしき (3)	Hochzeit(szeremonie)
機会	kikai	きかい (2)	Anlass, Gelegenheit
着物	kimono	きもの (0)	der Kimono
古墳	kofun	こふん (0)	Hügelgrab (alte Grabanlage)
小袖	kosode	こそで (0)	Kosode (wattiertes Seidengewand; Ende d. Heian- bis Kamakura-Zeit)
宮廷	kyuutei	きゅうてい (0)	kaiserlicher Hof
布	nuno	ぬの (2)	Tuch
歴史	rekishi	れきし (0)	Geschichte
世紀	seiki	せいき (1)	Jahrhundert

下着	shitagi	したぎ (0)	Unterkleidung, Unterwäsche
スタイル	sutairu	(2)	Körperfigur; Stil
当時	touji	とうじ (1)	damalige Zeit, damals
ツーピース	tsû-pîsu	(3)	zweiteiliges Kleid
ワンピース	wan-pîsu	(3)	einteiliges Kleid
役人	yakunin	やくにん (0)	Beamte /Beamtin

Eigennamen
平安時代	Heian-jidai	へいあんじだい (5)	Heian-Zeit (794-1185)
鎌倉時代	Kamakura-jidai	かまくらじだい (5)	Kamakura-Zeit (1185-1333)
室町時代	Muromachi-jidai	むろまちじだい (5)	Muromachi-Zeit (1335-1573)

Keiyoudoushi (*na*-Adjektive)
正式	seishiki	せいしき (0)	offiziell
特別	tokubetsu	とくべつ (0)	besondere (-s, -r), speziell

Adverbien
大体	daitai	だいたい (0)	im Großen und Ganzen
当事	touji	とうじ (1)	damals, damalige Zeit

Adverbiale Ausdrücke
～について	- ni tsuite	über ...
～として	- to shite	als ..., in jmds. Eigenschaft als ...

Verben
(穴を) 開ける	(ana o) ake·ru (vok.)	あける (0)	(ein Loch) machen
(～を) 穿く	hak·u (kons.)	はく (0)	anziehen (Hosen, Socken)
(～に) 発達する	hattatsu-suru (unregelm.)	はったつする (0)	sich entwickeln (zu ...)
(～を) 被る	kabur·u (kons.)	かぶる (2)	etwas (am od. auf dem Kopf) tragen (Hüte, Schals)
(～を) 重ねる	kasane·ru (vok.)	かさねる (0)	übereinander-, aufeinanderlegen
(～に) 変わる	kawar·u (kons.)	かわる (0)	sich ändern (zu ...)
(～に) 決まる	kimar·u (kons.)	きまる (0)	festgelegt werden (auf ...)
(～に) 似る	ni·ru (vok.)	にる (0)	jemandem/etwas ähneln
(～に) 適す	tekis·u (kons.)	てきす (2)	geeignet sein (zu ...)

Postposition
しか	shika	nur (in Verbindung mit einem verneinten Prädikat)

Suffix
共	-tomo	～とも	beide ...

L8: Übungen
Nomen
赤	aka	あか (1)	Rot, rot
青	ao	あお (1)	Blau, blau
ブランコ	buranko	(2)	Schaukel
風呂	furo	ふろ (1)	Bad
シャワー	shawâ	(1)	Dusche
スカイダイビング	sukai-daibingu	(4)	Fallschirmspringen

Verben
(シャワーを) 浴びる	(shawâ o) abi·ru (vok.)	シャワーをあびる (0)	duschen

Lektion 8/9 — Vokabelliste

(授業に) 出る	(jugyou ni) de·ru (vok.)	(じゅぎょうに) でる (0)	teilnehmen (am Unterricht)
(風呂に) 入る	(furo ni) hair·u (kons.)	(ふろに) はいる (0)	baden
(ブランコに) 乗る	(buranko ni) nor·u (kons.)	(ぶらんこに) のる (0)	schaukeln
(〜を) 掃除する	souji-suru (unregelm.)	そうじする (0)	putzen

Lektion 9   第九課

L9: Text A

Nomen

あちら側	achira-gawa	あちらがわ (0)	die andere Seite
挨拶	aisatsu	あいさつ (1)	Gruß, Begrüßung
赤	aka	あか (1)	Rot
青	ao	あお (1)	Blau, Grün (Ampel)
青信号	ao-shingou	あおしんごう (3)	grüne Ampel
バイク	baiku	(1)	Motorrad
チーズケーキ	chîzu-kêki	(4)	Käsekuchen
チョコレートケーキ	chokorêto-kêki	(6)	Schokoladenkuchen
方	hou	ほう (1)	Richtung
右の方	migi no hou	みぎのほう (4)	nach rechts
ケーキ屋	kêki-ya	ケーキや (0)	Konditorei
気	ki	き (0)	Gefühl, Empfinden
交差点	kousa-ten	こうさてん (0)	Kreuzung
交通事故	koutsuu-jiko	こうつうじこ (5)	Verkehrsunfall
客	kyaku	きゃく (0)	Gast, Kunde
(お客さん : honoratives Präfix **o** + Nomen **kyaku** + Suffix **san**)			
店	mise	みせ (2)	Laden, Geschäft
礼	rei	れい (0)	Dank
(お礼 : honoratives Präfix **o** + Nomen **rei**)			
信号	shingou	しんごう (0)	Ampel
ショートケーキ	shôto-kêki	(4)	Erdbeersahnekuchen
宅	taku	たく (2)	Ihr/sein/ihr Haus
(お宅 : honoratives Präfix **o** + Nomen **taku**)			
通り	toori	とおり (3)	Straße

Keiyoudoushi (*na*-Adjektive)

可哀想	kawaisou	かわいそう (4)	mitleidenswert, jmd. tut einem leid
好き	suki	すき (2)	mögenswert, jmd. mag etw. bzw. jmdn.

Adverb

すっかり	sukkari	(3)	völlig, vollkommen, gänzlich, ganz

Verben

(〜に) 挨拶する	aisatsu-suru (unregelm.)	あいさつする (1)	(jemanden) grüßen
(〜に) 出る	de·ru (vok.)	でる (1)	hinausgehen (zu/in ...)
(〜を) 待つ	mats·u (kons.)	まつ (1)	warten (auf ...)
(〜が) 通る	toor·u (kons.)	とおる (1)	fahren (Autos, Züge)
(気を) 遣う	(ki o) tsuka·u (kons.)	つかう (0)	Gedanken machen
(〜に気を) 付ける	(... ni ki o) tsuke·ru (vok.)	つける (2)	aufpassen (auf ...)

Wortbildungssuffixe: Wortbildungsmorpheme

〜先 -saki 〜さき ... vorne
　百メートル先： hyaku-mêtoru-saki (*hundert Meter weiter vorne*)

〜屋 -ya 〜や (*zur Bildung einer Ladenbezeichnung*)
　本屋: **hon-ya** (*Buchhandlung*); 肉屋: **niku-ya** (*Metzger*); 魚屋: **sakana-ya** (*Fischladen*); 花屋: **hana-ya** (*Blumengeschäft*)

Interjektionen

こら	kora	(1)	*Pass auf! (Zum Ausdruck einer Warnung)*
こらこら	kora-kora	(1)	*Pass auf! (Zum Ausdruck einer dringenden Warnung)*
これこれ	kore-kore	(1)	*Pass auf! Vorsicht! (Aufmerksamkeit wird auf etwas gelenkt)*
ねえ	nee	(1)	*Hör mal! (Wird verwendet, um die Aufmerksamkeit auf sich zu lenken)*
やあ	yaa	(1)	*Hallo! (Männersprache)*

Sonstige Ausdrücke

この前	kono mae	このまえ (3)	*vor kurzem, vor einigen Tagen*
お帰り	o-kaeri	おかえり (0)	*Willkommen nach Hause! (Wird von Familienmitgliedern verwendet, wenn jmd. nach Hause kommt)*

L9: Konversation

Nomen

注文	chuumon	ちゅうもん (0)	*Bestellung*
ミルクティー	mirukutî	(4)	*Tee mit Milch*
レモンティー	remontî	(4)	*Tee mit Zitrone*
伝票	denpyou	でんぴょう (0)	*Rechnung*
勘定	kanjou	かんじょう (0)	*Bezahlung*
会計	kaikei	かいけい (0)	*Kasse*
支払い	shiharai	しはらい (0)	*Bezahlung*

Verben

(〜を) 畏まる	kashikomar·u (kons.)	かしこまる (4)	*verstehen (Bescheidenheitsverb)*
(〜に〜を) 入れる	ire·ru (unregelm.)	いれる (0)	*nehmen (im Text: Zucker bzw. Milch in den Kaffee bzw. den Tee nehmen)*
(〜と) 違う	chiga·u (kons.)	ちがう (0)	*anders sein (als ...)*
(〜を) 支払う	shihara·u (kons.)	しはらう (3)	*bezahlen*
(〜を) 致す	itas·u (kons.)	いたす (0)	*tun, machen (Bescheidenheitsverb)*

Sonstige Ausdrücke

畏まりました	kashikomari-mashita	かしこまりました	*Ich habe verstanden. (Wird verwendet, wenn der Kellner eine Bestellung aufgenommen hat)*
お持ち致します	o-mochi-itashi-masu	おもちいたします	*Ich bringe es Ihnen. (Wird bei der Aufnahme einer Bestellung vom Kellner gesagt)*
お願いします	o-negai-shi-masu	おねがいします	*Bitte erledigen Sie ...*

L9: Text B

Nomen

第一次産業	dai-ichi-ji-sangyou	だい(1)いちじさんぎょう (4)	*primärer Wirtschaftssektor*
第二次産業	dai-ni-ji-sangyou	だい(1)にじさんぎょう (3)	*sekundärer Wirtschaftssektor*
第三次産業	dai-san-ji-sangyou	だい(1)さんじさんぎょう (4)	*tertiärer Wirtschaftssektor*

Lektion 9 — Vokabelliste

銅	dou	どう (1)	Kupfer
沿岸	engan	えんがん (0)	Küste
遠洋漁業	en'you-gyogyou	えんようぎょぎょう (5)	Hochseefischerei
外国	gaikoku	がいこく (0)	Ausland
廃水	haisui	はいすい (0)	Abwasser
半分	hanbun	はんぶん (3)	Hälfte
発達	hattatsu	はったつ (0)	Entwicklung
需要	juyou	じゅよう (0)	Nachfrage
機械化	kikai-ka	きかいか (0)	Mechanisierung
国内	kokunai	こくない (2)	Inland, Binnenland
鉱物	koubutsu	こうぶつ (1)	Mineralien
工業	kougyou	こうぎょう (1)	Industrie
供給	kyoukyuu	きょうきゅう (0)	Angebot
周り	mawari	まわり (0)	Umgebung
木材	mokuzai	もくざい (2)	Holz
サービス業	sâbisu-gyou	サービスぎょう (4)	Dienstleistungen
農業人口	nougyou-jinkou	のうぎょうじんこう (5)	in der Landwirtschaft beschäftigte Bevölkerung
農業国	nougyou-koku	のうぎょうこく (3)	Agrarland
農業生産物	nougyou-seisanbutsu	のうぎょうせいさんぶつ (7)	Agrarprodukt
魚	sakana	さかな (0)	Fisch
産業	sangyou	さんぎょう (0)	Wirtschaft, Industrie, Gewerbe
世界	sekai	せかい (1)	Welt
石炭	sekitan	せきたん (3)	Steinkohle
石油	sekiyu	せきゆ (0)	Erdöl
戦後	sengo	せんご (0)	nach dem Krieg
水産業	suisangyou	すいさんぎょう (3)	Fischerei
鉄	tetsu	てつ (0)	Eisen

Keiyoudoushi (*na*-Adjektive)

急速	kyuusoku	きゅうそく (0)	rapide, schnell
盛ん	sakan	さかん (0)	blühend, florierend

Adverbien

殆ど	hotondo	ほとんど (2)	meistens
急速に	kyuusoku ni	きゅうそくに (0)	rapide, schnell
年々	nen-nen	ねんねん (0)	Jahr für Jahr, jährlich
随分	zuibun	ずいぶん (1)	ziemlich

Verben

(〜に) 増える	fue·ru (vok.)	ふえる (2)	zunehmen /steigen (auf ..)
(〜が) 働く	hatarak·u (kons.)	はたらく (0)	arbeiten
(〜に) 減る	her·u (kons.)	へる (0)	abnehmen / sinken (auf ...)
(〜が) 進む	susum·u (kons.)	すすむ (0)	fortschreiten
(〜が) 汚れる	yogore·ru (vok.)	よごれる (0)	verschmutzt werden
(〜を) 輸入する	yu'nyuu-suru (unregelm.)	ゆにゅうする (0)	einführen

L9: Übungen

Nomen

アニメ	anime	(1)	Zeichentrickfilm

バナナ	banana	(1)	Banane
ブラウス	burausu	(2)	Bluse
豚肉	buta-niku	ぶたにく (0)	Schweinefleisch
調味料	choumiryou	ちょうみりょう (3)	Gewürze
牛肉	gyuu-niku (0)	ぎゅうにく (0)	Rindfleisch
ハム	hamu	(1)	(gekochter) Schinken
ヒラメ	hirame	鮃 (0)	Scholle
衣料品	iryou-hin	いりょうひん (0)	Kleidung, Kleider, Kleidungsstücke
イワシ	iwashi	鰮／鰯 (0)	Sardine
ケチャップ	kechappu	(2)	Ketchup
禁煙コーナー	kin'en-kônâ	きんえんコーナー (5)	Ecke für Nichtraucher
喫煙コーナー	kitsuen-kônâ	きつえんコーナー (5)	Raucherecke
キウイー	kiuî	(1)	Kiwi
コショウ	koshou	胡椒 (2)	Pfeffer
果物	kudamono	くだもの (2)	Obst
キャベツ	kyabetsu	(1)	Kohl
キューリ	kyûri	胡瓜 (1)	Gurke
マグロ	maguro	鮪 (0)	Thunfisch
マンガ	manga	(0)	Comics, das Manga
マトン	maton	(1)	Schafffleisch, Hammelfleisch
メロン	meron	(1)	Melone
ミカン	mikan	蜜柑 (1)	Mandarine
長ネギ	naga-negi	ながネギ (0)	Lauch
ナシ	nashi	梨 (2)	Birne (Obst)
肉	niku	にく (2)	Fleisch
ニンジン	ninjin	人参 (0)	Möhre
ニンニク	ninniku	大蒜 (0)	Knoblauch
オレンジ	orenji	(2)	Orange
パイナップル	painappuru	(3)	Ananas
ピーマン	pîman	(1)	Paprika
レタス	retasu	(1)	Eissalat
ランニング	ran'ni'ngu	(0)	Unterhemd (für Herren)
リンゴ	ringo	林檎 (0)	Apfel
サケ	sake	鮭 (1)	Lachs
サンマ	sanma	秋刀魚 (0)	Makrelenhecht
シャツ	shatsu	(1)	Unterhemd (für Herren bzw. Damen)
試験	shiken	しけん (1)	Prüfung
塩	shio	しお (2)	Salz
醤油	shouyu	しょうゆ (0)	Sojasoße
スカート	sukâto	(2)	Rock
ソックス	sokkusu	(1)	Socke
ソーセージ	sôsêji	(3)	Bratwurst
ソース	sôsu	(1)	Soße, Tunke
タイ	tai	鯛 (1)	Meerbrasse
タマネギ	tamanegi	玉葱 (3)	Zwiebel
タラ	tara	鱈 (1)	Kabeljau bzw. Dorsch
トマト	tomato	(1)	Tomate

トレーナー	torênâ	(0)		Sportpullover, Sweatshirt
とり肉	tori-niku	とりにく	(0)	Hühnerfleisch, Geflügelfleisch
ワイシャツ	waishatsu	(0)		Hemd
野菜	yasai	やさい	(0)	Gemüse
ズボン	zubon	(2)		Hose

Lektion 10　　　　　　　　　　　　第十課

L10: Text A
Nomen
暑さ	atsu-sa	あつさ (1)	Hitze (Wetter)
盆踊り	bon-odori	ぼんおどり (3)	das Bon-Fest (während der jap. Totengedenktage im Monat Juli)
エアコン	eakon	(0)	Klimaanlage
原始林	genshirin	げんしりん (3)	Urwald
御馳走	gochisou	ごちそう (0)	Schmaus, Festessen
始まり	hajimari	はじまり (0)	Anfang
見物人	kenbutsu-nin	けんぶつにん (0)	Zuschauer
真夏	ma-natsu	まなつ (0)	Hochsommer
乗り物	norimono	のりもの (0)	Fahrzeuge (im Freizeitpark)
踊り	odori	おどり (0)	Tanz
練習	renshuu	れんしゅう (0)	Übung
立秋	risshuu	りっしゅう (0)	Herbstanfang
輪	wa	わ (1)	Ring, Kreis
笑い声	warai-goe	わらいごえ (3)	Gelächter
遊園地	yuuen-chi	ゆうえんち (3)	Freizeitpark
夕方	yuugata	ゆうがた (0)	Abend

Eigenname
八ヶ岳	Yatsugatake	やつがたけ (2)	Yatsugatake (Bergkette in Nagano und Yamanashi)

Keiyoushi (i-Adjektive)
暑い	atsu·i	あつい (2)	heiß
蒸し暑い	mushi-atsu·i	むしあつい (4)	schwül
寂しい	sabishi·i	さびしい (3)	einsam
騒がしい	sawagashi·i	さわがしい (4)	laut (viel Lärm)
涼しい	suzushi·i	すずしい (3)	kühl (Wetter)

Keiyoudoushi (na-Adjektive)
簡単	kantan	かんたん (0)	einfach, leicht
賑やか	nigiyaka	にぎやか (2)	lebhaft, belebt

Adverbien bzw. Adverbiale
夜通し	yo-dooshi	よどおし (0)	die ganze Nacht durch
夕方	yuugata	ゆうがた (0)	am Abend, abends
是非	zehi	ぜひ (1)	unbedingt, sehr gern

Verben
(〜が) 下山する	gezan-suru (unregelm.)	げざんする (0)	absteigen (Berge)
(〜を) 入れる	ire·ru (vok.)	いれる (0)	einschalten (Elektrogeräte)

(〜を) 見物する	kenbutsu-suru (unregelm.)	けんぶつする (0)	besichtigen
(〜を) 切る	kir·u	きる (1)	ausschalten (Elektrogeräte)
(〜が) 流れる	nagare·ru (vok.)	ながれる (3)	gehört werden (Musik)
(〜が) 残る	nokor·u (kons.)	のこる (2)	noch liegen (Schnee)
(〜が) 踊る	odor·u (kons.)	おどる (0)	tanzen
(〜を) 練習する	renshuu-suru (unregelm.)	れんしゅうする (0)	üben
(〜が) 失礼する	shitsurei-suru (unregelm.)	しつれいする (2)	sich verabschieden, sich entschuldigen
(〜を) 過ごす	sugos·u (kons.)	すごす (2)	verbringen
(〜を) 楽しむ	tanoshim·u (kons.)	たのしむ (3)	genießen, sich amüsieren
(〜を) 連れて行く	tsurete-ik·u (kons.)	つれていく (0)	mitnehmen (Menschen)
(〜が) 続く	tsuzuk·u (kons.)	つづく (0)	andauern, anhalten, fortdauern

Sonstige Ausdrücke

体に気を付ける	karada ni ki o tsuke·ru	からだに (0) きをつける (4)	auf die Gesundheit aufpassen
どうもすみません	doumo sumimasen		Vielen Dank!

L10: Konversation

Nomen

電池	denchi	でんち (1)	Batterie
電器店	denki-ten	でんきてん (3)	Elektrogeschäft
エビ	ebi	海老／蝦 (0)	Garnele, Languste, Hummer, Krabbe
古本屋	furu-hon-ya	ふるほんや (0)	Antiquariat
イカ	ika	烏賊 (0)	Tintenfisch
返し	kaeshi	かえし (0)	Gegenleistung
(お返し : honoratives Präfix **o** + Nomen **kaeshi**)			
回転寿司	kaiten-zushi	かいてんずし (3)	Sushi-Restaurant (mit sich automatisch drehender Theke)
空席	kuuseki	くうせき (0)	freier Platz
週刊誌	shuukan-shi	しゅうかんし (3)	Wochenzeitschrift
トロ	toro	(1)	fetter Teil vom Thunfisch
通勤	tsuukin	つうきん (0)	tägliche Fahrt zur Arbeit
通勤時間	tsuukin-jikan	つうきんじかん (5)	Fahrtzeit zur Arbeit
割り勘	wari-kan	わりかん (0)	getrennte Kasse
割り勘にする	wari-kan ni suru	わりかんにする	jeder bezahlt für sich
和食	wa-shoku	わしょく (0)	japanische Küche

Eigenname

山手線	Yamanote-sen	やまのてせん (0)	die Yamanote-Linie (Bahnlinie in Tokyo)

Adverbien und Adverbiale

どんどん	don-don	(1)	in schneller Folge, schnell
必ず	kanarazu	かならず (0)	ausnahmslos
そのうち	sono uchi	(0)	bald, in absehbarer Zeit, in den nächsten Tagen

Verben

(〜が) 出て来る	dete-kuru (unregelm.)	でてくる (1)	erscheinen
(〜に) 御馳走する	gochisou-suru (unregelm.)	ごちそうする (0)	(jmdn.) zum Essen/Trinken einladen
(〜を) 一周する	isshuu-suru (unregelm.)	いっしゅうする (0)	eine Rundfahrt bzw. -reise machen (in ...)
(〜に) 成る	nar·u (kons.)	なる (1)	werden (zu ...)
(〜が) 眠る	nemur·u (kons.)	ねむる (0)	einschlafen, schlafen
(〜が) 残る	nokor·u (kons.)	のこる (2)	noch nicht erledigt sein
(〜と) 落ち合う	ochia·u (kons.)	おちあう (3)	treffen (mit ...)
(〜に) 驚く	odorok·u (kons.)	おどろく (3)	erstaunt sein (über ...)
(目を) 覚ます	(me o) samas·u (kons.)	さます (2)	wach werden
(お腹が) 空く	(o-naka ga) suk·u (kons.)	すく (0)	Hunger haben
(〜に) 座る	suwar·u (kons.)	すわる (0)	sitzen (auf ...)
(〜を) 取る	tor·u (kons.)	とる (1)	nehmen
(〜に) 通勤する	tsuukin-suru (unregelm.)	つうきんする (0)	täglich zur Arbeit fahren (zu ...)

Sonstige Ausdrücke

〜のお返しです	... no o-kaeshi desu	〜のおかえしです	Etwas ist als Gegenleistung für ... gedacht.
お言葉に甘えて	o-kotoba ni amaete	おことばにあまえて (0)	Ich nehme dankend Ihr Angebot an.
〜てくれる	-te kureru		(zum Ausdruck eines Benefaktivs: zum Gunsten des Sprechers wird etwas ausgeführt; der Sprecher bedankt sich dafür [siehe Lektion 17 im Band 2])
〜てしまう	-te shimau		(zum Ausdruck eines Bedauerns [siehe L 21 im Band 2])
V3 と	... to		wenn ... (Konditionalsatz [siehe L 23 im Band 2])
私にはとてもできません	Watashi ni wa totemo dekimasen.		Ich könnte das überhaupt nicht tun.

L10: Text B

Nomen

間	aida	あいだ (0)	Zeitspanne
地方	chihou	ちほう (2)	Provinz, ländliche Gegend
中央政府	chuuou-seifu	ちゅうおうせいふ (5)	Zentralregierung
中心	chuushin	ちゅうしん (0)	Zentrum
判断	handan	はんだん (1)	Urteil
一番	ichiban	いちばん (2)	der/die/das ...ste (Superlativ)
時代	jidai	じだい (0)	Zeit, Periode, Ära, Epoche
改新	kaishin	かいしん (0)	Erneuerung, Reform
憲法	kenpou	けんぽう (1)	Verfassung
考古学	kouko-gaku	こうこがく (3)	Archäologie
都	miyako	みやこ (0)	Hauptstadt
乱	ran	らん (1)	Aufstand
留学生	ryuugakusei	りゅうがくせい (4)	Studierende im Ausland
政治制度	seiji-seido	せいじせいど (4)	politisches System
政治体制	seiji-taisei	せいじたいせい (4)	politisches System, politische Struktur

勢力	seiryoku	せいりょく (1)	Macht, Einfluss
精神的中心	seishin-teki-chuushin	せいしんてきちゅうしん (0)	geistiges Zentrum
資料	shiryou	しりょう (1)	Unterlagen, Materialien
氏姓制度	shisei-seido	しせいせいど (4)	Klan-System
氏族	shizoku	しぞく (1)	Klan
天皇中心	tennou-chuushin	てんのう(3)ちゅうしん(0)	mit dem Kaiser im Machtzentrum
天皇家	tennou-ke	てんのうけ (0)	kaiserliche Familie
寺	tera	てら (2)	Tempel
訴え	uttae	うったえ (3)	Klage, Beschwerde

Eigennamen

飛鳥時代	Asuka-jidai	あすかじだい (4)	Asuka-Zeit (598 - 710)
藤原氏	Fujiwara-shi	ふじわらし (4)	Fujiwara-Klan
法隆寺	Houryuu-ji	ほうりゅうじ (1)	Hôryûji-Tempel (607 erbaut)
壬申の乱	Jinshin no ran	じんしんの(0)らん(1)	Jinshin-Aufstand (672, Kampf um die Thronfolge)
縄文文化	Joumon-bunka	じょうもんぶんか (5)	Jômon-Kultur (ca. 8000 v. Chr. - 300 v. Chr.)
古墳時代	Kofun-jidai	こふんじだい (4)	Kofun-Zeit (ca. 400 n. Chr. - 600 n. Chr.)
古事記	Kojiki	こじき (1)	das Kojiki (das älteste Geschichtsbuch Japans, zusammengestellt im Jahr 712)
奈良時代	Nara-jidai	ならじだい (3)	Nara-Zeit (710 - 794)
聖徳太子	Shoutoku-taishi	しょうとくたいし (5)	Kronprinz Shôtoku (574-622)
大化の改新	Taika no kaishin	たいかの(1)かいしん(0)	die Taika-Reform (645 - 701)
弥生文化	Yayoi-bunka	やよいぶんか (4)	Yayoi-Kultur (ca. 300 v. Chr. - 300 n. Chr.)
弥生時代	Yayoi-jidai	やよいじだい (4)	Yayoi-Zeit (ca. 300 v. Chr. - 300 n. Chr.)

Keiyoushi (i-Adjektiv)

賢い	kashiko·i	かしこい (3)	klug

Keiyoudoushi (na-Adjektive)

精神的	seishin-teki	せいしんてき (0)	geistig, seelisch, psychisch
財政的	zaisei-teki	ざいせいてき (0)	finanziell

Rentaishi

所謂	iwayuru	いわゆる (3)	so genannt, wie man zu sagen pflegt
我が	waga	わが (1)	unser

Adverbien und Adverbiale

一番	ichiban	いちばん (0)	am meisten
精神的に	seishin-teki ni	せいしんてきに (0)	geistig, seelisch, psychisch
財政的に	zaisei-teki ni	ざいせいてきに (0)	finanziell

Verben

(〜を) 改新する	kaishin-suru (unregelm.)	かいしんする (0)	erneuern
(〜を) 確立する	kakuritsu-suru (unregelm.)	かくりつする (0)	etablieren, gründen
(〜が) 困る	komar·u (kons.)	こまる (2)	Schwierigkeiten haben
(判断を) 下す	kudas·u (kons.)	(はんだんを)くだす (2)	(ein Urteil) fällen
(〜が) 伸びる	nobi·ru (vok.)	のびる (2)	vergrößert / erweitert werden (Macht, Einfluss)

(〜を) 送る	okur·u (kons.)	おくる (0)	entsenden (Bote u. ä.)
(〜を) 建てる	tate·ru (vok.)	たてる (2)	bauen, erbauen, errichten (Gebäude)
(〜を) 作る	tsukur·u (kons.)	つくる (2)	verfassen
(〜を) 造る	tsukur·u (kons.)	つくる (2)	bauen, erbauen
(〜を) 伝える	tsutae·ru (vok.)	つたえる (0)	überliefern
(〜が) 移る	utsur·u (kons.)	うつる (2)	verlegt werden
(〜が) 分かる	wakar·u (kons.)	わかる (2)	verstehen

L10: Übungen
Verb

(〜が) 出来る	deki·ru (vok.)	できる (2)	(etw.) können

Lektion 11   第十一課

L11: Text A
Nomen

昼間	hiru-ma	ひるま (3)	tagsüber, am Tage; Tageszeit
意味	imi	いみ (1)	Bedeutung
授業	jugyou	じゅぎょう (1)	Unterricht
季節	kisetsu	きせつ (1)	Jahreszeit, Saison
国民性	kokumin-sei	こくみんせい (0)	Volkscharakter
言葉	kotoba	ことば (3)	Sprache
教室	kyoushitsu	きょうしつ (0)	Klassenzimmer, Seminarraum
なぜ	naze	何故 (1)	warum
質問	shitsumon	しつもん (0)	Frage
手紙	tegami	てがみ (0)	Brief
繋がり	tsunagari	つながり (0)	Verbindung

Adverb und Adverbiale

昼間	hiruma	ひるま (3)	tagsüber
〜と比べて	... to kurabete	〜とくらべて (0)	verglichen mit..., im Vergleich zu ...

Verben

(〜に) 答える	kotae·ru (vok.)	こたえる (3)	(jmdm.) antworten, antworten (auf ...)
(〜を〜と) 比べる	kurabe·ru (vok.)	くらべる (0)	(etw.) vergleichen (mit ..).
(〜に〜を) 教える	oshie·ru (vok.)	おしえる (0)	(jmdm. etw.) beibringen
(〜に〜を) 質問する	shitsumon-suru (unregelm.)	しつもんする (0)	(jmdn. etw. ...) fragen
(〜を) 使う	tsuka·u (kons.)	つかう (0)	verwenden, benutzen
(〜と) 別れる	wakare·ru (vok.)	わかれる (3)	sich verabschieden (von ...); trennen (von ...)

L11: Konversation
Nomen

船便	funa-bin	ふなびん (0)	Sendung auf dem Seeweg, per Schiff
合計	goukei	ごうけい (0)	Gesamtsumme, Summe; insgesamt
航空便	koukuu-bin	こうくうびん (3)(0)	Luftpost, Sendung auf dem Luftweg

小包	kozutsumi	こづつみ (2)	Paket
窓口	mado-guchi	まどぐち (2)	Schalter
重さ	omo-sa	おもさ (0)	Gewicht
SAL便	saru-bin	SALびん (0)	SAL-Sendung (entspricht der deutschen Economy-Sendung)
用紙	youshi	ようし (0)	Formular
郵便局員	yuubin-kyoku-in	ゆうびんきょくいん (6)	Postangestellter

Adverb

| 合計 | goukei | ごうけい (0) | insgesamt |

Verben

(〜を) 計る	hakar·u (kons.)	はかる (2)	wiegen
(〜を〜に) 記入する	ki'nyuu-suru (unregelm.)	きにゅうする (0)	(etw. in ...) eintragen
(〜を) 持って行く	motte-ik·u (kons.)	もっていく (0)	hinbringen, -tragen

L11: Text B

Nomen

悪影響	aku-eikyou	あくえいきょう (3)	schlechter Einfluss
場所	basho	ばしょ (0)	Ort, Platz, Raum
便利さ	benri-sa	べんりさ (3)	Bequemlichkeit
暴力	bouryoku	ぼうりょく (1)	Gewalt
文学	bun-gaku	ぶんがく (1)	Literatur
分野	bunya	ぶんや (1)	Fachgebiet
地方紙	chihou-shi	ちほうし (2)	Lokalzeitung
朝刊	chou-kan	ちょうかん (0)	Morgenzeitung
調査	chousa	ちょうさ (1)	Untersuchung
電子	denshi	(1)	Elektron
電子メール	denshi-mêru	でんしメール (4)	elektronische Mail, E-Mail
電信	denshin	でんしん (0)	Telegraf
伝達	dentatsu	でんたつ (0)	Übermittlung
エレクトロニクス	erekutoronikusu	(6)	Elektronik
ファミコン	famikon	(0)	„family computer" (Computerspiele)
学習参考書	gakushuu-sankou-sho	がくしゅうさんこうしょ (0)	Nachschlagewerk, Hilfsmittel zum Lernen
芸術	geijutsu	げいじゅつ (0)	Kunst
月刊	gek-kan	げっかん (0)	Monats- (Zeitschriften, Zeitungen)
月刊誌	gekkan-shi	げっかんし (3)	Monatszeitschrift
ゲーム	gêmu	(1)	Spiel, Computerspiel
ゲームソフト	gêmu-sofuto	(4)	Software für Computerspiele
語学	go-gaku	ごがく (1)	Sprachwissenschaft
グローバル規模	gurôbaru-kibo	グローバルきぼ (6)	auf der globalen Ebene
発行部数	hakkou-bu-suu	はっこうぶすう (6)	Zahl der Auflagen
犯罪	hanzai	はんざい (0)	Verbrechen
他	hoka	ほか (0)	sonstige ...
インターネット	intânetto	(5)	Internet
児童書	jidou-sho	じどうしょ (0)	Kinderbücher
情報	jouhou	じょうほう (0)	Information

Lektion 11 — Vokabelliste

情報伝達手段	jouhou-dentatsu-shudan (N) じょうほう (0) でんたつしゅだん (5)		Kommunikationsmittel, Massenmedien
情報交換	jouhou-koukan	じょうほうこうかん (5)	Informationsaustausch
格差	kakusa	かくさ (1)	Gefälle, Unterschied
携帯電話	keitai-denwa	けいたいでんわ (5)	Handy
工学	kou-gaku	こうがく (0)	Ingenieurwissenschaften, Maschinenbau, Technik
交信	koushin	こうしん (0)	Korrespondenz, Funkverkehr
マスコミ	masukomi	(0)	Massenmedien
マスメディア	masumedia	(3)	Massenmedien
メディア	media	(1)	Medien
文字離れ	moji-banare	もじばなれ (3)	Abscheu vor Schriftzeichen
問題	mondai	もんだい (0)	Problem
問題点	mondai-ten	もんだいてん (3)	problematischer Punkt
モニター	monitâ	(0)	Monitor
年代	nendai	ねんだい (0)	..iger Jahre; Generation
日刊	nik-kan	にっかん (0)	Tageszeitung
パソコン	pasokon	(0)	Personal Computer, PC
ラジオ	rajio	(1)	Radio
最近	saikin	さいきん (0)	in letzter Zeit
生活	seikatsu	せいかつ (0)	Leben (Alltag)
社会科学	shakai-kagaku	しゃかいかがく (4)	Sozialwissenschaft
新聞	shinbun	しんぶん (0)	Zeitung
新刊書	shinkan-sho	しんかんしょ (0)	Neuerscheinungen (Bücher)
書籍	shoseki	しょせき (1)	Bücher
手段	shudan	しゅだん (1)	Mittel, Methoden
出版物	shuppan-butsu	しゅっぱんぶつ (3)	Publikationen
週刊	shuu-kan	しゅうかん (0)	Wochen- (Zeitschrift, Zeitung)
週刊誌	shuukan-shi	しゅうかんし (3)	Wochenzeitschrift
総数	sou-suu	そうすう (3)	Gesamtzahl
大量	tairyou	たいりょう (0)	große Menge
哲学	tetsu-gaku	てつがく (2)	Philosophie
通信技術	tsuushin-gijutsu	つうしんぎじゅつ (5)	Kommunikationstechnologie
夕刊	yuu-kan	ゆうかん (0)	Abendzeitung
雑誌	zasshi	ざっし (0)	Zeitschrift
全国紙	zenkoku-shi	ぜんこくし (3)	überregionale Zeitung

Keiyoudoushi (*na*-Adjektive)

自由	jiyuu	じゆう (2)	frei, uneingeschränkt, unbeschränkt
可能	kanou	かのう (0)	möglich, machbar
高度	koudo	こうど (1)	hoch entwickelt

Adverbien und Adverbiale

広く	hiroku	ひろく (1)	weit, breit
自由に	jiyuu ni	じゆうに (2)	frei, ohne Einschränkung
〜に次いで	... ni tsuide	〜について (0)	nach ...; gefolgt mit ...
最近	saikin	さいきん (0)	in letzter Zeit
世界的	sekai-teki	せかいてき (0)	weltweit
〜と共に	... to tomo ni	〜とともに (0)	mit ... (zusammen)
特に	toku ni	とくに (1)	vor allem, insbesondere

Verben

(〜に影響を) 与える	(eikyou o) atae·ru (vok.)	あたえる (0)	(einen Einfluss) ausüben (auf ...)
(〜が) 普及する	fukyuu-suru (unregelm.)	ふきゅうする (0)	sich verbreiten
(〜を) 離れる	hanare·ru (vok.)	はなれる (3)	sich entfernen (von ...)
(〜が) 発展する	hatten-suru (unregelm.)	はってんする (0)	sich entwickeln
(〜が) 広がる	hirogar·u (kons.)	ひろがる (0)	sich verbreiten
(〜が) 増す	mas·u (kons.)	ます (0)	zunehmen
(〜を) 用いる	mochi·iru (vok.)	もちいる (3)	verwenden
(〜に) 成る	nar·u (kons.)	なる (1)	werden (zu ...)
(〜に) 熱中する	netchuu-suru (unregelm.)	ねっちゅうする (0)	sich begeistern (für ...), sich vertiefen (in ...)
(〜を) 利用する	riyou-suru (unregelm.)	りようする (0)	benutzen
(〜を) 占める	shime·ru (vok.)	しめる (2)	innehaben, ausmachen
(〜に) 次ぐ	tsug·u (kons.)	つぐ (0)	(einer Sache) folgen, folgen (auf ...)

Konjunktion

更に	sara ni	さらに (1)	darüber hinaus, noch dazu, ferner

Zähleinheitswort

〜部	-bu	〜ぶ	(für Auflagen)

Sonstige Ausdrücke

この様に	kono you ni	このように (3)	auf dieser Weise
〜による	... ni yoru	に拠る / に因る	durch ... (zur Markierung eines Agens); wegen (zur Markierung eines Grundes)

Lektion 12 　第十二課

L12: Text A

Nomen

行政区画	gyousei-kukaku	ぎょうせいくかく (5)	Verwaltungsbezirk
東	higashi	ひがし (0)	Osten
飛行時間	hikou-jikan	ひこうじかん (4)	Flugdauer
飛行機	hikou-ki	ひこうき (2)	Flugzeug
時速	jisoku	じそく (0)	Stundengeschwindigkeit, Km/h
旧西ドイツ	kyuu-Nishi-doitsu	きゅう (1) にしドイツ (3)	ehemaliges Westdeutschland
大阪市内	Oosaka-shinai	おおさかしない (5)	Innenstadt von Ôsaka
首都	shuto	しゅと (1)	Hauptstadt
速度	sokudo	そくど (1)	Geschwindigkeit
都道府県	to-dou-fu-ken	とどうふけん (4)	To-dô-fu-ken (Verwaltungseinheiten in Japan)
統一	touitsu	とういつ (0)	Vereinigung, Vereinheitlichung
冬季オリンピック	touki-orinpikku	とうきオリンピック (7)	olympische Winterspiele
東京都心	Toukyou-toshin	とうきょう (0) としん (0)	Innenstadt von Tokyo
東西ドイツ	touzai-Doitsu	とうざいドイツ (5)	Ost- und Westdeutschland

Lektion 12 — Vokabelliste

Eigennamen

秋田	Akita	あきた (1)	Akita (Präfektur bzw. Stadt)
秋田新幹線	Akita-shinkansen	あきたしんかんせん (6)	die Akita-Shinkansen-Linie
青森	Aomori	あおもり (2)	Aomori (Präfektur bzw. Stadt)
中部地方	Chuubu-chihou	ちゅうぶちほう (4)	Chûbu-Gebiet
出島	Dejima	でじま (0)	Dejima (eine kleine Insel aus der Edo-Zeit in Nagasaki, auf der Ausländer lebten)
江戸	Edo	えど (0)	Edo (Bezeichnung von Tôkyô bis 1868)
福島	Fukushima	ふくしま (2)	Fukushima (Präfektur bzw. Stadt)
博多	Hakata	はかた (0)	Hakata (Stadt)
羽田空港	Haneda-kuukou	はねだくうこう (4)	der Haneda-Flughafen
広島	Hiroshima	ひろしま (0)	Hiroshima (Präfektur bzw. Stadt)
北海道新幹線	Hokkaidou-shinkansen	ほっかいどうしんかんせん (9)	die Hokkaidô-Shinkansen-Linie
伊丹空港	Itami-kuukou	いたみくうこう (4)	der Itami-Flughafen
上越新幹線	Jouetsu-shinkansen	じょうえつしんかんせん (7)	die Jôetsu-Shinkansen-Linie
鹿児島	Kagoshima	かごしま (0)	Kagoshima (Stadt bzw. Präfektur)
関西国際空港	Kansai-kokusai-kuukou	かんさい (1) こくさいくうこう (5)	der Kansai-International-Flughafen
高知	Kouchi	こうち (1)	Kôchi-Präfektur
九州新幹線	Kyuushuu-shinkansen	きゅうしゅうしんかんせん (8)	die Kyûshû-Shinkansen-Linie
長野	Nagano	ながの (1)	Nagano (Präfektur bzw. Stadt)
長野新幹線	Nagano-shinkansen	ながのしんかんせん (6)	die Nagano-Shinkansen-Linie
長崎	Nagasaki	ながさき (2)	Nagasaki (Präfektur bzw. Stadt)
成田空港	Narita-kuukou	なりたくうこう (4)	der Narita-Flughafen
新潟	Niigata	にいがた (0)	Niigata (Präfektur bzw. Stadt)
山陽道新幹線	Sanyou-shinkansen	さんようしんかんせん (7)	die Sanyô-Shinkansen-Linie
東北新幹線	Touhoku-shinkansen	とうほくしんかんせん (7)	die Tôhoku-Shinkansen-Linie
東海道新幹線	Toukaidou-shinkansen	とうかいどうしんかんせん (9)	die Tôkaidô-Shinkansen-Linie
山形	Yamagata	やまがた (2)	Yamagata (Präfektur bzw. Stadt)
山形新幹線	Yamagata-shinkansen	やまがたしんかんせん (8)	die Yamagata-Shinkansen-Linie
山口	Yamaguchi	やまぐち (2)	Yamaguchi (Präfektur bzw. Stadt)

Pseudo-Nomen

| 程 | hodo | ほど (0) | (siehe Grammatik 12.1.2) |

Keiyoudoushi (*na*-Adjektiv)

| 楽 | raku | らく (0) | nicht anstrengend, bequem, angenehm |

Adverbial

| 確かに | tashika ni | たしかに (1) | in der Tat, tatsächlich |

Verben

| (〜が) 走る | hashir·u (kons.) | はしる (2) | fahren (Züge, Autos) |

(～が/を) 開業する	kaigyou-suru (unregelm.)	かいぎょうする (0)		in Betrieb nehmen (Bahnlinie)
(～が/を) 開港する	kaikou-suru (unregelm.)	かいこうする (0)		in Betrieb nehmen (Flughafen)
(～が) 飛ぶ	tob·u (kons.)	とぶ (0)		fliegen
(～を) 運転する	unten-suru (unregelm.)	うんてんする (0)		fahren (Fahrzeuge)

Sonstiger Ausdruck

～間	-kan	～かん	Strecke zwischen ...

L12: Konversation

Nomen

文房具用品	bunbougu-youhin	ぶんぼうぐようひん (5)	Bürobedarf
ブランド品	burando-hin	ブランドひん (0)	Markenwaren
ブルー	burû	(2)	Blau, blau
茶色	chairo	ちゃいろ (0)	Braun, braun
グレー	gurê	(2)	Grau, grau
ジーンズ	jînzu	(1)	Jeans
コーナー	kônâ	(1)	Ecke
木綿	momen	もめん (0)	Baumwolle
値段	nedan	ねだん (0)	Preis
ネクタイ	nekutai	(1)	Krawatte
大安売り	oo-yasuuri	おおやすうり (3)	Sonderangebot
ポリエステル	poriesuteru	(3)	Polyester
紳士服	shinshi-fuku	しんしふく (3)	Kleidung für Herren
シルク	shiruku	(1)	Seide
高め	taka-me	たかめ (0)	etwas teurer
ウール	ûru	(1)	Wolle
ワイシャツ	waishatsu	(0)	Hemd
税込み	zei-komi	ぜいこみ (0)	einschließlich Steuern
ズボン	zubon	(2)	Hose

Keiyoushi (i-Adjektiv)

温かい	atataka·i	あたたかい (4)	warm

Keiyoudoushi (na-Adjektive)

真っ赤	makka	まっか (3)	puter-, knall-, feuerrot
得	toku	とく (0)	vorteilhaft, gewinnbringend

Adverb

多少	tashou	たしょう (0)	mehr oder weniger; etwas

Verben

(～に) 構う	kama·u	かまう (2)	Gedanken machen (über ...)
(～に) 似合う	nia·u	にあう (2)	jmdm. gut stehen

Sonstiger Ausdruck

構いません	kamai-masen	かまいません (5)	das macht nichts

L12: Text B

Nomen

中学校	chuu-gakkou	ちゅうがっこう (3)	Mittelschule (entspricht der dt. 7. bis 9. Klasse)

Lektion 12 — Vokabelliste

大学院	daigaku-in	だいがくいん (4)	Postgraduierten-Kurse
大学入試センター試験	daigaku-nyuushi-sentâ-shiken	だいがく (0) にゅうがく (0) センターしけん (5) sentâ-shiken	einheitliche Aufnahmeprüfung der Universitäten
男子	danshi	だんし (1)	Jungen, Männer
独立行政法人化	dokuritsu-gyousei-houjin-ka	どくりつぎょうせい (5) ほうじんか (0)	Umwandlung des Systems in eine sich verwaltende juristische Person
学習塾	gakushuu-juku	がくしゅうじゅく (3)	Nachhilfeschule
現在	genzai	げんざい (1)	Gegenwart
義務教育	gimu-kyouiku	ぎむきょういく (3)	Schulpflicht
博士課程	hakushi-katei	はくしかてい (4)	Doktorkurs
保育所	hoiku-jo	ほいくじょ (0)	Krabbelstube
医学部	igaku-bu	いがくぶ (3)	medizinische Fakultät
女子	joshi	じょし (1)	Mädchen, Frauen
稽古事	keiko-goto	けいこごと (0)	Unterricht außerhalb der Schule, wie z. B. Klavier-, Kalligraphie-Unterricht
傾向	keikou	けいこう (0)	Tendenz
期間	kikan	きかん (1)	Zeitspanne, Zeit, Dauer
国立	koku-ritsu	こくりつ (0)	staatlich
公立	kou-ritsu	こうりつ (0)	öffentlich
高等学校	koutou-gakkou	こうとうがっこう (5)	Oberschule (entspricht der dt. 10. bis 12. Klasse)
高等専門学校	koutou-senmon-gakkou	こうとうせんもんがっこう (9)	Oberfachschule (entspricht der dt. 10. bis 12. Klasse der Berufsschule)
教育	kyouiku	きょういく (0)	Erziehung, Ausbildung, Bildung
教育制度	kyouiku-seido	きょういくせいど (5)	Bildungssystem
競争率	kyousou-ritsu	きょうそうりつ (3)	Konkurrenzrate
文盲	monmou	もんもう (0)	Analphabet
入学試験	nyuugaku-shiken	にゅうがくしけん (5)	Aufnahmeprüfung (Schulen)
率	ritsu	りつ (1)	Prozentsatz, Rate
浪人	rounin	ろうにん (0)	herrenloser Samurai
浪人生	rounin-sei	ろうにんせい (3)	Rônin (Studierender, der die Aufnahmeprüfung zur Universität nicht bestanden hat und daher keiner Bildungsinstitution angehört; er bereitet sich auf die nächste Aufnahmeprüfung vor)
浪人生活	rounin-seikatsu	ろうにんせいかつ (5)	das Leben eines Rônins
参加	sanka	さんか (0)	Teilnahme
制度	seido	せいど (1)	System, Institution, Einrichtung
生徒	seito	せいと (1)	Schüler
志願者	shigan-sha	しがんしゃ (2)	Bewerber
私立	shi-ritsu	しりつ (1)	privat
私立大学	shiritsu-daigaku	しりつだいがく (4)	Privatuniversität
小学校	shou-gakkou	しょうがっこう (3)	Grundschule
小学生	shougaku-sei	しょうがくせい (3)	Grundschüler
就学率	shuugaku-ritsu	しゅうがくりつ (4)	Schulbesuchsrate
修士課程	shuushi-katei	しゅうしかてい (4)	Magisterkurs
卒業者	sotsugyou-sha	そつぎょうしゃ (3)	Absolvent
短期大学	tanki-daigaku	たんきだいがく (4)	Junior College (entspricht der dt. 13. Klasse und dem ersten Jahr an der

都会	tokai	とかい (0)	Großstadt
予備校	yobi-kou	よびこう (0)	Vorbereitungsschule für die Universitätsaufnahmeprüfung
幼稚園	youchi-en	ようちえん (3)	Kindergarten
増加	zouka	ぞうか (0)	Zunahme

Adverb

| 普通 | futsuu | ふつう (0) | in der Regel, normalerweise |

Verben

(〜に) 通う	kayo·u (kons.)	かよう (2)	besuchen (Schulen u.a.)
(〜と) 競争する	kyousou-suru (unregelm.)	きょうそうする (0)	konkurrieren (mit ...)
(〜を) 習う	nara·u (kons.)	ならう (2)	lernen
(〜に) 入学する	nyuugaku-suru (unregelm.)	にゅうがくする (0)	(an einer Schule/Universität mit dem Studium) anfangen
(〜に) 落ちる	ochi·ru (vok.)	おちる (2)	durchfallen (in ...)
(〜に) 参加する	sanka-suru (unregelm.)	さんかする (0)	teilnehmen (an ...)
(〜に) 集中する	shuuchuu-suru (unregelm.)	しゅうちゅうする (0)	sich konzentrieren (auf ...)
(試験を) 受ける	(shiken o) uke·ru (vok.)	うける (2)	zu einer Prüfung antreten
(〜が) 増加する	zouka-suru (unregelm.)	ぞうかする (0)	zunehmen

L12: Übungen

Eigennamen

木曽川	Kiso-gawa	きそがわ (0)	Kiso-gawa (Fluss in der Nagano-Präfektur, 227 km)
北上川	Kitakami-gawa	きたかみがわ (4)	Kitakami-gawa (Fluss in den Iwate- und Miyagi-Präfekturen, 249 km)
信濃川	Shinano-gawa	しなのがわ (3)	Shinano-gawa (Fluss in der Niigata-Präfektur, 367 km)
十勝川	Tokachi-gawa	とかちがわ (3)	Tokachi-gawa (Fluss auf Hokkaidô, 156 km)
淀川	Yodo-gawa	よどがわ (0)	Yodo-gawa (Fluss in Ôsaka und Kyôto, 75 km)

Lektion 13　　第十三課

L13: Text A

Nomen

母語	bogo	ぼご (1)	Muttersprache
物理	butsuri	ぶつり (1)	Physik
電器店	denki-ten	でんきてん (0)	Elektrogeschäft
電子辞書	denshi-jisho	でんしじしょ (4)	elektronisches Wörterbuch
独和辞典	doku-wa-jiten	どくわじてん (4)	dt.-jap. Wörterbuch
英和辞典	ei-wa-jiten	えいわじてん (4)	eng.-jap. Wörterbuch
外国語	gaikoku-go	がいこくご (0)	Fremdsprache
外国人用	gaikokujin-you	がいこくじんよう (0)	für Ausländer geeignet
本屋	hon-ya	ほんや (1)	Buchhandlung
辞書	jisho	じしょ (1)	Wörterbuch
科目	kamoku	かもく (0)	Fach, Gebiet
漢文	kanbun	かんぶん (0)	Kanbun (im klassischen Chinesisch verfasster Text)
漢和辞典	kanwa-jiten	かんわじてん (4)	chin.-jap. Wörterbuch

Lektion 13　　　　　　　　　Vokabelliste

古文	kobun	こぶん (1)	*Klassisches Japanisch*
国語	kokugo	こくご (0)	*Landessprache; Japanisch*
古典文学	koten-bungaku	こてんぶんがく (4)	*Klassische Literatur*
交換留学生	koukan-ryuugakusei	こうかんりゅうがくせい (8)	*Austauschstudent*
教科書	kyoukasho	きょうかしょ (3)	*Lehrbuch*
ラテン語	Raten-go	ラテンご (0)	*Latein*
作品	sakuhin	さくひん (0)	*Werk*
索引	sakuin	さくいん (0)	*Index*
生物	seibutsu	せいぶつ (1)	*Biologie*
単語	tango	たんご (0)	*Vokabel*
和独辞典	wa-doku-jiten	わどくじてん (4)	*jap.-dt. Wörterbuch*
和英辞典	wa-ei-jiten	わえいじてん (4)	*jap.-eng. Wörterbuch*

Eigennamen

川端康成　Kawabata yasunari　かわばたやすなり (7)　*Kawabata Yasunari (jap. Schriftsteller: 1899-1972; erhielt 1968 den Nobelpreis für Literatur)*

大江健三郎　Ooe kenzaburou　おおえけんざぶろう (0)　*Ôe Kenzaburô (jap. Schriftsteller: 1935 - ; erhielt 1994 den Nobelpreis für Literatur)*

Keiyoushi (*i*-Adjektiv)

| 欲しい | hoshi·i | ほしい (2) | *etwas haben wollen* |

Keiyoudoushi (*na*-Adjektive)

(〜が) 嫌い	kirai	きらい (0)	*etw. nicht mögen*
(〜が) 大嫌い	dai-kirai	だいきらい (1)	*etw. hassen*
(〜が) 好き	suki	すき (0)	*etw. mögen*
(〜が) 大好き	dai-suki	だいすき (1)	*etw. lieben*
不便	fuben	ふべん (1)	*unpraktisch, unhandlich*
必要	hitsuyou	ひつよう (0)	*notwendig, erforderlich*

Adverb

| なかなか | nakanaka | 中々 (0) | *schwer ... (wird in Verbindung mit einem negierten Prädikat verwendet)* |

Verben

(〜に) 出る	de·ru (vok.)	でる (1)	*teilnehmen an ...*
(〜が) 見つかる	mitsukar·u (kons.)	みつかる (0)	*ausfindig gemacht werden, gefunden werden*
(〜が) 助かる	tasukar·u (kons.)	たすかる (3)	*jmd. ist gerettet*

L13: Konversation

Nomen

長男	chounan	ちょうなん (1)	*der erstgeborene Sohn, der älteste Sohn*
動物	doubutsu	どうぶつ (0)	*Tier*
久しぶり	hisashi-buri	ひさしぶり (3)	*Ich habe Sie schon lange nicht mehr gesehen. (Wird als ein Grusswort verwendet, wenn man jmdn. nach langer Zeit wieder trifft.)*
雛	hiyoko	ヒヨコ (0)	*Küken*
次男	jinan	じなん (1)	*der zweitgeborene Sohn, der zweite Sohn*
亀	kame	カメ (1)	*Schildkröte*

息子	musuko	むすこ (0)	Sohn (vom Sprecher aus gesehen)
娘	musume	むすめ (3)	Tochter (vom Sprecher aus gesehen)
熱帯魚	nettai-gyo	ねったいぎょ (3)	tropischer Fisch
お嬢さん	o-jou-san	おじょうさん (2)	Tochter (des anderen)
	(honoratives Präfix **o** + Nomen **jou** + Suffix **san**)		
夫	otto	おっと (0)	Ehemann (des Sprechers)
ペット	petto	(1)	Haustier
世話	sewa	せわ (2)	Betreuung, Besorgung

Keiyoudoushi (na-Adjektiv)
| 凶暴 | kyoubou | きょうぼう (0) | gewalttätig, wild, blutdürstig, brutal |

Adverb
| 結局 | kekkyoku | けっきょく (0) | letztendlich, am Ende, schließlich, im Grunde |

Verben
御無沙汰する	go-busata-suru (unregelm.)	ごぶさたする (0)	lange nicht mehr von sich hören lassen
(〜を) 飼う	ka·u (kons.)	かう (1)	halten (Tiere)
(〜が) 泣く	nak·u (kons.)	なく (0)	weinen

Sonstige Ausdrücke
| お陰さまで | o-kage-sama de (0) | (wird als Grußwort verwendet, wenn man gefragt wird, wie es einem oder seiner Familie geht, und dient als Antwort darauf, dass es einem bzw. seiner Familie gut geht) |
| 御無沙汰しております | go-busata-shite-ori-masu (9) | (wird verwendet, wenn man jmdm. nach langer Zeit wieder trifft; man entschuldigt sich, dass man lange nichts mehr von sich hören lassen hat) |

L13: Text B

Nomen
相手	aite	あいて (3)	der andere (im Text: Adressat)
部分	bubun	ぶぶん (1)	Teil
伝言	kotozute	ことづて (0)	Nachricht, Benachrichtigung
葉書	hagaki	はがき (0)	Postkarte
拝啓	haikei	はいけい (1)	(ein fester Ausdruck beim Briefschreiben: er wird am Anfang des Briefs geschrieben und entspricht dem deutschen Ausdruck 'sehr geehrter ...'; der Name des Adressaten wird jedoch nicht erwähnt)
日付け	hizuke	ひづけ (0)	Datum
本文	honbun	ほんぶん (1)	Hauptteil
自分	jibun	じぶん (0)	selbst
体	karada	からだ (0)	Körper
形式	keishiki	けいしき (0)	Form, Formalität
携帯端末	keitai-tanmatsu	けいたいたんまつ (5)	Handyterminal
言葉	kotoba	ことば (3)	Wort, Ausdruck, Sprache
結び	musubi	むすび (3)	Schluss
年賀状	nenga-jou	ねんがじょう (0)	Neujahrskarte
折り	ori	おり (0)	Zeit, Zeitpunkt, Gelegenheit

Lektion 13 — Vokabelliste

寒さ	samu-sa	さむさ (1)	Kälte (Wetter)
暑中見舞い	shochuu-mimai	しょちゅうみまい (4)	(eine Karte, die gewohnheitsmäßig im heißen Monat August geschickt wird; man fragt nach dem Befinden des anderen)
別れ	wakare	わかれ (0)	Abschied
用事	youji	ようじ (0)	Angelegenheit zu erledigen, Geschäft
様子	yousu	ようす (0)	Befinden, Zustand
前文	zenbun	ぜんぶん (0)	Einleitung
前略	zenryaku	ぜんりゃく (0)	Auslassen der Einleitung

Keiyoushi (*i*-Adjektive)

厳しい	kibishi·i	きびしい (3)	streng, hart
宜しい	yoroshi·i	よろしい (3)	gut (Höflichkeitswort)

Keiyoudoushi (*na*-Adjektive)

大切	taisetsu	たいせつ (0)	wichtig
丁寧	teinei	ていねい (1)	höflich

Adverb

昔	mukashi	むかし (0)	früher

Verben

(〜を) 省く	habuk·u (kons.)	はぶく (2)	auslassen
(〜に) 従う	shitaga·u (kons.)	したがう (0)	(jmdm./einer Sache) folgen

Sonstige Ausdrücke

厳しい寒さの折り	kibishii samu-sa no ori	Wir befinden uns mitten in der eiskalten Zeit (ein fester Ausdruck im Brief im Winter)
〜に宜しく	... ni yoroshiku	schöne Grüße an ...

L13: Übungen

Nomen

アイロン	airon	(0)	Bügeleisen
ブランデー	burandê	(0)	Brandy
電気製品	denki-seihin	でんきせいひん (4)	Elektrogerät
電子レンジ	denshi-renji	でんしレンジ (4)	Mikrowelle
ドライヤー	doraiyâ	(0)	Föhn
自動食器洗い機	jidou-shokki-arai-ki	じどうしょっきあらいき (5)	Geschirrspülmaschine
化学	kagaku	かがく (1)	Chemie
乾燥機	kansou-ki	かんそうき (3)	Trockner (Wäsche)
コーヒーメーカー	kôhî-mêkâ	(5)	Kaffeemaschine
ミネラルウオーター	mineraru-wôtâ	(6)	Mineralwasser
オーブン	ôbun	(1)	Ofen (in der Küche)
冷蔵庫	reizouko	れいぞうこ (3)	Kühlschrank
倫理	rinri	りんり (1)	Ethik
洗濯機	sentaku-ki	せんたくき (3)	Waschmaschine
社会	shakai	しゃかい (1)	Sozialkunde
焼酎	shouchuu	しょうちゅう (3)	Schnaps
宗教	shuukyou	しゅうきょう (1)	Religion
掃除機	souji-ki	そうじき (3)	Staubsauger
炊飯器	suihan-ki	すいはんき (3)	Reiskocher

体育	taiiku	たいいく (0)	Sport (Fach)
トースター	tôsutâ	(0)	Toaster
ウイスキー	uisukî	(2)	Whisky
湯沸かしポット	yuwakashi-potto	ゆわかしポット (5)	Wasserkocher

Lektion 14   第十四課

L14: Text A

Nomen

中世史	chuusei-shi	ちゅうせいし (3)	Geschichte des Mittelalters
学者	gaku-sha	がくしゃ (0)	Wissenschaftler
準備	junbi	じゅんび (1)	Vorbereitung
化学	ka-gaku	かがく (1)	Chemie
研究	kenkyuu	けんきゅう (0)	Forschung
兄弟	kyoudai	きょうだい (1)	Geschwister
日本史	nihon-shi	にほんし (0)	Japanische Geschichte
音楽大学	ongaku-daigaku	おんがくだいがく (5)	Musikhochschule
サッカークラブ	sakkâ-kurabu	(5)	Fußballverein, -AG
声楽	sei-gaku	せいがく (0)	Gesang
世界史	sekai-shi	せかいし (2)	Weltgeschichte
専門	senmon	せんもん (0)	Fachgebiet
試合	shiai	しあい (0)	Spiel (Sport)
将来	shourai	しょうらい (1)	Zukunft
数学	suu-gaku	すうがく (0)	Mathematik

Keiyoushi (*i*-Adjektive)

| 忙しい | isogashi·i | いそがしい (4) | beschäftigt |
| 詳しい | kuwashi·i | くわしい (3) | ausführlich, detailliert |

Keiyoudoushi (*na*-Adjektive)

下手	heta	へた (0)	nicht gut (Fertigkeit)
上手	jouzu	じょうず (0)	gut (Fertigkeit)
苦手	nigate	にがて (0)	schwache Seite
得意	tokui	とくい (2)	starke Seite

Adverbien

初めて	hajimete	はじめて (2)	zum ersten Mal
上手に	jouzu ni	じょうずに (3)	gut (Fertigkeit)
詳しく	kuwashiku	くわしく (3)	ausführlich, detailliert
将来	shourai	しょうらい (1)	künftig, in der Zukunft

Verben

(〜を) 弾く	hik·u (kons.)	ひく (0)	spielen (Saiteninstrumente)
(〜を) 準備する	junbi-suru (unregelm.)	じゅんびする (1)	sich vorbereiten (auf ...)
(〜を) 研究する	kenkyuu-suru (unregelm.)	けんきゅうする (0)	forschen
(〜を) 覚える	oboe·ru (vok.)	おぼえる (3)	lernen (ins Gedächtnis einprägen wie beim Vokabellernen)
(〜を) 続ける	tsuzuke·ru (vok.)	つづける (0)	fortsetzen
(〜を) 忘れる	wasure·ru (vok.)	わすれる (0)	vergessen

L14: Konversation

Nomen

表示板	hyouji-ban	ひょうじばん (0)	Anzeigetafel
全て	subete	すべて (1)	alles
行き先	iki-saki / yuki-saki	いきさき / ゆきさき (0)	Reiseziel
所	tokoro	ところ (3)	Ort

Keiyoudoushi (na-Adjektiv)

| 大丈夫 | daijoubu | だいじょうぶ (3) | in Ordnung; es geht |

Adverb

| 全て | subete | すべて (1) | alles |

Verben

| (～が) 見える | mie·ru (vok.) | みえる (2) | gesehen werden, sichtbar sein |
| (～を) 押す | os·u (kons.) | おす (0) | drücken |

Worbildungssuffix; Wortbildungsmorphem

| ～方面 | -houmen | ～ほうめん | nach ... (Richtung) |

L14: Text B

Nomen

相手国	aite-koku	あいてこく (3)	Partner(land)
バブル経済	baburu-keizai	(1)	„Bubble Economy"
部品	buhin	ぶひん (0)	Ersatzteile
地域	chiiki	ちいき (1)	Gebiet, Gegend
地価	chika	ちか (1)	Bodenpreis
中近東	chuukintou	ちゅうきんとう (3)	Nahost
第一次石油危機	dai-ichi-ji-sekiyu-kiki	だい(1)いちじ(2)せきゆきき(4)	die erste Erdölkrise
電子部品	denshi-buhin	でんしぶひん (4)	elektronische Komponente
電子機器	denshi-kiki	でんしきき (4)	elektronische Geräte
液化天然ガス	ekika-tennen-gasu	えきかてんねんガス (8)	flüssiges Erdgas
エネルギー	enerugî	(3)	Energie
風力	fuuryoku	ふうりょく (1)	Windkraft
原子力発電所	genshiryoku-hatsuden-sho	げんしりょくはつでんしょ (11)	Atomkraftwerk
原油	gen'yu	げんゆ (0)	Rohöl
比率	hiritsu	ひりつ (0)	Anteil, Prozentsatz
崩壊	houkai	ほうかい (0)	Zusammenbruch
一次エネルギー	ichi-ji-enerugî	いちじエネルギー (6)	Primärenergie
衣類	irui	いるい (1)	Bekleidung, Kleider
医薬品	iyaku-hin	いやくひん (0)	Arzneimittel
自動車産業	jidousha-sangyou	じどうしゃさんぎょう (5)	Autoindustrie
自動車生産台数	jidousha-seisan-dai-suu	じどうしゃせいさんだいすう (9)	Produktionsmenge der Autos
乗用車	jouyou-sha	じょうようしゃ (3)	PKW
重工業	juu-kougyou	じゅうこうぎょう (3)	Schwerindustrie
株価	kabu-ka	かぶか (0)	Wert der Aktien
株式	kabushiki	かぶしき (2)	Aktie, Aktienbrief

化学品	kagaku-hin	かがくひん (0)	Chemieprodukt
化学工業	kagaku-kougyou	かがくこうぎょう (4)	Chemieindustrie
加工組み立て型産業	kakou-kumitate-gata-sangyou	かこうくみたてがたさんぎょう (10)	Industriestruktur, bei der aus bereits verarbeiteten Industriegütern Maschinen, Elektrogeräte oder Präzisionsgeräte hergestellt werden
軽工業	kei-kougyou	けいこうぎょう (3)	Leichtindustrie
景気	keiki	けいき (0)	Konjunktur
金融引き締め政策	kinyuu-hikishime-seisaku	きんゆうひきしめせいさく (8)	restriktive Geldpolitik
金融緩和政策	kinyuu-kanwa-seisaku	きんゆうかんわせいさく (8)	lockere Geldpolitik
高度成長期	koudo-seichou-ki	こうどせいちょうき (6)	Phase mit großem Wirtschaftswachstum
後半	kouhan	こうはん (0)	die zweite Hälfte
好景気	kou-keiki	こうけいき (3)	Hochkonjunktur
工作機械	kousaku-kikai	こうさくきかい (5)	Werkzeugmaschine
供給面	kyoukyuu-men	きょうきゅうめん (3)	in Bezug auf Angebot
南米	nan-bei	なんべい (0)	Südamerika
燃料	nenryou	ねんりょう (3)	Brennstoff
燃料電池	nenryou-denchi	ねんりょうでんち (5)	Wasserstoffenergie
オセアニア諸国	oseania-shokoku	オセアニアしょこく (6)	ozeanische Länder
欧州連合	oushuu-rengou	おうしゅうれんごう (5)	Europäische Union (EU)
製品	seihin	せいひん (0)	Produkt, Erzeugnis
製造業	seizou-gyou	せいぞうぎょう (3)	produzierende Wirtschaft
世界市場	sekai-shijou	せかいしじょう (4)	Weltmarkt
石油依存度	sekiyu-izon-do	せきゆいぞんど (5)	Erdölabhängigkeit
石油製品	sekiyu-seihin	せきゆせいひん (4)	Erdölprodukt
繊維工業	sen'i-kougyou	せんいこうぎょう (4)	Textilindustrie
繊維産業	sen'i-sangyou	せんいさんぎょう (4)	Textilindustrie
船舶	senpaku	せんぱく (3)	Schiffe
資金	shikin	しきん (1)	Kapital
新エネルギー	shin-enerugî	しんエネルギー (5)	neue Energien
食料品	shokuryou-hin	しょくりょうひん (0)	Lebensmittel
出荷高	shukka-daka	しゅっかだか (3)	Liefervolumen
集積回路	shuuseki-kairo	しゅうせきかいろ (5)	IC, Integrationsschaltung
主要先進工業国	shuyou-senshin-kougyou-koku	しゅようせんしんこうぎょうこく (10)	führende Industrienation
素材型産業	sozai-gata-sangyou	そざいがたさんぎょう (6)	Industriestruktur, bei der aus Rohstoffen Industriegüter wie z. B. Papier, Holz, Heizöl, Plastik u. dgl. hergestellt werden
太陽光	taiyou-kou	たいようこう (3)	Sonnenenergie
～程度	-teido	～ていど (1)	ca. ..., ungefähr ...
鉄鋼	tekkou	てっこう (0)	Stahl
天然ガス	tennen-gasu	てんねんガス (5)	Erdgas
土地	tochi	とち (2)	Land, Boden
トラック	torakku	(2)	LKW
輸入品	yu'nyuu-hin	ゆにゅうひん (0)	Importgüter
輸出高	yushutsu-daka	ゆしゅつだか (3)	Exportvolumen
輸出額	yushutsu-gaku	ゆしゅつがく (3)	Exportbetrag

| 輸出品 | yushutsu-hin | ゆしゅつひん (0) | Exportgüter |
| ～割 | -wari | ～わり | ... Prozent |

Zähleinheitswort

| ～基 | -ki | ～き | (für AKW) |

Adverbien und Adverbiale

| 大幅に | oohaba ni | おおはばに (0) | drastisch, um vieles, in bedeutendem Maße |
| 大きく | ookiku | おおきく (3) | drastisch, sehr viel |

Verben

(～が) 上がる	agar·u (kons.)	あがる (0)	zunehmen, ansteigen
(～が) 悪化する	akka-suru (unregelm.)	あっかする (0)	sich verschlechtern
(～が) 減少する	genshou-suru (unregelm.)	げんしょうする (0)	abnehmen, sinken
(～が) 上昇する	joushou-suru (unregelm.)	じょうしょうする (0)	zunehmen, ansteigen
(～を) 開発する	kaihatsu-suru (unregelm.)	かいはつする (0)	entwickeln
(～が) 急落する	kyuuraku-suru (unregelm.)	きゅうらくする (0)	abstürzen
(～が) 下がる	sagar·u (kons.)	さがる (2)	sinken, abnehmen
(～に) 進出する	shinshutsu-suru (unregelm.)	しんしゅつする (0)	einen neuen Absatzmarkt finden (in ...)
(～に) 頼る	tayor·u (kons.)	たよる (2)	abhängig sein (von ...)
(～を) 輸出する	yushutsu-suru (unregelm.)	ゆしゅつする (0)	exportieren

Sonstige Ausdrücke

～以降	-ikou ～	いこう (1)	nach ...; seit ...
～面	-men	～めん	in Bezug auf ...
運転中	unten-chuu	うんてんちゅう (0)	in Betrieb

L14: Übung

Nomen

番号	bangou	ばんごう (3)	Nummer
ユーロ	yûro	(1)	Euro
ローマ字	rôma-ji	(3)	römische Buchstaben
体重	taijuu	たいじゅう (0)	Körpergewicht

Verben

| (～を～に) 換える | kae·ru (vok.) | かえる (1) | (etw.) wechseln (mit ...) |
| (～を～に) 記入する | kinyuu-suru (unregelm.) | きにゅうする (0) | (etw.) eintragen (in ...) |

Lektion 15　　第十五課

L15: Text A

Nomen

明後日	asatte	あさって (2)	übermorgen
馬力	bariki	ばりき (0)	Pferdestärke, PS
中古車	chuuko-sha	ちゅうこしゃ (3)	Gebrauchtwagen
デザイン	dezain	(2)	Design
ディーゼル車	dîzeru-sha	ディーゼルしゃ (4)	Dieselwagen
ドライブ	doraibu	(2)	Spazierfahrt
ガソリン車	gasorin-sha	ガソリンしゃ (4)	Benziner

逆	gyaku	ぎゃく (0)	umgekehrt
左側通行	hidari-gawa-tsuukou	ひだりがわつうこう (6)	Linksverkehr
暇	hima	ひま (0)	Freizeit
標高	hyoukou	ひょうこう (0)	Meereshöhe, Meeresspiegel
飲酒運転	inshu-unten	いんしゅうんてん (4)	Autofahren unter Alkoholeinfluss
事故	jiko	じこ (1)	Unfall
自信	jishin	じしん (0)	Selbstvertrauen
カーナビ	kânabi	(0)	Autonavigationsgerät
国際運転免許証	kokusai-unten-menkyo-shou	こくさいうんてんめんきょしょう (0)	internationaler Führerschein
免許	menkyo	めんきょ (1)	Führerschein
右側通行	migi-gawa-tsuukou	みぎがわつうこう (5)	Rechtsverkehr
新車	shin-sha	しんしゃ (0)	Neuwagen
スピード違反	supîdo-ihan	スピードいはん (5)	Geschwindigkeitsüberschreitung
高さ	taka-sa	たかさ (1)	Höhe
四輪駆動	yon-rin-kudou	よんりんくどう (5)	Allradantrieb

Eigenname

赤城山	akagi-san	あかぎさん (3)	der Berg Akagi-san (Vulkan in Gunma: 1828 m)

Keiyoushi (*i*-Adjektive)

珍しい	mezurashi·i	めずらしい (4)	selten
素晴らしい	subarashi·i	すばらしい (4)	fantastisch, herrlich

Keiyoudoushi (*na*-Adjektiv)

暇	hima	ひま (0)	nicht beschäftigt, Zeit haben

Adverb

明後日	asatte	あさって (2)	übermorgen

Verben

(〜が気に) 入る	ir·u (kons.)	いる (0)	gefallen
(〜に) 慣れる	nare·ru (vok.)	なれる (2)	sich gewöhnen (an ...)
(〜で) 賑わう	nigiwa·u (kons.)	にぎわう (3)	belebt sein (durch ...), wimmeln (von ...)
(〜を) 起こす	okos·u (kons.)	おこす (2)	verursachen
(〜を) 心配する	shinpai-suru (unregelm.)	しんぱいする (0)	Sorgen machen (um ..), sich beunruhigen (über ...)
(〜が) 出発する	shuppatsu-suru (unregelm.)	しゅっぱつする (0)	abfahren, abfliegen, starten

L15: Konversation

Eigennamen

姫路城	Himeji-jou	ひめじじょう (1)	das Schloss Himeji (in der Hyogo-Präfektur; 1346 erbaut, später 1609 und 1617 ausgebaut; 1993 zum Weltkulturerbe erklärt)
瀬戸の大橋	Seto no oohashi	せとの (1) おおはし (1)	Seto no ôhashi (Brücke zwischen Honshû und Shikoku, 9,4 km; erbaut 1988)

Zähleinheitswort

〜合目	- gou-me	〜ごうめ	(Einheit der in zehn Abschnitte eingeteilten Gesamthöhe eines Bergs)

| 五合目 | go-gou-me | ごごうめ (4) | die Hälfte der Berghöhe |

L15: Text B
Nomen

仏教	bukkyou	ぶっきょう (1)	Buddhismus
文学作品	bungaku-sakuhin	ぶんがくさくひん (5)	Literaturwerk
地位	chii	ちい (1)	Status, Stellung
中国風	chuugoku-fuu	ちゅうごくふう (0)	nach chinesischer Art
男性	dansei	だんせい (0)	Mann, Herr
動物	dou-butsu	どうぶつ (0)	Tier
複数	fukusuu	ふくすう (3)	mehrere, Pluralität, Plural
外来語	gairai-go	がいらいご (0)	Fremdwort, Lehnwort, Entlehnung
擬音語	gion-go	ぎおんご (0)	Onomatopoetika
擬態語	gitai-go	ぎたいご (0)	mimetische Ausdrücke
平仮名	hira-gana	ひらがな (3)	Hiragana
表記	hyouki	ひょうき (1)	Orthographie
表音文字	hyouon-moji	ひょうおんもじ (5)	Phonogramm
字形	jikei	じけい (0)	Form der Schriftzeichen
時期	jiki	じき (1)	Zeit, Periode
女性	josei	じょせい (0)	Frau, Dame
常用漢字	jouyou-kanji	じょうようかんじ (5)	Jôyô-Kanji (1945 Kanji)
仮名	kana	かな (0)	Kana (jap. Phonogramm)
漢字	kanji	かんじ (0)	Kanji (chin. Schriftzeichen)
片仮名	kata-kana	かたかな (3)	Katakana
紀元前	kigen-zen	きげんぜん (2)	vor Christus
記入	ki'nyuu	きにゅう (0)	Eintrag, Eintragung
訓	kun	くん (0)	Kun-Lesung (jap. Lesung)
訓点	kunten	くんてん (0)	Kunten (Lesehilfszeichen beim Lesen klassischer chin. Texte)
経典	kyouten	きょうてん (0)	Sutra
宮廷婦人	kyuutei-fujin	きゅうていふじん (5)	Hofdame
万葉仮名	man'you-gana	まんようがな (3)	Manyôgana (chin. Schriftzeichen, die in Japan als Phonogramme verwendet wurden)
文字	moji	もじ (1)	Schriftzeichen
物語文学	monogatari-bungaku	ものがたりぶんがく (6)	Erzählliteratur
半ば	nakaba	なかば (0)	Mitte (Monat)
日本風	nihon-fuu	にほんふう (0)	nach japanischer Art
音	on	おん (0)	On-Lesung (sino-jap. Lesung)
音読み	on-yomi	おんよみ (0)	On-Lesung (sino-jap. Lesung)
植物	shoku-butsu	しょくぶつ (2)	Pflanze
僧侶	souryo	そうりょ (1)	Mönch
和歌	waka	わか (1)	das jap. Kurzgedicht
読みがな	yomi-gana	よみがな (3)	Lesehilfszeichen für Kanji
読み方	yomi-kata	よみかた (3)	Lesart, Lesung

Keiyoushi (*i*-Adjektiv)

細かい	komaka·i	こまかい (3)	fein, klein

Keiyoudoushi (*na*-Adjektive)

表音的	hyouon-teki	ひょうおんてき (0)	als Phonogramme funktionierend
公的	kou-teki	こうてき (0)	öffentlich, offiziell

Adverbien

速く	haya·ku	はやく (1)	schnell
細かく	komaka·ku	こまかく (3)	fein, klein

Verben

(〜を) 発明する	hatsumei-suru (unregelm.)	はつめいする (0)	erfinden
(〜を) 獲得する	kakutoku-suru (unregelm.)	かくとくする (0)	erlangen, erreichen
(〜を) 簡略化する	kanryaku-ka-suru (unregelm.)	かんりゃくかする (0)	vereinfachen
(〜が) 完成する	kansei-suru (unregelm.)	かんせいする (0)	vervollständigt werden
(〜を〜に) 決める	kime·ru (vok.)	きめる (0)	(etw. auf ...) festlegen
(〜と) 異なる	kotonar·u (kons.)	ことなる (3)	sich unterscheiden (von ...)
(〜を) 学ぶ	manab·u (kons.)	まなぶ (0)	lernen
(〜に) 伝わる	tsutawar·u (kons.)	つたわる (0)	(jmdm.) überliefert werden
(〜が) 生まれる	umare·ru (vok.)	うまれる (0)	entstehen

Konjunktion

そこで	sokode	(0)	aus diesem Grund, deswegen

Sonstiger Ausdruck

〜にかけて	... ni kakete		(von ...) in ... hinein; von ... bis ... hinein

Bsp: 10-seiki kara 11-seiki ni kakete
十世紀から十一世紀にかけて
vom 10. Jh. bis in das 11. Jh. hinein

Vokabeln zur Erweiterung: Fahrzeuge

しょうぼうしゃ（消防車）

かんこうバス（観光バス）

パトカー

じてんしゃ（自転車）

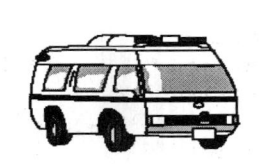

きゅうきゅうしゃ（救急車）

ひこうき（飛行機）

ふね（船）

Vokabelindex (Japanisch-Deutsch)

A

(shawâ o) abi·ru（シャワーを）浴びる *duschen* L8Ü
achira-gawa あちら側 *die andere Seite* L9A
agar·u 上がる *zunehmen, ansteigen* L14B
aida 間 *zwischen ...* L3Ü; *Zeitspanne* L10B
airon アイロン *Bügeleisen* L13Ü
aisatsu 挨拶 *Gruß, Begrüßung* L9A
aisatsu-suru 挨拶する *grüßen* L9A
aite 相手 *der andere* L13B; *Partner*
aite-koku 相手国 *Partner(land)* L14B
aka 赤 *Rot, rot* L8Ü, L9A
Akagi-san 赤城山 *Akagi-san (Berg)* L15A
aka·i 赤い *rot* L2K
akan-tai 亜寒帯 *subpolare Zone* L5B
akaru·i 明るい *hell* L7A; *fröhlich*
(ana o) ake·ru 開ける *(ein Loch) machen* L8B
aki 秋 *Herbst* L5B
aki-matsuri 秋祭り *Herbstfest* L7B
Akita 秋田 *Akita (Präfektur bzw. Stadt)* L12A
akka-suru 悪化する *sich verschlechtern* L14B
aku-eikyou 悪影響 *schlechter Einfluss* L11B
ama no gawa 天の川 *Milchstraße* L6B
amari...nai あまり...ない *nicht so ...* L2A; ... amari あまり *gut ...* L4A
anata あなた *Sie* L1Ü
ane 姉 *ältere Schwester* L3K
anet-tai 亜熱帯 *subtropische Zone* L5B
anime アニメ *Zeichentrickfilm* L9Ü
ao 青 *Blau, blau* L8Ü, L9A
ao·i 青い *blau, grün (Ampel)* L6A
Aomori 青森 *Aomori (Präfektur bzw. Stadt)* L12A
ao-shingou 青信号 *grüne Ampel* L9A
Arashi-yama 嵐山 *Yarashi-yama (Ort)* L6A
ar·u ある *dasein, sich befinden, haben, sich ereignen, passieren* L1A, L3A
arui·te 歩いて *zu Fuß* L2K
aruk·u 歩く *zu Fuß gehen* L4A
asa 朝 *Morgen, morgens* L5A
asa-gohan 朝ご飯 *Frühstück* L4A
asatte あさって／明後日 *übermorgen* L15A
ashi 足 *Fuß* L6A
asob·u 遊ぶ *spielen; Freizeit verbringen* L7A
asoko あそこ *dort* L1A
Asuka-jidai 飛鳥時代 *Asuka-Zeit (598-710)* L10B
(... ni eikyou o) atae·ru（影響を）与える *Einfluss ausüben (auf ...), beeinflussen* L11B
atarashi·i 新しい *neu* L2A
atari 辺り *Gegend* L2A
atataka·i 温かい *warm (Gegenstände, Gerichte)* L12K
atataka·i 暖かい *warm (Klima, Wetter)*
atsu·i 暑い *heiß (Wetter)* L10A
atsu·sa 暑さ *Hitze* L10A
(... ni) a·u 会う *(jmn.) treffen* L6B
azukar·u 預かる *aufbewahren* L4K

B

baburu-keizai バブル経済 *„Bubble Economy"* L14B
baggu バッグ *Tasche, Handtasche* L3Ü
baiku バイク *Motorrad* L9A; *Fahrrad*
bakari ばかり *nur, ausschließlich* L8K
ban 晩 *Abend, abends* L5A
banana バナナ *Banane* L9Ü
bangou 番号 *Nummer* L14Ü
-ban-sen ～番線 *Bahnsteig-Nr. ...* L7K
bara バラ／薔薇 *Rose* L1A
bariki 馬力 *Pferdestärke, PS* L15A
basho 場所 *Platz, Ort, Raum* L11B
Bashou 芭蕉 *Bashô (jap. Dichter)* L6A
basu-nori-ba バス乗り場 *Busstation* L7K
basu-tei バス停 *Bushaltestelle* L7K
batâ バター *Butter* L8A
benchi ベンチ *Sitzbank* L7A
benkyou 勉強 *Lernen, Studium* L4A
benri 便利 *praktisch, handlich* L3Ü, L4K
benri-sa 便利さ *Bequemlichkeit* L11B
bentou 弁当 *Lunchpaket (Entspricht dem Pausenbrot)* L7A
bia-gâden ビアガーデン *Biergarten* L7Ü
bijutsu-kan 美術館 *Kunstmuseum* L2A
biru ビル *Hochhaus* L2K
bîru ビール *Bier* L4A
Biwa-ko 琵琶湖 *Biwa-ko (der See)* L5B
bogo 母語 *Muttersprache* L13A
boku 僕 *ich (von Männern verwendet)* L5A
bon 盆 *buddh. Totenfest, Allerseelenfest* L7B
bon-odori 盆踊り *der Bon-Tanz (Tanz beim Totenfest)* L2A
bôru ボール *Ball* L7A
bôrupen ボールペン *Kugelschreiber* L1Ü
bouryoku 暴力 *Gewalt* L11B
-bu ～部 *(Zähleinheitswort für Auflagen)* L11B
bubun 部分 *Teil* L13B
buhin 部品 *Ersatzteile* L14B
bukkyou 仏教 *Buddhismus* L15B
bunbou-gu-youhin 文房具用品 *Büromaterialien* L12K
bun-gaku 文学 *Literatur* L11B
bungaku-sakuhin 文学作品 *Literaturwerk* L15B
bunka 文化 *Kultur* L8A
bunya 分野 *Fachgebiet* L11B
burakku ブラック *schwarzer Kaffee, schwarz* L5A
burandê ブランデー *Brandy* L13K
burando-hin ブランド品 *Markenware* L12K
buranko ブランコ *Schaukel* L8Ü
buranko ni nor·u ブランコに乗る *schaukeln* L8Ü
burausu ブラウス *Bluse* L9Ü

burû ブルー *Blau, blau* L12K
buta-niku 豚肉 *Schweinefleisch* L9Ü
butsuri 物理 *Physik* L13A
byou-in 病院 *Krankenhaus* L3Ü

C

CD *CD* CD L4A
CD-purêyâ CDプレーヤー *CD-Player* L2Ü
cha-iro 茶色 *Braun, braun* L12K
chamise 茶店 *Teehaus* L6A
chekku-suru チェックする *checken, überprüfen* L5Ü
chiga·u 違う *falsch sein, sich irren* L2K
(... to) chiga·u 違う *anders/verschieden sein (als ...)* L9K
chihei-sen 地平線 *Horizont* L8A
chihou 地方 *Provinz, ländliche Gegend* L10B
chihou-shi 地方紙 *Lokalzeitung* L11B
chii 地位 *Status, Stellung, Position* L15B
chiiki 地域 *Gegend, Gebiet* L14B
chiisa·i 小さい *klein* L2A
chika 地下 *Untergeschoss* L5A
chika 地価 *Bodenpreis* L14B
chika·i 近い *nah* L2A
chika·ku 近く *Nähe* L7A
chika-tetsu 地下鉄 *U-Bahn* L5Ü
chiketto チケット *Ticket, Karte* L5A
chiri 地理 *Geographie* L5B
chîzu-kêki チーズケーキ *Käsekuchen* L9A
chokorêto-kêki チョコレートケーキ *Schokoladenkuchen* L9A
chotto ちょっと *einen Augenblick, etwas* L2K
choudo 丁度 *gerade, eben, genau* L6A
choujou 頂上 *Spitze (eines Bergs)* L8A
chou-juu-giga 鳥獣戯画 *Karikatur der Vögel und Tiere, - des Haar- und Federwilds* L6A
choukan 朝刊 *Morgenzeitung* L11B
choumiryou 調味料 *Gewürze* L9Ü
chou-nan 長男 *der älteste Sohn, der erstgeborene Sohn* L13K
chousa 調査 *Untersuchung, Recherche* L11B
chousa-suru 調査する *untersuchen, recherchieren* L11B
choushoku 朝食 *Frühstück* L4A
chûrippu チューリップ *Tulpe* L1Ü
Chuubu-chihou 中部地方 *Chûbu-Gebiet* L12A
chuu-gakkou 中学校 *Mittelschule (Entspricht der dt. 7. - 9. Klasse)* L12B
chuugaku-sei 中学生 *Mittelschüler* L7A
Chuugoku 中国 *China* L3K
Chuugoku-fuu 中国風 *nach chinesischer Art* L15B
Chuugoku-go 中国語 *Chinesisch* L4A
chuukan 中間 *Mitte* L5B
Chuukintou 中近東 *Nahost* L14B
chuuko-sha 中古車 *Gebrauchtwagen* L15A
chuumon 注文 *Bestellung* L9K; *Auftrag*

chuumon-suru 注文する *bestellen* L5A
chuuou-seifu 中央政府 *Zentralregierung* L10B
chuusei-shi 中世史 *Geschichte des Mittelalters* L14A
chuushin 中心 *Zentrum* L10B

D

-dai ～台 *(Zähleinheitswort für Maschinen)* L3A
dai- 第 *... ste (zur Bidlung einer Ordinalzahl)* L1A
daibutsu 大仏 *die große Buddhastatue* L6K
daigaku 大学 *Universität* L1Ü
daigaku-in 大学院 *Postgraduierten-Kurse* L12B
daigaku-nyuushi-sentâ-shiken 大学入試センター試験 *einheitliche Aufnahmeprüfung der Universitäten* L12B
dai-ichi-ji-sangyou 第一次産業 *primärer Wirtschaftssektor* L9B
dai-ichi-ji-sekiyu-kiki 第一次石油危機 *die erste Ölkrise* L14B
daijoubu 大丈夫 *in Ordnung, kein Problem* L7K
(... ga) dai-kirai (da) 大嫌い *(etw.) hassen* L13A
dai-monji 大文字 *Daimonji-Fest (in Kyoto)* L7B
dai-ni-ji-sangyou 第二次産業 *sekundärer Wirtschaftssektor* L9B
dai-san-ji-sangyou 第三次産業 *tertiärer Wirtschaftssektor* L9B
(... ga) dai-suki (da) 大好き *(etw.) sehr mögen, lieben* L13A
daitai だいたい／大体 *ungefähr* L5B; *im Großen und Ganzen, im Allgemeinen* L8B
dake だけ *nur* L6B
danjo 男女 *Männer und Frauen, ein Mann und eine Frau* L7A
dansei 男性 *Mann* L15B
danshi 男子 *Jungen, Männer* L12B
de で *in ... (PP zur Markierung eines Handlungsortes)* L4A
de で *durch/mit/mittels ... (PP zur Markierung eines Instrumentes)* L4A
de で *wegen ... (PP zur Markierung eines Grundes)* L4A
de で *zu ... (PP zur Markierung einer Einheit)* L4A
deji-kame デジカメ *Digitalkamera* L1Ü
Dejima 出島 *Dejima (eine kleine Insel in Nagasaki aus der Edo-Zeit, auf der Ausländer lebten)* L12A
dejitaru-kamera デジタルカメラ *Digitalkamera* L4K
(... ga) dekiru できる／出来る *(etw.) können* L10B
demo でも *aber (Konjunktion)* L4A; *auch wenn (PP)* L6B
denchi 電池 *Batterie* L10K
dengon 伝言 *Nachricht, Benachrichtigung* L13B
denki-seihin 電気製品 *Elektrogeräte* L13K
denki-ten 電器店 *Elektrogeschäft* L10K, L13A
denpyou 伝票 *Rechnung* L9K
densetsu 伝説 *Legende* L6B

densha 電車 *Bahn* L4A
denshi 電子 *Elektron* L11B
denshi-buhin 電子部品 *eletronische Komponente* L11B
denshi-jisho 電子辞書 *elektronisches Wörterbuch* L4K, L13A
denshi-kiki 電子機器 *elektronische Geräte* L14B
denshi-mêru 電子メール *E-Mail, elektronische Mail* L11B
denshin 電信 *Telegraf* L11B
denshi-renji 電子レンジ *Mikrowelle* L13K
dentatsu 伝達 *Übermittlung* L11B
denwa 電話 *Telefon* L3A
(... ni) denwa o kakeru 電話をかける *(jmdn.) anrufen* L4Ü
depâto デパート *Kaufhaus* L3Ü
(... ni) de·ru 出る *teilnehmen (an ...)* L8Ü; *hinausgehen (zu/in ...)* L9A
(... o) de·ru 出る *(Ort) verlassen* L5Ü
(... ni) de·ru 出る *teilnehmen (an ...)* L13A
desu です (HV zur definitiven Aussage) L1A
desukara ですから *daher* L4A
dete-kuru 出てくる *erscheinen* L10K
dewa では *also, nun* L4A
dezain デザイン *Design* L15A
dîzeru-sha ディーゼル車 *Dieselwagen* L15A
-do 〜度 *... Mal (Häufigkeit)* L8A
doa ドア *Tür* L3A
dochira どちら *welche (-s, -r); wer; wo; wohin* L1K
Doitsu-jin ドイツ人 *Deutsche (-r)* L1A
doko どこ *wo* L1A
doku-wa 独和 *deutsch-japanisch* L4K
doku-wa-jiten 独和辞典 *deutsch-japanisches Wörterbuch* L13A
dokyumentarî ドキュメンタリー *Dokumentarfilm* L5A
don-don どんどん *schnell, in schneller Folge* L10K
donna どんな *was für ...* L2A
doraibu ドライブ *Spazierfahrt* L15A
doraiyâ ドライヤー *Föhn* L13Ü
dou どう *wie* L2A
dou 銅 *Kupfer* L9B
doubutsu 動物 *Tier* L13K, L15B
doumo どうも *Danke!* L2K
doumo sumi-masen どうもすみません *Entschuldigung!* L10A
douro 道路 *Straße* L3Ü
do-youbi 土曜日 *Samstag* L7A

E

ea-kon エアコン *Klimaanlage* L10A
ebi エビ／蝦・海老 *Garnele, Krabbe, Hummer, Languste* L10K
Edo 江戸 *Edo (Bezeichnung von Tôkyô bis 1868)* L12A
e-hagaki 絵葉書 *Ansichtskarte* L6K
eiga 映画 *Spielfilm* L5A
eiga-kan 映画館 *Kino* L5Ü
ei-go 英語 *Englisch* L3Ü
eigyou-ka 営業課 *Verkaufsabteilung* L3A
eisei-housou 衛星放送 *Satellitenübertragung* L10Ü
ei-wa 英和 *englisch-japanisch* L4K
ei-wa-jiten 英和辞典 *englisch-japanisches Wörterbuch* L13A
eki 駅 *Bahnhof* L4A
eki-ka-ten'nen-gasu 液化天然ガス *flüssiges Erdgas* L14B
eki-mae 駅前 *vor dem Bahnhof* L5A
enerugî エネルギー *Energie* L14B
engan 沿岸 *Küste* L9A
enjin エンジン *Motor* L6Ü
enpitsu 鉛筆 *Bleistift* L1Ü
en'you-gyogyou 遠洋漁業 *Tiefseefischerei* L9B
erebêtâ エレベーター *Aufzug* L5A
erekutoronikusu エレクトロニクス *Elektronik* L11B

F

fami-kon ファミコン *„family computer" (Computerspiele)* L11B
fôku フォーク *Gabel* L3Ü
fuben 不便 *unpraktisch, unhandlich* L13A
fudan-gi 普段着 *Alltagskleidung* L8B
(... ni) fue·ru 増える *zunehmen/steigen (auf ...)* L9B
fujin 婦人 *Dame, Hofdame* L8B
Fuji-san 富士山 *Fuji-san (Berg)* L5B
Fujiwara-shi 藤原氏 *Fujiwara-Familie* L10B
fuku 福 *Glück* L6B
fuk·u 吹く *spielen (Blasinstrumente)* L7A
Fukushima 福島 *Fukushima (Präfektur bzw. Stadt)* L12A
fukusou 服装 *Kleidung* L8B
fuku-suu 複数 *Mehrzahl, Plural* L15B
fukyuu-suru 普及する *sich verbreiten* L11B
fun 分 *(Zähleinheitswort für Minuten)* L2K
funa-bin 船便 *Sendung auf dem Seeweg, per Schiff* L11K
furo 風呂 *Bad* L8Ü
furo ni hair·u 風呂に入る *baden* L8Ü
(ame ga) fur·u (雨が) 降る *regnen* L5B
furu-hon-ya 古本屋 *Antiquariat* L10K
furu·i 古い *alt* L2A
futsuu 普通 *in der Regel, normalerweise* L12B; *normal, durchschnittlich*
fuuryoku 風力 *Windkraft* L14B
fuyu 冬 *Winter* L5B

G

ga が (PP zur Einleitung einer Aussage [s. Grammatik 2.4.3]) L1K
gaido-bukku ガイドブック *Reiseführer* L8A
gaikoku 外国 *Ausland* L9B

gaikoku-go 外国語 *Fremdsprache* L13A
gaikoku-jin 外国人 *Ausländer (-in)* L6K
gaikoku-jin-you 外国人用 *für Ausländer geeignet* L13A
gairai-go 外来語 *Fremdwort, Lehnwort, Entlehnung* L15B
gaishutsu-suru 外出する *ausgehen* L4A
ga-ka 画家 *Maler (-in) (Künstler [-in])* L2K
gakki-chuu 学期中 *während des Semesters* L8K
gakkou 学校 *Schule* L7B
gakusei 学生 *Student (-in)* L1A
gaku-sha 学者 *Wissenschaftler (-in)* L14A
gaku-shoku 学食 *Mensa* L1Ü
gakushuu-juku 学習塾 *Nachhilfeschule* L12B
gakushuu-sankousho 学習参考書 *Hilfsmittel zum Lernen, Nachschlagwerk* L11B
gasorin-sha ガソリン車 *Benziner* L15A
gasorin-sutando ガソリンスタンド *Tankstelle* L3Ü
geijutsu 芸術 *Kunst* L11B
gekijou 劇場 *Theater* L2A
gekkan 月刊 *Monats- (Zeitung, Zeitschrift)* L11B
gêmu ゲーム *Spiel, Computerspiel* L11B
gêmu-sofuto ゲームソフト *Software für Computerspiele* L11B
genshirin 原始林 *Urwald* L10A
genshi-ryoku-hatsuden-sho 原子力発電所 *Atomkraftwerk (AKW)* L14B
genshou-suru 減少する *abnehmen, sinken (Menge)* L14B
gen'ya 原野 *Wildnis, Feld* L5B
gen'yu 原油 *Rohöl* L14B
genzai 現在 *gegenwärtig, zur Zeit* L12B
gezan-suru 下山する *absteigen (Berg)* L10A
gimu-kyouiku 義務教育 *Schulpflicht* L12B
ginkou 銀行 *Bank* L1A
gion-go 擬音語 *Onomatopoetika* L15B
gitai-go 擬態語 *mimetische Wörter* L15B
go-busata-suru 御無沙汰する *lange nicht mehr von sich hören lassen* L13K
go-chisou 御馳走 *Schmaus, Festessen* L10A
go-chisou-suru 御馳走する *zum Essen einladen* L10K
go-gaku 語学 *Sprachwissenschaft* L11B
gogo 午後 *Nachmittag, nachmittags* L5A
goro ごろ／頃 *gegen ..., um ...* L4A
gorufu ゴルフ *Golf* L3K
gorufu-jou ゴルフ場 *Golfplatz* L3K
goukei 合計 *Gesamtsumme, Summe; insgesamt* L11K
-gou-me 〜合目 *(Einheit der in zehn Abschnitte geteilten Gesamthöhe eines Bergs)* L15K
gousei-sen'i-orimono 合成繊維織物 *Textilien aus synthetischen Fasern* L14B
gozar·u ござる *sein* L4K
gurai ぐらい *ungefähr, etwa, ca. (s. Grammatik 4.4.8)* L2K
gurê グレー *Grau, grau* L12K
gurôbaru-kibo グローバル規模 *auf der globalen Ebene* L11B
gurûpu グループ *Gruppe* L8K
gyaku 逆 *umgekehrt, verkehrt* L15A
gyouji 行事 *Jahresfeier* L6B
gyousei-kukaku 行政区画 *Verwaltungsbezirk* L12A
gyuu-niku 牛肉 *Rindfleisch* L9Ü

H

habuk·u 省く *auslassen* L13B
hagaki 葉書 *Postkarte* L13B
hai はい *Ja* L1A
haikei 拝啓 *sehr geehrte (-r) ...* L13B
haikingu ハイキング *Wanderung* L6A
haiku 俳句 *Haiku (jap. Dichtung)* L6A
(... ni) hair·u 入る *eintreten (in ...)* L5A
(furo ni) hair·u (風呂に) 入る *baden* L8Ü
haisui 廃水 *Abwasser* L9B
hajimari 始まり *Anfang* L10A
hajimar·u 始まる *anfangen (intr.)* L4A
hajime 初め *am Anfang; Anfang* L6B
hajime·ru 始める *anfangen (tr.)* L4A
hajimete 初めて *zum ersten Mal* L14A
hakama 袴 *Hakama (Hosenrock: jap. Kleidung)* L8B
hakari 秤 *Waage* L3Ü
hakar·u 計る *wiegen* L11K
Hakata 博多 *Hakata (Stadt)* L12A
hakkou-busuu 発行部数 *Auflage* L11B
Hakone-kantorî-kurabu 箱根カントリークラブ *Hakone Country Club (Golfclub)* L3K
hak·u 穿く *tragen (Hosen, Socken)* L8B
hakushi-katei 博士課程 *Doktorkurs* L12B
hâmonika ハーモニカ *Mundharmonika* L7A
hamu ハム *(gekochter) Schinken* L9Ü
hana 花 *Blume* L1A
(... o) hanare·ru 離れる *sich entfernen (von ...)* L11B
hanashi 話 *Geschichte, Erzählung* L6B
hanas·u 話す *sprechen, erzählen* L7A
hana-ya 花屋 *Blumengeschäft*
hanbun 半分 *Hälfte* L9B
handan 判断 *Urteil* L10B
handan o kudas·u 判断を下す *ein Urteil fällen* L10B
Haneda-kuukou 羽田空港 *Haneda-Flughafen* L12A
haniwa 埴輪 *Haniwa (Terrakottafigur)* L8B
hanzai 犯罪 *Verbrechen* L11B
hara·u 払う *bezahlen* L7K
hare·ru 晴れる *sich aufklären, aufheitern (Wetter)* L8A
haru 春 *Frühling* L5K, L5B
(tento o) har·u テントを張る *(ein Zelt) aufschlagen* L8K
hashi 橋 L7A

H-I Vokabelindex (Japanisch-Deutsch)

(... o) hashir·u 走る *rennen, laufen, fahren (in/ auf ...)* L5Ü
(... ga) hashir·u 走る *fahren (Züge, Autos)* L12A
hatarak·u 働く *arbeiten* L9B
hatsumei-suru 発明する *erfinden* L15B
hatsuon 発音 *Aussprache* L4A
hattatsu 発達 *Entwicklung* L9B
hattatsu-suru 発達する *sich entwickeln* L8B
hatten-suru 発展する *sich entwickeln* L11B
hayaku 早く *früh* L5A; *schnell (Beim Sprechen)*
hayaku 速く *schnell* L15B
Heian-jidai 平安時代 *Heian-Zeit (794-1185)* L8B
Heian-jinguu 平安神宮 *Heian-jingû (Schrein)* L6K
heihou-kiromêtoru 平方キロメートル *Quadratkilometer* L5B
heiya 平野 *Ebene* L5B
(... ni) her·u 減る *abnehmen (auf ...), absinken (auf ...), sinken (niedriger werden)* L9B
heya 部屋 *Zimmer, Raum* L3A
hi 日 *Tag, Sonne* L4A
hi 火 *Feuer* L7B
hidari 左 *links von ...* L3Ü
hidari-gawa-tsuukou 左側通行 *Linksverkehr* L15A
higashi 東 *Osten* L12A
higashi-guchi 東口 *Ostausgang* L7K
hikaku-teki 比較的 *verhältnismäßig, relativ* L8A
hikari 光 *Licht* L7A
hikar·u 光る *glänzen* L7A
hikou-jikan 飛行時間 *Flugdauer* L12A
hikou-ki 飛行機 *Flugzeug* L12A
hik·u 弾く *spielen (Saiteninstrumente)* L14A
hima 暇 *Freizeit; nicht beschäftigt sein, Zeit haben* L15A
Himeji-jou 姫路城 *Himeji-jou (Schloss)* L15K
hina ヒナ／雛 *Küken* L13K
hina-matsuri 雛祭り *Puppenfest (am 3. März)* L6B
hina-ningyou 雛人形 *Hina-Puppe* L6B
Hiragana 平仮名 *Hiragana (Schriftzeichen)* L15B
hirame ヒラメ／鮃 *Scholle* L9Ü
hiritsu 比率 *Anteil, Prozentsatz* L14B
hirogar·u 広がる *sich verbreiten* L11B
hiro·i 広い *groß (Fläche), breit* L8A
hiro·ku 広く *weit, breit* L11B
Hiroshima 広島 *Hiroshima (Präfektur bzw. Stadt)* L11K
hiru 昼 *Mittag* L4A
hiru-gohan 昼ご飯 *Mittagessen* L4Ü
hiruma 昼間 *tagsüber, am Tage; Tageszeit* L10B
hiru-yasumi 昼休み *Mittagspause* L5A
hisashi-buri 久しぶり *das erste Mal nach langer Zeit* L13K
hito 人 *Mensch* L3A
hitsuyou 必要 *notwendig, erforderlich* L13A
hiyake 日焼け *Sonnenbrand* L8K

hiyake-suru 日焼けする *Sonnenbrand bekommen* L8K
hizuke 日付け *Datum* L13B
hodo ほど／程 *ungefähr, ca. (PP zur Markierung einer Ungenauigkeit)* L4A; *(Pseudo-Nomen: siehe Grammatik 12.1.2)* L12A
hoiku-jo 保育所 *Krabbelstube* L12B
hoka 他 *andere (-r, -s)* L11B
Hokkaidou 北海道 *Hokkaidô (Nordinsel)* L5B
Hokkaidou-shinkan-sen 北海道新幹線 *Hokkaidô-shinkansen-Linie* L12A
hômu ホーム *Bahnsteig* L5K
hon 本 *Buch* L1Ü
hon-bun 本文 *Hauptteil* L13B
hondana 本棚 *Bücherregal, -schrank* L3A
honsha 本社 *Hauptsitz einer Firma* L4A
Honshuu 本州 *Honshû (Hauptinsel)* L5B
hontou 本当 *wahr, wirklich* L3K
hontou ni 本当に *wahr, wirklich* L3K
hon-ya 本屋 *Buchhandlung* L13A
hoshi 星 *Sterne* L6B
(... ga) hoshi·i 欲しい *(etw.) haben wollen* L13A
hoshou-sho 保証書 *Garantieheft* L4K
hoteru ホテル *Hotel* L2A
hotondo 殆ど *die meisten ...* L4A; *meistens* L9B
hou 方 *Richtung* L9A
houkai 崩壊 *Zusammenbruch* L14B
houmen 方面 *nach ... (Richtung)* L14K
houritsu 法律 *Gesetz, Recht* L8B
Houryuu-ji 法隆寺 *Hôryûji-Tempel* L10B
housaku 豊作 *gute Ernte* L7B
hyakka-jiten 百科事典 *Enzyklopädie* L4K
hyouji-ban 表示板 *Anzeigetafel* L14K
hyouki 表記 *Orthographie* L15B; *Notation*
hyoukou 標高 *Meereshöhe* L15A
hyouon-moji 表音文字 *Phonogramm* L15B
hyouon-teki 表音的 *als Phonogramme funktionierend* L15B

I

i い *(Interrogative PP)* L8K
ichi-ban 一番 *am meisten* L10B
ichi-do mo ... nai 一度も〜ない *kein einziges Mal* L8A
ie 家 *Haus* L2A
igaku-bu 医学部 *medizinische Fakultät* L12B
i·i いい *gut* L2A
iie いいえ *Nein* L1A
ika イカ／烏賊 *Tintenfisch* L10K
ike 池 *Teich* L7A
iki 行き *Hinfahrt, -flug, -reise* L5A
-ikou 以降 *seit ..., nach ...* L14B
ik·u 行く *hingehen* L4A
ikura 幾ら *wie viel kostet ...* L4K
ikutsu ka 幾つか *einige* L6B
ima 今 *jetzt* L3Ü

ima demo 今でも *heute noch* L6B
imi 意味 *Bedeutung* L10B
imouto 妹 *jüngere Schwester* L1A
inshu-unten 飲酒運転 *Autofahren mit Alkohol im Blut* L15A
intâ-netto インターネット *Internet* L7Ü, L11B
inu 犬 *Hund* L3Ü
ippai 一杯 *voll, überfüllt* L6A
(... ni ... o) ire·ru 入れる *(etw.) nehmen (in ...)* L9K
(... o) ire·ru 入れる *eischalten (Elektrogetäte)* L10A
iri-guchi 入り口 *Eingang* L5A
iroiro 色々 *verschieden, allerlei, vielerlei* L3K
iryou-hin 衣料品 *Kleidung* L9Ü
i-sha 医者 *Arzt* L2K
Ishikari-gawa 石狩川 *Ishikari-gawa (Fluss)* L5B
isogashi·i 忙しい *beschäftigt* L14A
issho 一緒 *zusammen* L5A
issho ni 一緒に *zusammen* L5A
isshuu-suru 一周する *eine Rundfahrt bzw. -reise machen* L10K
isu 椅子 *Stuhl* L3A
ita·i 痛い *schmerzhaft* L6A
Itami-kuukou 伊丹空港 *Itami-Flughafen* L12A
itas·u 致す *tun, machen (Bescheidenheitsausdruck)* L9K
itoko いとこ *Cousin, Cousine* L1A
itsumo いつも *ständig, immer* L2A
iwashi イワシ／鰯・鰮 *Sardine* L9Ü
iwa·u 祝う *feiern* L7B
iwayuru 所謂 *so genannt* L10B
iyaku-hin 医薬品 *Arzneimittel* L14B

J

-ji 時 *... Uhr* (Zähleinheitswort für Uhrzeit) L4A
jibun 自分 *selbst* L13B
jidai 時代 *Zeit, Epoche, Ära, Periode* L10B
jidou-hanbai-ki 自動販売機 *Automat* L5A
jidousha 自動車 *Auto* L2A
jidousha-sangyou 自動車産業 *Autoindustrie* L14B
jidousha-seisan-daisuu 自動車生産台数 *Produktionsmenge der Autos* L14B
jidou-sho 児童書 *Kinderbuch* L11B
jidou-shokki-arai-ki 自動食器洗い機 *Geschirrspülmaschine* L13Ü
jikan 時間 *Zeit, Uhrzeit* L5A
jikei 字形 *Form der Schriftzeichen* L15B
jiki 時期 *Zeit, Periode, Zeitpunkt* L15B
jiko 事故 *Unfall* L15A
ji-nan 次男 *zweitgeborener Sohn* L13K
jinja 神社 *Schrein* L6B
jinkou 人口 *Bevölkerung(szahl)* L5B
jinkou-mitsudo 人口密度 *Bevölkerungsdichte* L5B
jinmei-jiten 人名事典 *Lexikon der Personennamen* L4K
Jinshin no ran 壬申の乱 *Jinshin-Aufstand (672, Kampf um die Thronfolge)* L10B

jînzu ジーンズ *Jeans* L12K
jishin 自信 *Selbstvertrauen* L15A
jisho 辞書 *Wörterbuch* L13A
jisoku 時速 *Stundengeschwindigkeit, Km/h* L12A
jitensha 自転車 *Fahrrad* L2A
jiyuu 自由 *Freiheit; frei, uneingeschränkt, unbeschränkt* L11B
jogingu-suru ジョギングする *joggen* L7Ü
jo-sei 女性 *Frau* L15B
joshi 女子 *Mädchen, Frauen* L12B
Jouetsu-shinkan-sen 上越新幹線 *Jôetsu-shinkansen-Linie* L12A
jouhou 情報 *Information* L11
jouhou-dentatsu-shudan 情報伝達手段 *Kommunikationsmittel, Massenmedien* L11B
jouhou-koukan 情報交換 *Informationsaustausch* L11B
Joumon-bunka 縄文文化 *Jômon-Kultur (ca. 8000 v. Chr. - 300 v. Chr.)* L10B
Joumon-jidai 縄文時代 *Jômon-Zeit (ca. 8000 v. Chr. - 300 v. Chr.)* L10B
joushou-suru 上昇する *ansteigen, zunehmen* L14A
Jouyou-kanji 常用漢字 *Jôyô-kanji* L15B
jouyou-sha 乗用車 *PKW* L14B
jouzu 上手 *gut (Fertigkeit)* L14A
jouzu ni 上手に *gut (Fertigkeit)* L14A
joya no kane 除夜の鐘 *Silvesterglocke* L7B
jugyou 授業 *Unterricht* L11A
junbi 準備 *Vorbereitung* L14A
(... o) junbi-suru 準備する *sich vorbereiten (auf ...)* L14A
juu-kougyou 重工業 *Schwerindustrie* L14B
juu-ni-hitoe 十二単 *Jûni-hitoe (Zeremonierobe japanischer Hofdamen)* L7B
juyou 需要 *Nachfrage* L9B

K

ka か (PP zum Ausdruck eines Zweifels bzw. einer Frage) L1A
kabu-ka 株価 *Wert der Aktien* L14B
kabur·u 被る *tragen (Hüte, Schals)* L8B
kabushiki 株式 *Aktie, Aktienbrief, Anteilschein* L14B
kachou 課長 *Abteilungsleiter* L3A
kadan 花壇 *Blumenbeet* L7A
kado-matsu 門松 *Kadomatsu (Neujahrskiefer)* L6B
kaeri 帰り *Rückreise, -flug, -fahrt, auf dem Weg nach Hause* L5A
(... o ... ni) kae·ru 換える *(etw.) wechseln (mit ...)* L14Ü
kaeshi 返し (siehe **o-kaeshi**) L10K
kafeteria カフェテリア *Cafeteria* L1Ü
ka-gaku 化学 *Chemie* L13K, L14A
ka-gaku-hin 化学品 *Chemieprodukt* L14B
kagaku-kougyou 化学工業 *Chemieindustrie* L14B
-kagetsu 〜か月 *.. Monate lang* L4A

K

Kagoshima 鹿児島 *Kagoshima (Präfektur bzw. Stadt)* L12A
kai 階 *Stockwerk, Etage* L4K
-kai ～階 *.. ste Etage* (Zähleinheitswort für Etagen) L5A
-kai ～回 *.. Mal* (Zähleinheitswort für Häufigkeit) L4A
kaigyou-suru 開業する *in Betrieb nehmen (Bahnlinie)* L12A
kaihatsu-suru 開発する *entwickeln* L14B
kaikei 会計 *Kasse* L9K
kaikou-suru 開港する *in Betrieb nehmen (Häfen, Flughäfen)* L12A
kaisatsu-guchi 改札口 *Bahnsteigsperre* L7K
kaisha 会社 *Firma, Unternehmen* L1A
kaisha-in 会社員 *Angestellte (-r) einer Firma* L1A
kaishin 改新 *Reform, Erneuerung* L10B
kaishin-suru 改新する *erneuern* L10B
kaisuiyoku 海水浴 *Schwimmen im Meer* L8A
kaiten-zushi 回転寿司 *Sushi-Restaurant mit drehender Theke* L10K
kakar·u 掛かる *dauern, kosten* L4A
(o-kane ga) kakar·u お金が掛かる *viel kosten* L8A
kakar·u 懸かる *sich spannen (Brücke)* L7A
kakom·u 囲む *umzingeln, um etw./jmdn. stehen/ sitzen* L8K
kakou-kumitate-gata-sangyou 加工組み立て型産業 *Siehe* L14B
kaku 書く *schreiben* L5Ü
kakuritsu-suru 確立する *etablieren, gründen* L10B
kakusa 格差 *Gefälle, Unterschied* L11B
kakutoku-suru 獲得する *erlangen, erreichen, erringen, erzielen, gewinnen* L15B
Kamakura-jidai 鎌倉時代 *Kamakura-Zeit (1185--1333)* L8B
(... ni) kama·u 構う *Gedanken machen (über ...)* L12K
kamawa·nai 構わない *das macht nichts* L12K
kame 亀 *Schildkröte* L3Ü, L13K
kamera カメラ *Kamera* L1Ü
kami 神 *Gott* L6B
kamoku 科目 *Fach, Gebiet* L13A
-kan ～間 *Strecke zwischen ...* L12A
kana 仮名 *Kana (jp. Phonogramm)* L15B
kânabi カーナビ *Autonavigation* L15A
kanarazu 必ず *ausnahmslos* L10K
kan-bun 漢文 *Kanbun (In klassischem Chinesisch verfasster Text)* L13A
(... ni) kandou-suru 感動する *begeistert sein (von ...)* L8A
kangae·ru 考える *denken, nachdenken* L8A
kanji 漢字 *Kanji (chin. Schriftzeichen)* L7Ü, L15B
kanji-tesuto 漢字テスト *Kanjitest* L6Ü
kanjou 勘定 *Bezahlung* L9K

Kankoku 韓国 *Südkorea* L3K
kankou-kyaku 観光客 *Tourist* L6K
kanojo 彼女 *sie (3. Person, Sing.)* L1Ü
kanryaku-ka-suru 簡略化する *vereinfachen* L15B
kansai 関西 *Kansai-Gebiet (Osaka, Kyoto und ihre Umgebung)* L7B
Kansai-kokusai-kuukou 関西国際空港 *Kansai-International-Flughafen* L12A
(... ga) kansei-suru 完成する *vervollständigt werden* L15B
(... o) kansei-suru 完成する *(etw.) vervollständigen* L15B
kansou-ki 乾燥機 *Trockner* L13Ü
kantan 簡単 *leicht, einfach* L4K, L10A
kantou 関東 *Kantô-Gebiet (Tokyo und die umliegenden Präfekturen)* L7B
kan-wa-jiten 漢和辞典 *chinesisch-japanisches Wörterbuch* L4K, L13A
kara から *von..., ab ...* (PP zur Markierung eines Ausgangspunkts) L4A
karada 体 *Körper* L13B
kare 彼 *er* L1Ü
karendâ カレンダー *Kalender* L3A
karê-raisu カレーライス *Reis mit Currysoße (Indisches Gericht)* L5A
kasane·ru 重ねる *übereinander / aufeinander legen* L8B
kashiko·i 賢い *klug* L3A
kashikomar·u 畏まる *verstehen (Bescheidenheitsausdruck)* L9K
-kasho ～か所 (Zähleinheitswort für Orte) L4A
Kasuga-taisha 春日大社 *Kasuga-taisha (Schrein)* L6K
Kasumiga-ura 霞ケ浦 *Kasumigaura (der See)* L5B
Katakana カタカナ *Katakana (Schriftzeichen)* L15B
katakana-go-jiten カタカナ語辞典 *Fremdwörterlexikon* L4K
katei 家庭 *Familie, Haushalt* L6B
ka·u 買う *kaufen* L5A
ka·u 飼う *halten (Tiere)* L13K
kawa 川 *Fluss* L5B
Kawabata Yasunari 川端康成 *Kawabata Yasunari (Schriftsteller: 1899-1972)* L13A
kawairashi·i 可愛らしい *süß (Menschen, Tiere)* L6K
kawaisou 可哀想 *mitleidenswert, armselig* L9A
(... ni) kawar·u 代わる *etw. übernehmen (von...)* L7K
(... ni) kawar·u 変わる *sich ändern (zu ...)* L8B
(... ni) kayo·u 通う *besuchen (Schulen)* L12B
kazar·u 飾る *schmücken* L6B
kazoku 家族 *Familie* L5A
kechappu ケチャップ *Ketchup* L9Ü
keiki 景気 *Konjunktur* L14B
keiko-goto 稽古事 *Unterricht außerhalb der Schule (z. B. Klavier-, Schwimmunterricht*

u.ä.) L12B
keikou 傾向 *Tendenz* L12B
kei-kougyou 軽工業 *Leichtindustrie* L14B
keisan-ki 計算機 *Rechner, Rechenmaschine* L3A
keishiki 形式 *Form, Formalität* L13B
keitai 携帯 *Handy, Mobiltelefon* L3Ü
keitai-denwa 携帯電話 *Handy* L11B
keitai-tanmatsu 携帯端末 *Handyterminal* L13B
keizai 経済 *Wirtschaft* L8A
kêki-ya ケーキ屋 *Konditorei* L9A
kekkon-shiki 結婚式 *Hochzeit(szeremonie)* L8B
(... to) kekkon-suru 結婚する *(jmn.) heiraten* L5K
kekkyoku 結局 *letztendlich, schließlich, im Grunde, am Ende* L13K
kenbutsu 見物 *Besichtigung* L6K
kenbutsu-nin 見物人 *Zuschauer, Besucher* L10A
kenbutsu-suru 見物する *besichtigen* L6K, L10A
kenchiku-ka 建築家 *Architekt* L1K
kenkyuu 研究 *Forschung* L14A
kenkyuu-suru 研究する *(er)forschen* L14A
kenpou 憲法 *Verfassung* L10B
keshi-gomu 消しゴム *Radiergummi* L1Ü
keshiki 景色 *Landschaft, Aussicht* L6A
ki 気 *Gefühl, Empfinden* L9A
(... ga) ki ni ir·u 気に入る *gefallen* L15A
(... ni) ki o tsuka·u 気を遣う *Gedanken machen (über ...)* L9A
(... ni) ki o tsuke·ru 気を付ける *aufpassen (auf ...)* L9A
-ki 基 (Zähleinheitswort für AKW) L14B
kibishi·i 厳しい *streng, hart* L13B
kigen-zen 紀元前 *v. Chr.* L15B
kikai 機械 *Maschine* L3Ü
kikai 機会 *Anlass, Gelegenheit* L8B
kikai-ka 機械化 *Mechanisierung* L9B
kikan 期間 *Zeitspanne, Zeit, Dauer* L12B
kikou 気候 *Klima* L5B
kik·u 聞く *hören* L4A; *fragen, sich erkundigen* L7K
(... ga ... ni) kimar·u 決まる *festgelegt werden (auf ...)* L8B
(.. o ... ni) kime·ru 決める *(etw.) festlegen (auf ...)* L15B
kimono 着物 *Kimono* L8B
kin'en-kônâ 禁煙コーナー *Ecke für Nichtraucher* L9Ü
kinou きのう／昨日 *gestern* L5A
ki'nyuu 記入 *Eintragung, Eintrag* L15B
kin'yuu-hikishime-seisaku 金融引き締め政策 *Verschärfungspolitik des Geldmarktes* L14B
kin'yuu-kanwa-seisaku 金融緩和政策 *Entspannungspolitik des Geldmarktes* L14B
(... o ... ni) ki'nyuu-suru 記入する *(etw.) eintragen (in ...)* L 11K, L14Ü
kippu-uriba 切符売り場 *Verkaufsschalter für Karten* L4Ü
(... ga) kirai (da) 嫌い *(etw.) nicht mögen* L13A
kirei 綺麗 *schön* L2A
kir·u 切る *ausschalten (Elektrogeräte)* L10A
kisetsu 季節 *Jahreszeit, Saison* L11A
Kiso-gawa 木曽川 *Kisogawa (Fluss)* L12Ü
kita 北 *Norden* L5B
Kita-Amerika 北アメリカ *Nordamerika* L14B
Kita-Arupusu 北アルプス *Nordalpen* L5B
Kitadake 北岳 *Kitadake (Berg)* L8K
Kitakami-gawa 北上川 *Kitakami-gawa (Fluss)* L12Ü
kitsuen-kônâ 喫煙コーナー *Raucherecke* L1Ü
kitte 切手 *Briefmarke* L1Ü
kiuî キウイ *Kiwi* L9Ü
Kiyotaki 清滝 *Kiyotaki* (Ort) L6A
ko 子 *Kind* L5K
ko-bun 古文 *klassisches Japanisch* L13A
kochira こちら *hier (bei mir)* L1A; *diese/dieses/dieser* (höflicher Ausdruck) L4K
kochira-gawa こちら側 *diese Seite* L7A
kodomo 子供 *Kind* L4Ü
kodomo no hi 子供の日 *Kindertag (am 5. Mai)* L6B
kofun 古墳 *Hügelgrab* L8B
Kofun-jidai 古墳時代 *Kofun-Zeit (ca. 400 n. Chr. - 600 n. Chr.)* L10B
kôhî-mêkâ コーヒーメーカー *Kaffeemaschine* L13Ü
koi 鯉 *Karpfen* L7A
koi-nobori 鯉幟 *Koinobori (Karpfenwimpel)* L6B
kojika 子鹿 *Rehkitz* L6K
Kojiki 古事記 *Kojiki (712, Geschichtsbuch)* L10B
kokage 木陰 *Schatten eines Baumes* L7A
koko ここ *hier* L1A
kokuban 黒板 *Tafel* L3A
kokudo 国土 *Land, Hoheitsgebiet* L5B
koku-go 国語 *Japanisch (als Fach an den japanischen Schulen)* L13A
kokumin-sei 国民性 *Volkscharakter* L11A
kokumotsu 穀物 *Getreide* L14B
kokunai 国内 *Inland* L9B
koku-ritsu 国立 *staatlich* L12B
kokusai-unten-menkyo-shou 国際運転免許証 *internationaler Führerschein* L15A
komaka·i 細かい *fein, klein* L15B
komaka·ku 細かく *fein, klein* L15B
komar·u 困る *Schwierigkeiten haben* L10B
kome 米 *(ungekochter) Reis* L7B, L9B
kom·u 混む *überfüllt sein* L3A
kônâ コーナー *Ecke* L12K
konban 今晩 *heute Abend* L6Ü
konbini コンビニ *24-Stunden-Laden* L1A
kono mae この前 *vor kurzem, vor einigen Tagen* L9A
kono mae no nichi-youbi この前の日曜日 *am letzten Sonntag* L6K

K   Vokabelindex (Japanisch-Deutsch)

kono tsuki wa この次は *nächstes Mal* L6A
kono you ni この様に *auf dieser Weise* L11B
konsâto コンサート *Konzert* L4Ü
kopî-ki コピー機 *Kopiergerät* L3A
kora こら *Pass auf!* L9A
korai 古来 *von alters her, seit alters* L6B
kora-kora こらこら *Pass auf!* L9A
kore-kore これこれ *Pass auf! Vorsicht!* L9A
koshou コショウ／胡椒 *Pfeffer* L9Ü
kosode 小袖 *Kosode (wattiertes Seidengewand)* L8B
(... ni) kotae·ru 答える *antworten (auf ...), beantworten* L11A
koten-bungaku 古典文学 *klassische Literatur* L13A
kotoba 言葉 *Sprache* L11A; *Grusswort* L13A; *Wort, Ausdruck*
(... to) kotonar·u 異なる *sich unterscheiden (von ...)* L15B
kotori 小鳥 *kleiner Vogel* L3Ü, L7A
kotoshi 今年 *dieses Jahr* L5K, L8A
koubutsu 鉱物 *Mineralien* L9B
Kouchi 高知 *Kouchi (Präfektur)* L12A
koudo 高度 *hochgradig, hoch entwickelt* L11B
koudo-seichou-ki 高度成長期 *Phase mit grossem Wirtschaftswachstum* L14B
kouen 公園 *Park* L7A
kougai 郊外 *Vorort* L4A
kou-gaku 工学 *Maschinenbau, Ingenieurwissenschaften, Technik* L11B
kougyou 工業 *Industrie* L9B
kouhan 後半 *die zweite Hälfte* L14B
Koujien 広辞苑 *Kôjien (ein repräsentatives jap.-jap. Wörterbuch)* L4K
koujou 工場 *Fabrik* L2A
koukan-ryuugaku-sei 交換留学生 *Austauschstudierende (-r)* L13A
kou-keiki 好景気 *Hochkonjunktur* L14B
kouko-gaku 考古学 *Archäologie* L10B
kouritsu 公立 *öffentlich* L12B
koukou-sei 高校生 *Oberschüler (-in)* L3K
koukuu-bin 航空便 *Sendung auf dem Luftweg, (per) Luftpost* L11K
kousaku-kikai 工作機械 *Werkzeugmaschine* L14B
kousa-ten 交差点 *Kreuzung* L9A
koushin 交信 *Funkverkehr, Korrespondenz* L11B
kousoku 高速 *Autobahn* L5Ü
koutai 交代 *(Arbeits)schicht, Ablösung, Schichtwechsel* L4A
koutai de 交代で *schichtweise, abwechselnd* L4A
kou-teki 公的 *öffentlich, offiziell* L15B
koutou-gakkou 高等学校 *Oberschule (entspricht der dt. 10. - 12. Klasse)* L12B
koutou-senmon-gakkou 高等専門学校 *Oberfachschule (entspricht der dt. 10.-12. Klasse der Berufsschulen)* L12B

koutsuu-jiko 交通事故 *Verkehrsunfall* L9A
Kouzan-ji 高山寺 *Kôzan-ji (Tempel)* L6A
kouzan-shokubutsu 高山植物 *Alpenblumen* L8A
kozeni 小銭 *Kleingeld* L7K
kozutsumi 小包 *Paket* L11K
kudamono 果物 *Obst* L9Ü
kudasar·u 下さる *geben (höflicher Ausdruck)* L4K
(handan o) kudas·u (判断を) 下す *(ein Urteil) fällen* L10B
kun 訓 *Kun-Lesung (jap. Lesung)* L15B
kuni 国 *Land, Heimat* L1K
kun-ten 訓点 *Kunten (Lesehilfszeichen beim Lesen klassischer chin. Texte)* L15B
kurabu クラブ *Club, Klub, Verein* L13K
kure 暮れ *Jahresende* L7B
kuro·i 黒い *schwarz* L7A
kuru 来る *kommen* L5B
kuruma 車 *Auto* L1A
kuuki 空気 *Luft* L2A
kuu-seki 空席 *freier Platz* L10K
kuwashi·i 詳しい *ausführlich, detailliert, eingehend* L14A
kuwashi·ku 詳しく *ausführlich, detailliert, eingehend* L14A
kyabetsu キャベツ *Kohl* L9Ü
kyadî キャディー *Caddie* L3K
kyaku 客 *Gast* L9A; *Kunde*
kyonen 去年 *letztes Jahr* L5K, L8A
kyoubou 凶暴 *gewalttätig, blutdürstig, brutal, wild* L13K
kyoudai 兄弟 *Geschwister* L3K, L14A
kyouiku 教育 *Ausbildung, Bildung, Erziehung* L12B
kyouiku-seido 教育制度 *Bildungssystem* L12B
kyoukasho 教科書 *Lehrbuch, Lehrwerk* L13A
kyoukyuu 供給 *Angebot* L9B
kyoukyuu-men 供給面 *in Bezug auf Angebot* L14B
kyoushitsu 教室 *Klassenzimmer, Seminarraum* L1Ü, L11A
kyousou-ritsu 競争率 *Konkurrenzrate* L12B
kyousou-suru 競争する *konkurrieren* L12B
kyouten 教典 *Sutra* L15B
Kyouto 京都 *Kyôto (Stadt)* L6A
kyuu 急 *steil; schnell; dringend; plötzlich* L6A
kyuukou 急行 *Schnellzug* L5K
kyuu-nishi-doitsu 旧西ドイツ *ehemaliges Westdeutschland* L12A
kyuuraku-suru 急落する *abstürzen* L14B
kyuuri キュウリ／胡瓜 *Gurke* L9Ü
kyuuryou 給料 *Gehalt* L5K
Kyuushuu 九州 *Kyûshû (Südinsel)* L5B
Kyuushuu-shinkansen 九州新幹線 *Kyûshû-Shinkansen-Linie* L12A
kyuusoku 急速 *schnell, rapide* L9B
kyuusoku ni 急速に *schnell, rapide* L9B

kyuutei 宮廷 *kaiserlicher Hof* L8B
kyuutei-fujin 宮廷婦人 *Hofdame* L15B

M

machi 町 *Stadt* L2A
mada まだ *noch* L3K, L5A
made まで *bis...* (PP zur Markierung einer Grenze) L4A
mado 窓 *Fenster* L3A
mado-guchi 窓口 *Schalter* L11K
mae 前 *vor...* L3A
-mae 前 *vor...* L5A
maguro マグロ／鮪 *Thunfisch* L9Ü, L10Ü
mai-asa 毎朝 *jeden Morgen, morgens* L4A
(... ni) mair·u 参る *(Tempel/Schrein) besuchen* L6B; *kommen (Bescheidenheitsausdruck)*
makka 真っ赤 *puter-, feuer-, knallrot* L12K
mame 豆 *Bohne* L6B
manab·u 学ぶ *lernen* L15B
ma-natsu 真夏 *Hochsommer* L10A
manek·u 招く *einladen* L6B
manga マンガ／漫画 *Manga, Comics* L9Ü
mangetsu 満月 *Vollmond* L7B
mannaka 真ん中 *mitten in...* L3A
Manyou-gana 万葉仮名 *Manyô-gana (Chin. Schriftzeichen, die als Phonogramme verwendet wurden)* L15B
Mashuuko 摩周湖 *Mashû-ko (See in Hokkaidô)* L8A
masu ます (HV zur höflichen Aussage) L1A
mas·u 増す *zunehmen* L11B
masu-komi マスコミ *Massenmedien* L11B
masu-media マスメディア *Massenmedien* L11B
mata また／又 *wieder* L5A
maton マトン *Schaffleisch, Hammelfleisch* L9Ü
(...o) mats·u 待つ *warten (auf...)* L4K, L7K, L9A
matsuri 祭り *Fest* L6B
mausu マウス *Maus* L1Ü
mawari 周り *Umgebung* L9B
(... o) mawar·u 回る *herumgehen (um...)* L7A; *eine Rundtour machen* K8A
mazu まず *zuerst* L6A
media メディア *Medien* L11B
meishi 名刺 *Visitenkarte* L1K
meisho 名所 *Sehenswürdigkeit* L6K
-men ～面 *in Bezug auf..., betreffend...* L14B
menbâ メンバー *Mitglied* L3K
menkyo 免許 *Führerschein* L15A; *Erlaubnis, Lizenz*
menseki 面積 *Fläche* L5B
menzei 免税 *zollfrei* L4K
meron メロン *Melone* L9Ü
mêru メール *Mail* L5Ü, L10K
metta ni ... nai 滅多に～ない *kaum* L4A
mezurashi·i 珍しい *selten* L3K, L15A
michi 道 *Weg, Pfad* L6A

midori 緑 *grün, Grün* L6A
(... ga) mie·ru 見える *sichtbar sein, (etw.) sehen* L14K
migi 右 *rechts von...* L3Ü
migi-gawa-tsuukou 右側通行 *Rechtsverkehr* L15A
mi-harashi 見晴らし *Aussicht* L8A
miharas·u 見晴らす *überblicken* L8A
mikan ミカン／蜜柑 *Mandarine* L9Ü
minami 南 *Süden* L5B
Minami-Arupusu 南アルプス *Südalpen* L5B
mineraru-wôtâ ミネラルウォーター *Mineralwasser* L13K
mi-oros·u 見下ろす *hinunter sehen / blicken* L7A
mi·ru 見る *sehen* L4A
miruku ミルク *Milch* L5A
miruku-tî ミルクティー *Tee mit Milch* L9K
mise 店 *Laden, Geschäft* L9A
mise·ru 見せる *zeigen* L4K
(... ga) mitsukar·u 見つかる *gefunden werden* L13A
miyako 都 *Hauptstadt* L10B
mizu 水 *Wasser* L2A
mizuumi 湖 *der See* L5B
mo も *auch* (PP zur Markierung eines Themas und zugleich zum Ausdruck von *auch*) L1A
mochi 餅 *Mochi (Reiskuchen)* L6B
mochii·ru 用いる *benutzen, verwenden* L11B
(... ni) modor·u 戻る *zurückkehren (zu ...)* L5A
moji 文字 *Schriftzeichen* L15B
moji-banare 文字離れ *Verfremdung von Schriftzeichen* L11B
mokuzai 木材 *Holz* L9B
momen 木綿 *Baumwolle* L12K
momiji 紅葉 *Herbstfärbung* L5B
momo 桃 *Pfirsich* L1A
mondai 問題 *Problem* L11B
mondai-ten 問題点 *problematischer Punkt* L11B
monitâ モニター *Monitor* L11B
monmou 文盲 *Analphabet* L12B
monogatari-bungaku 物語文学 *Erzählliteratur* L15B
Morioka 盛岡 *Morioka (Stadt in Iwate)* L12A
mots·u 持つ *tragen; haben* L7A
motte-iku 持っていく *mitnehmen (Gegenstände)* L11K
mou もう *bereits, schon* L5A
mukae·ru 迎える *empfangen (Menschen)* L7B
mukashi 昔 *früher, Vergangenheit* L6, L9A
mukou 向こう *drüben, die andere Seite* L7A
mukou-gawa 向こう側 *die andere Seite* L7A
mura 村 *Dorf* L7B
Muromachi-jidai 室町時代 *Muromachi-Zeit (1335-1573)* L8B
mushiatsu·i 蒸し暑い *schwül* L10A

musubi 結び *Schluss, Schlussteil* L13B
musuko 息子 *Sohn* L13K
musume 娘 *Tochter* L13K
muzukashi·i 難しい *schwierig* L4A

N

n ん (HV zur Negation) L1A
naga·i 長い *lang* L5B
naga-negi 長ネギ／長葱 *Lauch* L9Ü
Nagano 長野 *Nagano (Präfektur bzw. Stadt)* L12A
Nagano-shinkan-sen 長野新幹線 *Nagano-shinkansen-Linie* L12A
(V2 +) nagara ながら *während ...* (PP zum Ausdruck von Gleichzeitigkeit) L8A
nagare·ru 流れる *gehört werden (Musik)* L10A
Nagasaki 長崎 *Nagasaki (Präfektur bzw. Stadt)* L12A
nage·ru 投げる *werfen* L7A
naifu ナイフ *Messer, Taschenmesser* L3Ü
naka 中 *in ...* L3A
nakaba 半ば *Mitte (Monat)* L15B
naka-naka なかなか *schwer ...* (Wird in Verbindung mit dem negierten Prädikat verwendet) L13A; *ziemlich, recht ...* (Wird in Verbindung mit dem bejahten Prädikat verwendet)
nak·u 泣く *weinen* L13K
nakunar·u 無くなる *verloren gehen, verschwinden* L6B
namae 名前 *Name* L1A
nan-bei 南米 *Südamerika* L14B
nan-boku 南北 *der Süden und der Norden* L5B
nani 何 *was* L1A
Nanzen-ji 南禅寺 *Nanzen-ji* (Tempel) L6K
Nara-jidai 奈良時代 *Nara-Zeit (710—794)* L10B
nara·u 習う *lernen* L12B
(... ni) nare·ru 慣れる *sich gewöhnen (an ...)* L15A
Narita-kuukou 成田空港 *Narita-Flughafen* L12A
(... ni) nar·u なる／成る *werden (zu ...)* L10K, L11B
nashi ナシ／梨 *Birne (Obst)* L9Ü
natsu 夏 *Sommer* L5B
naze なぜ／何故 *warum* L11A
ne ね *nicht wahr?* (s. Grammatik 2.4.1) L2A
ne ね (PP zum Ausdruck von Erstaunen) L4A
nedan 値段 *Preis* L12K
nee ねえ *Hör mal!* L9A
nega·u 願う *bitten* L5K
neko 猫 *Katze* L3Ü
nekutai ネクタイ *Krawatte* L12K
nemur·u 眠る *schlafen, einschlafen* L10K
nendai 年代 *Generation; -iger Jahre* L11B
nenga-jou 年賀状 *Neujahrskarte* L13B
nen-nen 年々 *jährlich, Jahr für Jahr* L9B
nenryou 燃料 *Brennstoff* L14B
nenryou-denchi 燃料電池 *Wasserstoffenergie* L14B
ne·ru 寝る *schlafen* L5A

(... ni) netchuu-suru 熱中する *sich begeistern (für ...), sich vertiefen (in ...)* L11B
nettai-gyo 熱帯魚 *tropischer Fisch* L13K
ni に (PP zur Markierung eines Ortes, an dem sich etwas befindet) L4A
ni に *in ...*(PP zur Markierung eines Ortes, an dem eine dauerhaufte Handlung stattfindet) L4A
ni に *um ..., in ...*(PP zur Markierung einer Zeit) L4A
ni に *zu ..., nach ...*(PP zur Markierung einer Richtung) L4A
ni に (PP zur Markierung eines Maßstabs) L4A
... ni kake·te ～にかけて *(von ...) in ... hinein* L15B
... ni tsui·de ～に次いで *nach ..., gefolgt mit ...* L11B
... ni tsui·te ～について *über ..., betreffend ...* L8B
... ni yoroshiku ～によろしく *schöne Grüße an ...* L13B
...ni yor·u ～による *durch ...* (Zur Markierung eines Agens); *wegen ...* (Zur Markierung eines Grundes) L11B
(... ni) nia·u 似合う *(jmdm.) gut stehen* L12K
-nichi 日 *.. Tage lang* L4A
nichi-youbi 日曜日 *Sonntag* L4A
(... ga) nigate (da) 苦手 *schwache Seite (sein)* L14A
(... de) nigiwa·u 賑わう *belebt sein (durch ...)* L15A
nigiyaka 賑やか *lebhaft, belebt* L10A
Nihon 日本 *Japan* L1A
Nihon-bungaku 日本文学 *jap. Literatur* L6Ü
Nihon-fuu 日本風 *nach japanischer Art* L15B
Nihon-jin 日本人 *Japaner (-in)* L1A
Nihon-shi 日本史 *japanische Geschichte* L14A
Niigata 新潟 *Niigata (Präfektur bzw. Stadt)* L12A
Nijou-jou 二条城 *Nijô-jô (Schloss)* L6K
nikkan 日刊 *Tages- (Zeitung, Zeitschriften)* L11B
niku 肉 *Fleisch* L9Ü
niku-ya 肉屋 *Metzger, Fleischer*
-nin 人 (Zähleinheitswort für Menschen) L3A
ningyou 人形 *Puppe* L6B
ninjin ニンジン／人参 *Möhre* L9Ü
-nin-kyoudai ～人兄弟 (Zähleinheitswort für Geschwister) L3K
ninniku ニンニク／大蒜 *Knoblauch* L9Ü
Nippon 日本 *Japan* L1A
Nippon-jin 日本人 *Japaner (-in)* L1A
(... ni) ni·ru 似る *(jmdm.) ähneln* L8B
nishi-guchi 西口 *Westausgang* L7K
niwa 庭 *Garten* L6K
no の (PP zur genaueren Bestimmung eines Nomens) L1A
nobi·ru 伸びる *vergrößert/erweitert werden (Macht, Einfluss)* L10B
(... ni/o) nobor·u 上る *hinaufgehen (auf ...)* L7A
(...ni/o) nobor·u 登る *(auf einen Berg) steigen* L8A

nochi-hodo のち程 *bis gleich, bis dann (höflicher Ausdruck)* L7K
node ので *weil, da, denn* (konjunktionale PP) L7A
nohara 野原 *Feld, Wiese* L8A
(... ni) nokor·u 残る *bleiben (in ...)* L5K; *noch liegen (Schnee)* L10A; *noch nicht erledigt sein (Arbeit u.ä.)* L10K
nomi-mono 飲み物 *Getränk* L5A
nom·u 飲む *trinken* L4A
nori-mono 乗り物 *Fahrzeug* L10A
(...ni) nor·u 乗る *fahren (mit ...); einsteigen (in ...)* L5A
(buranko ni) nor·u(ブランコに）乗る *schaukeln* L8Ü
nôto ノート *Heft* L1Ü
nôto-pasokon ノートパソコン *Notebook, Laptop* L3A
nouchi 農地 *Ackerland, Ackerboden* L5B
nougyou 農業 *Landwirtschaft* L9B
nougyou-jinkou 農業人口 *in der Landwirtschaft beschäftigte Bevölkerung* L9B
nougyou-koku 農業国 *Agrarland* L9B
nougyou-seisan-butsu 農業生産物 *Agrarprodukt* L9B
noujou 農場 *Landgut, Plantage* L3Ü
nuno 布 *Tuch* L8B
nyuugaku-shiken 入学試験 *Aufnahmeprüfung (Schulen)* L12B
nyuugaku-suru 入学する *mit dem Studium anfangen* L12B
nyuujou-ken 入場券 *Eintrittskarte* L3Ü

O

o を (PP zur Markierung eines syntaktischen Objekts) L4A
oboe·ru 覚える *lernen (ins Gedächtnis einprägen)* L14A
ôbun オーブン *Ofen (in der Küche)* L13K
(... to) ochi-a·u 落ち合う *treffen (mit ...)* L10K
(... ni) ochi·ru 落ちる *durchfallen (in ...)* L12B
odori 踊り *Tanz* L10A
odorok·u 驚く *überrascht/erstaunt/erschrocken sein* L10K
odor·u 踊る *tanzen* L10A
OHP OHP *OHP (Overheadprojektor)* L3A
oidas·u 追い出す *verjagen* L6B
oishi·i 美味しい *lecker, schmackhaft* L3Ü
o-jou-san お嬢さん *Tochter (des anderen)* L13K
oka 丘 *Hügel* L7A
o-kaeri お帰り *Hallo! (Willkommen zu Hause!)* L9A
o-kaeshi お返し *Gegenleistung* L10K
o-kage-sama de お陰さまで *(Siehe Vokabelliste L13K.)*
Okinawa 沖縄 *Okinawa* L5B
oki·ru 起きる *aufstehen* L4A
okos·u 起こす *verursachen* L15A
oku 奥 *tief hinten im Raum ...* L3A
oku 億 *hundert Millionen* L5B
(... o) okur·u 送る *(etw.) schicken, senden* L6K; *sich verabschieden (von ...)* L7B; *(jmdn.) entsenden (Bote u.ä.)* L10B
omo 主 *Haupt-, hauptsächlich* L5B, L9B
omo·sa 重さ *Gewicht* L11K
omoshiro·i 面白い *interessant* L4A
on 音 *On-Lesung (chin. Lesung)* L15B
onaji 同じ *gleich, derselbe, identisch* L8K
ongaku 音楽 *Musik* L3K, L4A
ongaku-daigaku 音楽大学 *Musikhochschule* L14A
oni 鬼 *böser Geist* L6B
onna 女 *Frau* L3K
onna no ko 女の子 *Mädchen* L6B
on-tai 温帯 *gemäßigte Zone* L5B
on-yomi 音読み *On-Lesung (chin. Lesung)* L15B
Ooe Kenzaburou 大江健三郎 *Ôe Kenzaburô (Schriftsteller: 1935 -)* L13A
oohaba ni 大幅に *drastisch, in bedeutendem Maße, um vieles* L14B
oo·i 多い *viel* L3K, L5B
ooki·i 大きい *groß* L2A
ooki·ku 大きく *drastisch, sehr viel* L14B
ooki·sa 大きさ *Größe* L5B
oo-misoka 大晦日 *Silvester* L7B
Oomiya 大宮 *Oomiya (Stadt in Saitama)* L12A
Oosaka 大阪 *Ôsaka (Ort)* L6A
Oosaka-shinai 大阪市内 *Stadtzentrum von Ôsaka* L12A
oo-yasu-uri 大安売り *Schlussverkauf, Sonderangebot* L12K
oozei 大勢 *viele (Menschen)* L7A
opera-kashu オペラ歌手 *Opernsänger (-in)* L6Ü
(... o) ori·ru 降りる *aussteigen (aus ...), absteigen (von ...)* L5A
orenji オレンジ *Orange* L9Ü
ori 折り *Zeit, Zeitpunkt, Gelegenheit* L13B
or·u おる *da sein (Bescheidenheitsausdruck)* L7K
oseania-shokoku オセアニア諸国 *ozeanische Länder* L14B
oso·i 遅い *spät* L8A
os·u 押す *drücken* L14K
o-taku お宅 *Ihr Haus, das Haus des anderen, Sie (2. Person, Sing.)* L14K
ôtobai オートバイ *Motorrad* L4Ü
otoko 男 *Mann* L3Ü
otoko no ko 男の子 *Junge* L6B
ototoi おととい／一昨日 *vorgestern* L5A
ototoshi おととし／一昨年 *vorletztes Jahr* L5K
otouto 弟 *jüngerer Bruder* L1K
otto 夫 *Ehemann* L13K
Oushuu-rengou 欧州連合 *Europäische Union,*

EU L14B
owari 終わり *Ende* L6B
owar·u 終わる *zu Ende gehen* L5A
oya 親 *Eltern* L7B
oyog·u 泳ぐ *schwimmen* L7A

P
painappuru パイナップル *Ananas* L9Ü
pan パン *Brot* L4Ü
pâsento パーセント *Prozent* L5B, L9B
pasokon パソコン *PC* L1Ü, L11B
pasupôto パスポート *Reisepass* L4K, L14Ü
pen ペン *Stift* L1Ü
petto ペット *Haustier* L13K
pîman ピーマン *Paprika* L9Ü
poketto ポケット *Tasche (an Kleidung)* L3Ü
poriesuteru ポリエステル *Polyester* L12K
purintâ プリンター *Drucker* L1Ü

R
rajio ラジオ *Radio* L11B
raku 楽 *nicht anstrengend, bequem* L12A
ran 乱 *Aufstand* L10B
ranningu ランニング *Unterhemd (für Herren)* L9Ü
rasshu-awâ ラッシュアワー *Hauptverkehrszeit, Stoßzeit* L4A
raten-go ラテン語 *Latein* L13A
rei 礼 *Dank* L9A
reizou-ko 冷蔵庫 *Kühlschrank* L13K
rekishi 歴史 *Geschichte* L8B
remon-tî レモンティー *Tee mit Zitrone* L9K
renga レンガ *Ziegel* L2A
rennshuu 練習 *Übung, Training* L10A
renshuu-suru 練習する *üben* L7Ü, L10A
resutoran レストラン *Restaurant* L1Ü
retasu レタス *Eissalat* L9Ü
ringo リンゴ／林檎 *Apfel* L9Ü
rinri 倫理 *Ethik* L13B
ripôto リポート *Referat; Bericht* L7Ü
risshuu 立秋 *Herbstanfang* L10A
ritsu 率 *Prozentsatz* L12B
riyou-suru 利用する *verwenden, benutzen* L11B
rokkâ ロッカー *Schließfach; Metallschrank* L3A
romanchikku ロマンチック *romantisch* L6B
rouka 廊下 *Korridor* L5A
rounin 浪人 *Rônin, herrenloser Samurai* L12B
rounin-sei 浪人生 *jmd., der als Ronin lebt* L12B
rounin-seikatsu 浪人生活 *das Leben eines Rônins* L12B
ryokou-sha 旅行社 *Reisebüro* L4A
ryokou-suru 旅行する *reisen* L5Ü
ryougae-suru 両替えする *(Geld) wechseln* L7K
ryoukin 料金 *Gebühren* L7K
ryouri 料理 *Gericht, Küche, Kochen* L3Ü
ryuugaku-sei 留学生 *Studierende (-r) im Ausland* L10B

S
sabishi·i 寂しい *einsam* L10A
sâbisu-gyou サービス業 *Dienstleistungssektor* L9B
Sado 佐渡 *Sado (Insel)* L5B
sagar·u 下がる *sinken, abnehmen* L14B
sagas·u 探す／捜す *suchen* L4K
-sai ～歳／才 *(Zähleinheitswort für Alter)* L3K
saigo 最後 *der/die/das letzte* L7B
saikin 最近 *in letzter Zeit* L11B; *vor kurzem, neulich*
saikuringu サイクリング *Fahrradtour* L7B
saisho 最初 *Beginn; der/die/das erste ...; zuerst, am Anfang* L6A
saito サイト *Website (im Internet)* L7Ü
sakan 盛ん *blühend, florierend* L9B; *sehr beliebt (Sport)*
sakana 魚 *Fisch* L9B
sakana-ya 魚屋 *Fischladen*
sake 酒 *Reiswein, alkoholisches Getränk* L2A
sake サケ／鮭 *Lachs* L9Ü
-saki ～先 *... vorne* L9A
saki ni 先に *im Voraus, vorher* L5A
sakkâ サッカー *Fußball* L3K
sakkâ-jou サッカー場 *Fußballplatz* L3K
sakkâ-kurabu サッカークラブ *Fußballverein* L14A
sak·u 咲く *blühen* L5B
sakuhin 作品 *Werk* L13A
sakuin 索引 *Index* L13A
sakura 桜 *Kirschblüte, -baum* L1A, L5B
SAL-bin SAL便 *SAL-Sendung* L11K
(me o) samas·u (目を覚ます) *erwachen, wach werden* L10K
samu·sa 寒さ *Kälte (Wetter)* L13B
-san さん *(Suffix zur Anrede)* L1A
sangyou 産業 *Industrie, Gewerbe, Wirtschaft* L9B
sanka 参加 *Teilnahme* L12B
(... ni) sanka-suru 参加する *teilnehmen (an ...)* L12B
sanma サンマ／秋刀魚 *Makrelenhecht* L9Ü
sanpo-suru 散歩する *spazieren* L5Ü
Sanyoudou-shinkan-sen 山陽道新幹線 *Sanyôdô-shinkansen-Linie* L12A
Sapporo 札幌 *Sapporo (Stadt)* L8A
sara 皿 *Teller* L3Ü
sara ni 更に *ferner, darüber hinaus, außerdem* L11B
Saroma-ko *Saroma-ko (See)* L5B
satou 砂糖 *Zucker* L5A
sawagashi·i 騒がしい *laut, lärmend* L10A
seibutsu 生物 *Biologie* L13A
seido 制度 *System, Institution, Einrichtung* L12B
sei-gaku 声楽 *Gesang* L14A
seihin 製品 *Produkt, Erzeugnis* L14B
seiji 政治 *Politik* L8A
seiji-seido 政治制度 *politisches System* L10B

seiji-taisei 政治体制 *politische Struktur, politisches System* L10B
seikatsu 生活 *Leben (Alltag)* L11B
seiryoku 勢力 *Macht, Einfluss* L10B
seishiki 正式 *offiziell* L8B
seishin-teki 精神的 *geistig, seelisch* L10B
seishin-teki-chuushin 精神的中心 *geistiges Zentrum* L10B
seito 生徒 *Schüler* L12B
seizou-gyou 製造業 *produzierende Wirtschaft* L14B
sekai 世界 *Welt* L9B
sekai-shi 世界史 *Weltgeschichte* L14A
sekai-shijou 世界市場 *Weltmarkt* L14B
sekai-teki 世界的 *weltweit* L11B
sekitan 石炭 *Steinkohle* L9B
sekiyu 石油 *Erdöl* L9B
sekiyu-izon-do 石油依存度 *(Grad der) Erdölabhängigkeit* L14B
sekiyu-seihin 石油製品 *Erdölprodukt* L14B
sen-go 戦後 *nach dem Krieg* L9B
sen'i-kougyou 繊維工業 *Textilindustrie* L14B
sen'i-sangyou 繊維産業 *Textilindustrie* L14B
senmon 専門 *Fachgebiet* L14A
senpaku 船舶 *Schiffe* L14B
sensei 先生 *Lehrer (-in)* L1Ü
senshuu 先週 *letzte Woche* L7A
senzo 先祖 *Vorfahren* L7B
se·ru せる *lassen* (HV zur Bildung des Kausativs) L4K
Seto no oohashi 瀬戸の大橋 *Seto no ôhashi (Brücke)* L15K
setsubun 節分 *Setsubun-fest (der Tag vor dem Frühlingsanfang um den 3. Februar)* L6B
sewa 世話 *Betreuung, Besorgung* L13K
sha-in 社員 *Firmenangestellte (-r)* L4A
shakai 社会 *Sozialkunde* L13B; *Gesellschaft*
shakai-kagaku 社会科学 *Sozialwissenschaften* L11B
shasei 写生 *Malen (nach der Natur)* L7A
shasei-suru 写生する *Landschaft malen* L7A
shashin 写真 *Foto* L1Ü, L6A
shatsu シャツ *Unterhemd* L9Ü
shawâ シャワー *Dusche* L8Ü
shawâ o abi·ru シャワーを浴びる *duschen* L8Ü
shi 市 *Stadt* L8A
shiai 試合 *Spiel (Sport)* L6Ü, L14A
shibaraku 暫く *eine kurze Weile, ein Augenblick* L4K
shigan-sha 志願者 *Bewerber (-in)* L12B
shigoto 仕事 *Arbeit* L1K
shiharai 支払い *Bezahlung, Zahlung* L9K
shihara·u 支払う *bezahlen, zahlen* L9K
shika しか *nur* L8B
shikashi しかし *aber* L4A
shikata ga nai 仕方がない *man kann dagegen gar nichts machen* L5A

shiken 試験 *Prüfung* L9Ü
shikin 資金 *Kapital* L14B
Shikoku 四国 *Shikoku* (Insel) L5B
shima 島 *Insel* L5B
shime-nawa 注連縄 *Shimenawa (Absperrungsseil, mit dem ein geheiligter Bereich markiert wird)* L6B
shime·ru 占める *ausmachen, innehaben* L11B
Shinano-gawa 信濃川 *Shinano-gawa (Fluss)* L12B
shinbun 新聞 *Zeitung* L1Ü, L11B
shindai-ken 寝台券 *Schlafwagen- bzw. Liegewagenfahrschein* L5A
shin-enerugî 新エネルギー *neue Energien* L14B
shingou 信号 *Ampel* L9A
Shinjuku 新宿 *Shinjuku (Metropolenbezirk in Tokyo)* L2K
shinkan-sen 新幹線 *Shinkansen-Superexpress* L7A
shinkan-sho 新刊書 *Neuerscheinungen* L11B
Shin-koube 新神戸 *Shin-kôbe (Bahnhof)* L12A
(... o) shinpai-suru 心配する *Sorgen machen (um ...), sich beunruhigen (über ...), sich kümmern (um ...)* L15A
shinpuru シンプル *schlicht, einfach* L6Ü
shinrin 森林 *Wald* L5B
shinsetsu 親切 *freundlich, nett* L3Ü
shinsha 新車 *Neuwagen* L15A
shinshi-fuku 紳士服 *Kleidung für Herren* L12K
shinshutsu-suru 進出する *einen neuen Absatzmarkt finden* L14B
shio 塩 *Salz* L9Ü
Shiretoko-hantou 知床半島 *Shiretoko-hantô (Halbinsel in Hokkaidô)* L8A
shi-ritsu 私立 *privat* L12B
shi-ritsu-daigaku 私立大学 *Privatuniversität* L12B
shir·u 知る *wissen, kennen* L7A
shiruku シルク *Seide* L12K
shiryou 資料 *Material, Unterlagen* L10B
shisei-seido 氏姓制度 *Klan-System* L10B
(... ni) shitaga·u 従う *(jmdm./einer Sache) folgen* L13B
shita-gi 下着 *Unterwäsche, -kleid* L8B
shitei-seki 指定席 *reservierter Sitzplatz* L5A
shi-ten 支店 *Niederlassung, Zweigstelle* L4A
shitsumon 質問 *Frage* L11A
shitsumon-suru 質問する *fragen* L11A
shitsurei 失礼 *Entschuldigung* L1K
shitsurei-suru 失礼する *sich verabschieden, sich entschuldigen* L10A
shizen 自然 *Natur* L8A
shizoku 氏族 *Klan* L10B
shizuka 静か *ruhig* L2A
shîzun シーズン *Jahreszeit* L7B
shochuu-mimai 暑中見舞い *Erkundigung nach*

jmds. Befinden während der heißesten Tage L13B
shokken 食券 *Essensmarke* L5A
shoku-butsu 植物 *Pflanze* L15B
shoku-dou 食堂 *Kantine* L5A
shokuji 食事 *Essen* L5A
shokuryou-hin 食料品 *Lebensmittel* L14B
shoppingu ショッピング *Shopping, Einkaufen* L7Ü
shoseki 書籍 *Bücher* L11B
shôto-kêki ショートケーキ *Erdbeersahnetorte* L9A
shouchuu 焼酎 *Schnaps* L13K
shou-gakkou 小学校 *Grundschule* L12B
shou-gaku-sei 小学生 *Grundschüler* L12B
shougatsu 正月 *Neujahrsfest* L6B
Shounan-kaigan 湘南海岸 *Shônan-kaigan (Meeresstrand in Kanagawa)* L8K
shourai 将来 *Zukunft, künftig, in der Zukunft* L14A
shousetsu 小説 *Roman* L3Ü, L4A
shou-shou 少々 *einen Augenblick/Moment* L7K
Shoutoku-taishi 聖徳太子 *Kronprinz Shôtoku (574 - 622)* L10B
shouyu 醤油 *Sojasoße* L9Ü
shudan 手段 *Methode, Mittel* L11B
shukka-daka 出荷高 *Liefervolumen* L14B
shukudai 宿題 *Hausaufgabe* L7Ü
shumi 趣味 *Hobby* L3K
shuppan-butsu 出版物 *Publikationen* L11B
shuppatsu-suru 出発する *abfahren, -fliegen, starten* L15A
shurui 種類 *Sorte* L4K
shutchou 出張 *Geschäftsreise* L4A
shutchou-ryokou 出張旅行 *Geschäftsreise* L5A
shutchou-suru 出張する *eine Geschäftsreise machen* L4A
shuto 首都 *Hauptstadt* L12A
(...ni) shuu-chuu-suru 集中する *sich konzentrieren (auf ...)* L8K, L12B, L14B
shuugaku-ritsu 就学率 *Schulbesuchsrate* L12B
shuukaku 収穫 *Ernte* L8A
-shuu-kan 週間 *... Wochen lang* L8A
shuu-kan 週刊 *Wochen- (Zeitschrift, Zeitung)* L11B
shuukan-shi 週刊誌 *Wochenzeitschrift* L10K, L11B
shuukyou 宗教 *Religion* L13K
shuu-matsu 週末 *Wochenende* L7Ü
shuuseki-kairo 集積回路 *Integrationsschaltung, IC* L14B
shuushi-katei 修士課程 *Magisterkurs* L12B
shuushuu 収集 *Sammlung* L3K
shuyou-senshin-kougou-koku 主要先進工業国 *führende Industrienation* L14B
soba 側／傍 *nah ..., in der Nähe von ...* L3A
sokkusu ソックス *Socke* L9Ü
soko そこ *dort (bei Ihnen)* L1A
sokode そこで *aus diesem Grund, deswegen* L15B

sokudo 速度 *Geschwindigkeit* L12A
sonna ni... nai そんなに...ない *nicht so ...* L2K
sono hoka その他 *außerdem* L5B
sono kawari その代わり *stattdessen* L5A
sonouchi そのうち *bald, in den nächsten Tagen, in absehbarer Zeit* L10K
sora 空 *Himmel* L5Ü, L6A
sorede それで *daher, deshalb* L5A
soredewa それでは *also, nun* L5A
sorekara それから *danach, folglich* L6A
soreni それに *außerdem, ferner, darüber hinaus* L6A
soreto それと *ferner, außerdem* L4K
sôsêji ソーセージ *Bratwurst* L9Ü
sôsu ソース *Soße, Tunke* L9Ü
sotsugyou-sha 卒業者 *Absolvent* L12B
sotsugyou-suru 卒業する *ein Studium abschließen, absolvieren* L12B
sou そう *so* L1A
souji-ki 掃除機 *Staubsauger* L13Ü
souji-suru 掃除する *putzen* L8Ü
souryo 僧侶 *Mönch* L15B
sou-suu 総数 *Gesamt(an)zahl* L11B
sozai-sangyou 素材産業 *(Siehe Vokabelliste L14B.)*
subarashi·i 素晴らしい *fantastisch, herrlich* L15A
subete 全て／総て／凡て *alles* L14K
sugos·u 過ごす *verbringen* L10A
sugu ni 直ぐに *sofort* L5A
suihan-ki 炊飯器 *Reiskocher* L13Ü
suisan-gyou 水産業 *Fischerei* L9B
sukai-daibingu スカイダイビング *Fallschirmspringen* L8Ü
sukâto スカート *Rock* L9Ü
(... ga) suki (da) 好き *(etw./jmdn.) gern haben, mögen* L9A
sukin-daibingu スキンダイビング *Sporttauchen (ohne Anzug)* L8K, L9Ü
sukkari すっかり *völlig, vollkommen, gänzlich* L9A
sukoshi 少し *ein wenig, etwas* L4A
(o-naka ga) suk·u (お腹が)空く *Hunger haben* L10K
sukuna·i 少ない *wenig* L4A
sukyanâ スキャナー *Scanner* L1Ü
sumi 隅 *in der Ecke* L3A
sumi-masen 済みません *Entschuldigung!* L2K
sumou 相撲 *Sumô (trad. jap. Ringkampf)* L7A
sum·u 済む *fertig sein, beendet werden* L2K
(... ni) sum·u 住む *wohnen (in ...)* L7A
sum·u 澄む *klar werden (Himmel), sich klären* L7B
sûpâ スーパー *Supermarkt* L1A
supîdo-ihan スピード違反 *Geschwindigkeitsüberschreitung* L15A
supôtsu スポーツ *Sport* L7B
sushi 寿司／鮨 *Sushi (jap. Gericht)* L5A

susum·u 進む *fortschreiten* L9B
sutairu スタイル *Körperfigur* L8B; *Stil*
(tabako o) su·u (たばこを) 吸う *rauchen* L4Ü
suu-gaku 数学 *Mathematik* L14A
suwar·u 座る *sitzen* L10K
suzushi·i 涼しい *kühl (Wetter)* L10A

T

tabe·ru 食べる *essen* L4A
tada 只 *gratis, kostenlos, gebührenfrei* L5A
tai タイ／鯛 *Meerbrasse* L9Ü
taifuu 台風 *Taifun* L5B
taihen 大変 *anstrengend, hart, fürchterlich, schrecklich* L4A
taiiku 体育 *Sport (als Fach)* L13B
taijuu 体重 *Körpergewicht* L14Ü
Taika no kaishin 大化の改新 *Taika-Reform (645 - 701)* L10B
tairyou 大量 *eine große Menge* L11B
taisetsu 大切 *wichtig* L13B
Taisetsu-zan 大雪山 *Taisetsu-zan (Berg in Hokkaidô)* L5B
taitei たいてい／大抵 *meistens* L5K
taiya タイヤ *Reifen* L2A
taiyou-kou 太陽光 *Sonnenenergie* L14B
taka·i 高い *hoch, teuer* L2K
taka·me 高め *etwas teurer/höher* L12K
Takao 高雄 *Takao (Ort in Kyoto)* L6A
taka·sa 高さ *Höhe* L15A
Takasaki 高崎 *Takasaki (Stadt in Gunma)* L12A
taki 滝 *Wasserfall* L6A
taku 宅 *(Siehe* **o-taku***)* L9A
takuchi 宅地 *Baugrundstück* L5B
takusan 沢山 *viel* L3A
tamanegi タマネギ／玉葱 *Zwiebel* L9Ü
tamashii 魂 *Seele, Geist* L7B
tâminaru ターミナル *Terminal* L7K
tanabata 七夕 *Tanabata (Sternenfest am 7. Juli)* L6B
tango 単語 *Vokabel* L13A
tango no sekku 端午の節供 *Tango-no-sekku (Knabenfest am 5. Mai)* L6B
tanjou-bi 誕生日 *Geburtstag* L3Ü
tanki-daigaku 短期大学 *Junior College (Entspricht der dt. 13. Klasse und dem ersten Jahr an der Universität)* L12B
tanoshi·i 楽しい *schön (Zeit), Spaß machen* L6A
tanoshi·mi 楽しみ *Freude; etwas, worauf man sich freut* L8A
tara タラ／鱈 *Kabeljau bzw. Dorsch* L9Ü
tashika ni 確かに *in der Tat, tatsächlich* L12A
tashou 多少 *mehr oder weniger, etwas* L12K
tasukar·u 助かる *gerettet werden* L13A
tatemono 建物 *Gebäude* L2A
tate·ru 立てる *aufziehen (Flaggen, Wimpel)* L6B
tate·ru 建てる *bauen (Gebäude)* L10B

(... ni) tayor·u 頼る *sich verlassen (auf ...)* L14B
têburu テーブル *Tisch* L3Ü
tegami 手紙 *Brief* L4Ü, L10A
tegoro 手頃 *preiswert, mittlere Preislage* L4K
-teido ～程度 *ca., ungefähr ...* L14B
teika 定価 *festgesetzter Preis, Preisempfelung* L4K
teinei 丁寧 *höflich* L13B
(... ni) tekis·u 適す *geeignet sein (zu ...)* L8B
tekkou 鉄鋼 *Stahl* L14B
tenki 天気 *Wetter* L3K
tennen-gasu 天然ガス *Erdgas* L14B
tennou-chuushin 天皇中心 *mit dem Kaiser im Machtzentrum* L10B
tennou-ke 天皇家 *kaiserliche Familie* L10B
tera 寺 *Tempel* L10B
terebi テレビ *Fernseher* L4A
tetsu 鉄 *Eisen* L9B
tetsu-gaku 哲学 *Philosophie* L11B
to と *(PP zur Auflistung von Nomen)* L1A
... to kurabe·te ～と比べて *verglichen mit ..., im Vergleich zu ...* L11A
... to shi·te ～として *als ..., in jmds. Eigenschaft als ...* L8B
... to tomo ni ～と共に *mit ... (zusammen)* L11B
tob·u 飛ぶ *fliegen* L5Ü, L12A
tochi 土地 *Land, Boden* L14B
to-dou-fu-ken 都道府県 *To-dô-fu-ken (Verwaltungseinheiten in Japan)* L12A
toire トイレ *Toilette* L1Ü
Tokachi-gawa 十勝川 *Tokachi-gawa (Fluss)* L12B
tokai 都会 *Großstadt* L12B
tokoro 所 *Ort* L8A
tokorode ところで *übrigens* L3K, L4A
toku 得 *vorteilhaft, gewinnbringend* L12K
tokubetsu 特別 *besondere (-s, -r), speziell* L8B
(... ga) tokui (da) 得意 *starke Seite (sein)* L14A
toku ni 特に *vor allem, insbesondere* L11B
(... ni) tomar·u 泊まる *übernachten (in ...)* L8K
tomato トマト *Tomate* L9Ü
-tomo ～とも *beide ...* L8B
... to tomo ni ～と共に *mit ... (zusammen)* L11B
tomodachi 友達 *Freund (-in)* L1A
tonari 隣 *Nachbar; neben ...* L3Ü
Tone-gawa 利根川 *Tone-gawa (Fluss)* L5B
too·i 遠い *weit* L2K
too·ku 遠く *Ferne* L7A, L13B
toori 通り *Straße* L9A
(... ga) toor·u 通る *fahren* L9A
(... o) toor·u 通る *durchfahren, -gehen (durch ...)* L5Ü
torakku トラック *LKW* L3Ü, L14B
torênâ トレーナー *Sportpullover, Sweatshirt* L9B
tori-ire 取り入れ *Ernte* L7B
tori-niku とり肉／鶏肉 *Geflügelfleisch* L9Ü
toro トロ *fetter Teil vom Thunfisch* L10K

(shashin o) tor·u 写真を撮る fotografieren L6A
(sumou o) tor·u 相撲を取る (im Sumô-Stil) ringen L7A
tor·u 取る nehmen L10K
toshi 年 Jahr L7B; Alter
tosho-kan 図書館 Bibliothek L1Ü
totemo とても sehr L2A
Touhoku-shinkan-sen 東北新幹線 Tôhoku-shinkansen-Linie L12A
touitsu 統一 Vereinigung L12A; Vereinheitlichung
touji 当時 damals, damalige Zeit L8B
Toukaidou-shinkan-sen 東海道新幹線 Tôkaidô-shinkansen-Linie L12A
touki-orinpikku 冬季オリンピック olympische Winterspiele L12A
touki-orinpikku-taikai 冬期オリンピック大会 olympische Winterspiele L8A
Toukyou-toshin 東京都心 Stadtzentrum von Tôkyô L12A
touzai-doitsu 東西ドイツ Ost- und Westdeutschland L12A
-tsu 〜つ (Zähleinheitswort für neutrale Dinge) L3A
tsugi 次 der/die/das Nächste L6A
(... ni) tsug·u 次ぐ (einer Sache) folgen, folgen (auf ...) L11B
tsukai-kata 使い方 Bedienungsanleitung L4K
tsukare·ru 疲れる müde werden L6A
(... ni ki o) tsuka·u (気を)遣う Gedanken machen (über ...) L9A
tsuka·u 使う verwenden, benutzen L11A
(... ni ki o) tsuke·ru (気を)付ける aufpassen (auf ...) L9A
tsuki 月 Mond L7B
tsuki-mi 月見 Mondschau L7B
(... ni) tsuk·u 着く ankommen (an ...) L5Ü, L6A
(... o) tsuk·u 搗く stampfen L7B
tsukue 机 Schreibtisch L1Ü, L3A
tsukur·u 作る dichten L6A; kochen; anfertigen, herstellen; verfassen L10B
tsukur·u 造る bauen, erbauen (große Gebäude) L10B; brauen
tsumarana·i つまらない langweilig L4Ü
tsumeta·i 冷たい kühl, kalt (Wasser, Luft, Gegenstände) L6A
tsunagari 繋がり Verbindung, Beziehung, Verhältnis L11A
tsû-pîsu ツーピース zweiteiliges Kleid L8B
tsure·ru 連れる mitnehmen (Menschen, Tiere) L7B
tsurete-ik·u 連れていく mitnehmen (Menschen, Tiere) L10A
tsuri 釣り Wechselgeld L4K
tsûrisuto ツーリスト Tourist L6K
tsutae·ru 伝える überliefern L10B
tsutawar·u 伝わる überliefert werden L15B

tsutome 勤め Arbeit, Dienst, Beruf L4A
(...ni) tsutome·ru 勤める arbeiten (bei ...) L4A
tsuukin 通勤 tägliche Fahrt zur Arbeit L10K
tsuukin-jikan 通勤時間 Fahrtzeit zur Arbeit L10K
tsuukin-suru 通勤する täglich zur Arbeit fahren L10K
tsuushin 通信 Korrespondenz, Berichterstattung L11B
tsuushin-gijutsu 通信技術 Kommunikationstechnologie L11B
tsuyo·i 強い stark, robust L2A
tsuyu 梅雨 Regenzeit L8A
tsuyu-ake 梅雨明け Ende der Regenzeit L8A
(... o) tsuzuke·ru 続ける fortsetzen L14A
(... ga) tsuzuk·u 続く andauern L10A

u

ue 上 auf ..., über ... L3A
uisukî ウイスキー Whisky L13K
(shiken o) uke·ru (試験を)受ける eine Prüfung ablegen L12B
umare·ru 生まれる geboren werden L5K, L15B
umi 海 Meer L2A
undou-kai 運動会 Sportfest L7B
unten-chuu 運転中 in Betrieb L14B
unten-shu 運転手 Fahrer (-in) L7K
unten-suru 運転する fahren (Autos, Züge) L7K
uri-ba 売り場 Verkaufsstelle, Schalter L3Ü
ûru ウール Wolle L12K
ushi 牛 Kuh L3Ü
ushi-kai 牛飼い Ochsentreiber L6B
ushiro 後ろ hinter ... L3A
uta 歌 Lied L7A; trad. jap. Gedicht
uta·u 歌う singen L7A
utsukushi·i 美しい schön L5B
utsur·u 移る verlegt werden L10B
uttae 訴え Beschwerde, Klage L10B

w

wa は (PP zur Markierung eines Themas) L1A
wa 輪 Ring, Kreis L10A
wa-doku 和独 japanisch-deutsch L4K
wa-doku-jiten 和独辞典 jap.-dt. Wörterbuch L13A
wa-ei 和英 japanisch-englisch L4K
wa-ei-jiten 和英辞典 jap.-eng. Wörterbuch L13A
waga 我が unser (-e) L10B
waishatsu ワイシャツ Hemd L9Ü, L12K
wa-ka 和歌 das jap. Kurzgedicht L15B
waka·i 若い jung L3Ü, L7A
wakare 別れ Abschied, Trennung L13B
(... to) wakare·ru 別れる sich verabschieden (von ...), sich trennen (von ...) L11A
(... ga) wakar·u 分かる (etw.) verstehen L7K, L10B
wan-pîsu ワンピース einteiliges Kleid L8B
warai-goe 笑い声 Gelächter L10A

-wari ～割 ...*Prozent* L14B
wari-kan 割り勘 *getrennte Kasse* L10K
    wari-kan ni suru 割り勘にする *jeder bezahlt für sich* L10K
wa-shoku 和食 *japanische Küche* L10K
wasure·ru 忘れる *vergessen* L14A
watakushi 私 *ich* L1A
(... o) watar·u 渡る *(etw.) überqueren* L5K, L6B
watashi 私 *ich* L1A
watashi-tachi 私達 *wir* L1A

Y

-ya ～屋 *-laden, -handlung, -geschäft* L9A
yaa やあ *Hallo! (Männersprache)* L9A
yâdo ヤード *Yard* L3K
yaku 約 *ca., ungefähr* L5B
yaku-nin 役人 *Beamte (-r)* L8B
yama 山 *Berg* L2A
Yamagata 山形 *Yamagata (Präfektur bzw. Stadt)* L12A
yama-goya 山小屋 *Hütte (auf einem Berg)* L8K
Yamaguchi 山口 *Yamaguchi (Präfektur bzw. Stadt)* L12A
yama-michi 山道 *Bergweg* L6A
yama-nobori 山登り *Bergsteigen* L8A
Yamanote-sen 山手線 *Yamanote-Linie (Bahnlinie)* L10K
yasai 野菜 *Gemüse* L9Ü
yasu·i 安い *billig, preisgünstig* L3Ü
yasumi 休み *(arbeits)freier Tag* L4A
(...o) yasum·u 休む *fehlen (in/von ...)* L4A
(... de) yasum·u 休む *sich ausruhen (in ...)* L7A
Yatsugatake 八ヶ岳 *Yatsugatake (Bergkette)* L10A
Yayoi-bunka 弥生文化 *Yayoi-Kultur (ca. 300 v. Chr. - 300 n. Chr.)* L10B
Yayoi-jidai 弥生時代 *Yayoi-Zeit (ca. 300 v. Chr.-300 n. Chr.)* L10B
yo よ *(PP zur Mitteilung [s. Grammatik 2.4.1])* L2A
yobi-kou 予備校 *Vorbereitungsschule für die Universitätsaufnahmeprüfung* L12B
Yodo-gawa 淀川 *Yodo-gawa (Fluss)* L12B
yo-dooshi 夜通し *die ganze Nacht durch* L10A
yogore·ru 汚れる *schmutzig werden* L9B
yo·i 良い *gut* L2K
yoko 横 *neben ...* L3A
yo·ku よく *oft* L4A
yomi-gana 読みがな *Lesehilfszeichen für Kanji* L15B
yomi-kata 読み方 *Lesung, Lesart* L15B
yom·u 読む *lesen* L4A
yonaka 夜中 *Mitternacht; in der Nacht, nachts, mitternachts* L7B
yon-rin-kudou 四輪駆動 *Allradantrieb* L15A
yoroshi·i 宜しい *gut (Höflichkeitsausdruck)* L13B
yoru 夜 *Abend, Nacht; abends, nachts* L4A

Yotsuya 四谷 *(Metropolenbezirk in Tokyo)* L2K
-you ～用 *für ..., zum Zweck von ...* L2A
youchi-en 幼稚園 *Kindergarten* L12B
youji 用事 *Angelegenheit zu erledigen, Geschäft* L13B
youshi 用紙 *Formular* L11K
yousu 様子 *Befinden, Zustand* L13B
yuki 雪 *Schnee* L5B
-yuki ～行き *nach ... (Richtung)* L7K
yuki-matsuri 雪祭り *Schneefest (in Hokkaidô)* L8A
yukkuri ゆっくり *in aller Ruhe, entspannt* L4A
yu'nyuu-hin 輸入品 *Importgüter* L14B
yu'nyuu-suru 輸入する *einführen, importieren* L9B
yushutsu-daka 輸出高 *Exportvolumen* L14B
yushutsu-gaku 輸出額 *Exportbetrag* L14B
yushutsu-hin 輸出品 *Exportgüter* L14B
yushutsu-suru 輸出する *exportieren, ausführen* L14B
yuube 夕べ *Abend* L5A
yuubin-kyoku 郵便局 *Postamt* L1A
yuubin-kyoku-in 郵便局員 *Postangestellte (-r)* L11K
yuudai 雄大 *großartig, grandios, überwältigend* L8K
yuuen-chi 遊園地 *Freizeitpark* L10A
yuugata 夕方 *Abend, abends* L10A
yuu-hi 夕日 *Abendsonne* L8A
yuu-kan 夕刊 *Abendzeitung* L11B
yuumei 有名 *berühmt, bekannt* L2A
yuuro ユーロ *Euro* L14Ü
yu-wakashi-potto 湯沸かしポット *Wasserkocher* L13Ü

Z

zaisei-teki 財政的 *finanziell* L10B
zaseki-shitei-ken 座席指定券 *Platzkarte* L5A
zasshi 雑誌 *Zeitschrift* L11B
zehi 是非 *unbedingt, sehr gern, auf alle Fälle* L10A
zei-komi 税込み *einschließlich Steuern* L12K
zenbu 全部 *das Ganze, alles* L3A
zenbu de 全部で *insgesamt* L3A
zen-bun 前文 *Einleitung, Vorrede* L13B
zenkoku 全国 *das ganze Land* L4A
zenkoku-shi 全国紙 *überregionale Zeitung* L11B
zenryaku 前略 *Auslassen der Einleitung* L13B
zentai 全体 *Gesamtheit, das Ganze* L14B
zentai ni 全体に *im ganzen Land, überall* L5B
zouka 増加 *Zunahme* L12B
zouka-suru 増加する *zunehmen* L12B
zubon ズボン *Hose* L9Ü, L12K
zuibun 随分 *ziemlich* L9B
zutsu ～ずつ *jeweils ...* L3A

Vokabelindex (Deutsch-Japanisch)

A

ab (Startpunkt) 〜から ... kara
Abend, abends 晩 ban, 夕べ yuube, 夜 yoru, 夕方 yuugata
- heute Abend 今晩 kon-ban
- gestern Abend 昨晩 saku-ban

Abendsonne 夕日 yuu-hi
Abendzeitung 夕刊 yuu-kan
aber でも demo (KONJ), が ga (PP), しかし shikashi (KONJ)
abfahren 出発する shuppatsu-suru
abfliegen 出発する shuppatsu-suru
ablegen (Prüfung) 受ける uke·ru
Ablösung 交代 koutai
abnehmen 減少する genshou-suru, 減る her·u, 下がる sagar·u
Absatzmarkt 市場 shijou
- einen neuen Absatzmarkt finden 進出する shinshutsu-suru

Abschied 別れ wakare
Absolvent (-in) 卒業者 sotsugyou-sha
absolvieren 卒業する sotsugyou-suru
absteigen (Berg) 下山する gezan-suru; (vom Fahrrad) 降りる (... o) ori·ru
abstürzen 急落する kyuuraku-suru
Abteilungsleiter 課長 ka-chou
Abwasser 廃水 haisui
Ackerboden 農地 nou-chi
Ackerland 農地 nou-chi
Agrarland 農業国 nougyou-koku
Agrarprodukt 農業生産物 nougyou-seisan-butsu
(jmdm.) ähneln 似る (... ni) ni·ru
Aktie 株 kabu, 株式 kabushiki
Aktienbrief 株式 kabu-shiki
Aktienwert 株価 kabu-ka
allerlei いろいろ／色々 iro-iro
Allerseelenfest 盆 bon, お盆 o-bon
alles 全て subete, 全部 zenbu
Allradantrieb 四輪駆動 yon-rin-kudou
Alltagskleidung 普段着 fudan-gi
Alpenblumen 高山植物 kouzan-shokubutsu
also では dewa, それでは soredewa
alt 古い furu·i (Sachverhalte, Gegenstände)
Alter 年 toshi, 年齢 nenrei
Ampel 信号 shingou
- grüne Ampel 青信号 ao-shingou

Analphabet 文盲 monmou
Analphabetentum 文盲 monmou
Ananas パイナップル painappuru
andauern 続く／つづく tsuzuk·u

andere (-r, -s) 他 hoka (N)
(sich) ändern (zu/auf ...) 変わる (... ni) kawar·u
Anfang 始まり hajimari, 初め・始め hajime
anfangen 始まる hajimar·u (tr.), 始める hajime·ru (intr.)
- mit dem Studium anfangen (an ...) 入学する (... ni) nyuugaku-suru

anfertigen 作る tsukur·u
Angelegenheit 用事 youji, 用件 youken
Angebot (Wirtschaft) 供給 kyoukyuu
Angestellte (-r) einer Firma 会社員 kaisha-in
ankommen (an ...) 着く (... ni) tsuk·u
Anlass 機会 kikai
anrufen 電話をかける denwa o kake·ru
Ansichtskarte 絵葉書 e-hagaki
ansteigen (... auf) 増える (... ni) fue·ru, 上がる agar·u, 上昇する joushou-suru
anstrengend 大変 taihen (KD)
nicht anstrengend 楽 raku (KD)
antworten (auf ...) 答える (... ni) kotae·ru
Anzeigetafel 表示板 hyouji-ban
Apfel リンゴ／林檎 ringo
Arbeit 仕事 shigoto, 勤め tsutome
- Fahrtzeit zur Arbeit 通勤時間 tsuukin-jikan
- tägliche Fahrt zur Arbeit 通勤 tsuukin
- täglich zur Arbeit fahren 通勤する tsuukin-suru

arbeiten 働く hatarak·u, 仕事をする shigoto o suru, arbeiten (in/bei ...) 勤める (... ni) tsutome·ru
Archäologie 考古学 kouko-gaku
Architekt (-in) 建築家 kenchiku-ka
armselig かわいそう／可哀想 kawaisou (KD)
Arzneimittel 医薬品 i-yaku-hin
Arzt 医者 i-sha
Atomkraftwerk 原子力発電所 genshi-ryoku-hatsuden-sho
auch また／又 mata, 〜も ... mo
auf ... 上 (... no) ue
aufbewahren 預かる azukar·u
aufeinander legen 重ねる kasane·ru
(sich) aufheitern (Wetter) 晴れる hare·ru
(sich) aufklären (Wetter) 晴れる hare·ru
Auflage 発行部数 hakkou-bu-suu
aufmachen 開ける ake·ru
Aufnahmeprüfung (Schulen) 入学試験 nyuugaku-shiken
aufpassen (auf ...) 気を付ける (... ni) ki o tsuke·ru

aufschlagen (Zelte) 張る har·u
Aufstand 乱 ran, 騒動 soudou
aufstehen 起きる oki·ru
Auftrag 注文 chuumon
aufziehen (Flaggen, Wimpel) 立てる tate·ru
Aufzug エレベーター erebêta
Augenblick ちょっと chotto, 暫く shibaraku
　☞ *einen Augenblick* ちょっと chotto, 暫く shibaraku, 少々 shoushou
Ausbildung 教育 kyouiku
Ausdruck 言葉 kotoba, 表現 hyougen
ausführlich 詳しい kuwashi·i (K), 詳しく kuwashi·ku (ADV)
Ausgang 出口 de-guchi
ausgehen 外出する gaishutsu-suru
Ausland 外国 gaikoku
Ausländer (-in) 外国人 gaikoku-jin
auslassen 省く habuk·u
　☞ *Auslassen der Einleitung* 前略 zen-ryaku
ausmachen 占める shime·ru
ausnahmslos 必ず kanarazu
(sich) ausruhen 休む yasum·u
ausschalten (Elektrogeräte) 切る kir·u
ausschließlich ～しか ... shika, ～だけ ... dake, ～のみ ... nomi
außerdem 更に sara ni, その他 sono hoka, それに sore ni, それと sore to
Aussicht 景色 keshiki, 見晴らし miharashi
Aussprache 発音 hatsuon
aussprechen 発音する hatsuon-suru
aussteigen (aus ...) 降りる (... o/kara) ori·ru
Austauschstudierende (-r) 交換留学生 koukan-ryuugaku-sei
Auto 自動車 jidou-sha, 車 kuruma
Autobahn 高速 kousoku, アウトバーン autôban (*in Bezug auf Deutschland*)
Autoindustrie 自動車産業 jidou-sha-sangyou
Automat 自動販売機 jidou-hanbai-ki
Autonavigation カーナビ kâ-nabi

B

Bad 風呂 furo
baden 風呂に入る furo ni hair·u
Bahn 電車 densha
Bahnhof 駅 eki
Bahnsteig ホーム hômu
Bahnsteig-Nr. ... ～番線 ... ban-sen
Bahnsteigsperre 改札口 kaisatsu-guchi
bald そのうち sono uchi, 近いうち chikai uchi, 直ぐ sugu
Ball ボール bôru
Banane バナナ banana
Bank 銀行 ginkou
Batterie 電池 denchi, バッテリー batterî

bauen (Gebäude) 建てる tate·ru, 造る tsukur·u
Baugrundstück 宅地 taku-chi
Baumwolle 木綿 momen, コットン kotton
Beamter, Beamtin 役人 yaku-nin, 国家公務員 kokka-koumu-in
Bedeutung 意味 imi
Bedienungsanleitung 仕様書 shiyou-sho, 説明書 setsumei-sho, 使い方 tsukai-kata
Befinden 様子 yousu
(sich) befinden ある ar·u
(sich) begeistern (für ...) 熱中する (... ni) netchuu-suru
Beginn 最初 saisho, 始まり hajimari, 始め・初め hajime
begrüßen 挨拶する aisatsu-suru
Begrüßung 挨拶 aisatsu
beide ... ～とも ... tomo
bekannt 有名 yuumei (KD)
belebt 賑やか nigiyaka (KD)
beliebt (Sport) 盛ん sakan (KD)
Benachrichtigung 伝言 dengon
benutzen 用いる mochii·ru, 使う tsuka·u, 利用する riyou-suru
Benziner ガソリン車 gasorin-sha
bequem 便利 benri (KD), 楽 raku (KD)
Bequemlichkeit 便利さ benri-sa
bereits もう mou, 既に sudeni
Berg 山 yama
Bergsteigen 登山 tozan, 山登り yama-nobori
Bergweg 山道 yama-michi
Bericht リポート ripôto, ニュース nyûsu
Berichterstattung リポート ripôto, 通信 tsuushin
berühmt 有名 yuumei (KD)
beschäftigt 忙しい isogashi·i
Beschwerde 訴え uttae
besichtigen 見物する kenbutsu-suru
Besichtigung 見物 kenbutsu, 観光 kankou
besondere (-s, -r) 特別 tokubetsu (N)(KD)
Besorgung 世話 sewa (*Menschen*), 調達 choutatsu (*Waren*)
bestellen 注文する chuumon-suru
Bestellung 注文 chuumon
besuchen (Schulen) 通う (... ni) kayo·u, 参る (... ni) mair·u (*Tempel, Schreine*)
Besucher 見物人 kenbutsu-nin
betreuen 世話をする sewa o suru
Betreuung 世話 sewa
Betrieb 企業 kigyou, 会社 kaisha
　☞ *in Betrieb* 運転中 unten-chuu
　☞ *in Betrieb nehmen* 開業する kaigyou-suru (*Bahnlinien*); 開港する kaikou-suru (*Flughäfen, Häfen*)
(sich) beunruhigen 心配する shinpai-suru

Vokabelindex (Deutsch-Japanisch)

Bevölkerungsdichte 人口密度 jinkou-mitsudo
Bevölkerung(szahl) 人口 jinkou
Bewerber (-in) 志願者 shigan-sha
bezahlen 払う hara·u, 支払う shihara·u
Bezahlung 勘定 kanjou, 支払い shiharai
Beziehung 繋がり tsunagari, 関係 kankei
Bibliothek 図書館 tosho-kan
Bier ビール bîru
Biergarten ビアガーデン bia-gâden
Bildung 教育 kyouiku
Bildungssystem 教育制度 kyouiku-seido
billig 安い yasu·i
Biologie 生物 seibutsu
Birne ナシ／梨 nashi *(Obst)*
bis まで made
bitten 願う nega·u
Blase バブル baburu *(eng.: bubble)*
Blau 青 ao, ブルー burû
blau 青い ao·i, ブルー burû
bleiben 残る nokor·u
Bleistift 鉛筆 enpitsu
blühen 咲く sak·u
blühend 盛ん sakan (KD)
Blume 花 hana
Blumenbeet 花壇 kadan
Blumengeschäft 花屋 hana-ya
Bluse ブラウス burausu
blutdürstig 凶暴 kyoubou (KD)
Boden 土地 tochi
Bodenpreis 地価 chika
Bohne 豆 mame
Bratwurst ソーセージ sôsêji
Brandy ブランデー burandê
Braun 茶色 chairo
braun 茶色い chairo·i
breit 広い hiro·i *(Fläche, Breite)*
Brennstoff 燃料 nenryou
Brief 手紙 tegami
Briefmarke 切手 kitte
Brot パン pan
Brücke 橋 hashi
Bruder: älterer Bruder 兄 ani, お兄さん onii-san
    jüngerer Bruder 弟 otouto
„Bubble Economy" バブル経済 baburu-keizai
Buch 本 hon, 書籍 shoseki
Buchhandlung 本屋 hon-ya
Bücherregal 本棚 hon-dana
Bücherschrank 本棚 hon-dana
Buddhismus 仏教 bukkyou
Bügeleisen アイロン airon
bunt いろいろ（色々）iroiro
Büromaterialien 文房具用品 bunbou-gu-youhin
Bushaltestelle バス停 basu-tei

Busstation バス乗り場 basu-noriba, バスターミナル basu-tâminaru
Butter バター batâ

C

ca. 約〜 yaku..., 〜程... hodo, 〜くらい／ぐらい... kurai/gurai, 〜程度... teido
Caddy キャディー kyadî
Cafeteria カフェテリア kafeteria
CD-Player CDプレーヤー CD-purêyâ
checken チェックする chekku-suru
Chemie 化学 ka-gaku
Chemieindustrie 化学工業 ka-gaku-kougyou
Chemieprodukt 化学品 ka-gaku-hin
China 中国 Chuugoku
Chinesisch 中国語 Chuugoku-go
Comics コミックス komikkusu, 漫画 manga
Cousin, Cousine いとこ itoko

D

da... 〜ので node
daher ですから desukara, だから dakara, それで sorede
damals 当時 touji
Dame 婦人 fujin
danach それから sorekara
Dank 礼 rei
darüber hinaus 更に sara ni, それに sore ni
dasein ある ar·u, おる／居る or·u *(Bescheidenheitsausdruck)*
Datum 日付け（ひづけ）hizuke
Dauer 期間 kikan, 長さ naga·sa
dauern かかる／掛かる kakar·u
denken 考える kangae·ru
Design デザイン dezain
deshalb だから dakara, ですから desukara, それで sorede
deswegen だから dakara, ですから desukara, それで sorede
detailliert 詳しい kuwashi·i
Deutsche (-r) ドイツ人 Doitsu-jin
deutsch-japanisch 独和 doku-wa
deutsch-japanisches Wörterbuch 独和辞典 doku-wa-jiten
Deutschland ドイツ Doitsu
dichten 作る tsukur·u
Dienst 勤め tsutome
Dienstleistungssektor サービス業 sâbisu-gyou
Dieselwagen ディーゼル車 dîzeru-sha
Digitalkamera デジタルカメラ dejitaru-kamera, デジカメ dejikame
Doktorkurs 博士課程 hakushi-katei
Dokumentarfilm ドキュメンタリー dokyumentarî
Dorf 村 mura

Dorsch タラ／鱈 tara
dort そこ soko, あそこ asoko
drastisch 大幅に oo-haba ni
drüben 向こう mukou, 向こう側 mukou-gawa
drücken 押す os·u
Drucker プリンター purintâ
durchfahren (durch ...) 通る (... o) toor·u
durchfallen (in ...) 落ちる (... ni) ochi·ru
durchgehen (durch ...) 通る (... o) toor·u
Dusche シャワー shawâ
duschen シャワーを浴びる shawâ o abi·ru

E

eben ちょうど／丁度 choudo (ADV); 平ら taira (KD)
Ebene 平野 heiya
Ecke コーナー kônâ, 角 kado, 角／隅 sumi
Ehefrau 奥さん oku-san, 妻 tsuma
Ehemann 夫 otto, 主人 shu-jin
einfach 簡単 kantan (KD), シンプル shinpuru (KD)
Einfluss 影響 eikyou, 勢力 seiryoku, 力 chikara
  ☛ *schlechter Einfluss* 悪影響 aku-eikyou
  ☛ *einen Einfluss ausüben (auf ...)* 影響を与える (... ni) eikyou o atae·ru
Eingang 入り口 iri-guchi
einige 幾つか iku-tsu-ka
einkaufen 買い物をする kaimono o suru
Einkaufen 買い物 kaimono, ショッピング shoppingu
einladen 招く manek·u
Einleitung 前文 zen-bun, 導入 dou'nyuu, 序 jo
Einrichtung 制度 seido, システム shisutemu
einsam 寂しい／淋しい sabishi·i
einschlafen 眠る nemur·u
einsteigen (in ...) 乗る (... ni) nor·u
eintragen (in ...) 記入する (... ni) ki'nyuu-suru
Eintragung 記入 ki'nyuu
eintreten (in ...) へ入る (... ni) hair·u
Eintrittskarte 入場券 nyuujou-ken, チケット chiketto
Eisen 鉄 tetsu
Eissalat レタス retasu
Elektrogerät 電気製品 denki-seihin
Elektrogeschäft 電器店 denki-ten
Elektron 電子 denshi
Elektronik エレクトロニクス erekutoronikusu
elektronische Geräte 電子機器 denshi-kiki
elektronische Komponente 電子部品 denshi-buhin
elektronische Mail 電子メール denshi-mêru
elektronisches Wörterbuch 電子辞書 denshi-jisho
Eltern 親 oya, 両親 ryoushin
empfangen 迎える mukae·ru

Empfinden 気 ki
Ende 終わり owari, 最後 saigo
  ☛ *am Ende* 結局 kekkyoku
  ☛ *zu Ende gehen* 終わる owar·u; 済む sum·u
enden 終わる owar·u *(intr.)*
Energie エネルギー enerugî
  ☛ *neue Energien* 新エネルギー shin-enerugî
Englisch 英語 ei-go
englisch-japanisch 英和 ei-wa
(sich) entfernen (von ...) 離れる (...o) hanare·ru
(sich) entschuldigen 詫びる wabi·ru, 謝る ayamar·u
Entschuldigung 失礼 shitsurei, 詫び wabi
entsenden 送る okur·u
entspannt ゆっくり yukkuri
Entspannungspolitik 緩和政策 kanwa-seisaku
Entwicklung 発達 hattatsu, 発展 hatten
(sich) entwickeln 発達する hattatsu-suru, する hatten-suru
Enzyklopädie 百科事典 hyakka-jiten
Epoche 時代 jidai
er 彼 kare
Erdbeersahnetorte ショートケーキ shôto-kêki
Erde 地球 chikyuu, 土 tsuchi
Erdgas 天然ガス tennen-gasu
Erdöl 石油 seki-yu
  ☛ *Erdölabhängigkeit(sgrad)* 石油依存度 seki-yu-izon-do
  ☛ *Erdölprodukt* 石油製品 seki-yu-seihin
(sich) ereignen ある ar·u, 起こる okor·u
erfinden 発明する hatsumei-suru
erforderlich 必要 hitsuyou
(sich) erkundigen 聞く kik·u
erlangen 獲得する kakutoku-suru
Erlaubnis 免許 menkyo, 許可 kyoka
ermüden 疲れる tsukare·ru
Erneuerung 改新 kaishin
Ernte 収穫 shuukaku, 取り入れ tori-ire
  ☛ *gute Ernte* 豊作 housaku
erreichen 獲得する kakutoku-suru
Ersatzteile 部品 buhin
erscheinen 出てくる dete-kuru, 現れる araware·ru
erschrocken sein (über ...) 驚く (... ni) odorok·u
erstaunt sein (über ...) 驚く (... ni) odorok·u
(der/die/das) erste 最初 saisho (no ...)
erwachen 目を覚ます me o samas·u
erzählen 話す hanas·u
Erzähliteratur 物語文学 monogatari-bungaku
Erzeugnis 製品 seihin
Erziehung 教育 kyouiku
essen 食べる tabe·ru, 食事する shokuji-suru

Essen 食事 shokuji
Essensmarke 食券 shok-ken
etablieren 確立する kakuritsu-suru
Etage 階 kai
Ethik 倫理 rinri
etwas 何か nani ka; 多少 tashou
Euro ユーロ yûro
(die) Europäische Union 欧州連合 Oushuu-rengou
Export 輸出 yushutsu
Exportbetrag 輸出額 yushutsu-gaku
Exportgüter 輸出品 yushutsu-hin
exportieren 輸出する yushutsu-suru
Exportvolumen 輸出高 yushutsu-daka

F

Fabrik 工場 koujou
Fach 科目 kamoku
Fachgebiet 分野 bunya, 専攻 senkou, 専門 senmon, 専門分野 senmon-bunya
fahren 走る hashir·u *(Züge, Autos)*, 通る toor·u *(Züge, Autos)*
fahren (mit ...) 乗る (... ni) nor·u, 運転する (... o) unten-suru
Fahrer (-in) 運転手 unten-shu, ドライバー doraibâ
Fahrrad 自転車 jiten-sha, バイク baiku
Fahrradtour サイクリング saikuringu
Fahrzeug 乗り物 nori-mono
fällen 下す kudas·u
 ☛ *ein Urteil fällen* 判断を下す handan o kudas·u
Fallschirmspringen スカイダイビング sukai-daibingu
falsch sein 違う chiga·u
・*Familie* 家庭 katei, 家族 kazoku
„Family Computer" ファミコン fami-kon
fantastisch 素晴らしい subarashi·i
fehlen (in/von ...) 休む (... o) yasum·u
feiern 祝う iwa·u
Feiertag 休み yasumi, 祝日 shukujitsu
fein 細かい komaka·i
Feld 野原 nohara, 畑 hatake
Fenster 窓 mado
Ferne 遠く too·ku
ferner 更に sara ni, それに sore ni, それと sore to
Fernseher テレビ terebi
Fest 祭り matsuri, お祝い o-iwai, パーティー pâtî
Festessen 御馳走 go-chisou
festlegen (auf ...) 決める (... ni) kime·ru
 ☛ *festgelegt werden (auf ...)* 決まる (... ni) kima·ru
Feuer 火 hi

feuerrot 真っ赤 makka
Film 映画 eiga
finanziell 経済的 keizai-teki, 財政的 zaisei-teki
finden 見つける (... o) mitsuke·ru
 ☛ *gefunden werden* 見つかる (... ga) mitsukar·u
Firma 会社 kaisha
Firmenangestellte (-r) 会社員 kaisha-in, 社員 sha-in
Fisch 魚 sakana
 ☛ *tropischer Fisch* 熱帯魚 nettai-gyo
Fischerei 水産業 sui-sangyou
Fischladen 魚屋 sakana-ya
Fläche 面積 menseki
Fleisch 肉 niku
Fleischer 肉屋 niku-ya
fliegen 飛ぶ tob·u
fließen 流れる nagare·ru
florierend 盛ん sakan (KD)
Flugdauer 飛行時間 hikou-jikan
Flugzeug 飛行機 hikou-ki
Fluss 川／河 kawa
flüssiges Erdgas 液化天然ガス eki-ka-tennen-gasu
Föhn ドライヤー doraiyâ
(jmdm./einer Sache) folgen 従う (... ni) shitaga·u
folgen (auf ...) 次ぐ (... ni) tsug·u
folglich それから sorekara
Form 形 katachi; 形式 keishiki
 ☛ *Form der Schriftzeichen* 字形 ji-kei
Formalität 形式 keishiki
forschen 研究する kenkyuu-suru
Forschung 研究 kenkyuu
fortschreiten 進む susum·u
fortsetzen 続ける／つづける tsuzuke·ru
Foto 写真 shashin
fotografieren 写真を撮る shashin o tor·u
Formular 用紙 youshi
Frage 質問 shitsumon
(jmdn.) fragen 聞く (... ni) kik·u, 質問する shitsumon-suru
Frau 女性 josei, 女 onna, 女の人 onna no hito, 女子 joshi
frei 暇 hima; 自由 jiyuu
Freiheit 自由 jiyuu
Freizeit 暇 hima
Freizeitpark 遊園地 yuuen-chi
Fremdsprache 外国語 gaikoku-go
Fremdwort 外来語 gairai-go
Freund (-in) 友達 tomodachi, 友人 yuujin
freundlich 親切 shinsetsu (KD)
fröhlich 明るい akaru·i

früh 早く haya·ku
früher 昔 mukashi, 以前 izen
Frühling 春 haru
Frühstück 朝ご飯 asa-gohan, 朝食 choushoku
Führerschein 免許 menkyo, 運転免許 unten-menkyo
    ☛ *internationaler Führerschein* 国際免許証 kokusai-menkyo-shou
Funkverkehr 交信 koushin
fürchterlich 酷い hido·i, 大変 taihen
Fuß 足 ashi
    ☛ *zu Fuß* 歩いて aruite
    ☛ *zu Fuß gehen* 歩く aruk·u
Fußball サッカー sakkâ
Fußballplatz サッカー場 sakkâ-jou
Fußballverein サッカークラブ sakkâ-kurabu

G

Gabel フォーク fôku
Game ゲーム gêmu
gänzlich すっかり sukkari, 全て subete, 全部 zenbu
Garantieheft 保証書 hoshou-sho
Garnele エビ／海老／蝦 ebi
Garten 庭 niwa, 庭園 teien
Gebäude 建物 tatemono
geben くれる kurer·u, 下さる kudasar·u, 上げる age·ru, 差し上げる sashiage·ru
Gebiet 地域 chiiki
geboren werden 生まれる umare·ru
Gebrauchtwagen 中古車 chuuko-sha
Gebühren 料金 ryoukin
Geburtstag 誕生日 tanjou-bi
Gedanken 考え kangae
    ☛ *Gedanken machen (über ...)* 気を遣う (... ni) ki o tsuka·u
geeignet sein (zu ...) 適す (... ni) tekis·u
gefallen 気に入る (... ga) ki ni ir·u
Gefälle 格差 kakusa
Geflügelfleisch 鶏肉 tori-niku
Gefühl 気 ki
gegen ... ～ごろ ... goro
Gegend 辺り atari, 地域 chiiki
Gegenleistung お返し o-kaeshi
gegenwärtig 現在 genzai
Gehalt 給料 kyuuryou
Geist 魂 tamashii
geistig 精神的 seishin-teki
    ☛ *geistiges Zentrum* 精神的中心 seishin-teki-chuushin
Gelächter 笑い声 warai-goe
Geldpolitik 金融政策 kin'yuu-seisaku
    ☛ *lockere Geldpolitik* 金融緩和政策 kin'yuu-kanwa-seisaku

    ☛ *restriktive Geldpolitik* 金融引き締め政策 kin'yuu-hikishime-seisaku
Gelegenheit 機会 kikai, 折り ori
Gemüse 野菜 yasai
genau ちょうど／丁度 choudo
Generation 年代 nen-dai, ジェネレーション jenerêshon
Geographie 地理 chiri
gerade ちょうど／丁度 choudo
Gericht (Essen) 料理 ryouri
Gesamt(an)zahl 総数 sou-suu
Gesamtheit 全体 zentai
Gesamtsumme 合計 goukei
Gesang 声楽 seigaku
Geschäft 店 mise; 用事 youji
Geschäftsreise 出張 shutchou, 出張旅行 schutchou-ryokou
    ☛ *eine Geschäftsreise machen* 出張する shutchou-suru
Geschichte 歴史 rekishi, 話 hanashi
    ☛ *Geschichte des Mittelalters* 中世史 chuusei-shi
Geschirr 食器 shokki
Geschirrspülmaschine 自動食器洗い機 jidou-shokki-arai-ki
Geschwindigkeit 速度 soku-do, スピード supîdo
    ☛ *Stundengeschwindigkeit, Km/h* 時速 ji-soku
Geschwindigkeitsüberschreitung スピード違反 supîdo-ihan
Geschwister 兄弟 kyoudai
Gesetz 法律 houritsu, 法 hou
gestern きのう／昨日 kinou
Getränk 飲み物 nomi-mono, ドリンク dorinku
    ☛ *alkoholisches Getränk* 酒 sake
Gewalt 暴力 bouryoku
gewalttätig 凶暴 kyoubou
Gewerbe 産業 sangyou
Gewicht 重さ omo·sa
gewinnbringend 得 toku (KD)
(sich) gewöhnen (an ...) 慣れる (... ni) nare·ru
Gewürze 調味料 choumiryou
glänzen 光る hikar·u
gleich 同じ onaji
global グローバル gurôbaru(KD)
Glück 福 fuku (N), 幸福 koufuku (N) (KD)
Golf ゴルフ gorufu
Golfplatz ゴルフ場 gorufu-jou
Gott 神 kami
Gottheit 神 kami

grandios 雄大 yuudai (KD)
gratis 只 tada, 無料 muryou
Grau, grau 灰色 hai-iro, グレー gurê
groß 広い hiro·i *(Fläche)*, 大きい ooki·i *(Größe)*
großartig 雄大 yuudai (KD)
Größe 大きさ ooki·sa
Großstadt 都会 tokai
Grün, grün 緑 midori (N), グリーン gurîn (N)
Grund 理由 riyuu
    ☛ *aus diesem Grunde* そこで sokode, このため kono tame, この理由で；kono riyuu de
    ☛ *im Grunde* 結局 kekkyoku
gründen 確立する kakuritsu-suru
Grundschule 小学校 shou-gakkou
Grundschüler 小学生 shougaku-sei
Gruppe グループ gurûpu
Gruß 挨拶 aisatsu
grüßen 挨拶する aisatsu-suru
Gurke キュウリ／胡瓜 kyuuri
gut いい ii, 良い yo·i, 上手 jouzu *(Fertigkeit)*, 宜しい yoroshi·i *(Bescheidenheitsausdruck)*

H

Haar- und Federwild 鳥獣 chou-juu
haben ある ar·u, 持つ mots·u
Hälfte 半分 han-bun
    ☛ *die zweite Hälfte* 後半 kou-han
halten 飼う ka·u *(Tiere)*
Hammelfleisch マトン maton
handlich 便利 benri
Handtasche バッグ baggu
Handy 携帯 keitai; 携帯電話 keitai-denwa
hart (Situation, Lage) 厳しい kibishi·i, 大変 taihen (KD)
hassen 大嫌い dai-kirai (da)
Haupt- 主 omo (KD)
Hauptsitz (einer Firma) 本社 hon-sha
Hauptstadt 首都 shuto, 都 miyako
Hauptteil 本文 hon-bun
Hauptverkehrszeit ラッシュアワー rasshu-awâ
Haus 家 ie   *eigenes Haus: uchi うち*
    ☛ *Ihr Haus* お宅 o-taku
    ☛ *das Haus des anderen* お宅 o-taku
Hausaufgabe 宿題 shukudai
Haushalt 家庭 katei
Haustier ペット petto
Heft ノート nôto
Heimat 国 kuni
heiraten 結婚する kekkon-suru
heiß (Wetter) 暑い atsu·i
heiß (Wasser, Gegenstände) 熱い atsu·i
hell 明るい akaru·i
Hemd ワイシャツ wai-shatsu

Herbst 秋 aki
Herbstanfang 立秋 risshuu
Herbstfärbung 紅葉 kouyou
Herbstfest 秋祭り aki-matsuri
herrlich 素晴らしい subarashi·i
herstellen 作る tsukur·u
herumgehen (um ...) 回る／廻る (... o) mawar·u
heute 今日 kyou, 今日 kon-nichi
    ☛ *heute noch* 今でも ima demo
heutzutage 今日 kon-nichi, 今 ima
hier ここ koko, こちら kochira
Himmel 空 sora
hinaufgehen (auf ...) 上る (... ni) nobor·u
Hinfahrt, -flug, -reise 行き iki
hingehen 行く ik·u
hinter ... 後ろ (... no) ushiro
hinunter blicken 見下ろす mi-oros·u
hinunter sehen 見下ろす mi-oros·u
Hobby 趣味 shumi, ホビー hobî
hoch 高い taka·i
hochgradig 高度 kou-do (N) (KD)
Hochhaus ビル biru
Hochkonjunktur 好景気 kou-keiki
Hochsommer 真夏 ma-natsu
Hochzeit 結婚式 kekkon-shiki
Hofdame 宮廷婦人 kyuutei-fujin
höflich 丁寧 teinei
Höhe 高さ taka·sa
Hoheitsgebiet 国土 kokudo
Holz 木材 mokuzai
hören 聞く kik·u
Horizont 地平線 chihei-sen
Hose ズボン zubon
Hotel ホテル hoteru
Hügel 丘 oka
Hügelgrab 古墳 kofun
Hummer エビ／海老／蝦 ebi
Hund イヌ／犬 inu
hundert, Hundert 百 hyaku
    ☛ *hundert Millionen* 億 oku
Hunger 空腹 kuufuku
    ☛ *Hunger haben* お腹が空く o-naka ga suk·u
Hütte (auf dem Berg) 山小屋 yama-goya

I

ich 僕 boku *(Männersprache)*, 私 watashi, 私 watakushi, あたし atashi
identisch 同じ onaji (R) (N), 同一 douitsu (N)
Importgüter 輸入品 yu'nyuu-hin
importieren 輸入する yu'nyuu-suru
in ... (〜の) 中 (... no) naka
Index 索引 sakuin
Industrie 工業 kougyou, 産業 sangyou
Industrienation 工業国 kougyou-koku, 先進国

senshin-koku
- *führende Industrienationen* 主要先進工業国 shuyou-senshin-kougyou-koku
Information 情報 jouhou, インフォメーション infomêshon
Informationsaustausch 情報交換 jouhou-koukan
Ingenieurwissenschaft 工学 kou-gaku
Inland 国内 koku-nai
innehaben 占める shime·ru
insbesondere 得に toku ni
Insel 島 shima
Inselland 島国 shima-guni
insgesamt 合計 goukei, 全部で zenbu de
Institution 制度 seido, システム shisutemu, 体制 taisei
Integrationsschaltung 集積回路 shuuseki-kairo, IClC
interessant 面白い omoshiro·i
Internet インターネット intâ-netto
(sich) irren 違う chiga·u

J

Ja はい hai
Jahr 年 toshi
- *dieses Jahr* 今年 ko-toshi
- *Jahr für Jahr* 年々 nen-nen
- *letztes Jahr* 去年 kyo-nen
- *vorletztes Jahr* 一昨年 ototoshi
Jahresende 暮れ kure
Jahresfeier 行事 gyouji
Jahreszeit 季節 kisetsu, シーズン shîzun
jährlich 年々 nen-nen
Japan 日本 Nihon/Nippon
Japaner (-in) 日本人 Nihon-jin/Nippon-jin
Japanisch 国語 koku-go *(Japanisch als Fach an den japanischen Schulen)*, 日本語 Nihon-go/Nippon-go *(neutral bzw. Japanisch als Fremdsprache)*
- *japanisch-deutsch* 和独 wa-doku
- *japanisch-englisch* 和英 wa-ei
- *japanische Geschichte* 日本史 Nihon-shi
- *japanische Literatur* 日本文学 Nihon-bungaku
Jeans ジーンズ jînzu
jetzt 今 ima, 現在 genzai
jeweils ..〜ずつ ... zutsu
joggen ジョギングする jogingu-suru
Jogging ジョギング jogingu
jung 若い waka·i
Junge 男の子 otoko no ko, 男子 danshi
Junior College 短期大学 tanki-daigaku

K

Kabeljau タラ／鱈 tara
Kaffeemaschine コーヒーメーカー kôhî-mêkâ

Kaiser 天皇 tennou
- *kaiserliche Familie* 天皇家 tennou-ke
- *kaiserlicher Hof* 宮廷 kyuutei
Kalender カレンダー karendâ
kalt (Wetter) 寒い samu·i
kalt (Wasser, Luft, Gegenstände, Menschen) 冷たい tsumeta·i
Kälte (Wetter) 寒さ samu·sa
Kamera カメラ kamera
Kantine 食堂 shoku-dou
Kapital 資金 shikin
Karikatur 戯画 giga
Karpfen コイ／鯉 koi
Karpfenwimpel 鯉幟 koi-nobori
Karte チケット chiketto, 券 ken
Käsekuchen チーズケーキ chîzu-kêki
Kasse 会計 kaikei, レジ reji
Katze ネコ／猫 neko
kaufen 買う ka·u
Kaufhaus デパート depâto
kaum 滅多に…ない metta ni ... nai
kennen 知る shir·u
Ketchup ケチャップ kechappu
Kind 子 ko, 子供 kodomo, 児童 jidou
Kinderbuch 児童書 jidou-sho
Kindergarten 幼稚園 youchi-en
Kindertag 子供の日 kodomo no hi
Kino 映画館 eiga-kan
Kirschbaum 桜 sakura
Kirschblüte 桜 sakura
Kiwi キウイー kiuî
Klage 訴え uttae
Klan 氏族 shizoku, 一族 ichi-zoku
Klan-System 氏姓制度 shisei-seido
(sich) klären 澄む sum·u
Klassenzimmer 教室 kyoushitsu
klassisch 古典 koten (N), 古代 kodai (N)
- *klassisches Japanisch* 古文 kobun
- *klassische Literatur* 古典文学 koten-bungaku
Kleid ドレス doresu, 衣服 ifuku
- *einteiliges Kleid* ワンピース wan-pîsu
- *zweiteiliges Kleid* ツーピース tsû-pîsu
Kleidung 服装 fukusou, 衣料品 iryou-hin
- *Kleidung für Damen* 婦人服 fujin-fuku
- *Kleidung für Herren* 紳士服 shinshi-fuku
klein 小さい chiisa·i, 細かい komaka·i
Kleingeld 小銭 ko-zeni
Klima 気候 kikou
Klimaanlage エアコン ea-kon, クーラー kûrâ
klug 賢い kashiko·i
Km/h 時速 ji-soku
knallrot 真っ赤 makka (KD)

Knoblauch ニンニク／大蒜 ninniku
kochen 料理を作る (ryouri o) tsukur·u, 料理する ryouri-suru
Kochen 料理 ryouri
Kohl キャベツ kyabetsu
kommen 来る kuru, 参る mair·u *(Bescheidenheitsausdruck)*
Kommunikationsmittel 情報手段 jouhou-shudan
Kommunikationstechnologie 情報技術 jouhou-gijutsu
Konditorei ケーキ屋 kêki-ya
Konjunktur 景気 keiki
　　↪ *Hochkonjunktur* 好景気 kou-keiki
Konkurrenz 競争 kyousou
Konkurrenzrate 競争率 kyousou-ritsu
konkurrieren 競争する kyousou-suru
können 出来る (... ga) deki·ru
(sich) konzentrieren (auf ...) 集中する (... ni) shuuchuu-suru
Konzert コンサート konsâto
Kopiergerät コピー機 kopî-ki
Körper 体 karada
Körpergewicht 体重 taijuu
kosten かかる／掛かる kakar·u
　　↪ *wie viel kostet ...* 幾ら ikura (desu ka?)
Krabbe エビ／海老／蝦 ebi
Krabbelstube 保育所 hoiku-jo
Krankenhaus 病院 byou-in
Krawatte ネクタイ nekutai
Kreis 輪 wa
Kreuzung 交差点 kousa-ten
Krieg 戦争 sensou
　　↪ *nach dem Krieg* 戦後 sen-go
　　↪ *vor dem Krieg* 戦前 sen-zen
Korrespondenz 交信 kou-shin, 通信 tsuushin
Korridor 廊下 rouka
Küche (Essen) 料理 ryouri
　　↪ *europäische Küche* 洋食 you-shoku
　　↪ *japanische Küche* 和食 wa-shoku
Kugelschreiber ボールペン bôru-pen
Kuh 牛 ushi
kühl (Wetter) 涼しい suzushi·i
kühl (Wasser, Luft, Gegenstände) 冷たい tsumeta·i
Kühlschrank 冷蔵庫 reizou-ko
Küken ヒナ／雛 hina
Kultur 文化 bunka
Kunde (-in) 客 kyaku, お客さん o-kyaku-san
künftig 将来 shourai
Kunst 芸術 geijutsu
Kunstmuseum 美術館 bijutsu-kan
Kupfer 銅 dou
kurz 短い mijika·i

L

Lachs サケ／鮭 sake
Laden 店 mise
Land 国 kuni, 国土 kokudo, 土地 tochi
　　↪ *das ganze Land* 全国 zen-koku
Landgut 農場 nou-jou
Landschaft 景色 keshiki
Landwirtschaft 農業 nougyou
　　↪ *in der Landwirtschaft beschäftigte Bevölkerung* 農業人口 nougyou-jinkou
lang 長い naga·i
Languste エビ／海老／蝦 ebi
langweilig つまらない tsumarana·i
lärmend 騒がしい sawagashi·i, うるさい／煩い／五月蝿い urusa·i
lassen せる (V1+) se·ru／させる sase·ru
Latein ラテン語 raten-go
Lauch 長ネギ／長葱 naga-negi
laufen 走る hashir·u
laut 騒がしい sawagashi·i, うるさい／煩い／五月蝿い urusa·i
Leben 生 sei, 生命 seimei, 生活 seikatsu *(Alltag)*
Lebensmittel 食料品 shokuryou-hin
lecker おいしい／美味しい oishi·i
Legende 伝説 densetsu
Lehnwort 外来語 gairai-go
Lehrbuch 教科書 kyoukasho
Lehrer (-in) 先生 sensei, 教師 kyoushi, 教諭 kyouju
Lehrwerk 教科書 kyoukasho
leicht (Schwierigkeit) 簡単 kantan (KD)
Leichtindustrie 軽工業 kei-kougyou
Lernen 勉強 benkyou
lernen 勉強する benkyou-suru, 学ぶ manab·u, 覚える oboe·ru, 習う nara·u
Lesart 読み方 yomi-kata
Lesehilfszeichen 読みがな yomi-gana, 振りがな furi-gana
lesen 読む yom·u
Lesung 読み方 yomi-kata
(der/die/das) letzte 最後 saigo (no ...)
letztendlich 結局 kekkyoku
Lexikon 事典 jiten
　　↪ *Lexikon der Personennamen* 人名事典 jinmei-jiten
Licht 光 hikari
lieben 大好き dai-suki (da)
Lied 歌 uta
Liefervolumen 出荷高 shukka-daka
Liegewagenfahrschein 寝台券 shindai-ken
links 左 hidari
Linksverkehr 左側通行 hidari-gawa-tsuukou
Literatur 文学 bun-gaku
Literaturwerk 文学作品 bungaku-sakuhin

Lizenz 免許 menkyo
LKW トラック torakku
Lokalzeitung 地方紙 chihou-shi
Luft 空気 kuuki
Luftpost 航空便 koukuu-bin
Lunchpaket 弁当 bentou

M

machen する suru, 致す itasu *(Bescheidenheitsausdruck)*
Macht 勢力 seiryoku, 力 chikara
Mädchen 女の子 onna no ko, 女子 joshi
Magisterkurs 修士課程 shuushi-katei
Mail メール mêru
Makrelenhecht サンマ／秋刀魚 sanma
Mal ～度 -do, ～回 -kai
　　☞ *zum ersten Mal* 初めて hajimete
　　☞ *das erste Mail nach langer Zeit* 久しぶり hisashi-buri
　　☞ *kein einziges Mal* 一度も～ない ichi-do mo ... nai
　　☞ *nächstes Mal* この次は kono tsugi wa
Malen (nach der Natur) 写生 shasei
malen (nach der Natur) 写生する shasei-suru
Maler 画家 ga-ka
Mandarine ミカン／蜜柑 mikan
Mann 男 otoko, 男性 dansei, 男子 danshi
Markenware ブランド品 burando-hin
Maschine 機械 kikai
Maschinenbau 工学 kou-gaku
Massenmedien 情報手段 jouhou-shudan, マスメディア masumedia, マスコミ masukomi
Material 資料 shiryou, 材料 zairyou
Mathematik 数学 suu-gaku
Maus マウス mausu
Mechanisierung 機械化 kikai-ka
Medien メディア media
Medizin 医学 i-gaku
　　☞ *medizinische Fakultät* 医学部 igaku-bu
Meer 海 umi
Meerbrasse タイ／鯛 tai
Meereshöhe 標高 hyoukou
Meeresspiegel 標高 hyoukou
　　☞ *über dem Meeresspiegel* 標高 hyoukou
mehr oder weniger 多少 tashou
Mehrzahl 複数 fuku-suu
(die) meisten... 殆ど hotondo (N)
　　☞ *am meisten* 一番 ichi-ban (ADV) (N)
meistens 殆ど hotondo (ADV), 大抵 taitei
Melone メロン meron
Menge 量 ryou
　　☞ *eine große Menge* 大量 tai-ryou
Mensa 学食 gaku-shoku, 学生食堂 gakusei-shokudou
Mensch 人 hito, 人間 ningen
Messer ナイフ naifu, 包丁 houchou
Metallschrank ロッカー rokkâ
Methode 手段 shudan, 方法 houhou
Metzger 肉屋 niku-ya
Mikrowelle 電子レンジ denshi-renji
Milch ミルク miruku, 牛乳 gyuu-nyuu *(Kuhmilch)*
Milchstraße 天の川 ama no gawa
mimetische Ausdrücke 擬態語 gi-tai-go
Mineralien 鉱物 koubutsu
Mineralwasser ミネラルウオーター mineraru-wôtâ
Minute 分 fun
mit ... zusammen ～と一緒に ... to issho ni, ～と共に ... to tomo ni
Mitglied メンバー menbâ
mitleidenswert かわいそう／可哀想 kawaisou (KD)
mitnehmen (Menschen, Tiere) 連れていく tsurete-iku, 連れる tsure·ru
Mittag, mittags 昼 hiru
Mittagessen 昼ご飯 hiru-gohan
Mittagspause 昼休み hiru-yasumi
Mitte 中間 chuukan, 半ば nakaba *(zeitlich)*
Mittel 手段 shudan
Mittelschule 中学校 chuu-gakkou
Mittelschüler 中学生 chuugaku-sei
mitten in ... ～の真ん中 ... no man-naka
Mitternacht, mitternachts 夜中 yo-naka
mögen 好き (... ga) suki (da)
　　☞ *nicht mögen* 嫌い (... ga) kirai (da)
Monat 月 tsuki
　　☞ *... Monate lang* ～か月（間）... ka-getsu(-kan)
Monats- (Zeitung, Zeitschriften) 月刊 gekkan
Mönch 僧侶 souryo, 僧 sou, お坊さん o-bou-san
Mond 月 tsuki
Mondschau 月見 tsuki-mi
Monitor モニター monitâ
Morgen, morgens 朝 asa
Morgenzeitung 朝刊 chou-kan
Motorrad バイク baiku, オートバイ ôtobai
müde werden 疲れる tsukare·ru
Mundharmonika ハーモニカ hâmonika
Musik 音楽 ongaku
Musikhochschule 音楽大学 ongaku-daigaku
Muttersprache 母語 bo-go

N

nach ...(Zeit) ～以降 ... ikou; 後 (TA) ato, 後で (TA) ato de, ～後 ... go
　　☞ *nach Christus* 紀元後 kigen-go
nach ... (Richtung) ～行き -yuki
Nachbar (-in) 隣 tonari, 隣の人 tonari no hito
nachdenken 考える kangae·ru
Nachfrage 需要 juyou

Nachhilfeschule 塾 juku
Nachmittag, nachmittags 午後 gogo
Nachricht 伝言 dengon, ニュース nyûsu
Nachschlagwerk 参考書 sankou-sho
(der/die/das) Nächste 次 tsugi
Nacht 夜 yoru
    ☞ *die ganze Nacht durch* 夜通し yo-dooshi
nachts 夜 yoru
nah 近い chika·i, 傍／側 soba
Nähe 近く chika·ku, 傍／側 soba
Nahost 中近東 Chuu-kin-tou
Name 名前 namae
Natur 自然 shizen
neben ... 隣 (... no) tonari, 横 (... no) yoko
nehmen (Milch bzw. Zucker in den Kaffee/Tee) 入れる (... ni) irer·u
(etw.) nehmen 取る tor·u
Nein いいえ iie, ううん uun *(umg.)*
neu 新しい atarashi·i
Neuerscheinung 新刊書 shin-kan-sho
Neujahrsfest 正月 shougatsu
Neujahrskarte 年賀状 nenga-jou
neulich 最近 saikin
Neuwagen 新車 shin-sha
nicht so ... そんなに～ない sonna ni ... nai, あまり～ない amari ... nai
Niederlassung 支店 shi-ten
noch まだ mada
Nordalpen 北アルプス Kita-arupusu
normalerweise 普通 futsuu
Notebook ノートパソコン nôto-pasokon
notwendig 必要 hitsuyou
Nummer 番号 bangou
nun では dewa (KONJ), 今 ima (ADV), それでは soredewa
nur ～ばかり bakari, ～だけ dake, ～しか shika

O

Oberfachschule 高等専門学校 koutou-senmon-gakkou
Oberschule 高校 koukou, 高等学校 koutou-gakkou
Oberschüler 高校生 koukou-sei
Obst フルーツ furûtsu, 果物 kudamono
Ochsentreiber 牛飼い ushi-kai
Ofen オーブン ôbun
öffentlich 公立 kou-ritsu
offiziell 公式 koushiki, 正式 seishiki
oft よく yoku
Ölkrise 石油危機 sekiyu-kiki
Onomatopoetika 擬音語 gi-on-go, オノマトペ onomatope
Oper オペラ opera
Opernsänger (-in) オペラ歌手 opera-kashu

Orange オレンジ orenji
Ort 所 tokoro, 場所 basho
Orthographie 表記法 hyouki-hou, 表記 hyouki
Osten 東 higashi
Ozeanien オセアニア Oseania

P

Paket 小包／こづつみ kozutsumi
Paprika ピーマン pîman, パプリカ papurika
Park 公園 kouen
Partner 相手 aite
Partnerland 相手国 aite-koku
passieren ある ar·u, 起きる oki·ru, 起こる okor·u
PC パソコン paso-kon
Periode 時代 jidai
Person 人 hito
    ☞ *juristische Person* 法人 hou-jin
Personenkraftwagen 乗用車 jouyou-sha
Pfad 道 michi
Pfeffer コショウ／胡椒 koshou
Pferdestärke, PS 馬力 bariki
Pfirsich モモ／桃 momo
Pflanze 植物 shokubutsu
Philosophie 哲学 tetsu-gaku
Phonogramm 表音文字 hyou-on-moji
Physik 物理 butsuri
PKW 乗用車 jouyou-sha
Plantage 農場 nou-jou
Platz 場所 basho, 席 seki
    ☞ *freier Sitzplatz* 空席 kuu-seki
Platzkarte 座席指定券 zaseki-shitei-ken
Plural 複数 fuku-suu
Politik 政治 seiji
Politiker (-in) 政治家 seiji-ka
Politikwissenschaft 政治学 seiji-gaku
politisch 政治的 seiji-teki (KD)
    ☞ *politische Struktur* 政治制度 seiji-seido, 政治構造 seiji-kouzou, 政治システム seiji-shisutemu
    ☞ *politisches System* 政治制度 seiji-seido
Polyester ポリエステル poriesuteru
Postamt 郵便局 yuubin-kyoku
Postangestellte (-r) 郵便局員 yuubin-kyoku-in
postgraduierte Kurse 大学院 daigaku-in
Postkarte 葉書 hagaki
praktisch 便利 benri (KD)
Preis 値段 nedan, 価格 kakaku
    ☞ *festgesetzter Preis* 定価 teika
Preisempfehlung 定価 teika
preisgünstig 安い yasu·i
preiswert 手頃 tegoro (KD)
primärer Wirtschaftssektor 第一次産業 dai-ichi-ji-sangyou
privat プライベート puraibêto, 私的 shiteki; 私

立 shiritsu
Privatuniversität 私立大学 shiritsu-daigaku, 私大 shidai
Problem 問題 mondai
    ☛ *problematischer Punkt* 問題点、mondai-ten
Produkt 製品 seihin
Produktionsmenge der Autos 自動車生産台数 jidou-sha-seisan-dai-suu
Provinz 地方 chihou
Prozent パーセント pâsento, ... *Prozent* 〜割 -wari
Prozentsatz 比率 hi-ritsu, パーセンテージ pâsentêji, 率 ritsu
prüfen 試験をする shiken o suru
Prüfung 試験 shiken
Publikation 出版 shuppan, 出版物 shuppan-butsu
Puppe 人形 ningyou
Puppenfest 雛祭り hina-matsuri
puterrot 真っ赤 makka
putzen 掃除する souji-suru

Q

Quadratkilometer 平方キロメートル heihou-kiro-mêtoru

R

Radiergummi 消しゴム keshi-gomu
Radio ラジオ rajio
rauchen たばこを吸う tabako o su·u
Rauchen 喫煙 kitsu-en
    ☛ *Rauchen verboten* 禁煙 kin-en
Raucherecke 喫煙コーナー kitsuen-kônâ
Rechenmaschine 計算機 keisan-ki
Rechnung 伝票 denpyou, 請求書 seikyuu-sho
Recht 法律 houritsu, 法 hou
rechts 右 migi (N)
Rechtsverkehr 右側通行 migi-gawa-tsuukou
Referat 発表 happyou, リポート ripôto
Reform 改新 kaishin
Regen 雨 ame
Regenzeit 梅雨 tsuyu
    ☛ *Ende der Regenzeit* 梅雨明け tsuyu-ake
regnen 雨が降る ame ga fur·u
Rehkitz 子鹿 ko-jika
Reifen タイヤ taiya
Reis 米 kome *(ungekochter Reis)*; ご飯 go-han *(gekochter Reis für jap. Küche)*; ライス raisu *(gekochter Reis für europäische Küche)*
    ☛ *Reis mit Currysoße* カレーライス karê-raisu *(Gericht)*
Reise 旅行 ryokou
Reisebüro 旅行社 ryokou-sha
Reiseführer ガイドブック gaido-bukku
reisen 旅行する ryokou-suru
Reisepass パスポート pasupôto

Reiskocher 炊飯器 suihan-ki
Reiswein 酒 sake
relativ 比較的 hikaku-teki
Religion 宗教 shuukyou
rennen 走る hashir·u
Restaurant レストラン resutoran
retten 助ける tasuke·ru
    ☛ *gerettet werden* 助かる tasukar·u
Richtung 方 hou, 方角 hougaku, 方向 houkou
Rindfleisch 牛肉 gyuu-niku
Ring 輪 wa, 指輪 yubi-wa, リング ringu
ringen (im Sumo-Stil) 相撲を取る sumou o tor·u
robust 強い tsuyo·i, 頑丈 ganjou (KD)
Rock スカート sukâto *(Kleidungsstück)*; ロック rokku *(Musik)*
Rohöl 原油 gen-yu
Roman 小説 shousetsu
romantisch ロマンチック romanchikku (KD)
Rose バラ／薔薇 bara
Rot 赤 aka
rot 赤い aka·i
Rückreise, -fahrt 帰り kaeri
Ruhe 静けさ shizuke-sa
    ☛ *in aller Ruhe* ゆっくり（と）yukkuri (to)
ruhig 静か shizuka
Rundreise, -fahrt 一周 isshuu
    ☛ *eine Rundreise, -fahrt machen* 一周する isshuu-suru

S

Saison 季節 kisetsu, シーズン shîzun
Salz 塩 shio
sammeln 収集する shuushuu-suru, 集める atsume·ru
Sammlung 収集 shuushuu
Samstag 土曜 do-you, 土曜日 do-you-bi
Sardine イワシ／鰯/鰮 iwashi
Satellitenübertragung 衛星放送 eisei-housou
sauber 綺麗 kirei (KD)
Scanner スキャナー sukyanâ
Schafe 羊 hitsuji
Schaffleisch マトン maton
Schalter 売り場 uri-ba
Schatten 陰／影／蔭 kage
    ☛ *Schatten eines Baums* 木陰 ko-kage
Schaukel ブランコ buranko
schaukeln ブランコに乗る buranko ni nor·u
Schichtwechsel 交代 koutai
schichtweise 交代で koutai de
schicken 送る okur·u
Schiff 船 fune
    ☛ *per Schiff* 船便 funa-bin
Schiffe (Sammelbegriff) 船舶 senpaku
Schildkröte カメ／亀 kame

S — Vokabelindex (Deutsch-Japanisch)

Schinken ハム hamu
schlafen 寝る ne·ru, 眠る nemur·u
Schlafwagenfahrschein 寝台券 shindai-ken
schlicht シンプル shinpuru (KD)
Schließfach ロッカー rokkâ
schließlich 結局 kekkyoku
Schlussverkauf 大安売り oo-yasu-uri
schmackhaft おいしい／美味しい oishi·i
Schmaus 御馳走 go-chisou
schmerzhaft 痛い ita·i
schmücken 飾る kazar·u
schmutzig werden 汚れる yogore·ru
Schnaps 焼酎 shouchuu
Schnee 雪 yuki
Schneefest 雪まつり yuki-matsuri
schnell どんどん don-don, 早く・速く hayaku, 急 kyuu (KD), 急速 kyuusoku (KD) 急速に kyuusoku ni
Schnellzug 急行 kyuukou
Schokoladenkuchen チョコレートケーキ chokorêto-kêki
Scholle ヒラメ／鮃 hirame
schon もう mou
schön 綺麗 kirei (KD), 美しい utsukushi·i;
schön (Zeit) 楽しい tanoshi·i
schrecklich 大変 taihen (KD), 酷い hido·i
schreiben 書く kak·u
Schreibtisch 机 tsukue
Schrein 神社 jinja
Schriftzeichen 文字 moji
Schulbesuchsrate 就学率 shuugaku-ritsu
Schule 学校 gakkou
Schüler 生徒 seito
Schulpflicht 義務教育 gimu-kyouiku
Schwarz 黒 kuro, ブラック burakku
schwarz 黒い kuro·i
    ☛ schwarzer Kaffee ブラック burakku
Schwein ブタ／豚 buta
Schweinefleisch ブタ肉／豚肉 buta-niku
schwer 重い omo·i (Gewicht); 難しい muzukashi·i (Schwierigkeit)
schwer... なかなか…ない nakanaka ... nai
Schwerindustrie 重工業 juu-kougyou
(ältere) Schwester 姉 ane, o-nee-san
(jüngere) Schwester 妹 imouto
schwierig 難しい muzukashi·i, 困難 konnan (KD)
Schwierigkeit 困難 konnan
    ☛ Schwierigkeiten haben 困る komar·u
schwimmen 泳ぐ oyog·u
Schwimmen im Meer 海水浴 kaisui-yoku
schwül 蒸し暑い mushi-atsu·i
(der) See 湖 mizuumi
(die) See 海 umi

Seele 魂 tamashii, 精神 seishin
seelisch 精神的 seishin-teki
sehen 見る mi·ru
Sehenswürdigkeit 名所 meisho
sehr とても totemo, 大変 taihen
Seide 絹 kinu, シルク shiruku
seit ... 〜以降 ... ikou, 〜から ... kara
    ☛ seit alters her 古来 korai
Seite 側面 sokumen; ページ pêji
    ☛ die andere Seite 向こう側 mukou-gawa
    ☛ schwache Seite 苦手 (... ga) nigate (da)
    ☛ starke Seite 得意 (... ga) tokui (da)
sekundärer Wirtschaftssektor 第二次産業 dai-ni-ji-sangyou
selbst 自分 jibun
Selbstvertrauen 自信 jishin
Selbstverwaltung 独立行政 dokuritsu-gyousei
selten 珍しい mezurashi·i
Semester 学期 gakki
Seminarraum 教室 kyoushitsu
senden 送る okur·u
sichtbar sein 見える (... ga) mie·ru
Sie (2. P., Sing.) あなた anata
sie (3. P., Sing.) 彼女 kanojo
Silvester 大晦日 oomisoka
Silvesterglocke 除夜の鐘 joya no kane
singen 歌う uta·u
sinken 減少する genshou-suru, 減る her·u, 下がる sagar·u
Sitzbank ベンチ benchi
sitzen 座る suwar·u
Sitzplatz 席 seki, 座席 zaseki
    ☛ reservierter Sitzplatz 指定席 shitei-seki
so そう sou
    ☛ so genannt 所謂 iwayuru
Socke ソックス sokkusu
sofort 直ぐに sugu ni
Software ソフト sofuto
Sohn 息子 musuko
    ☛ der älteste Sohn 長男 chou-nan
    ☛ der zweitälteste Sohn 次男 ji-nan
Sojasoße 醤油 shouyu
Sommer 夏 natsu
Sonderangebot 大安売り oo-yasu-uri
Sonne 日 hi, 太陽 taiyou
Sonnenbrand 日焼け hi-yake
    ☛ Sonnenbrand bekommen 日焼けする hiyake-suru
Sonnenenergie 太陽光 taiyou-kou
Sonntag 日曜日 nichi-youbi
Sorge 心配 shinpai
    ☛ Sorgen machen 心配する shinpai-suru
Sorte 種類 shurui

Vokabelindex (Deutsch-Japanisch) S-T

Soße ソース sôsu
Sozialwissenschaft 社会科学 shakai-kagaku
(sich) spannen (Brücke) 懸かる kakar·u
Spaß 楽しみ tanoshi·mi
 ☞ *Spaß machen* 楽しい tanoshi·i
spät 遅い oso·i
spazieren (in ...) 散歩する (... o) sanpo-suru
Spazierfahrt ドライブ doraibu
speziell 特別 tokubetsu (N)(KD)
Spiel (Sport) 試合 shiai
spielen 吹く fuk·u *(Blasinstrumente)*, 遊ぶ asob·u *(Kinder)*, 弾く hik·u *(Saiteninstrumente)*
Spielfilm 映画 eiga
Spitze (eines Bergs) 頂上 choujou
Sport スポーツ supôtsu, 運動 undou, *(als Fach in der Schule)* 体育 taiiku
Sportfest 運動会 undou-kai
Sportpullover トレーナー torênâ
Sprache 言葉 kotoba, 言語 gengo
Sprachwissenschaft 言語学 gengo-gaku, 語学 gogaku
sprechen 話す hanas·u
staatlich 国立 koku-ritsu
 ☞ *staatlich und öffentlich* 国公立 kok-kou-ritsu
Stadt 町 machi, 都市 toshi, 市 shi
Stahl 鉄鋼 tekkou
stampfen 搗く tsuk·u
stark 強い tsuyo·i
starten 出発する shuppatsu-suru, スタートする sutâto-suru; 始める hajime·ru
stattdessen その代わり sono kawari
Status 地位 chii
Staubsauger 掃除機 souji-ki
stehen 立つ tats·u
 ☞ *(jmdm.) gut stehen (Kleidungsstücke)* 似合う (... ni) nia·u
steigen (auf einen Berg) 登る (... ni) nobor·u
steil 急 kyuu (KD)
Stein 石 ishi
Steinkohle 石炭 sekitan
Stellung 地位 chii
Sterne 星 hoshi
Steuer 税金 zeikin
 ☞ *einschließlich Steuern* 税込み zei-komi
Stift ペン pen
Stil スタイル sutairu
Stockwerk 階 kai
Stoßzeit ラッシュアワー rasshu-awâ
Straße 通り toori, 道路 douro, 道 michi
streng (Menschen) 厳しい kibishi·i
Student (-in) 学生 gakusei
Studierende (-r) 学生 gakusei
 ☞ *Studierende (-r) im Ausland* 留学生 ryuugaku-sei
Studium 勉強 benkyou
 ☞ *mit dem Studium anfangen (an ...)* 入学する (... ni) nyuugaku-suru
Stuhl 椅子 isu
Stundengeschwindigkeit 時速 ji-soku
subpolare Zone 亜寒帯 akan-tai
subtropische Zone 亜熱帯 anet-tai
suchen 捜す／探す sagas·u
Südalpen 南アルプス Minami-arupusu
Südamerika 南アメリカ Minami-amerika, 南米 nan-bei
Südausgang 南口 minami-guchi
Süden 南 minami
 ☞ *der Süden und der Norden* 南北 nan-boku
Südkorea 韓国 Kankoku
Summe 合計 goukei
Supermarkt スーパー sûpâ
süß 可愛らしい kawairashi·i *(Menschen, Tiere)*; 甘い ama·i *(Süßigkeiten)*
Sutra 教典 kyouten
System 制度 seido, システム shisutemu

T

Tafel 黒板 koku-ban
Tag 日 hi
 ☞ *freier Tag* 休み yasumi
 ☞ *in den nächsten Tagen* そのうち sono uchi
Tageszeit 昼間 hiru-ma
Tageszeitung 日刊新聞 nikkan-shinbun
tagsüber 昼間 hiru-ma
Taifun 台風 taifuu
Tankstelle ガソリンスタンド gasorin-sutando
Tanz 踊り odori, ダンス dansu
tanzen 踊る odor·u
Tasche バッグ baggu; ポケット poketto *(an Kleidung)*
Taschenmesser ナイフ naifu
Taschenrechner 電卓 dentaku
Tat 行為 koui
 ☞ *in der Tat* 本当に hontou ni, 事実 jijitsu
tatsächlich 本当に hontou ni, 事実 jijitsu
Tauchen (Sport; ohne Anzug) スキンダイビング sukin-daibingu
Technik 技術 gijutsu, テクニック tekunikku, 工学 kou-gaku
Tee お茶 o-cha
 ☞ *grüner Tee* 緑茶 ryoku-cha, o-cha
 ☞ *schwarzer Tee* 紅茶 kou-cha
 ☞ *Tee mit Milch* ミルクティー miruku-tî
 ☞ *Tee mit Zitrone* レモンティー remon-tî
Teehaus 茶店 cha-mise
Teich 池 ike
Teilnahme 参加 sanka

teilnehmen (an ...) 出る (... ni) de·ru, 参加する (... ni) sanka-suru
Telefon 電話 denwa
telefonieren 電話をかける denwa o kake·ru
Telegraf 電信 denshin
Teller 皿 sara
Tempel 寺 tera
Tendenz 傾向 keikou
Terminal 端末 tanmatsu *(Computer)*, ターミナル tâminaru *(Halle, Bahnhof, Haltestelle)*
tertiärer Wirtschaftssektor 第三次産業 dai-san-ji-sangyou
teuer 高い taka·i
Textilien 織物 ori-mono
Textilindustrie 繊維工業 sen'i-kougyou, 繊維産業 sen'i-sangyou
Theater 劇場 gekijou
Thunfisch マグロ／鮪 maguro
 ☛ *fetter Teil vom Thunfisch* トロ toro
Ticket チケット chiketto
Tiefseefischerei 遠洋漁業 enyou-gyogyou
Tier 動物 doubutsu
Tintenfisch イカ／烏賊 ika
Tisch テーブル têburu
Toaster トースター tôsutâ
Tochter 娘 musume; *Tochter (des anderen)* お嬢さん o-jou-san
Toilette トイレ toire, 洗面所 senmen-jo, 便所 ben-jo, WC WC
Tomate トマト tomato
Totenfest 盆 bon
Tourist (-in) 観光客 kankou-kyaku, ツーリスト tsûrisuto
tragen 穿く hak·u *(Hosen, Socken)*; 被る kabur·u *(Hüte, Schals)*; 持つ mots·u
treffen 会う (... ni) a·u, 落ち合う (... to) ochi-a·u
(sich) trennen (von ...) 別れる (... to) wakare·ru
Trennung 別れ wakare
trinken 飲む nom·u
Trockner 乾燥機 kansou-ki
Tuch 布 nuno
Tulpe チューリップ chûrippu
tun する suru, 致す itas·u *(Bescheidenheitsausdruck)*
Tunke ソース sôsu
Tür ドア doa

U

U-Bahn 地下鉄 chika-tetsu
üben 練習する renshuu-suru
über ... ～について ... ni tsuite;. 上 (... no) ue
überall 全体に zentai ni, 至る所に itaru tokoro ni
überblicken 見晴らす miharas·u
übereinander legen 重ねる kasane·ru
überfüllt 一杯 ippai, 満員 man-in, 混む kom·u

überliefern 伝える tsutae·ru
 ☛ *überliefert werden* 伝わる tsutawar·u
Übermittlung 伝達 dentatsu
übernachten (in ...) 泊まる (... ni) tomar·u
übernehmen (von ...) 代わる (... ni) kawar·u
überprüfen チェックする chekku-suru, 調査する chousa-suru
überqueren 渡る (... o) watar·u
überrascht sein (von ...) 驚く (... ni) odorok·u
überwältigend 雄大 yuudai (KD)
übrigens ところで tokorode
Übung 練習 renshuu
Uhr 時計 tokei
 ☛ *... Uhr* ～時 ... ji
Uhrzeit 時間 jikan
Umgebung 周り mawari, 周辺 shuuhen
umgekehrt 逆 gyaku
umzingeln 囲む kakom·u
unbedingt 是非 zehi, 必ず kanarazu
unbeschränkt 自由に jiyuu ni
uneingeschränkt 自由に jiyuu ni
Unfall 事故 jiko
ungefähr 大体 daitai, ～くらい／～ぐらい kurai/gurai, ～程 hodo, ～程度 ...teido, 約～ yaku ...
unhandlich 不便 fuben
Universität 大学 daigaku
unpraktisch 不便 fuben
unser (-e) 我が waga
Urteil 判断 handan
 ☛ *ein Urteil fällen* 判断を下す handan o kudas·u
Untergeschoss 地下 chika
Unterhemd (für Herren) ランニング ranningu, シャツ shatsu
Unterkleid 下着 shita-gi
Unterlagen 資料 shiryou
Unternehmen 会社 kaisha
Unterricht 授業 jugyou
 ☛ *Unterricht außerhalb der Schule (Klavier-, Kalligraphieunterricht usw.)* 稽古事 keiko-goto
unterscheiden 区別する kubetsu-suru
(sich) unterscheiden (von ...) 異なる (... to) kotonar·u
Unterschied 格差 kakusa, 差 sa
untersuchen 調査する chousa-suru
Untersuchung 調査 chousa
Unterwäsche 下着 shita-gi
Urwald 原始林 genshi-rin

V

(sich) verabschieden (von ...) 別れる (... to) wakare·ru
Verbindung 繋がり tsunagari
Verbrechen 犯罪 hanzai

(sich) verbreiten 普及する fukyuu-suru, 広がる hirogar·u
verbringen 過ごす sugos·u
vereinfachen 簡略化する kanryaku-ka-suru
Vereinheitlichung 統一 touitsu
verfassen 作る tsukur·u
Verfassung 憲法 kenpou
Verfremdung von ... 〜離れ -banare
  ➤ *Verfremdung von Schriftzeichen* 文字離れ moji-banare
Vergangenheit 昔 mukashi
vergessen 忘れる wasure·ru
Vergleich 比較 hikaku
  ➤ *im Vergleich zu ...* 〜と比較して ... to hikakushi·te, 〜と比べて ... to kurabe·te
vergleichen (mit ...) 比べる (... to) kurabe·ru, 比較する (... to) hikaku-suru
      verglichen (mit ...) 〜と比べて (... to) kurabe·te, ... to hikaku-shi·te 〜と比較して
Verhältnis 関係 kankei
verhältnismäßig 比較的 hikaku-teki
verjagen 追い出す oi-das·u
Verkaufsabteilung 営業課 eigyou-ka
Verkaufsschalter für Karten 切符売り場 kippu-uri-ba
Verkaufsstelle 売り場 uri-ba
Verkehrsunfall 交通事故 koutsuu-jiko
verkehrt 逆 gyaku
verlassen 出る (... o) de·ru
(sich) verlassen (auf ...) 頼る (... ni) tayor·u
verlegen 移す utsus·u
  ➤ *verlegt werden* 移る utsur·u
verloren gehen 無くなる nakunar·u
verschieden いろいろ／色々 iro-iro
(sich) verschlechtern 悪化する akka-suru
verschwinden 無くなる nakunar·u
verstehen 分かる wakar·u; 畏まる kashikomar·u (Bescheidenheitsausdruck), 理解する rikai-suru
(sich) vertiefen (in ...) 熱中する (... ni) netchuu-suru
verursachen 起こす okos·u
vervollständigen 完成する (... o) kansei-suru
  ➤ *vervollständigt werden* 完成する (... ga) kansei-suru
Verwaltungsbezirk, -einheit 行政区画 gyousei-kukaku
verwenden 用いる mochii·ru, 使う tsuka·u, 利用する riyou-suru
viel たくさん／沢山 takusan, 多い oo·i
  ➤ *um vieles* 大幅に oo-haba ni
viele 大勢 oozei *(Menschen)*
vielerlei いろいろ／色々 iro-iro

vierundzwanzig-Stunden-Laden コンビニ kon-bini
Visitenkarte 名刺 meishi
Vogel 鳥 tori
  ➤ *kleiner Vogel* 小鳥 ko-tori
Vokabel 単語 tango
Volkscharakter 国民性 kokumin-sei
voll 一杯 ippai, 満員 man-in
völlig すっかり sukkari
vollkommen すっかり sukkari
Vollmond 満月 man-getsu
von 〜から ... kara *(Startpunkt)*
  ➤ *von alters her* 古来 korai
voraus 先 saki, 前方 zenpou
  ➤ *im Voraus* 先に saki ni
vor ... 〜の前 (... no) mae
  ➤ *vor allem* 特に toku ni
  ➤ *vor Christus* 紀元前 kigen-zen
  ➤ *vor einigen Tagen* この前 kono mae
  ➤ *vor kurzem* この前 kono mae, 最近 saikin
(sich) vorbereiten 準備する junbi-suru
Vorbereitung 準備 junbi
Vorbereitungsschule für die Universitätsaufnahmeprüfung 予備校 yobi-kou
Vorfahren 先祖 senzo, 祖先 sosen
vorgestern おととい／一昨日 ototoi
vorher 先に saki ni
... vorne 〜先 ... saki
Vorort 郊外 kougai
vorteilhaft 得 toku (KD), 有利 yuuri (KD)

W

Waage 秤 hakari
wach 目が覚めている me ga samete-i·ru
  ➤ *wach werden* 目を覚ます me o samas·u
wahr 本当 hontou (N)
Wald 森 mori, 森林 shinrin
Wanderung ハイキング haikingu
warm (Wetter) 暖かい atataka·i
warm (Speise, Gegenstände) 温かい atataka·i
warten (auf ...) 待つ (... o) mats·u
warum なぜ／何故 naze
was 何 nani
was für ... どんな donna
Wasser 水 mizu
Wasserfall 滝 taki
Wasserkocher 湯沸かしポット yuwakashi-potto
Wasserstoffenergie 燃料電池 nenryou-denchi
Website サイト saito
Wechselgeld 釣り tsuri, お釣り o-tsuri
wechseln 換える／替える kae·ru; *(Geld)* 両替える する ryougae-suru
Weg 道 michi
weil ... 〜ので node, 〜から kara
weinen 泣く nak·u

Weise 方法 houhou
    ☛ *auf diese Weise* この様に kono you ni
weit 遠い too·i
welche (von den beiden) どちら dochira
Welt 世界 sekai
weltweit 世界的 sekai-teki (KD)
wenig 少し sukoshi (N) (ADV), 少ない sukuna·i
wer どちら dochira, 誰 dare, どなた donata
werden (zu ...) なる／成る (... ni) nar·u
werfen 投げる nage·ru
Werk 作品 sakuhin
Werkzeugmaschine 工作機械 kousaku-kikai
Westdeutschland 西ドイツ Nishi-doitsu
Wetter 天気 tenki, 天候 tenkou
Whisky ウイスキー uisukî
wichtig 重要 juuyou (KD), 大切 taisetsu (KD)
wie どう dou
wieder また／又 mata, 再び futatabi
wiegen 計る hakar·u
Wiese 野原 nohara
wild 凶暴 kyoubou (KD)
Wildnis 原野 genya
Wind 風 kaze
    ☛ *der Wind weht* 風が吹く kaze ga fuk·u
Windkraft 風力 fuu-ryoku
Winter 冬 fuyu
Winterolympiade 冬季オリンピック（大会）touki-orinpikku(-taikai)
wir 私達 watashi-tachi, 我々 ware-ware
wirklich 本当 hontou (N)
Wirtschaft 経済 keizai, 産業 sangyou
    ☛ *produzierende Wirtschaft* 製造業 seizou-gyou
Wirtschaftswachstum 経済成長 keizai-seichou
wissen 知る shir·u
Wissenschaftler (-in) 学者 gaku-sha
wo どこ doko
Woche 週 shuu
    ☛ *diese Woche* 今週 kon-shuu
    ☛ *letzte Woche* 先週 sen-shuu
    ☛ *nächste Woche* 来週 rai-shuu
    ☛ *... Wochen lang* ～週間 ... shuu-kan
Wochenende 週末 shuu-matsu
Wochenzeitschrift 週刊誌 shuukan-shi
Wochenzeitung 週刊紙 shuukan-shi
wohnen (in ...) 住む (... ni) sum·u
Wolle ウール ûru
wollen ～たい (V2 +) ta·i
    ☛ *haben wollen* ～欲しい (... ga) hoshi·i
Wort 言葉 kotoba, 単語 tango
Wörterbuch 辞書 ji-sho, 辞典 jiten
    ☛ *chin.-jap. Wörterbuch* 漢和辞典 kan-wa-jiten
    ☛ *dt.-jap. Wörterbuch* 独和辞典 doku-wa-jiten
    ☛ *eng.-jap. Wörterbuch* 英和辞典 ei-wa-jiten
    ☛ *jap.-dt. Wörterbuch* 和独辞典 wa-doku-jiten
    ☛ *jap.-eng. Wörterbuch* 和英辞典 wa-ei-jiten

Y

Yard ヤード yâdo

Z

zahlen 支払う shihara·u
Zahlung 支払い shiharai
Zeichentrickfilm アニメ anime
zeigen 見せる mise·ru
Zeit 時間 jikan; 時代 jidai, 時期 jiki, 期間 kikan, 折り ori
    ☛ *damalige Zeit* 当時 touji
    ☛ *in absehbarer Zeit* そのうち sono uchi
    ☛ *in letzter Zeit* 最近 saikin
    ☛ *Zeit haben* 暇 hima (KD)
Zeitschrift 雑誌 zasshi
Zeitspanne 期間 kikan
Zeitung 新聞 shinbun
    ☛ *überregionale Zeitung* 全国紙 zenkoku-shi
Zelt テント tento
Zentralregierung 中央政府 chuuou-seifu
Zentrum 中心 chuushin
Ziegel レンガ／煉瓦 renga
ziemlich かなり／可成 kanari, 随分 zuibun
Zimmer 部屋 heya
Zone 地帯 chitai, ゾーン zôn
    ☛ *gemäßigte Zone* 温帯 on-tai
    ☛ *subtropische Zone* 亜熱帯 a-net-tai
    ☛ *tropische Zone* 熱帯 net-tai
Zucker 砂糖 satou
zuerst まず mazu
Zukunft 将来 shourai
    ☛ *in der Zukunft* 将来 shourai
Zunahme 増加 zouka
zunehmen 増える fue·ru, 増す mas·u, 増加する zouka-suru, 上昇する joushou-suru, 伸びる nobi·ru
zurückkehren 戻る modor·u
zusammen 一緒に issho ni (ADV), 一緒 issho (N)
Zusammenbruch 崩壊 houkai
Zuschauer 見物人 kenbutsu-nin
Zustand 状態 joutai, 状況 joukyou, 様子 yousu
Zweigstelle 支点 shi-ten
Zwiebel タマネギ／玉葱 tama-negi
zwischen 間 (... no) aida

Index der Grammatik

A

Additiv   189
Adjektiv   161-167
Adverb   168 f., 213 f.
Adverb **ichi-ban** (一番)   243 f.
Adverb **ichi-do-mo** (一度も)   213 f.
Adverb **kesshite** (決して)   213
Adverb **metta ni** (滅多に)   193 f.
Adverb **mou** (もう)   193 f.
Adverb **sukoshimo** (少しも)   213
Adverb **yori** (より)   240
Adverbiale   215
    ... **ni tsuite**   215
    ... **to shite**   216
Adversativ   189, 199
(der) **aida**-Satz   230 f.
(der) **aida-ni**-Satz   230 f.
Akzent   20
Akzentkern   20
anaphorisch   158
Animat   171
Aspekt   204, 238
(der) **ato**-Satz   229
Attribute   167 f.
Attributiv   205 f.
attributive Verwendung der K-Adjektive   163
attributive Verwendung der KD-Adjektive   164, 252
attributive Verwendung der TE-iru-Form   205 f.
Attributsatz   225, 236
Aufforderung   222
Ausdrücke der Fertigkeit: < N1 **wa** N2 **ga jouzu / heta da** >   251 f.
Ausdrücke der starken bzw. schwachen Seite: < N1 **wa** N2 **ga tokui/nigate da** >   251
Ausdruck des Besitzes: < N1 (**ni**) **wa** N2 **ga ar·u/i·ru** >   257 f.
Ausdruck des Verstehens: < N1**wa** N2 **ga wakar·u** >   253
Ausdruck einer Erfahrung: < N1**wa** TA **koto ga aru/nai** >   258
Ausdruck einer Fähigkeit: < N1 **wa** N2 **ga deki·ru** >   253
Ausdruck einer Häufigkeit einer Handlung bzw. eines Ereignisses: < N1 **wa** V3 **koto ga ar·u/na·i/oo·i/sukuna·i** >   258 f.
Ausdruck einer Notwendigkeit:

< N1 **wa** N2 **ga ir·u** >   253
Ausdrücke einer Vorliebe: *etwas mögen* oder *nicht mögen* (**suki/kirai da**) 249 f.

B

Befehl   218 f.
Beschreibung eines Merkmals bzw. Charakters eines Menschen   259 f.
Besitz (**ar·u/nai**)   257
Bewegungsverben   194 f.
Bezeichnungen der Körperteile   261
Bitte   217 f.
    ... **o kudasai**   217
    TE-**kudasai**   217
    V1 + **nai de kudasai**   218
Bruchzahlenverhältnis < N1 **wa** N2 **no** ... -**bun no** ... **da** >   243

D

(der) **da-dearu**-Stil   211 f.
Definitiv   155
definitive Aussage   155
Demonstrativpronomen   157
deontische Ausdrücke   217-224
Desiderativ (Wunschäußerung):
    etwas haben wollen   247 f.
    etwas tun wollen   248 f.
Desubstantiv   186
direkte und indirekte Rede < ... **to i·u** >   235-237
direkte Schilderung   237 f.
(der) **desu-masu**-Stil   211-213
Deverbativ   193
dynamische Verben   208 f.

E

Eigenschaft   161-168
Elativ   246
Empfehlung   221 f.
Erfahrung (... **koto ga ar·u/nai**)   258 f.
Erlaubnis   220 f.
Existenzsatz   171 ff.
exophorisch   157

F

Fähigkeit (**dekir·u**)   252 f.
Fertigkeit (**jouzu/heta da**)   251 f.
Flexion der K-Adjektive   162 f.
Flexion der Verben   179-182, 201-202

Flexion des Verbs **kudasar·u**   217
Flexion des Verbs **nasar·u**   218
Folge   189

G

Gegensatz   189
Gegenwartsformen   206
Gewohnheit/Angewohnheit   205
Gleichzeitigkeit   230-232
grammatische Person   249

H

Haben-Satz (**ar·u/nai**)   257
Hilfsverb   155, 250, 256, 262
Honorativ   256
HV **dearu** (である)   164
HV **desu** (です)   155
HV **ta** (た)   191-193
HV **u** (う)   222 f.
HV **you** (よう)   222 f.

I

Inanimat   171
Interrogativa   159 f., 240, 241 f., 245

K

Kausal   169
Kausativ   256
Keiyoudoushi-Adjektiv   164 f.
Keiyoushi-Adjektiv   162-164
Kohortativ   256
Komparation   239-246
Komparativ   240-243
konjunktional   208
Konjunktionen   189 f.
Konsekutiv   189, 203
Konsonanten   18 f.
konsonantische Verben   180-182, 201 f., 211
Kontinuität   205
Kontrasthervorhebung   178, 199
... **kudasai**   217 f.
Kopula **desu**   153
Kopulativ   176 f., 203 f.
(das) **ko-so-a-do**-Paradigma   155 ff.

L

Lokal   155
Lokale Angaben   175 f.
Lokalnomen   175 f.

M

(der) **mae**-Satz   229 f.

(der) **mama**-Satz 231 f.
Meinungsäußerung < ... **to omo·u** > 237
Mengenangaben 173 f.
Modal 204
Modalitätsfunktion 154, 169
More 19 f.
morpho-syntaktisch 153
Multiplikationsverhältnis < N1 **wa** N2 **no** ... **-bai da** > 243

N

Nachzeitigkeit 229 f.
(der) **nagara**-Satz 231 f.
Negation 153
Negation des KD-Prädikats 165
negative Gleichheit < N1 **wa** N2 **hodo** ... **nai** > 239
Nomen 155
Notwendigkeit (**ir·u** [要る]) 253

P

Passiv 256
Perfekt 192
Personalpronomen 159
Phonotaktik 19
Polyfunktionalität 169
Positiv < N1 **wa** N2 **to onaji kurai/gurai** ... > 239
Postposition 153, 168 f., 176-178, 184-188, 194-196, 198-200, 214 f., 262
PP **de** (で): Handlungsort 194 f.
PP **de** (で): Instrument 187
PP **de** (で): kausale Angabe 169
PP **de** (で): quantitative Einheit 178
PP **de** (**wa**) (では): Einschränkung 177 f.
PP **e** (へ): Richtungsmarkierer 186
PP **ga** (が): Adversativ (Gegensatz: *aber* ...) 199
PP **ga** (が): Einleitung einer Aussage 170
PP **ga** (が): Subjektmarkierer 177, 237 f.
PP **hodo** (ほど／程): Ausdruck einer Ungenauigkeit: *ca.* ... 187
PP **ka** (か): Interrogativ 154
PP **kara** (から): Ablativ (Ausgangspunkt) 186 f.
PP **kara** (から): Kausal (Grund: *weil* ...) 200
PP **kurai/gurai** (くらい／ぐらい／位): Ausdruck einer Ungenauig-

keit: *ca.* ... 187 f.
PP **made** (まで): Markierung einer Grenze: *bis* ... 187
PP **mo** (も): Thema + *auch* 154
PP **nagara** (ながら): Temporal (Gleichzeitigkeit) 233
PP **ne** (ね): Vergewisserung 169
PP **ni** (に): Final (Zweck: *um ... zu* ...) 200, 215
PP **ni** (に): Komparativ (Kennzeichnung eines Vergleichsobjekts) 215
PP **ni** (に): Ort der Ankunft bzw. des Eintretens 196
PP **ni** (に): Resultativ (Ergebnis aus einer Änderung) 214 f.
PP **ni** (に): Richtung 186
PP **ni** (に): Zeitangabe 186
PP **no** (の): Attributiv (genauere Bestimmung eines Nomens) 155
PP **no** (の): Subjektmarkierer 233
PP **o** (を): Objektmarkierer 185
PP **o** (を): Ort des Weggangs 195
PP **o** (を): Ort des Übergangs bzw. Durchgangs 195
PP **shika** (しか): Markierung einer Ausschließlichkeit: *nur* ... 214
PP **te** (て): siehe TE-Form
PP **te** (て): Konsekutiv: *und danach* ... 203
PP **te** (て): Kopulativ: *und* ... 203
PP **te** (て): Modal ...204
PP **to** (と): Inhaltsmarkierer (*dass* ...) 235
PP **to** (と): Komitativ (Partner: *mit* ...) 198
PP **to** (と): Komparativ (Kennzeichnung eines Vergleichsobjekts) 215
PP **to** (と): Kopulativ (vollständige Auflistung: *und* ...) 176 f.
PP **wa** (は): Kontrasthervorhebung 178, 199 f.
PP **wa** (は): Themamarkierung 154
PP **ya** (や): Kopulativ (unvollständige Auflistung: *... usw.*) 177
PP **yo** (よ): Mitteilung 169
PP **yori** (より): Komparativ (Markierung eines Vergleichs-

objekts) 240
Potentialis (**dekir·u**) 252 f.
Prädikate 183-185, 197 f., 202, 254
Prädikation 153
prädikative Verwendung der K-Adjektive 162
prädikative Verwendung der KD-Adjektive 164
Prädikatsformen des Attributsatzes 225
Prädikatsstile 182 f., 211-213
Präferenz (**suki/kirai da**) 249 f.
Präteritum 192
Progressiv 204-206, 238
Pseudo-Nomen 225
Pseudo-Nomen **koto** (こと／事) 216, 254
... **koto ga aru/nai** 257 f.
... **koto ga ooi/sukunai** 258

R

Rechtschreibung 17
Rektion des Kasus 194
Rentaishi-Adjektiv 165-167
Resultativ 205, 214 f.

S

Satzglieder 188 f.
(die) Satzstruktur < V2 + **ni** + **iku/kuru/kaeru** > 200
Schriftzeichen 17
schwache/starke Seite 251
shir·u 206
Sonzai-bun 171 ff.
Spekulativ 256
statische Verben 208 f.
Substantivierung eines Satzes 254 f.
(das) Suffix **-chuu** / **-juu** (中) 232 f.
(das) Suffix **goro** (頃) 188
Superlativ 243-246
suprasegmentale Merkmale 176

T

TA-Form 211
TA + **hou ga ii** 222
TA + **koto ga aru** 258
TARI-Form 207
TARI-TARI-**suru** 208
TE-Form 201 ff.
TE-**iru** 204-206
TE-**kara** 206 f.
TE-**kudasai** 217 f.
TE + **wa ikenai** 220
TE + **wa naranai** 220
TEMO-Form 220 f.

TEMO + **ii** 221
TEMO + **kamawanai** 221
temporale Angaben 225-232
temporale Pseudo-Nomen 225
Tempus 227 f.
Thema 153
(der) **toki**-Satz 226-229
Topik 153
Transkription 18

U
unregelmäßige Verben 182, 201 f., 211

V
< V1-V6 >-Flexion 179-182
V1 + **nai** ? 223 f.
V1 + **nai de kudasai** 218
V1 + **nai hou ga ii** 222
V1 + **nakere ba ikenai** 219
V1 + **nakere ba naranai** 219 f
V1 + **naku temo ii** 224
V1 + **nakute wa ikenai** 219
V1 + **nakute wa naranai** 219
V2   193, 208
V2 + **mashou** 223 f.
V2 + **mashou ka** 223 f.
V2 + **masen ka** 223 f.
V2 + **masu** 184 f., 238
V2 + **nasai** 218
V2 + **ni** + **iku/kuru/kaeru** 200
V3   184 f., 238
V3 + **koto ga aru/nai/ooi/ sukunai** 258 f.
V5   218 f.
V6 + **u/you** 222 f.
V6 + **u/you ka**? 223 f.
Verben (Kategorien) 179
Verben (Flexion) 179-182
(die) Verben **ik·u** (行く) und **kuru** (来る) 228 f.
Verbot 220
Vergangenheitsformen der Prädikate 197, 206

Verneinung des verbalen Prädikats 173, 184
Verpflichtung 219
Verstehen (**wakar·u**) 253
Vokale 18 f.
vokalische Verben 179 f., 201, 211
Volitional 256
Vorliebe (**suki/kirai da**) 249 f.
Vorschlag 224
Vorzeitigkeit 206 f., 225

W
(die) **wa-ga**-Satzstruktur 237-262
Wortklassen 18
Wortstellung 176

Z
Zähleinheitswörter 173 f., 62-64
Zusatz 189
Zustand 205

Empfohlene Literatur

Hofmann, Thomas R. und Kageyama, Tarô (1990): *10 voyages in the realms of meaning*. Tôkyô: Kuroshio Shuppan.

Ikegami, Yoshihiko (1991): 'Do-language and Become-language'. In: Ikegami, Yoshihiko (ed.): *The Empire of Signs: Semiotic Essays on Japanese Culture*. Amsterdam/Philadelphia: John Benjamins Publishing Company. S. 285-326.

Iwasaki, Shoichi (2002): *Japanese*. Amsterdam/Philadelphia: John Benjamins.

Katsuki-Pestemer, Noriko (2003): *Japanese Postpositions: Theory and Practice*. München: LIMCOM.

Lewin, Bruno (1989): *Sprache und Schrift Japans*. Leiden: E. J. Brill,

Maynard, Senko K. (1997): *Japanese Communication*. Honolulu: University of Hawai'i Press.

Miller, Roy Andrew: *The Japanese Language*. Chicago and London: The University of Chicago Press, 1967.

Miller, Roya Andrew: *Die japanische Sprache: Geschichte und Struktur*. Aus dem Englischen übersetzt und überarbeitet. München: Iudicium Verlag, 1993.

Shibatani, Masayoshi (1990): *The language of Japan*. Cambridge, New York and Melbourne: Cambridge University Press.

Suzuki, Takao (1986): *Words in Context*. 2. Druck. Übersetzt von Akira Miura. Tokyo: Kodansha.

— (1986): Eine verschlossene Sprache. Übersetzt von Irmela Hijiya-Kirschnereit. München: Judicium-Verlag.

Tsujimura, Natsuko (1996): *An Introduction to Japanese Linguistics*. Cambridge, Massachusetts; Oxford: Blackwell.

Tsujimura, Natsuko (1999): *The Handbook of Japanese Linguistics*. Oxford: Blackwell.

Yamada, Haru (1997): *Different Games, Different Rules*. New York and Oxford: Oxford University Press.